ON CHINA'S RURAL ISSUES

中国农村

北大"燕京学堂"课堂讲录

王曙光 著

北京大学出版社
PEKING UNIVERSITY PRESS

图书在版编目（CIP）数据

中国农村：北大"燕京学堂"课堂讲录/王曙光著. — 北京：北京大学出版社，
2017.10
（培文通识大讲堂）
ISBN 978-7-301-28670-8

Ⅰ.①中… Ⅱ.①王… Ⅲ.①农村–研究–中国 Ⅳ.① C912.82

中国版本图书馆CIP数据核字(2017)第205571号

书　　名	中国农村：北大"燕京学堂"课堂讲录 ZHONGGUO NONGCUN: BEIDA "YANJINGXUETANG" KETANG JIANGLU
著作责任者	王曙光 著
责任编辑	于铁红　周彬
标准书号	ISBN 978-7-301-28670-8
出版发行	北京大学出版社
地　　址	北京市海淀区成府路205号　100871
网　　址	http://www.pup.cn　新浪微博：@北京大学出版社 @阅读培文
电子邮箱	编辑部 pkupw@pup.cn　总编室 zpup@pup.cn
电　　话	邮购部 010-62752015　发行部 010-62750672　编辑部 010-62750112
印 刷 者	天津联城印刷有限公司
经 销 者	新华书店
	660毫米×960毫米　16开本　27.25印张　386千字 2017年10月第1版　2024年9月第2次印刷
定　　价	79.00元

未经许可，不得以任何方式复制或抄袭本书之部分或全部内容。
版权所有，侵权必究
举报电话: 010-62752024　电子信箱: fd@pup.cn
图书如有印装质量问题，请与出版部联系，电话: 010-62756370

目 录

第一讲 中国农村农业问题研究的意义与框架

第一节 《中国农村》课程的缘起与框架 ... 1
第二节 研究中国农村的意义 ... 5
第三节 当代中国农村的发展与挑战 ... 13

第二讲 中国农村农业问题研究的方法

第一节 农村研究方法的多元视角和人文关怀 ... 17
第二节 农村研究的田野调查方法（一）：方法论意义 ... 19
第三节 农村研究的田野调查方法（二）：问题意识与调研准备 ... 25
第四节 农村研究的田野调查方法（三）：梳理、提炼和创新 ... 31

第三讲 中国农村社会结构与农民行为特征

第一节 研究中国农村的逻辑起点 ... 37
第二节 传统乡土社会农民的行为特征 ... 40
第三节 传统农村乡土社会的组织特征 ... 46
第四节 乡土社会向契约社会转型中农村伦理与农民行为的变化 ... 50

第四讲　中国农村经济体制变迁（一）：人民公社的诞生与演变

第一节　人民公社制度的历史渊源（一）：中国大同思想 ... 55

第二节　人民公社制度的历史渊源（二）：西方乌托邦思想 ... 59

第三节　人民公社体制的早期发展：从高级社到人民公社 ... 61

第四节　以土地集中为标志的"合作"：人民公社的制度安排 ... 64

第五节　人民公社时期的制度调整 ... 71

第六节　对人民公社体制的反思 ... 74

第五讲　中国农村经济体制变迁（二）：家庭联产责任制及其绩效

第一节　关于人民公社体制的七个假说 ... 77

第二节　家庭联产承包责任制的探索与推行 ... 80

第三节　从凤阳小岗村看家庭联产承包责任制的贡献与局限 ... 85

第四节　农村变革的制度经济学分析 ... 87

第五节　农村经营体制变迁的"肯定—否定—否定之否定" ... 94

第六讲　中国农村金融制度（一）：传统农村信用合作体系及其演变

第一节　我国古代农业信贷制度的简单回顾 ... 97

第二节　我国近代以来农村信用合作发展的历史演变 ... 109

第三节　农村信用合作制度的演变：基本争议和存在问题 ... 118

第四节　我国农村信用合作的发展趋势与变革 ... 122

第七讲　中国农村金融制度（二）：新型农村金融体系的发展

第一节　农村金融改革为什么滞后 ... 128

第二节　农村金融体系的新变革：超越经典体系 ... 137

第三节　现代农村金融制度和普惠金融体系 ... 149

第八讲　中国农民合作组织制度（一）：改革开放之前的农民合作与农业发展

第一节　引子：中国人的合作精神 ... 159

第二节　"非自觉"的近代合作：谁在推动农民合作 ... 164

第三节　新中国农民合作：政治动员与计划经济体制 ... 169

第四节　从契约—产权的视角反思新中国农民合作 ... 174

第九讲　中国农民合作组织制度（二）：改革开放以来的新型农民合作组织

第一节　"从合到分"和"从分到合"：中国农村转型的辩证法 ... 182

第二节　新型农民合作社兴起的制度根源及其制度特征 ... 185

第三节　农民合作组织弱内生性和公司领办型合作社的经济学解释 ... 192

第四节　农民全要素合作、全过程合作与政府行为框架 ... 204

第十讲　中国乡村治理（一）：传统社会的乡村治理

第一节　引子：乡村建设中我们的使命与担当 ... 210

第二节　传统乡土社会的特点和传统乡村治理的基本理念 ... 213

第三节　传统乡村治理的八个机制 ... 218

第四节　中国乡村治理的现代嬗变与困境 ... 224

第十一讲　中国乡村治理（二）：当前乡村治理问题与现代乡村治理体系的构建

第一节　引子：中国传统社会超稳定结构的基石 ... 229

第二节　协商民主理论与乡村基层民主机制的重构 ... 231

第三节　中国乡村基层民主机制的历史演变 ... 236

第四节　中国乡村基层民主的创新：村民议事会制度 ... 243

第五节　未来乡村治理：多元共治的乡村协商民主模式 ... 247

第十二讲　农村土地制度变革与新型城镇化

第一节　农村土地制度变革与土地资本化 ... 251

第二节　土地制度变革的创新模式 ... 259

第三节　新型城镇化与制度创新 ... 271

第十三讲　乡村工业化与城乡一体化

第一节　社队企业与新中国乡村工业化的探索 ... 281

第二节　改革开放以来乡村工业化的发展和创新 ... 287

第三节　告别二元结构：城乡一体化发展与要素回流 ... 305

第十四讲　中国农村的贫困与反贫困：模式转型与制度创新

第一节　引言：新中国反贫困的实践与成就 ... 313

第二节　我国扶贫开发政策框架的历史演进与制度创新：1949—2019 ... 319

第三节　贫困的根源在哪里——贫困发生学视角的分析 ... 335

第四节　中国农村的反贫困模式 ... 338

第五节　社会网络扶贫和内生性扶贫 ... 342

第六节 扶贫的根基、机制、组织载体和有效抓手 ... 348

第十五讲 农村社会保障的制度变迁与未来趋势

第一节 以集体经济积累为主的低成本农村社会保障制度的
形成及其绩效 ... 360

第二节 国家财政投入较低而集体经济角色相对缺失时期的
农村社会保障与城乡二元结构 ... 365

第三节 城乡统筹与农村社会保障：将国家功能与集体经济功能
有机融合的新型农村社会保障制度 ... 369

第四节 新时代农村社会保障体系的变革趋势 ... 371

第十六讲 中国古代农业文明与现代农业发展

第一节 中国古代农业文明的发展阶段和基本特征 ... 378

第二节 中国古代农业思想的特点及其当代意义 ... 385

第三节 中国现代农业发展的挑战与出路 ... 391

第四节 建设现代化农业强国 ... 394

第十七讲 结论与展望：农业农村优先发展与中国经济高质量均衡增长

第一节 农业农村领域是解决我国不充分不平衡发展问题的关键 ... 399

第二节 以系统动态均衡理念推动中国农业农村优先发展：
顶层设计与制度框架 ... 406

第三节 以新型城镇化和土地制度创新为抓手，推动乡村全面振兴 ... 409

第四节 以"后脱贫时代"治理相对贫困为抓手，以"制度普惠"理念
推动欠发达地区全面发展 ... 412

第五节 以农村组织化和集约化经营为抓手，推动农业现代化和农村现代化 ... 416

第六节 展望未来三十年的中国农村农业 ... 419

后记 / 423

修订版后记 / 425

第一讲

中国农村农业问题研究的意义与框架

第一节 《中国农村》课程的缘起与框架

一、农业与农村是研究中国问题的起点和基础

农村和农业问题，不仅是当下中国经济、社会最重要的问题之一，而且也是理解中国哲学、宗教、历史乃至整个中国文明的起点与关键。研究中国的学问而不懂中国农村和农业问题，那是研究不透彻的。我希望通过《中国农村》这门课，大家可以对中国农村社会、经济、文化、政治治理、农业文明各个方面，有一个比较系统和深入的了解。在这个基础上，再去研究中国的经济思想史、政治思想史、哲学史、宗教史、文明史，恐怕就比较有着落，比较靠谱，因为所有这些学问都是基于"中国是一个历史悠久的农业国"这样一个基本历史事实。这门课的最大特点是把传统农业和农村与当下农业和农村发展结合起来探讨，我们要考察当下中国农业

和农村的状况，就要不断地观照中国古代的传统农业文明和农村治理的状况，不断回望过去，这样才能为中国未来的农业和农村发展找到一个合适的路径。不了解中国农业和农村变迁的历史路径，我们就很难了解今天发生的现象，也很难看清未来的趋势。

我要感谢燕京学堂给我这个机会，把我最近十几年关于中国农村和农业的研究心得与大家分享。同时，在北大静园四院上课，对于我而言也是一种精神上的享受。四院是老北大经济系所在地，我想起当年在四院见到的很多令人尊崇的老先生，如陈岱孙先生、陈振汉先生、胡代光先生、赵靖先生等，走到安静的四院，总有一种朝圣的心情。《中国农村》适合小班课教学，希望大家在课上自由地讨论，互相问难，互相启发，像以前古希腊柏拉图学园或者孔子的问答式的教学法。

本课程采用专题讨论的方式，广泛涉及中国农村和农业的一些重要问题，比如农村人民公社体制的诞生和演变、农村家庭联产责任制改革的过程与绩效、农村金融体系的演变和创新、农村合作组织的历史变革与最近发展、传统乡村治理及其现代变迁、农村反贫困的历史与现状、农业文明的过去与未来等。我们选的这些专题，都是百年以来影响中国命运的重大问题，而且这些问题又深刻地影响到今天中国经济和社会的发展。这些课题讨论起来颇有些凝重、严肃，不是那么风花雪月，不像大家在哲学课上探讨庄子、在美学课上探讨二王书法那么轻松愉悦。我们要深入探讨百年以来中国农村和农业的兴衰与挑战，回顾新中国成立以来人民的奋斗与探索、成就与灾难、创造与痛苦，这些凝重却不能回避的话题，都是诸位年轻同学在研究中国问题的过程中必须深切了解的。

二、《中国农村》的基本框架

本课程希望能够打通古今，使同学们对中国农业和农村问题有一个长时段的、纵深的、开阔的视野；但是落脚点还在研究中国当下的农业与农村问题，尤其是聚焦新中国成立以来的农村和农业制度变迁，并为中国未来农业农村的发展提供思路。所以在专题设计上，既有历史的回溯，又落实在对现实问题的深度讨论上，也就是亦古亦今，古今交融，古为今用，与古为新。这些专题当然不可能囊括中国农业和农村的所有问题，但是基本上涵盖了影响中国发展的若干最重大的问题，把农村经济、农村社会、农村政治、农业生态、农村伦理与文化的一些基本问题都涉及了。

《中国农村》总共十七讲。第一、二讲是介绍研究中国农村和农业问题的意义与方法。从中国农业和农村的历史演进和制度变迁角度，从当代中国农村与农业面临的挑战和未来发展趋势角度，理解中国农村研究的意义。同时，探讨研究中国农村和农业问题的基本方法，尤其是介绍田野调查方法。

第三讲讨论中国农村社会的结构与农民行为特征。主要是从社会学和文化人类学角度，研究中国的传统农村社会具有哪些特点，这些特点又是如何影响到中国农民的行为。这一讲中一些基本原理性的东西，在下面的很多内容中都会得到印证。

第四、五讲探讨农村经济体制的变迁。其中，第四讲着重梳理人民公社体制的诞生和演变。人民公社体制，是中国人民在20世纪50年代一个"伟大的试验"，一个人类历史上从没有人尝试过的"伟大的试验"，我们要深刻理解其发生的历史和文化根源，并深切检讨其历史功绩与历史教训。第五讲主要探讨1978年之后农村家庭联产承包责任制的发起、演变以及绩效，并对这场变革的利弊以及未来前景进行系统的反思。

第六、七讲主要探讨中国的农业信贷与农村金融体系的发展与演变。其中第六讲从我国古代的农业信贷体系谈起，着重探讨新中国所创立的传统农信社体系的诞生和演变。第七讲主要讨论最近二十几年以来，中国农业信贷体系发生的新变化，尤其是近年来构建农村普惠金融体系所引发的种种变革与创新。

第八、九讲主要探讨农民合作组织制度的发展与演变。梳理了近百年以来中国农民合作社的发展历程，尤其是从理论上阐释经典社会主义体制下农民合作社发展的经验教训，同时系统探讨改革开放以来新型农民合作社与新型集体经济发展的制度特征。

第十、十一讲探讨中国乡村治理问题。乡村治理问题涉及社会学、政治学等领域，是关系到中国农村发展的大问题。其中，第十讲主要介绍中国古代传统社会的乡村治理方法，尤其是要探讨古代乡村治理的一些核心机制，以及这些核心机制对当代乡村治理的启示意义。第十一讲探讨当前乡村治理问题，梳理新中国成立以来乡村治理模式的演变，尤其是探讨1978年以来村民自治和乡村民主建设的经验和教训。最后我提出了当代乡村治理的"多元共治"的理念。

第十二、十三讲讨论中国农村的新型城镇化、土地制度变革、乡村工业化与城乡一体化问题。其中涉及土地制度变革给中国农村造成的影响、新型城镇化的内涵和推进方式、乡村工业化模式的演变、城乡一体化发展的机制和前景等。

第十四讲探讨中国农村的贫困与反贫困问题。1949年之前的旧中国是一个积贫积弱的国家，从1949年开始，中国进行了大规模的反贫困实践，取得了非常巨大的成就。实际上，无论是1978年前的合作化和人民公社化运动，还是1978年之后的农村变革与土地制度变迁，都可以从反贫困角度去理解。这一讲着重从贫困发生学的角度，探讨中国农村贫困的根源，同时提出相应的反贫困机制，并系统梳理近年来中国农村反贫困理念的转变与制度创新。

第十五讲主要讨论农村社会保障体系的历史演变。新中国成立以来，我国农村社会保障体系经历了以集体经济积累为主的低成本农村社会保障制度形成期、集体经济体制调整后的农村社会保障体系探索期、城乡统筹发展和国家—集体功能融合的新型农村社会保障制度构建期三个阶段。新时代我国农村社会保障体系应该与重构农村社会网络和乡村治理结合、与农村社区文化的重构和伦理道德的回归相结合、与"后脱贫时代"的扶贫模式转型相结合，将国家财政投入与村庄集体经济积累两种力量相结合，构建"集体—国家—家庭"三位一体的多元化、多层次的新型农村社会保障体系。

第十六讲研究中国传统农业文明的价值以及当代中国农业面临的生态困境。中国上万年的传统农业实践，尤其是近四千年的精耕细作农业的形成与发展，具有深刻的内在合理性，为我们留下了宝贵的文化遗产。中国"天人合一"的理念、传统的农业耕种方法、维持土壤肥力的方法等，都值得我们好好研究。古代这些农业思想和实践，对于中国目前的农业生态文明建设都有重要借鉴意义。

第十七讲对全书进行总结，并对中国农业农村之愿景进行展望。

第二节 研究中国农村的意义

一、理解作为农业国的中国：历史与文明

研究中国农村问题实际上是一个历史感非常强的话题，我们不是讲

当下中国农村的一个横截面,而是必须涉及中国几千年以来的农村发展与农业文明;我们要理解作为几千年农业国的中国,才能切入到当下的中国农村研究。

中国文明有什么特点呢?中国文明用四个字来概括,就是"亦旧亦新"。说"旧"是因为中国文明发达很早,有数千年的文明史,是全世界最古老的国家之一。但是同时,中国又是一个很新的国家,尤其是最近一百年以来,中国发生了翻天覆地的变化,这个古老的文明又焕发了新的生机。《尚书》有言:"周虽旧邦,其命维新。"周虽然是一个旧邦,但是它的生命力却常新,它是一个"亦旧亦新"的国家。到今天,两千多年过去了,这句话还适用,中国这个古老的国家至今还是一个蓬勃发展的国家,这在全球的文明中都是独树一帜的。我们说"旧邦新命",中国这个国家很特殊,它有一种巨大的包容能力、自我更新能力、自我批判能力、自我发展能力,这在很多其他文明中是少见的。

古代几大文明,其中尼罗河流域和两河流域的文明,大概发源于公元前4000年,比中国还要早一些,但是在公元前6世纪和公元前4世纪分别被波斯和马其顿征服,其古代文明慢慢地消失、衰落、中断。再看印度河流域,公元前2500年左右,达罗毗荼人在印度河流域建立了哈拉帕文化,这是印度文明前期的文化,到公元前1750年销声匿迹;公元前1000年雅利安人入侵后,印度地区四分五裂,其古代文明也逐步衰落,以至于消亡。美洲文明,它的起源比较晚,也创造了非常辉煌的文明,但是16世纪被欧洲人征服之后,这个地方的文明也不见了。古代的希腊、罗马,曾经登上古代人类文明的巅峰,但是公元5世纪被蛮族征服之后,其文明也消失了。

在这几个文明中,中华文明是唯一的一个五千年文明史一脉相承、从未间断的文明。这个现象引起了很多研究古代文明的中外学者的兴趣。现在我们读读先秦的文献，读读孔子，甚至读读更早的《诗经》和《尚书》，对于中国人来讲是很容易的一件事，并不觉得特别的困难，而这对于其他的古代文明来说是极不简单的一件事。是什么原因呢？在于我们的文明一直是延续的，我们表达思想的文字和语言尽管在几千年里发生了很大的演化，但没有根本性的断裂性的转变。有些人说，中国文明是一个循环的文明，中国文明在达到一定高度之后，就在不断循环似的发展，以至于它好像是处在一个永远不停顿的循环之中。

还有一种观点认为，中国的文明有它的独特性。这种独特性的核心是什么呢？核心在于中国文化是一种"中庸"的文化。"不偏谓之中"，就是要不偏不倚，不走极端。"不易谓之庸"，"庸"就是常，就是永久不变的东西。中国人崇尚中庸，不偏不倚，从不偏激，这种文化使得中国有一种长久的、持续的发展。

中国人为什么崇尚中庸？为什么中国文明具有持久性？很多人认为，其根源还要从中国的农业文明中去寻找。中国农业文明有哪些特点呢？主要是以下几点：

第一，中国农业文明是一个超稳定结构。中国的农业文明不是大起大落的、爆发式的发展，而是有一个超稳定的结构。这个超稳定结构产生了中国特有的农业社会组织，导致乡土社会具备一种超稳定性，这对中国的社会制度、政治制度和文化性格都有深刻的影响。

第二，中国农业文明具有可持续性。中国农业文明强调人与自然的和谐统一，强调"天人合一"，这种极其先进的生态文明理念，跟现在有机农业思想与生态文明思想极为契合，是维系中国农业可持续发展的重要因素。

第三，中国农业文明并不是一个自我封闭的保守的文明体系，而是具有很强的自我更新性。很多人说中国人很保守，说中国农业文明是一个保守的文明。这个说法导致大家对我国的古代农业文明有很多误解。实际上，中国农业文明是一个自我更新能力很强的文明，其更新是一个包容性和开放性很强的更新，是一个渐进的、可持续性很强的更新。在我国农业发展过程中，不论是农作物的品种，还是耕作方法，实际上都在逐渐演变，从没有停止创新的步伐。远在汉代，中国就从中亚地区、西亚地区引进很多农业品种，像葡萄、苜蓿、西瓜这些东西，原来中国是没有的，都是从中亚和西亚移植来的。宋、元、明以来，从国外引进的东西也有很多，明代的时候，我们从美洲引入了玉米、马铃薯和红薯等，这些农作物的引入对中国人口的繁殖和农业文明的持续发展产生了很大的影响。我们的农业文明从来不是封闭、保守的，而是开放包容的。

第四，中国农业文明具有中庸、柔韧与渐进发展的特性，对外来的东西有同化力。中国在历史上是一种渐进发展的文明，不太鼓励冒险，这个文明具有内敛的特性，但是其柔韧性特别强。近代以来，中国人好像面临亡国灭种的危机，可是从更长远的历史视角来看，那只是中国在数千年间又一次面临更新的机会而已；中国这个文明有极强的柔韧性，中庸而平和，内敛而灵活，保守而又自新，对外来文明有很好的学习、包容和同化能力。

第五，中国农业文明主张"天人合一"。在古典语境中，"天人合一"在董仲舒那时指的是天子秉承了上天之意志，但是后来这个理念逐渐演变，其内涵发生了有趣的变化，其主要是指人作为一个主体和一个外在的主宰者"天"的关系。中国人讲"天人合一"，逐渐演变为人和大自然、人和天的和谐统一，这是中国农业文明中非常宝贵的思想。

以上所说的中国古代农业文明的特征，就是中国文明的特征，也可以说是中国文化、中华体制和中国人性格的特征。中国文明的基础在农业，假如没有持续发展、生生不息的中国传统农业，恐怕就不可能有数千年一脉相承的中国文明。在座的同学们可能上过很多中国哲学课程，实际上，讲中国哲学离不开中国农业文明的探讨，无论讲孔孟思想还是老庄思想，都要结合中国传统农业思想和古代农业文明来讲，这样才到位，才能触到中国文化和哲学的根本。

中国农业素称发达，五千年以来，中国人创造出举世无匹的农业文明，精耕细作的传统农业技术与天人相参的农业科学思想，是中华文明的奠基石。在农业科技、农业管理、乡村治理等方面，中国人都创造了独特的经验和智慧。我国传统农业有什么特点呢？根据研究农业的农史专家们的观点，中国传统农业有两大特点最为突出。一是多元交汇。中国传统农业实际上是不同地域的农业耕种经验互相交融的结果。中国一个很大的特点就是地域广大，各个地方气候不同、土壤不同、作物不同、耕作方法不同，各个地区的农业耕作经验有很大差别。比如说中国两大水系（黄河和长江）流域的耕作方法不同，中国北方是旱作农业，中国南方是稻作农业。当然中国的东西部差距也很大，江浙一带和广大的西部地区，其耕作方法差异性明显。因此，中国农业耕作的多元交汇的特点非常鲜明。这个多元交汇当然也反映出中国文明的特点，即"多元一体"。"多元一体"，这是费孝通先生提到的，中华文明的主要特点是多元一体，在并行不悖的发展中又有深入的相互融汇。

二是精耕细作。中国至少在汉代已经形成了一套精耕细作的农业体系，精耕细作意味着在土壤的肥力保持、农田水利建设、农业科技、农业工具更新各个方面都有了非常大的进步。精耕细作的方法持续两千多年没有什么变化，在汉代就基本定型了。在精耕细作农业形成之后的两千年间，我国各族人民不断创造，根据各地的气候、土壤和地形状况，发明了很多极富智慧的耕作方法。比如浙江青田的"稻鱼"立体生态农业系统，云南元阳和广西龙脊的梯田农业系统，都是闻名世界的农业文化遗产，充分展示出中国人的高度农业智慧。梯田看上去是非常漂亮的，如同绚烂的彩虹一般，简直是一幅极其美丽的彩墨画。这既是一种农业技术，也是一种生存哲学，同时也是中国人的一种美学表达。

二、研究农村是理解中国历代治乱根源的关键

中国古代的历史，给人的感觉就是一个治乱更替、朝代更迭的历史。中国历代治乱的核心是土地。农地问题是解读中国历史上王朝兴衰与治乱循环的核心密码之一。土地是农民的命根子，由土地产生的税赋当然也是传统农业社会治国者的命根子。几千年来，一种以土地为主角的历史剧反复上演：

第一阶段，当一个王朝始创与兴起时期，治国者往往以平均地权作为统治合法性的基石，农民获得耕地，并得到较长时期的休养生息。各个朝代刚开始都出现了所谓"盛世"。比如汉代的文景之治、唐朝的贞观之治、清朝的康乾盛世，都出现在王朝兴起时期，主要原因就是土地制度在这个时期得到调整，农民得以休养生息。

第二阶段，在此期间，主要依赖土地产出的税赋持续增加，而随着国家汲取能力的增强与国力的提升，国家治理体系亦开始膨胀，财政支出压力随之增大。

第三阶段，继而，随着经济的发展与社会结构的演变，小农经济内部出现贫富分化，富裕阶层的土地兼并以及拥有较高政治地位的官僚阶层

的土地占有亦有逐渐加剧的趋势。土地兼并一方面可能有利于规模化的种植，有利于农业技术的发展，但是容易造成贫富的两极分化。

第四阶段，在王朝由盛转衰的后期，大规模的土地兼并带来社会矛盾的激化，此时治国者必须进行深刻的社会变革以抑制豪强对土地的过度占有；然而这种社会变革虽然可能给农民带来局部的福利改善，却又极易导致统治者内部的剧烈冲突，从而使土地变革搁浅。

第五阶段，在王朝的最后阶段，失地农民往往以集体暴力的形式满足自己对土地的梦想与渴求，从而颠覆旧王朝，创建新王朝。

看看中国的历史书，这个五幕历史剧难道不是在不断上演吗？在这个治乱循环的历史图景中，土地流动与农民福利之间的张力，一直是决定我们这个以小农经济为基础的国家兴亡的主导力量。

直到今天，尽管国家的经济结构和社会结构发生了深刻的变化，但是在考虑国家治理与经济发展时，农地仍是一个极其敏感而又不可能绕过的问题。在土地问题上，一定要非常慎重，不能乱来。

目前，在土地问题上有两个思路：一个是自由主义派，另一个是福利主义派。自由主义市场导向的思路把土地作为一个市场要素来看待。在中国古代，土地在大部分时期都是一个可以自由交易的要素，很少有王朝绝对限制土地的交易。因为土地交易是自由的，土地产权是清晰的，土地产出就比较稳定，而且土地的自由交易也是中国农业社会中各个阶层不断流动、而没有产生阶层固化和僵化的根本原因。再看欧洲，由于贵族垄断了土地，而且土地是不能被买卖的，所以其阶层是比较固定的，经济社会发展在中世纪是停滞的。

可是，土地一方面是一个生产要素，而另一方面又是中国农民社会保障的重要手段。这是福利主义派的观点。从政治经济学的角度，从国家安全与社会和谐的角度来探讨土地问题，才能得出一种既符合历史规律、又具有现实可操作性的结论。现在关于土地问题，如果简单说可以自由买卖肯定是不可取的，但是完全禁止要素流动也是不行的。所以在土地问题上，市场导向和福利导向这两个思路应该结合起来。两种思路间要有一个均衡，既要强调市场的作用，又要强调土地的社会保障特点。政策制定者在激进和保守之间，在自由和管制之间，在市场导向与福利主义之间应该掌握好高超的平衡术。

三、理解中国农村与农业的特性：传统与现代之间

在理解中国农村与农业的过程中，我们要在传统和现代之间、在保守和创新之间找到一个结合点。传统和现代不是割裂和对立的。我刚才讲到，中国文化既有保守和中庸的特点，同时也有一种自我更新性、包容性、开放性和同化性。商代的建国者汤有一个《盘铭》，"盘"就是洗澡盆，他的洗澡盆上刻了九个字："苟日新，日日新，又日新"。他提醒自己，每天要持续不断地自我更新。所以中国人说"日新其德"，就是要每天自新。中国古代的文明中特别强调"新"，不但要稳定，要中庸，而且还要"新"，不能僵化。《周易》中有一个卦叫"革卦"，讲"革故鼎新""汤武革命"。中国的传统文化实际上并不排斥发展，并不排斥创新与变革。我们研究中国农业和农村的时候，千万不要把中国农村和农业文明理解成为一个固定的、封闭的、保守的体系。实际上，中国农业和农村是一个富有包容性的体系，是一个富有创新性的体系。

所以我在《中国农村》这门课上，一直强调"古今融合"。如何理解这四个字？有两句话：知今而不知古，则流于浅薄；知古而不知今，则流于迂腐。如果知今而不知古，光知道现在中国农业怎么样、农村怎么样，

而不知道两三千年以来中国农业和农村的历史变迁,你会流于浅薄。比如探讨中国土地问题,如果不知道历史上中国的土地制度变迁就不行。同时,如果知古而不知今,只知道古代而不知道现在的话,那你就不能洞察中国现在的变化以及当下问题的症结。所以我们既需要知道传统中国农业文明和农村,又需要理解农业文明和农村的现状及未来演变趋势。我们既不能拘泥于传统,也不能割裂传统,传统农业和农村需要现代化,乡村治理和农业增长模式需要现代化,但是需要借助丰厚的历史资源,需要汲取传统农业文明和乡村治理中的精华。这就需要我们"通古今之变"。

第三节 当代中国农村的发展与挑战

一、中国农村的经济社会转型

近代以来,中国社会发生了巨大的变化,农村受到的冲击非常大,可以说遭遇中国几千年未有之大变局。中国近代以来的危机首先是农业和农村危机,当时外国资本进入中国之后,帝国主义之侵略与不公平的国际贸易体系,对中国农业和农村的打击非常大,农村普遍凋敝,传统农业萎靡不振,农民则面临着破产的威胁。很多有识之士在20世纪二三十年代,针对中国农村的严重危机,提出复兴农村、重建乡村、重振中国农业,以图中华文明之再造。"乡村建设"这个词从20世纪30年代提出来,到现在还有它的意义。

新中国成立至今将近七十年,中国农村和农业发生了翻天覆地的变化。20世纪50年代,中国进入了迅猛的合作化时代,合作化既创造了令全世界尊重和瞩目的农业奇迹,使中国农村经济和农业基础设施有了突飞猛进的发展,同时中国在农村卫生医疗、农村教育、农村社会保障等领域都创造了当时世界发展中国家的奇迹。但同时，在20世纪50年代末60年代初我们也遭遇了重大的挫折和灾难。在新中国成立的前三十年，农村土地制度、农业经营体制、农村社会结构和治理模式也发生了剧烈的变化。毛主席1949年成立了新中国，以他的魄力和影响造就了一个崭新的农村，改变了农村社会和经济的落后面貌，其贡献值得肯定。那个时候的政治动员能力多强啊，几乎每个农民都被动员起来了，农民的集体意识和国家意识被空前强化。我外祖母是一个裹着小脚的妇女，那时竟然也去积极参加兴修水渠的运动，去搬石头，大搞农田水利建设。当然，1949年以来的农村变革也打破了传统农业社会的组织结构，农村社会阶层发生了剧烈变化，农村文化传统发生了断裂，农村的治理模式也与传统模式迥然不同。从更长的历史视角来看，这场巨大的农村变革有利有弊，需要系统地深刻地反思。1978年改革开放以来，农村集体经济逐渐式微以至于崩溃，人民公社体制退出历史舞台，中国农村既释放出巨大的活力，但同时也面临着乡村治理涣散、土地集约化经营滞后、农业生产效率低下、农村公共品供给严重不足、农业基础设施建设严重滞后等问题，农业产业和乡村治理需要进行又一次深刻变革。

二、重农固本：当代中国农村面临的挑战与新重农主义的提出

当代中国农村发展既面临着空前的时代机遇，也面临着巨大的挑战，农村教育问题、社会保障问题、医疗卫生问题、农民工就业问题、农村信贷问题、农民土地权利问题、村庄政治治理问题、农村相对贫困问题等，纠结在一起，困扰着农村的发展。近年来，随着城镇化的迅猛推进，随着我国城乡一体化的逐步深入，我国农业和农村发展也迎来新的历史机遇，很多制度的创新开始加快，同时也出现了一些新问题、新现象。

习近平同志在2015年12月中央农村工作会议上提到八个字:"重农固本,安民之基"。这八个字非常重要。我在2012年创办了一个刊物叫《农本》,在发刊词中,我提出了"新重农主义"这个概念。但是也有一些人提出疑问,认为中国农业产值占整个GDP的比例都不到10%,为什么还要提"农本"和"新重农主义",这些提法是不是有些不合时宜呢?我认为,中国的农村和农业问题,任何时候都不能被忽视,如果仅仅以产值来衡量中国农村和农业的价值与重要性的话,这种认识是幼稚且短视的。

为什么讲农村和农业问题很重要呢?第一个理由,中国到现在还有将近7亿左右农村人口,还有2亿农民工,这么大的一个群体,我们是不能不重视的。这个群体发展了,就是中国发展了;这个群体幸福了,就是中国幸福了。反之,如果这个群体不幸福、不发展,面临贫困和不安定,那就是中国的贫困和不安定,也是我们每一个人的不幸福和不安定。这个道理不是很简单吗?

第二个理由,中国的农业生产维系着整个国家的粮食安全与国家稳定。很多人说,中国连续十几年粮食丰收,中国已经没有粮食问题了。这种看法是很短视的,是一种非常有害的观点。中国在任何时候,粮食问题都是非常敏感的问题,我们要时刻保持危机感。中国连续多年成为全世界最大的粮食进口国,粮食供给在结构上也存在一些严重问题。农业的问题从来就不是一个非常轻松的话题,很多人认为我们现在粮食够吃了,不用管农业了;谁要是这么说的话,谁就要犯大错误。中国农业假定一旦出问题,其后果必然是灾难性的。

第三个理由,就是中国农业生产关乎中国的生态安全。中国农业人口与农业生产比较密集的地方在西北、东北和西南地区,而这些地区也是中国生态价值最高、农业反贫困态势最为严峻、对区域均衡发展影响最大的地区。你可以想象，如果中国不重视农业、农村发展与生态建设的话，中国的西北、东北和西南将是什么样子。中国农业具有巨大的生态价值。

第四个理由，从更广阔的视角来看，中国农业的重要性还在于农业是我们中国整个传统文明和文化形态的承载者，是中国传统道德伦理体系和信仰体系的承载者。我们文化的本在农业，根在农村。清明是什么节日？清明不仅是敬祖和祭祖，中国古代的清明节是在土地刚刚焕发生机、大地刚刚一片嫩绿的时候，对农业生产的祈祷和祝福，是个庆祝的节日。大家要郊游，要踏青，要庆祝。中国二十四个节气，所有节气都跟农业有关系，中国的传统节日也都是跟农业相关的。假如抽离了中国农业文明，我们的大部分文化符号都失去意义了。当然农业和农村还是传统道德和信仰体系的承载者，当中国传统农业文明和农村消失的时候，附着在上面的一整套传统道德体系也会随之烟消云散。

正因如此，我们就必须重视农村和农业，就必须再提"农本"和"新重农主义"，这样我们的农业安全才有保障，农村才能得到更好的发展，中国的整个国家和文明才会生生不息。2020年党的十九届五中全会提出"优先发展农业农村，全面推进乡村振兴"。2020年年末中央农村工作会议又提出"全面推进乡村振兴，加快建设农业强国"的战略目标，指出"强国必先强农，农强方能国强。没有农业强国，就没有整个现代化强国，没有农业农村现代化，社会主义现代化就是不全面的"。这为中国未来农业农村发展擘画了蓝图。

第二讲

中国农村农业问题研究的方法

第一节 农村研究方法的多元视角和人文关怀

本讲主要讨论中国农村的研究方法。农村研究是一个比较复杂的学术领域，为什么复杂呢？因为它里面纠结着多个学科的问题，如经济学、政治学、社会学、文化人类学、哲学和伦理学，会牵涉很多领域的学问。当然，如果再加上农业问题的话，需要动用的知识和牵涉的学术领域就更多了。所以在研究方法上，我们首先要强调多元化的视角，要打破学科界限，从研究问题出发，找到合适的多元化的方法去解释它、解决它，而不要固守学科的藩篱，被学科束缚住。

其次，研究中国农村要把技术主义和人文关怀结合起来。既要从科学角度、以客观的态度研究清楚其中的学术问题，同时在研究和探讨过程中也要时刻秉持一种人文关怀。各位同学不管来自哪个国家、哪个地区，城市还是农村,我们研究农村问题,都要对农村和农业有一种情感,一种爱,一种关怀。我在北大经济学院讲授《农村金融学》的时候曾经跟同学们说,这是经济学院唯一一门需要带点感情才能上好的课。这并不是开玩笑。我们的《中国农村》这门课也是如此,它可以激发一个人的人文关怀,这是我们研究农村的人必须具备的一种情怀。

再次,在研究中国农村的过程中,我们既要有全球的视角,又要有本土化的观念。研究中国农村问题的同时,你也要了解其他国家农村是什么样的,了解法国的小农经济跟中国的小农经济有什么区别,美国的农场制度跟中国的农场制度有什么区别,日本的合作社发展对中国的合作社发展有什么借鉴意义,乃至于拉美、非洲这些国家,他们的经济发展和农村发展对中国有什么借鉴意义,等等,要把本土观念和全球视角结合起来。

最后,研究农村问题,还要把理性分析与田野工作的直观感受相结合。研究农村问题不仅是一个理性的问题,而且还需要有感性的认知,需要一种观察能力和直觉能力,要更多地通过实践,通过田野工作,通过观察得到经验,然后再来梳理经验和观察,最后上升为一种理性认识和理论。我在《中国农村》课程中提到我自己的大量田野调查成果。我们要注重田野调查,这样的话,才能发现中国本土的问题,才能培养你的问题意识。一个人做研究,前提是问题意识的培养,这样你才能够发现问题,敏锐地感知问题,才能够更好地研究和解决问题。古人讲"行万里路,读万卷书"就是这个道理。下面我主要讲讲田野调查方法和理论创新问题。

第二节 农村研究的田野调查方法（一）：方法论意义

一、做最本土的草根学问

经济学家应该怎样做研究，对于这个问题的回答，恐怕不可能求得一致的看法。在不同的经济学领域，对于不同的经济学研究命题，对于不同的经济现象，其研究方法可能有所不同。

你如果研究汇率问题，可以没有田野调查；你如果研究资本市场价格，也可以借助公开的股市数据；但是做农村研究，没有田野调查工作是很难做第一流研究的。没有第一手的数据，没有来自田野考察的对农村经济社会的直觉把握，就很难有优秀的农村研究，很难有准确敏感的问题意识。田野调查可以说是农村经济社会研究的基石。但并不是说有了田野工作就可以保障研究成果的高度，农村领域的学术研究高度除了靠扎实的田野工作之外，还要有良好的理论训练、敏感的问题意识、对复杂现象的抽象概括能力以及学术研究上的自信心。

研究中国农村是一件非常困难的事情。农村问题之复杂，牵涉领域之广阔，纠结历史之烦琐，都是其他学术领域所罕见的。研究农村问题，既要有一份对田野和乡村的感情，也要有来自经验的敏锐直觉，还要有对相关经济学理论的准确把握和批判性梳理，当然更要有对历史学、社会学等其他学科的灵活运用。

我始终认为，农村研究应建立在一种多元的、不带学科偏见的方法论基础之上，要有广阔的学术视野和在学术范式上海纳百川的风格。只有脚踏真实的乡村土地，深入草根阶层，才能获得丰富的研究素材和学术灵感。

二、真实世界的经济学：方法论的融合

我一直服膺科斯所标榜的研究"真实世界的经济学"。研究"真实世界的经济学"，就要有对真实世界的真实观察、科学提炼和独特体悟，就要有对真实经济现象的一份敏感性。而农村问题的研究，特别需要这种研究"真实世界的经济学"的方法论。

理由不必细讲。一个研究农村的人，如果没有田野调查的习惯和工作方法，如果没有在乡村实地考察所获得的大量鲜活的经验和数据，如果没有在农户和村落间行走和深入访问的锤炼，你怎么研究农村呢？就靠那些年鉴和统计数据？那是绝对不够的。所以，做农村经济研究，就一定要学习和借鉴社会学的研究方法，尤其是田野调查方法。

研究农村，首要的问题是理解农村社会和农民阶层的生活状态和行为特征。而要理解农村社会和农民阶层的生活状态和行为特征，不能仅仅凭借逻辑上的理性推演，而更要依靠历史和经验的研究，在这方面，农村经济研究者不能不在很大程度上借助和参考社会学和文化人类学的研究方法以及研究成果。举例来说，在研究中国农村金融的时候，如果不能深切了解中国的农民和农村的社会生活及其结构特征，就很难理解为什么农民会选择这种金融组织形式和融资方式，而拒斥另一种金融组织形式和融资方式，我们就很难理解为什么有些金融机构在农村领域获得了极大的成功，而有些金融机构却负债累累乃至于倒闭。

作为一个在农村领域多年的研究者，我的体会是，社会学在农村研究中的重要性，甚至在某种程度上超过了经济学理论。换句话说，我们从社会学研究成果中获得的研究灵感，可能要比从正统的经济学理论中获得的还要多。很难想象，一个研究中国农村制度变迁的学者，会对梁漱溟先生和晏阳初先生开创的乡村建设运动及其对农村社会的理念一无所

知；也很难想象，我们会绕过费孝通先生有关中国传统农村社会的富有启发力和持久影响力的著作而得以了解传统农业社会的结构与特征。另外，我国早期的一些著名社会学家的著作，甚至在现在仍然对我们了解中国传统农业社会及其变迁有极大帮助。

在农村研究中，社会学方法获得广泛的运用，其中最主要的社会学方法是社区研究、社会调查，也就是运用各种分析工具对所要研究的农村社区进行实地的调查研究。这是社会学的一个优秀的学术传统。实际上，实地调研、田野考察，应该成为一切社会科学普遍运用的最基础的研究方法之一，经济学也不例外。遗憾的是，经济学在迅速发展它的逻辑分析工具和数学描述语言的同时，在很大程度上抛弃了这个优秀的传统。经济学仅仅依赖那些来自统计年鉴的总量数据，进行数理经济学的逻辑推理和计量建模，而忽视了研究者直接从真实世界获得鲜活的理论灵感和真实的数据。这种状况在很大程度上影响了经济学的健康发展，也影响了经济学作为一门科学的声誉。现在，应该是经济学向社会学学习，从而实现真正的经济学和社会学融合的时候了。

事实上，目前社会学和经济学这两门主要社会科学之间的界线正在重新描绘，从而为全面研究经济学和社会学领域中的一系列重大问题提供了一种全新的视角，一些经济学家开始更多地将社会学的分析方法和范式运用到经济学研究中来。在农村金融学研究中，农村社区的经济结构和社会结构、农户的借贷行为及其社会行为等，这些研究资料的获得，仅仅依赖官方统计数据和现有研究成果是不够的，研究者还应该尽可能对研究对象进行实地的调研。我在全国各地进行过多次调研，我的感受是，在农村研究中，如果没有那些感性的亲身参与式的实地考察，我们可能永远也无法设身处地地理解农民的生活和思想。当然，实地调查不仅是感性的认识的获得,还是获得第一手科学数据的重要方法,也是理论创新的前提条件。

三、社会学和文化人类学方法

社会研究的基本方式有调查研究、实验研究、实地研究和文献研究,其中每一种方式都具备某些基本的元素或特定的语言,构成一项具体社会研究区别于其他社会研究的明显特征;同时,每一种方式可以独立地走完一项具体社会研究的全部过程。

调查研究的基本要素包括抽样、问卷、统计分析、相关关系等;实验研究的构成要素包括操纵与控制、实验组、控制组、前测、后测、实验刺激、因果关系等;实地研究包括参与观察、研究者的角色、投入理解、扎根理论等;而文献研究则包括内容分析、编码与解码、二次分析、现有统计分析等。

这四种方法反映了不同的方法论倾向:以实验研究、调查研究和文献研究为代表的定量研究方式,比较集中地体现了实证主义方法论的倾向;而以实地研究为代表的定性研究方法,则集中体现了人文主义方法论的倾向。类似地,不同研究方式也分别被用于不同的研究目的:调查研究常被用于描述一个大的总体的状况,以及探讨不同变量之间的相关关系;实验研究则主要被用于探索和证明两个变量之间的因果关系;实地研究则更多是在深入理解社会现实,以及在提炼和建构理论方面发挥作用;而文献研究常被用于帮助研究者去探讨那些既不会引起研究对象的任何反应、又是任何其他方式在时间和空间上无法达到的社会现象和问题。可以说,不同的方法有不同的用途,还是我们在前文所强调的,应该综合运用各种方法,而不要局限于某一种方法。

应该指出的是，社会研究的方法体系是一个有机的整体。在这个体系中，方法论是居于统帅地位的指导社会科学研究的一般思想方法和哲学基础，不同的方法论观点不仅影响研究者对研究问题的选择，同时更直接影响研究者对研究方式的选择。

举例而言，具有实证主义方法论的社会研究者，通常采用调查研究、实验研究以及定量的文献研究的方式，以凸显研究的规范性、精确性和客观性。从建立研究假设、变量操作化、数据资料收集、定量分析方法的运用，直到依据结果的解释和假设的检验，其中每一个步骤都尽可能严格按照自然科学研究的方式进行；而具有人文主义方法论的学者，则更经常地采用实地研究的方式，以及定性的研究方式，以凸显研究过程的特殊性、深入性和主观性，在研究思路上更多地依赖研究者的主观体悟，方法上更多地依赖研究者的参与和对情景的分析。

在农村研究中，实证主义方法和人文主义方法都是可以应用的，而且都具有巨大的作用。就实证主义方法而言，问卷调查、访问调查、观察调研、抽样方法、测量方法、统计分析方法以及比较新的计算机应用分析技术等，都可以应用。这些方法，尤其是问卷调查和访问调查，是农村研究中经常使用的方法。

一些人文主义方法，在农村研究中也是有用的，这种方法一般用于一些对文化、风俗、宗教信仰、社会关系的研究。这种方法可以增加我们对于农村社会及其文化根基的感性认识，对于理解农村社会运行是非常有益的。

从某种意义上来说，经济学的研究对象是人类行为（米塞斯语），而人类社会在长久的历史发展过程中必然形成一个比较具有持久性的行为规范和行为模式，这种规范和模式也就是我们所说的文化。因此，经济学的研究不能脱离对于文化的研究，农村研究也是如此。

四、农村调查的意义

在暑期或者周末，带着一帮学生，深入乡村进行田野调查，几乎成为这几年我的学术生活的最重要组成部分。乡村研究是一个很有魅力的领域，其魅力也许更多地来自接触土地与人民的亲近感与真实感、一种经验与理论相互交融观照的学术快感。

在我写的《草根金融》一书的序言《做最本土的草根学问》中，曾经强调了田野调查在乡村研究乃至在一般人文社会科学研究中的重要性。我说："一个做乡村研究的人，是不能仅仅蜗居研究室构造模型的，他们的位置，应该在乡村的田野里。对于那些'用脚做学问'的人，我始终怀着深深的敬意。"

田野调查的意义就在于，第一，它能够给我们一些感性的认识。到了真实的场景之后，你的认识比在图书馆中、比在实验室中所看到的文献、数据更为真实，更为真切，更接地气。

第二，通过田野调查，你可以获得大量真实的数据，这些数据能够帮助你进行更准确的判断。很多人说，研究农村，我直接用农业农村部的数据不就行了吗？那个数据是经过很多技术处理的数据，不能说它完全没有用处，但是如果能接触到真实的数据，也许更好，能弥补那个数据的不足。我今天不讲那个数据为什么不好，这么多年以来，我写文章从来不用他们的数据，几乎全部的文章都是用我们自己田野调查所获得的问卷的数据。这个数据尽管样本量比较小，尽管也存在一些偏差（因为只要是社会调查，一定会有偏差的），但是相对来讲它能锤炼我们对于现实的真实感，有一种接地气的感觉，能把你对于数据的分析和对于真实世界的感觉结合在一起。通过对自己田野调查获得的数据进行理论的分析,你对真实世界的观察和体悟也许更深。有些经济学家买别人的数据进行研究,这在农村研究方面是不太可取的。

第三节 农村研究的田野调查方法(二):问题意识与调研准备

一、田野调查的三个疑惑

我特别强调的是一个农村研究者的田野体验。尤其是参与式调查,你生活在真实的农村中,与真实的土地和农民在一起互动,你的感受会十分鲜活而丰富。但是,这仅仅是乡村研究的方法论的一部分。接触真实的土地,获得丰富而多元的田野体验,从而在学术研究中更多了一份学术直觉与敏感性,这还不能说是完成了乡村研究。

有同学在跟随我做农户调查之后,谈到几点困惑:第一个困惑是,我们的语言系统和思维系统跟农民差别太大了,他们不知道我们在说什么,我们也摸不清他们的话语逻辑,访谈了半天,如同火星人见到了地球人,两个人交谈,总感觉如在云里雾里一般!

第二个困惑是,在与老农谈了半天之后,发现我们课堂所学的东西,在这里简直毫无用处!那些模型,那些理论,突然显得很苍白,很无力,好像与乡村的真实生活根本不搭界!

第三个困惑是,要回来写调研报告、考察随笔或者学术论文了,发现自己在笔记本上记录的东西杂乱无章,理不出一个头绪,难以从这些芜杂的现实素材中提炼出有价值的理论。材料一大堆,而且都是第一手的数据和材料,可是如何进行理论升华,却令人挠头!

这些疑惑和苦恼,对初次进行田野调查的研究者而言,都是非常常见的感受。这其实涉及乡村研究中田野调查与理论梳理的一些核心的方法论问题。

关于第一个感受，我的体会是，我们一定要熟悉农民的语言习惯、思维习惯和生活习惯，要抛弃我们在课堂上或者学术论文中的话语习惯和思维习惯，重新回到生活中来，回到真实的土地上来。用一种书呆子式的、文绉绉的方法，夹杂着生僻的学术名词，用很蹩脚的书面语言跟农民交谈，是大部分初习田野调查的大学生普遍的毛病。

最好的田野调查，是调查者完全融入乡村生活的真实场景中，把自己当作乡村生活的一部分，当作农民的一部分，以他们熟悉的语言发问，以他们认同的方式行事。这是一种最高明的调查，可以称为"参与式访谈"。只有使调查者自己成为乡村的一部分，我们才能不以一种"鸟瞰式的视角"（a bird's eyeview）而是以一种"蚯蚓式的视角"（a worm's eyeview）来看待乡村和农民，才可以获得最真实的学术感受。居高临下的姿态对于我们获得真实的信息是一种最大的妨碍。所以，我经常对我的学生们说，到了乡村，你首先要抛弃你的优越感，抛弃自己是外来人的旁观感。

关于第二个感受，涉及理论与真实世界的关系问题。如果你发现现成的理论与乡村的真实境况存在着矛盾、隔阂与疏离，这实际上是一件幸运的事。这就表明，这正是我们对现有的理论进行反思式梳理的开端，同时也许是新的理论创新的开端。很多伟大的理论就是在反省现实与既有理论之间的巨大反差与鸿沟中诞生的。所以，在真实的乡村场景中，不断地映照和反思既有的理论架构，不断地以一种质疑的眼光来审视主流的理论模式，是一个乡村研究者必须具备的学术姿态。唯有如此，他才有可能获得理论上的突破与创新。乡村与农民的现实逻辑与理论相悖，不要怀疑现实逻辑错了——因为现实总是有一套自洽的逻辑——而是应该反省既有的理论（包括前提假设、预设条件、推论进路以及具体时空环境）。

关于第三个感受，实际上涉及如何在田野调查的基础上进行理论提炼和学术创造。这是一个核心的命题，关乎田野调查的最终成果。田野调查获得的素材必然是零碎的、开放性的，它从真实的乡村生活中获得，未经理论的耙梳，好像一块待琢的璞玉。要把田野调查获得的散乱材料进行一番理论的梳理，最后再进行理论的升华，这才算完成了田野调查的任务。这个问题下面细讲。

二、问题意识与田野调查

做农村调查的第一步，是要求研究者必须具备相当的"问题意识"。所谓问题意识，就是对调查对象的一种敏感性，调研者并不是带着空洞的头脑来进行田野考察，而是带着一种敏锐的问题意识进行田野考察（当然，并不是带着理论的成见来进行考察）。在考察中，调研者也并不仅仅被动地接受芜杂的素材，而是围绕自己内心的疑问与困惑、围绕自己敏感察觉到的问题展开田野调查。没有问题意识，在考察中提炼不出有价值的理论命题，我们的田野调查就是失败的，就是一堆没有用的素材，没有雕琢的璞玉就是石头而已。问题意识浓厚的调研者，会处处发现调研的乐趣，调研的结果无论与现有理论是相悖还是相合，都可以引起他的理论思考，或触类旁通地对既有的理论有崭新的认识与理解，或者根据自己的困惑提出新的理论假说。

当然问题意识的产生并不是天上掉下来的，不是一个人天生就知道这里面存在什么问题，不是这样的。你想获得对一个事情的问题意识，要经过详尽的文献调查，包括对现实和历史文献的深入考察。通过对这些文献的调查，通过思考相关的资料，你能梳理出一些基本问题。当然要注意，这个问题跟现实问题有可能相差十万八千里，甚至有可能是完全错误的，也有可能跟现实比较贴近，这都有可能。

假定研究中国的土地问题，你就要把中国土地制度的历史脉络做一个梳理，从古代到近现代以来土地问题的演变要大体搞清楚，然后把最近关于中国现实土地问题的争论做一个梳理，看看到底问题出在什么地方。假定你梳理出十个问题，比如说土地流转问题、土地确权问题、农民被征地之后的福利问题、集体土地的所有权问题等，把问题梳理出来之后，你就心里有底了，这些问题可能是中国目前土地问题中最关键的问题。我只是说"可能"，因为你还没跟现实碰撞，碰撞之后你会接触到你意想不到的新问题。但是这个梳理的过程很重要，培养这种问题意识非常重要。其实我们课堂学习是干什么的？课堂学习就是培养大家的问题意识，通过课堂学习，通过理论学习，知道这么多问题是很重要的，哪方面问题应该是非常关键的问题，要迫切加以解决的。这是农村调查的第一步。

三、调查提纲和问卷的设计

在做一个农村调查之前，首先要确定一个调查提纲。如果是进行数据的抽样调查，还要拟写一个问卷。你去做一个调查，比如关于土地问题，关于农村借贷问题，关于民间金融问题，关于中国的合作社问题，关于农村医疗问题，等等，需要根据你所研究的问题列一个调查提纲，这个提纲是根据你在读文献过程中的思考和梳理写出来的，一般来讲，代表着你最感兴趣的若干问题。如果是一些定性的调查或者访谈，或者是参与式观察，写调查提纲就够了。如果要搜集系列的数据进行统计学和计量经济学研究，那么就必须进行问卷调查，这就要针对不同的人来确定调查的问卷。

在设计问卷的过程中要回答几个问题：第一，哪些信息是必须得到的，也就是说你的研究中需要哪些重要的信息，才能支撑你的研究。你要对自己需求的数据有数，你获得的数据是有针对性的，不是漫无边际的。因为你的问卷是有限的，不可能包罗万象，不可能设计一个几十页的问卷，而且问卷越长，被访问的农民或其他对象就会越不耐烦。所以问卷的长度是有限的，最好是极其精干、要言不烦，只包含最需要得到的信息，而没有多余的信息。这就需要你在调研实施之前，对所研究的问题有很好的把握。切忌问卷做得太长，造成很多数据的浪费。

第二，向谁了解这些信息。你要了解你的对象，对被访问对象有一个初步的把握和判断。你要了解你所研究的对象在你研究中的位置和特征。比如你到民族地区考察当地的农民合作社的发展情况，就要特别注意当地的宗教信仰和民族习俗，要考察这些变量或因素对于当地合作社发展的影响。有些问题，需要向不同的对象询问才能获得比较全面的公允的答案。比如高利贷，你要问民间金融机构的观点，要问当地正规金融机构的观点，要问地方政府的观点，还要问当地农民的观点，他们的心目中对高利贷的利率本身的高低的判断以及高利贷的作用的判断，都可能是不一样的。你的问卷要根据对象进行调整，才能获得真实的信息。

第三，拿到这些信息有什么价值。同学做完问卷，出去调研之后才发现，这个问卷中，我们本来应该得到的信息反而得不到，该问的很重要的问题没有问，有些问过的问题反而废了，为什么呢？是因为你对信息的未来预期价值还不清楚。你设计的每一个问题、每一个变量都应该是有作用的，不应该是浪费的。换句话说，每一个变量都应该在未来的文章和理论建构中体现出它的价值，如果没有价值的话，说明这个问卷的设计是有问题的。所以你要预想这个提纲或者问卷的变量,对于将来的调查报告或者学术论文写作的重要性在什么地方,价值在什么地方。

所以,一张好的调查问卷,是成功的农村调查的基础。问卷的长度要合适,问卷中的问题要简明易懂,问卷所包含的内容要与你的研究目的和理论分析相结合,不要散漫无章,不要面面俱到。

四、沟通的艺术决定调查的成败

有了调查问卷,就可以展开调查。调查过程中也有很多学问,调查的学问主要是沟通的学问。同学在学府里面待久了之后,跟别人沟通,很多问题不知该如何把对方的真实信息引导出来。人的心理状态就是这样的,如果我信任你,我就愿意跟你敞开谈,跟你边谈边骂都可以,他觉得很放松,把真实信息都暴露在你面前,都跟你讲,因为他觉得你是他的朋友,可以跟你敞开谈。但是,有些同学出去做调查,人家不愿意跟他谈,为什么呢?因为这个调研者的沟通艺术不够。

还有一些同学和老师因为长期受学术训练,提的问题不够贴近老百姓。我们做农村调查的学者或者学生,一定要谦逊,要谦卑地向农民学习,不要高高在上,不要自以为是,不要居高临下。你要学会与农民打成一片,用他们熟悉的语言风格,用他们熟悉而感到亲切的肢体语言跟他们交流。

定性的访谈和参与式的调查更需要这种沟通艺术。相比于问卷调查,我更喜欢做参与式的访谈。这就需要访问者和被访问者真正融合在一起。此时,你不是作为一个外在的观察者和采访者而存在,你要成为他们生活的一部分,真正有机地融合在一起。比如我曾经在很多村子里住下,住在老乡的家里,与基层的农村资金互助社的农民在炕上彻夜长谈,整日相处,这样你在他们眼里就不是简单的访问者,而是一个令人感到亲切的朋友和亲人。在这种亲密的真实的参与式调研中,你得到的信息一定更丰富、更真实、更鲜活,因为你作为调研者得到了被调查者的信任。我从这种参与式调研中获益良多。我在《守望田野》一书的后记中说:

"我要深深感谢那些支持我田野调查工作的朋友,那些素昧平生的朋友,既是我田野工作中的向导与同伴,也是我在农村金融方面的启蒙者。我常常对学生们说,作为一个从事农村研究的人,我们的一只手与往圣先贤们握在一起,是他们通过那些经典的文献传达了他们对历史和世界的深邃思考与睿智判断,在历史的纵深维度上给我们以启发;我们的另一只手与那些生活在中国广袤土地上的人民握在一起,那些看似平凡的农民和基层农村工作者,以他们开创性的工作,为我们的研究提供了大量鲜活而精彩的思想,在如此辽阔的空间维度上给我们的科学工作以深刻的启迪。正是这个缘故,在我每一本农村研究著作的后记中,都会有长长的致谢名单。这种感谢不是一般意义上的鸣谢,而是衷心的深厚情感。可以说,没有他们,就没有我的农村研究。"

第四节 农村研究的田野调查方法(三):梳理、提炼和创新

一、初步梳理思想和整理调研笔记

在阶段性的调查结束之后,你就要整理调研笔记,把自己在调查之前梳理的问题、预先的想法、文献调查中的理论观点,与自己在调查中遇到的真实的信息做一个对比;这个理论和现实、头脑和土地相互对比、观照、碰撞的过程,也就是初步的理论建构和理论创新过程。你的头脑和现实的土地发生碰撞,有些时候感觉被撞得头破血流,原来头脑中的观点和

理论预设被撞得七零八碎,这是好事,这正好说明,你的理论创新的机会到来了。

调研笔记的撰写与初步梳理应该每天进行。这就要求调研者特别勤奋才行。我在农村调查过程中,一般要求我的学生在调查的当天晚上就要整理自己的笔记。为什么呢?因为第二天还有第二天的事,要是五天之后再整理,那么很有可能你当时全部的鲜活感受和灵感都忘了。在每天调研结束之后,在当天晚上,就要把那种鲜活的理论灵感记下来,进行初步的加工与梳理。这个成果本身,比如说当天晚上整理出来1500字,这1500字也许很粗糙,但是它像刚煮出锅的玉米或者花生一样极其新鲜,是你今天刚刚得到的成果,初步加工出来的产品,还带着生活的气息,带着土地的味道,那是无比宝贵的。

这些初步的感觉,要跟当初读文献时,设计问卷时的感受做一个对比,不一样本身就是一个收获,因为你会发现,现实跟文献有抵触,你就开始反思文献。当然有时候也要反思现实,是不是现实只概括了一个局部呢?也有可能你得到了一个片面的、局部的印象。然后你才知道,原来有些问题还需要进一步深入研究和调查,而不能仅仅凭借一些简单的经验下结论。

二、调查数据的统计和计量分析

问卷调查所获得的大量数据,要进行科学的处理,处理的方法基本上以统计学分析和计量经济学分析为主。

统计分析主要用于整体性的分析、结构性的分析和动态变化分析。整体性的分析就是通过统计分析洞察一个地区的农民的基本生活数据,比如平均的消费水平、平均的生活成本、平均的土地收益、平均的非农收入等。将这些数据进行区域差异对比，可以获得很多有趣的结论。

结构性的分析，主要用于分析一个事物内在的结构特征。比如你通过对一个地区的农民收入和支出各个项目的分析，就可以知道这个地区农民的收入结构和支出结构，这对分析一个地方的农业产业发展和农村经济发展是非常有意义的，可以获得很多政策性很强的结果。再比如，你如果通过数据的统计分析，知道在一个地区的农民的借贷成本结构中所包含的具体项目，就可以分析这个地区农民所承担的利率的基本构成，比如除银行利率之外，还要有送礼的费用、交通的费用，进而就可以分析这个地区发生高利贷的具体原因。又如，你如果知道一个农民合作社内部的成员结构状况和资本结构状况，就可以对这里的合作社的性质做出很好的判断，也可以用于研究合作社的内部治理结构和运行机制。毛泽东在《兴国调查》《寻乌调查》中所娴熟运用的，主要是结构分析方法。

动态变化分析主要是通过数据在时间上的动态变化来观察某一个事物的演变，这就要依赖你问卷中的时间变化数据。比如你可以询问一个农民连续三年的非农收入的数据，如果样本量足够大，就可以发现这三年该地区农民在非农收入方面的变化。

计量经济学的分析主要用于分析不同变量之间的相互关系以及相互影响的程度。现代计量经济学的分析技术发展很快，这可以帮助我们洞察我们以前依据简单的统计方法看不出来的数据之间的微妙关联。但是，在运用计量经济学的时候，也不要迷信计量，不要仅仅运用计量技巧，通过修改计量结果来"硬造"理想的计量结果，这就陷入了数学形式主义，而不是真正科学的态度。运用计量分析可以很好地理解不同变量的相互关系。比如你要研究一个地区信贷可及性的影响因素，就要把农民获得信贷的概率作为因变量，而把收入、抵押品资产总值、生产性支出或农业投资规模、年龄和学历、社会资本等作为可能的自变量,从而构建一个计量模型,并用田野调查数据做检验。当然,你要注意"可能"两个字,也就是说,你所构建的理论模型所包含的变量,并不一定都是合适的,不一定都能通过计量经济学的检验,如果通不过,你还要对这个模型进行调整。

  计量经济学的分析要基于一定的经济学理论。一方面,要重视计量经济学研究,构建科学的计量经济学模型以发现变量之间隐藏的相互关系,并了解不同变量相互影响的深度;另一方面,也不要为计量而计量,不要迷信计量,不要生硬地运用计量。计量的技术不是关键,关键的是你要有科学的理论框架,要有理论抽象的能力和解释能力。同样的计量结果放在那里,有些人构建了很有新意的解释框架,甚至对原有的理论进行了极有价值的重构和突破,而有的研究者在这个计量结果面前无动于衷、一筹莫展,这就看得出理论水平的高下。

三、农村调查的理论分析和提炼

  一次完整的调研周期结束之后,你就要根据你的问卷数据分析、调研笔记等,进行理论的思考,你就要有一个理论的升华。这个理论的升华要求你不断提炼你在调查过程中的一些观感,把调研中的感觉以及数据分析的结果上升到理论高度,用系统的理论来解释现实世界,建立一个理论框架。比如你问了农民、民间金融机构、正规金融机构、金融监管者等关于利率定价的很多问题,那么农村金融的利率定价到底是怎么回事?你要总结一个理论出来,这就要求你有很好的理论建构能力、抽象能力和概括能力。你不能被现实五花八门的回答所困扰,也不能被纷繁复杂的现象所遮蔽,你要揭示这个世界的本质和规律,这就要求你有理论提炼的功底,使你不停留在调研所得到的印象中,而是要把这些感性认识提升到理性认识的高度。

问卷调查本身也会出现很多意想不到的结果,这些结果有些是让你匪夷所思的,与你的预想或现有的理论相悖,你就要想办法解释,拿出一个逻辑上自洽的、能够自圆其说的、有说服力的解释框架。比如说我们在前几年做农村金融调查,回来对问卷的数据做回归分析时,发现一个特别难以置信的结果,即贫困人群比富裕人群的信贷需求强度要大。这个很难解释,为什么一个穷人自己没有扩大再生产能力,他的信贷需求强度反而更大?还有一个结果也是出乎预料,我们发现西部贫困地区比东部富裕地区的信贷需求强度反而更大。这些意外的结果,实际上是很宝贵的,逼迫我们反思其中的机理,跟以往文献做对比,来建立自己的理论解释框架。

四、反思、创新与批判精神

一次调研是否成功,其标准要看你是否通过田野调查对现有理论提出了颠覆和创新的观点。这就要求研究者具备一种批判精神。在《论学者、科学精神与人文关怀》一文中,我曾经说过:

"批判意识是学术创造的前提。大学是创造新的思想与新的知识的殿堂,然而知识创造的前提是知识者有着足够活跃的带有批判性的心灵,这颗心灵能够对前人或同时代人的思想做出理性的判断,它批判性地吸收前人或同时代人的科学成就,运用自己的理性并以质疑与诘问的眼光看待一切教条与成说。"

对于乡村研究者而言,尤其要对国外的主流经济学与社会学成果有一种科学的态度:反省、辨别、汲取、批判。具备了批判精神,就可能在田野调查的基础上进行理论的对照、梳理、甄别、剔抉,并最终建立起自己的学术框架。

要在田野调查基础上做第一流的学术创新，还要求研究者具备一种学术自信心。乡村研究与田野调查，不是为已有的理论做注脚，不管这个理论是来自国外还是国内的经典或者权威。尤其应注意的是，乡村研究和田野调查不能硬套现有的理论模式，要树立研究者的主体心态，不论什么理论，总要拿到实践中来检验。国内学者所亟待树立的，正是这种学术主体性和学术自信心。现在国内很多学者意识到建立中国农村研究的主体性意识的重要性，以避免中国农村研究落入"被要求到西方社会科学中找空格填空"的命运。

以上讲的，实际是农村研究中的方法论问题，其中涉及田野调查与理论创新的一般框架。我们平时总是讲"体悟"，我体会，所谓"体悟"，实际上是厚重的真实的"体验"之后所诞生的学术升华与理论"顿悟"。没有体验，何来顿悟？没有顿悟，体验有何意义？

自然，田野调查是很辛苦的工作，相比于在办公室下载统计数据和查阅文献资料，田野调查无论体力还是精神对一个研究者都提出了更加严峻的挑战。但是田野调查是一个经济学研究者必备的素质，是必需的功课，也是进行理论创新的最好的阶梯。调查工作是学术研究的基础，当然也是政策制定者决策的基础。

第三讲

中国农村社会结构与农民行为特征

第一节 研究中国农村的逻辑起点

一、理解农民的理性

本讲主要是从社会学与人类学的角度来探讨传统乡土社会中国农民的行为特征、中国农村的社会结构和组织特征。同时,我们还要探讨中国农村社会结构与农民行为的未来演变趋势。研究中国农村从哪儿开始呢?当然要从中国农民和农户开始。中国农民是最有性格的一个群体,我们研究中国农村,必须熟悉中国农民,尤其要熟悉他们的行为特征、思维习惯和社会网络特点。农民是中国文化传统的最重要象征性元素,也是型构中国传统的基础性元素。

谈到中国传统乡土社会中的农民,很多人都认为他们受到的教育比较少,文化程度比较低,因此很多学者(包括政策制定者)都认为农民好像是一个不够理性、秉性保守的群体。民国时期中国乡建的领袖之一晏阳初先生，提出中国农民有四大特点——"贫、愚、弱、私"，这种描述一部分切中中国农民的要害，但是有一部分并不准确，值得商榷和推敲。

农民的知识缺乏是不是"愚"的表现呢？很多农民一辈子没有读过书，尤其是传统乡土社会里，真正的读书人是很少的；但是那些没有读过书的农民仍然有可能堪称一个"知书达礼"的人。为什么呢？传统乡土社会中的农民尽管不识字，可是他对整个社会的伦理道德体系非常清楚，他是文明社会中一个模范的成员。西方人讲文明社会和野蛮社会，怎么区分呢？文明社会的人举止符合社会伦理道德要求，维护整个社会的公平、公正、和谐，讲究礼节和秩序，这叫文明社会。传统社会中的农民，即使不识字也是很有礼节的，他们懂得礼数，知道自律，本分厚道，彬彬有礼。他们从小传承了家族中的所有礼仪秩序和伦理观念，因而他们并不"愚"。所以我说缺乏文化知识并不见得缺乏理性，更不是缺乏教养。中国人所谓的"教养"，这两个字非常重要，一个是教，教就是教化，一个是养，养就是养成。中国农民从小就是被家族传统和乡土社会"教"出来和"养"出来的。

承认农民在一定的资源禀赋约束下具有理性决策的能力，这是我们探讨中国农村和农民问题的根本出发点。我们以往恰恰把这个事情搞错，比如新中国成立以来，治国者在制定政策的时候，往往假定农民是不理性的群体，甚至指责他们思想落后、保守散漫。20世纪50年代末期大力推行合作化、集体化、人民公社化，在推行的过程中与农民的固有传统和思想产生了矛盾。中国数千年的小农经济，自给自足，日出而作、日落而息，作为小私有者，农民习惯了这种小农的自由散漫生活，但是合作化运动开始后他们的生活秩序发生了翻天覆地的变化。农民的所谓"田园牧歌式的浪漫小农生活",与集体化的、协作式的、工厂式的劳动方式格格不入,同时他们的财产权、自由决策权等都受到了极大的影响。所以当时合作化运动遭遇了一些反复,很多地方发生了退社现象;一些决策者认为这是农民落后的表现,农民不知道合作起来更有生产力,更能够保障自己的生活,从而有些人认为农民是不理性的、没有远见的。其实农民是理性的,他们了解自己的禀赋到底是什么,也充分了解自己所有的约束,他们最清楚如何把自己的收益最大化、风险最小化。直到20世纪50年代末,农村发生严重的经济困难,巨大的灾难才逼迫治国者逐步改变看法,调整政策,回到比较现实的政策轨道上来。这个历史的教训说明我们对农民行为的假定往往是不切实际的。

二、小农理性的局限

但是,由于信息的闭塞、知识的缺乏、乡土社会的局限,也导致农民的理性是一种局部的理性。对这一点我们也要有充分的认识,如此我们才能进一步引导农民的行为。农民的理性跟他的小农意识有密切关联,他们的理性是比较短期的理性,看不到很长远;他们又是局部的理性,看不到很全面。小农意识基础上的局部理性往往会跟农民集体行动的非理性结合在一块儿,导致集体决策和集体行动比较困难。比如说在农村,一些公共事务(比如修一口井)的集体决策非常难,没准数年,甚至十几年解决不了,这种状况对中国农村的发展影响很大。中国个体农民的计算能力是全世界最强的,对于自己有多少收益,面临多少成本,他们算得很清楚,其中浸透着浓厚的小农意识。对这种小农意识的局限性我们也应该认识到,不应该以一种民粹主义的一厢情愿的态度,认为农民的一切行为都是好的。从这个角度来讲,农民确实是很难达成集体行动的群体,所以我们对农民的行为要有一个客观的认识，他们既有理性的一面，也有非常大的局限性。故此在具体的政策实施中，既要尊重农民意愿又要加以适当引导和示范，因势利导，才能取得较好效果。

第二节 传统乡土社会农民的行为特征

下面我们来探讨传统乡土社会中农民的行为特征。我将其总结为五个方面：以亲缘关系为纽带的人际交往网络；以个体分散决策为基础的日常投资和生产方式；缺乏社会性保障前提下的风险规避型行为方式；以家庭为基本组织单位从而天然排斥商业化市场的运作机制；对家族声望与个人信誉的极端珍视。

一、以亲缘关系为纽带的人际交往网络

传统乡土社会的前提和基础是亲缘关系。在传统农村中，以亲缘关系确定亲疏远近，确定人际交往网络的次序。这是非常重要的一点。这是东亚社会的文化传统，也是东亚社会的经济和社会结构的一个基本特点。农民的这种亲缘关系共同体，不仅在一个村庄中发挥作用，而且在更大规模的社会交往中运用。比如东亚的家族企业，其实就是中国农村这种亲缘关系共同体的一种体现。

但是如果没有亲缘关系，如何进行交往呢？比如说桃园三结义，三个结拜弟兄，生死与共。为什么这些人可以突破亲缘关系呢？靠什么来突破的？中国人拓展亲缘关系有一个特殊的方法，我把它叫作"模拟亲缘关系共同体"。

现代社会中有很多例子。温州地区的农村有结成"盟兄弟盟姐妹"

的习俗。什么叫盟兄弟、盟姐妹呢？一个农民出去做生意，不可能都是跟自己的亲人合作，怎么办呢？大家可以结成盟兄弟、盟姐妹，仪式非常隆重，大家发誓相互忠诚，相互协助，永不背叛。在这种"模拟亲缘关系共同体"中，大家的信任关系很稳固，贷款不用写契约，信任的拓展非常快，因此温州人在世界各地拓展了他们的商业帝国。这种关系也复制到欧洲、美国，照样管用。这种"模拟亲缘关系共同体"也反映在今天我们每个人的生活之中。比如在单位，有些人就以兄弟姐妹来称呼对方，这在西方的企业中是不太可能出现的。所以我说，从绝对意义上来讲，每一个中国人骨子里都是农民，你心灵深处的观念还是农民的观念。

二、以个体分散决策为基础的日常投资和生产方式

中国的小农经济决定了农民决策的分散性、个体性。中国农民最喜欢自己说了算，日出而作、日落而息，"帝力于我何有哉"，农民很享受这种浪漫自在而豪迈的生活。乡村工业化和组织化中遇到的最大问题就是这个问题。农民的这种个体分散决策方式，这种自由散漫的习惯意识，与工业化中的集团纪律和秩序、与分工合作制度中的自律和民主协商，都是格格不入的，需要很长的时间来适应。比如当年海尔集团是个集体小企业，张瑞敏告诉我们说在20世纪80年代初期，海尔的员工守则中有一条"不准随地大小便"，当时这件事情的解决让张瑞敏很费脑筋。个体决策跟现代大工业生产是有内在矛盾的。中国的工业化进程，最大的收获就是大量的农民工来到城市，培养了一批具有一定素质、有纪律性的产业工人，这批人的最大财富并不是他所获得的技术能力，而是他的纪律性、规则意识、团队意识和适应现代社会的职业素养。农民合作组织在中国推行起来有很大困难，也和中国农民个体分散决策的传统有很大关系。农民独立决策惯了，不习惯合作，不习惯被约束，不习惯集体决策，更不知道在合作社中民主协商。

由于中国农民习惯了个体分散决策这种自由散漫的生产和投资方式，因此很多制度在移植到中国之后就出现了困难。1993年有一些中国学者引入了孟加拉乡村银行的小组贷款制度，其创建者穆罕默德·尤努斯所设计的格莱珉模式，其最核心的制度就是小组制度：五个人形成一个有连带责任的互帮互助、互相监督、互相担保、互担风险的小组。这个小组制度在孟加拉国搞得很好，小组成员之间必须互相合作，每周开一次会，商量怎么发展生产，怎么把贷款还掉。这个制度好不好呢？当然很好，小组实际上是分担风险、互助合作的很好的机制。可是这个方法在中国运行了二十多年，最后大部分都失败了，结果都不理想。其主要原因在于小组模式与中国农民的自由散漫的个体分散决策传统有冲突。这就是文化传统的问题。在孟加拉国的文化中，小组模式可以运行得很好，而在中国则困难重重。中国农民具有小生产者、小私有者的特点，导致他们排斥任何集团化的决策。但是这个文化能不能改变呢？是不是这个天性永远不能改变呢？中国人是不是就不能合作呢？我认为这种观点也是不对的。今天，中国农民也在不断适应组织化决策的方式，他们不断学习和适应通过村自治组织、村集体经济、合作经济以及村办企业等多种组织化联合体来进行决策。这是今天的新变化。

三、缺乏社会性保障前提下的风险规避型行为方式

我在第一讲中讲到，中国传统文化中最大的特点之一是"中庸"，这就使得中国人，尤其是中国农民显得比较保守，也就是具有风险规避型人格。这个特点对中国两千年以来的经济和社会发展影响非常大。

法国历史学家布洛赫也这样谈到法国的小农："土地形状上的传统主义，共同耕作方式对新精神的长期抵抗，农业技术进步的缓慢，这一切的原因不都在于小农经济的顽固性吗？……小农在今天仍然代表着一股强大的经济力量和社会力量，尽管这么说有些平庸，但这是一个毋庸置疑的真理。他们把自己关闭在土地中，拒绝改变土地的结构，很少对突如其来的革新感兴趣——老奥利维埃·德·塞尔早就说过：'他们以庄严古老的方式侍弄土地。'——他们很难摆脱祖传的习惯方式，他们接受进步的新技术十分缓慢。"[1] 我觉得这句话用在中国农民身上也基本适用。

当然这种性格也渗透在我们每一个人的血液中，甚至我们的经济转型也深深地烙上了这个中国农民的性格烙印。中国从 1978 年以来，经济发生了重大的变化和转型，这个转型用"中庸"两个字概括最为准确。中国的转型被称为"渐进主义"，渐进主义跟激进主义（或者叫大爆炸计划）有什么区别呢？就在于它执行的过程中，每一步的改革都是边际化的改革，而不是一个大爆炸式的、暴风骤雨式的、突然的、一步到位的改革。这跟我们的农民文化传统是有关系的，中国人的农民习性告诉我们，要规避风险，要循序渐进，因此我们每一步的改革都是尝试性的，要避免大的风险和社会动荡。邓小平很有农民的智慧，他说"摸着石头过河"，走一步看一步。

因此，中国农民的这种保守主义的特征，在农业社会中是一种保护自我、防范风险、避免大规模破产的必要性格。农民的风险规避型行为特征意味着农民的任何改变或者革新都只能是尝试性的，带有谨慎试错的边际改进的特征，这也就解释了为什么很多社会改革行动或者大规模的

---

[1] ［法］马克·布洛赫：《法国农村史》，余中先等译，北京：商务印书馆，2011 年。

创新行动在农村难以推行的原因。农民是理性的，由于他们用来抗击未来不确定性的资源很少，因而他们很难轻易接受他们不熟悉的事物，只有当他们切实地感受到革新带来的积极效果时，才会慢慢真正接受。我国文化传统中的保守主义和中庸主义的国民性格，实际上就是这种小农性格的折射。

美国经济学家 C. 斯科特也对农民这种风险规避倾向做了研究。在斯科特看来，小农经济坚守的是"安全第一"的原则，具有强烈生存取向的农民宁可选择避免经济灾难，而不会冒险追求平均收益的最大化。或者说，他们宁愿选择回报较低但较为稳妥的策略，而不选择为较高回报去冒风险。[1] 从历史来看，斯科特所揭示的这种农民特有的"生存伦理"可以很好地解释传统农业社会中一切社会、技术和伦理安排，同样可以解释农民借贷行为的特征。实际上，斯科特所揭示的道理在我们看来丝毫没有什么难以理解的地方。

四、以家庭为基本组织单位从而天然排斥商业化市场的运作机制

传统乡土社会中农民的这个特点对中国现在农村发展和市场经济的建设有很大的影响。传统农村的交易都是零散的、通常非商业化的交易，这种小规模的交易导致农民天然排斥集体化的、大的商业化交易。农户在一个家庭内部有分工，家庭是一个独立的生产和投资决策共同体，在由乡土社会向市场社会转型过程中，自然会产生各种各样的问题。农民在适应各种超越家庭的市场交易的时候，当需要契约关系来维系各种商业交易

---

[1] ［美］詹姆斯·C. 斯科特：《农民的道义经济学：东南亚的反叛与生存》，程立显等译，南京：译林出版社，2013 年。

的时候，其行为有可能发生变化。农民在这一转型中，会不适应各种市场契约关系带来的约束。比如商业化的金融体系要求他遵守一系列信贷契约，商业化的市场交易要求他尊重市场的各种规则，这些东西对一个农民而言可能是陌生的，他需要很长时间来适应、来改变他的行为模式和习惯。在传统农村社会中是农户家庭决策，其社会体系的运作是由乡土亲缘关系维系，不需要市场经济下的契约精神（当然在乡土社会中他尊重的是一种更长期的契约），他不需要尊重市场的商业规则。因此，中国农民由传统乡土社会向一个以契约精神来维系的市场社会转型的过程中，一定会存在大量的信用缺失和伦理失序问题。在家庭内部，农户基本采用共产主义和集体主义；而在家庭外的市场中，他就有可能抛弃这些伦理，变成完全的个人主义，他没有跟社会合作的意识，没有契约精神，没有保持自己信用的意识。要改变这一点，需要一个长期的过程。今天，农村正在由封闭社区向开放社区演变，农民必须面对外部的市场，因此农民的理性也逐步由小农理性向市场契约理性转化，这一转化是极其广泛而深刻的。

五、对家族声望与个人信誉的极端珍视

这是理解农民非常关键的一点。传统的乡土社会中，农民之所以对家族声望和个人声誉极端珍视，是因为历代积累的家族声望会有利于他当下的交易，有利于他在乡土社会更好地生存。一个传统农业社会的农民，由于从小生活在一个相对小而确定的社区中，社区内部的成员世代生活在一个地域范围内，对各自的家族历史和行为特点非常熟悉；同时，决定家族之间交往的并不是现代社会中的契约，而是各个家族通过漫长的时间而累积的家族声誉。对那些家族声誉高的人，大家一般有较大的信任度，而对那些在家族史中有污点的人，大家在交往时一般采取回避或谨慎的态度。这就是为什么农村社区在决定婚姻的时候,往往详细考察对方祖辈的声望,对那些辈辈诗书传家、代代家世清白的人,才给予最大的信任。由于这些因素,在农村的传统里面,农民对于自己以及家族的信誉是非常重视的,农民会相信,一旦自己的信誉或家族的名声沾染了污点,自己在本村社区中生存的质量就会下降,甚至有被剥夺生存权利的危险。他会千方百计维护自己的信誉,同时维护一个家族的信誉。在我国农村很多地区所实施的小额信贷试验中,大家发现实际上农民违约的概率是很低的,农民一般不愿意成为一个违背合约的人,不愿意背上赖账不还的名声。今天,当代乡村治理也要充分利用家族因素和声誉机制。

第三节 传统农村乡土社会的组织特征

一、传统乡土社会农村人口职业结构的单一性

这是农村社区与城市社区最明显的区别之一。农村基本上以农业生产劳动为主,农民的职业与城市相比是很单一的。传统农村中,非农业的职业是很少的,比如农具的制造业和编织业,小型的如磨豆腐、纺织等制造业。职业结构的单一使农村社区内大规模的分工合作是很罕见的,从而养成了小农的一种独立和不善于合作的群体性格。职业结构的单一性又是与农村人口流动的缓慢结合在一起的,人口流动性低,使得农村人口长期保持了这种职业结构,很少发生改变。当然,在现代农村,职业结构已多元化了。

二、传统乡土社会农村产业结构的自我循环性和自我复制性

传统农村产业结构中,种植业、养殖业、编织业、小型制造业等,一

般都是在一个村落里进行组织的,其原料来自村落自身,其生产过程由本村的农民所承担,而消费者的主体也是本村的农民以及邻近村落的农民。因此,农村产业结构具有很强的自我循环性,不太需要与村落外的其他产业要素进行交换,形成彼此独立的产业群。同时,由于农村劳动力流动性非常低,农村里的各个产业或者行当都是具有自我复制性的,村里的工匠们往往是子承父业,子孙复制祖辈的行业规范和技术。在我童年时所居住的胶东半岛农村(掖县梁郭公社,现在这个镇已经没有了),村里面有很"齐全"的产业,这个产业群包括油坊(负责榨花生油)、铁匠屋(负责铸造各种铁制农具)、豆腐和凉粉屋(负责制造一些粉条、豆腐、凉粉等副食品)、编织队(负责编织手提袋、篓子、簸箕、柳条筐等生产或生活用具),另外还有为数不少的石匠和木匠,在农业劳动的间隙从事石料加工和家具制造。甚至,在我生活的村子里,还有比较专业的牙医。这些行业,一般都传承给自己的子孙,因此这种自我复制性多少带有"家族绝活"或独特的知识产权的性质。但是,我们应该注意到,这些产业群的自我复制性,只是传统农业社会中封闭的自给自足的一种表现;如果市场拓展到一定程度,产业也同样能够演变成为具有竞争力的市场主体。在我童年所居住的村子中,编织业后来甚至能够出口外销,而一些乡村的制造业在当地也有一定的声誉,在市场竞争中获得一定的市场份额。当代农村产业结构是向外部市场开放的,不再具有自我复制性,而是服从外部市场需要。自给自足的封闭社会被打破后,乡村产业结构和职业结构也充分市场化了。

三、传统农村社会评价体系的历史延续性和评价机制的软性化

农村的社会评价是依靠农村村落里的居民世代相传来进行的,邻里

之间的闲言碎语（即西方人所说的 gossip）对农民行为的约束力很强。所谓社会评价体系的历史延续性，指的是农村中对一个人的评价往往不仅看这个人的行为和品质，同时还要考察这个家族在历史上的行为和伦理积淀。这个道理我们在分析农民的行为时已经有过详尽的分析。同时，农村中的社会评价机制是软性化的，即农村中一般很少运用比较硬性的社会指标去评价人，也缺乏这样一些指标。城市可以用银行账户、学历、职业性质等标示自己的信誉，甚至在城市中已经发展出一些标准的机构和模型来表明一个人的信用，但是在传统农村中是没有这些评价形式的。农村中的评价还是依靠口碑，而口碑的激励虽然在形式上是软性的，但是实际上的约束力往往超过那些硬性的指标。

四、农村治理结构的非制度化

传统的农村治理，一般是通过一些非正式的制度，比如在农村中，对村落事务有裁判权的，往往是家族中有权威有声望的长辈，而依据的标准，又是这个村落中长期流行的伦理规范或乡规民约。在乡土社会中，正式的法律制度，尤其从西方的法律传统生出的法律体系，由于不能适应中国传统农业社会的社会结构，往往处于失效的状态。因此，如何结合我国乡土社会的道德资源，促进法律的本土化，是法学界的重要课题。正式制度安排如果能够与非正式的制度安排很好地结合，就可以提高农村的治理水平；如果忽视这些非正式的制度安排，一味强调正式制度尤其法律规范，往往达不到预期的目的。"送法下乡"，有时候效果很有限，因为真正在乡村治理中起作用的，还是那些乡土的、非正式的制度安排。[1]

五、农村权力结构中宗族势力与地方能人势力的结合

在农村的权力结构中，传统上以宗族的势力为核心，这是建立在家族传统和宗法关系基础上的一种治理方式。一般而言，政府力量难以渗入农村的治理中，尽管在民国时期，我国建立了保甲制度，但是这种保甲制度是一种外部强加的行政体系，很难与原有的治理结构很好地融合。虽然民国时期政府制定了非常完善和详细的正式法律，来规范这种保甲制度，但是并没有达到预期的目的。费孝通先生把农村中原有的组织制度称为"事实上的体制"，而把这种政府强加的制度称为"法定的体制"。他指出，这两种体制是相互排斥的，保甲是一种"强加的行政体制"。因此，在农村的权力结构中，宗族的势力似乎是一种比较具有生命力的力量，但随着农村的逐步演变，农村中宗族的势力开始微弱下降，而地方能人势力开始上升。在当今的农村地区，由于农村普遍实施自治和直接选举，村里的权力结构倾向于那些有着较强行政能力以及其他人脉资源的能人，这些能人由于能够带领村民发展生产而受到农民的拥戴。从某种意义上说，华西村等富裕村的崛起，从某种程度上说是地方能人发挥作用的结果。地方能人在某种意义上相当于现代的企业家，富有企业家精神，能够有效地调动和整合农村的资源，他把整个村落的经济当作一个企业的经济形态去运作，从而在农村中引入了市场观念和竞争观念，引入了企业家精神和企业管理的基本理念。在经济市场化的进程中，这种地方能人的作用将越

---

[1] 苏力：《送法下乡：中国基层司法制度研究》，北京：北京大学出版社，2022 年。
苏力：《法治及其本土资源》，北京：北京大学出版社，2022 年。

来越取代传统的宗族势力而成为农村权力结构的核心。

六、农村交往体系的差序格局

"差序格局"[1]这个概念，是一个很生动的名词，表明传统农村中的交往体系，是按照与自己亲缘关系的亲疏来安排的。农村交往中这种差序格局极大地影响了农村商业关系的基本形态，也影响了农民的交往理念。当农民走出这个狭小的村落、进入更为广大的城市，从而进入一种更为复杂的人际网络的时候，他往往还是本能地幻想依靠原有的亲缘关系，甚至在城市里复制这种亲缘关系。值得注意的是，广东、福建等沿海地区的一些农民，当他们漂洋过海到美国之后，仍旧在美国建立起一种类似于农村亲缘关系的交往网络，现在很多所谓的"宗亲会"就是这种农村亲缘关系的一种翻版或扩大。

第四节 乡土社会向契约社会转型中农村伦理与农民行为的变化

一、从乡土社会到契约社会

以上我们概括了传统农民和农村乡土社会的一些特点。值得强调的是，以上所概括的农民行为特征只在一定的历史维度内有意义，如果脱离了传统农业社会和文化语境，我们的很多结论就会发生变化，就应该被修正。比如，我们在前面论述的关于农民行为特征中的个体主义和保守主义特征，在经济转轨和制度变迁剧烈的情况下，可能并不适合对另外一些农民群体的描述。在我国很多地区，农民的自发合作、农民的集体化经营、

---

[1] 参见费孝通：《乡土中国》，北京：商务印书馆，2022年。

农民的创新性行动，已经获得了令人赞佩的成就。新的观念、新的合作机制、新的市场原则被引入农民的意识，就会极大地改变农民的传统行为特征。因此，理解农民，应该以这种动态的方法去把握，而不是以一种僵化的、教条化的态度去理解。

而在乡土社会向契约社会转型的过程中，农村的社会伦理和农民的行为也会发生若干引人注目的变化，值得我们探讨。正如费孝通先生所指出的，差序格局的乡土社会与团体格局的市场社会，其达成交易的基础自然是不同的，前者赖于由熟悉带来的信任，而后者赖于由契约所保障的权利与义务的清晰界限。因此，两种社会格局的交易半径就大相径庭。我用"交易半径"这个术语表示达成有效交易的交易主体的广度，传统乡土社会的交易仅限于交易主体熟悉的范围，而契约社会的交易可以扩展到与交易主体完全陌生的他人。因此，契约社会中交易主体的广度就得到空前的扩展，甚至扩展到与自己根本没有任何接触的人群。现代社会中的绝大多数交易，都发生于陌生人之间；一些现代金融产品和衍生工具的交易，甚至不需要交易者有任何面对面的接触。这些交易方式，在传统的乡土社会是难以想象的。"我们怎么能够相信一个我们从来没有见过面的人呢？"这是一个习惯于乡土社会游戏规则的人自然而然发出的疑问。在乡土社会里，我们只能信任我们熟悉的人，我们对不熟悉的人抱着天然的拒斥和怀疑。由怀疑陌生人，乡土社会中的交易者很容易发展为"欺骗"陌生人：一方面乡土社会中的人自以为与陌生人的交易概率极低，因此偶然的欺骗所造成的成本（包括收益成本和声誉成本）都很低；另一方面，乡土社会中的交易者对交易对方的诚信水平存在着质疑，因此"先下手为强"的欺骗有利于交易者避免更大的损失。

二、社会转型中的伦理失序

在乡土社会向契约社会过渡的过程中，道德的断裂和失序是不可避免的。道德规范在乡土社会中是无形的，人和人之间有着天然的缘于地域、血缘和宗族关系的信任感，他们互相熟悉，因而互相欺骗的概率极低，而互相欺骗的成本极高。一旦在乡土社会中发生了欺骗行为，欺骗者就会给整个家族带来恶名，从而整个家族世代积累起来的美誉就会面临毁于一旦的危险。互相熟悉的人们就会以"闲言碎语"的方式来传播欺骗者的行为，从而使欺骗者未来的交易收益受损，交易达成的概率大大降低。但是向契约社会过渡的过程中，人们由于社会关系的扩展，而不得不将交易扩展到陌生人的范围；然而一个来自乡土社会并熟悉乡土社会游戏规则的人还没有学会如何适应这个陌生人的世界，还不知道如何以契约社会的方式来进行交易，也不知道在受到其他陌生人欺骗的时候如何以契约来维护自己的利益与尊严，而更严重的是，整个社会还没有为契约社会的到来准备必要的法律环境和惩罚激励机制。这个时候，普遍的不信任感就产生了，欺骗成为交易者的最优选择。

从熟人社会变成了一个陌生人的社会，交易规则发生了变化。而且你发现，越是发达的社会，越是更加鼓励陌生人之间的交易。比如说现在大量的金融交易都是看不见交易对手的，你还能说一手交钱一手交货？像淘宝网，你根本不知道谁在卖这个东西、他长什么样子，你也根本没必要打听他的祖上是不是守信，因为网上交易，互相不见面。传统的银行还要见个面，填个表格，可是在互联网金融借贷平台上，借贷双方是不见面的，所以这种社会的激励机制、约束机制都发生了深刻的变化。

这就出现了"共同体内外的行为悖论"。一个人在一个共同体内部是好人，一旦出了共同体之后，就突然变成一个坏人，他不惜欺骗他的交易对手。一个共同体内部,其好处是:第一,他的行为容易被观察到。第二,行为具有长期性。第三,共同体内部通过平时的舆论进行监督,可以对非道德行为进行惩罚。但是在共同体外部,惩罚机制就没有了,它往往会诱发人的短期行为。在农村社会的转型过程中,在构建现代农村的商业体系、金融体系和市场机制的时候,我们一定要特别注意这种变化,从而更好地构建现代化的乡村治理、现代农村商业体系和现代农村信用体系。

第四讲

中国农村经济体制变迁（一）：
人民公社的诞生与演变

第三讲我们探讨了中国传统乡土社会的社会结构与组织特点。新中国成立之后，传统乡土社会自身的弱点和局限性也显示出来，根深蒂固的小农经济意识、农民分散的决策机制、乡土社会的封闭性和保守性、小农经济本身的脆弱性和低效，导致传统农村要融入现代化和工业化是非常难的。传统农村社会的组织结构天然地跟工业化和现代化相抵触。这一点，近代以来几乎所有有识之士都认识到了。小农经济阻碍了中国的现代化和工业化，这几乎成为中国近代以来知识界的共识。本课程第四讲和第五讲的主题是研究新中国农村经济体制的变迁，其中第四讲探讨人民公社体制的诞生与演变，第五讲探讨家庭联产承包责任制的演变及其绩效。

"人民公社"这四个字，在研究当代中国的时候是最最关键的核心词汇之一；如果不理解人民公社的话，根本难以打开当代中国这本大书。现在年轻的同学们对"人民公社"这四个字很陌生，因为你们都是"90后"，离那个时代非常远,一定会感觉有距离感,因此有必要对人民公社的来龙去脉做一番功课,仔细探究一下人民公社为什么会产生,它与当代中国经济社会发展到底有什么样的契合点;同时,还要深入人民公社内部的整个架构,看看这套制度到底是怎么安排的,其目的是什么,要深切反思这套制度,到底利在什么地方,弊在什么地方,对中国整个当代经济社会的影响到底有多大,对于我们选择未来的发展道路造成哪些影响。人民公社的历史太丰厚、太沉重了,它不会随着历史很快消散,它至今还在产生着影响;不要把它作为一个过时的、陈旧的东西而简单抛弃和遗忘掉,而是要真正深刻反思它的根源和利弊。

第一节 人民公社制度的历史渊源(一):中国大同思想

人民公社体制有着深刻的历史根源,无论中国还是西方,都有着源远流长的大同思想和乌托邦思想。中国古代大同思想有着悠久的传统,儒家最早提出了大同的概念,《礼记·礼运篇》中对大同世界的描述十分经典,是每一个中国人都应该会背的经典。这段话非常漂亮,非常精到,可以说一字不可易。"大道之行也,天下为公,选贤与能,讲信修睦。故人不独亲其亲,不独子其子,使老有所终,壮有所用,幼有所长,矜、寡、孤、独、废疾者皆有所养。男有分,女有归。货恶其弃于地也,不必藏于己;力恶其不出于身也,不必为己。是故谋闭而不兴,盗窃乱贼而不作,故外户而不闭,是谓大同。"这个大同世界的主要特点就四个字,"天下为公"。这四个字的力量很大,后来被近代革命者孙中山先生作为他的施政纲领。这里面既包含着政治的追求,如"选贤与能",它不是世袭制,而是民主制,即选举贤能之士来治理国家。里面还有社会理想,即"讲信修睦"，社会道德非常高尚，伦理秩序非常和谐。每个人都有高度的社会担当和道德意识，互敬互爱，其社会保障制度也十分完善，"不独亲其亲，不独子其子，使老有所终，壮有所用，幼有所长，矜、寡、孤、独、废疾者，皆有所养"。男的有劳动的职业，女的都有所归属，都有一个好家庭。"货恶其弃于地也，不必藏于己。"世界上的财货，不要到处抛弃，但是也不必私有，应该是大家共同享有。"力恶其不出于身也，不必为己。"每个人为社会做贡献，但是不必为了自己，而是为了公共利益。最后达到什么目的呢？"谋闭而不兴，盗窃乱贼而不作，外户而不闭。"这个社会没有暴乱、盗窃等不良行为，各种阴谋、坏现象不会有产生的土壤，大家夜不闭户，安乐和谐，这就是大同世界的理想。这个理想很有感召力，令人鼓舞，中国知识分子很少有人能抵御这种道德上的感召和诱惑。

　　古代各派思想家都提出了他们对理想社会的构想。比如说农家，提倡"并耕而食"的理想，人人劳动，没有剥削，社会生产基本上以自给自足的农业为主，但存在若干独立的手工业，并进行着农业和手工业产品之间的交换，交换按等价原则进行，没有商业欺诈；不存在脑力劳动和体力劳动之间的分工，不存在专业的脑力劳动者，连君主也和人民"并耕而食"。但是农家的理想，尤其是自给自足的小农思想和反对脑力劳动者"不劳而食"的思想，孟子就很不赞同。《孟子》有一段就讲到孟子跟农家的辩论，那个人说，我们农家主张一切都是自给自足，就连皇帝、官员都要自己织布，自己生产。孟子非常明确地提出社会需要分工。为什么脑力劳动者应该得到一份收入呢？是因为他在社会中扮演了一定的社会分工角色，所以脑力劳动者可以"不劳而获"，实际上脑力劳动者也是劳动的。那个农家学派的人不太理解，凭什么皇帝和官员可以不劳而获呢？孟子讲，社会是有分工的，劳心者和劳力者同时都是社会分工的一部分，都付出了劳动，因此没必要所有人都要付出有形的生产劳动。

道家的理想社会是小国寡民的社会，"鸡犬之声相闻，民老死不相往来"，这是老子的《道德经》中讲到的。所谓小国寡民，就是人类不追求集体劳作的大同世界，而是把人类分成很多互相隔绝的小区域，人民在这些小区域中维持自己的生存，大量的人类文明都存而不用，比如说废弃文字，不使用工具，不使用车，有兵器也不用，有文字也不用，达到"抱朴守真"的境界，"复归于婴儿"，这是老子的理想。回到朴实的社会，守住人们的纯真，复归于像婴儿一样真诚的天然的世界。这是道家的理想社会。

秦汉之后，大同思想有所发展。农家类型的，以东汉张鲁的五斗米教为最典型。五斗米教相当于一种宗教组织，内部有极其严格的分工，有非常严密的社会组织。这个人在《三国志》里面有记载，他在汉中这个地方废除了当时正规制度中的一些官吏设置，设"祭酒"分管部众，各祭酒的辖区设义舍，放置义米、义肉，供行人无偿取用。对部众的管理强调用说服教育方式，对犯法的人也首先教育，宽恕三次不改而后处罚，小错罚以修路百步。五斗米教是政治、军事、宗教、民事管理的综合性统一管理的体系，史称"政教合一"。五斗米教对中国人的影响太大了，它建立了一个具有共产主义性质的社会，财富的分配是很平均的，同时它特别强调诚信，强调发展生产，对于婚丧嫁娶以及日常生活开销采取供给制。同时，五斗米教也有严格的清规戒律，以维系它的组织架构和运转效率。

道家学派的大同思想发展的代表是陶渊明的名篇《桃花源记》中描述的大同世界。魏晋时期，陶渊明写了这篇千古传诵的名文，这篇文章是纯文学的想象，可是这篇文学的想象对中国人影响甚大，1500年以来，中国人被桃花源弄得神魂颠倒。桃花源就是一片人间乐土，隔绝人世，在桃花源里，人们对于外界的治乱兴废完全无知，"不知有汉，无论魏晋"，过着一种非常和平、宁静的田园生活，非常美。我们现在讲田园梦，或者叫小农的最高理想，我认为就是桃花源的理想。当然，桃花源是假想的，没有真正实现过，这反映了魏晋时代老百姓渴望安定，渴望宁静生活，不希望战乱的一种理想。

农家类型和道家类型的大同理想在清代以及近代以来仍有所表现，太平天国的《天朝田亩制度》和章太炎的《五无论》（"五无"即无政府、无聚落、无人类、无众生、无世界）分别是二者的典型。但是，在中国近代的大同理想中占主要地位的却是儒家的大同类型，它被许多资产阶级代表人物用来表达自己的社会理想，其中最为著名的是康有为和孙中山的两种大同理想。康有为写了《大同书》，设想未来的大同社会是一种以生产资料公有制为基础、没有剥削的社会。生产力高度发达，物质文化生活水平很高；国界消灭，全世界统一于一个"公政府"之下，没有战争。政治上实行资产阶级民主共和国制度，没有贵贱等级；男女完全平等，家庭已消灭，不存在父权、夫权压迫。康有为提出要去国界，世界大同；去家界，婚姻完全自由。《大同书》对近代资产阶级革命有很大的影响。孙中山热烈地向往大同理想，提倡"天下为公"。他在给民生主义下定义时说"民生主义就是社会主义，又名共产主义，即是大同主义"。他认为这几个概念都是差不多的。孙中山把通过"平均地权""节制资本"所建立的社会叫作"大同"社会，是因为他自信在中国革命后建立起来的民国是一个只有"文明善果"而无"文明恶果"的理想社会。这是一个"自由、平等、博爱之境域"：全部土地均归国家所有，消除私人垄断土地的现象，国有土地可以租给私人耕种或用于工矿事业；国家投资经营大型的铁路、矿山、航运等能够控制国民经济命脉的企业。孙中山的这些理想都是中国人自古以来就有的思想，不是由西方启发才产生的思想。我们这个大同世界的思想传统没有中断过，大同思想一直是中国人的一个理想，成为中国人追求的一种梦想。

第二节 人民公社制度的历史渊源（二）：西方乌托邦思想

西方的乌托邦思想也是源远流长。乌托邦（Utopia）本义为"没有的地方"或者"好地方"。"乌"是没有，"托"是寄托，"邦"是国家，"乌托邦"三个字合起来的意思即为"空想的国家"。这个翻译真是绝妙。柏拉图最早谈到过乌托邦的架构，他认为乌托邦从上到下有三个阶层：护国者、卫国者、劳动人民。护国者是受过严格哲学教育的统治阶层，卫国者是保卫国家的武士阶层，乌托邦内还存在劳动人民，即奴隶，但是奴隶不属于任何一个阶级。乌托邦的领导为哲学王，属于护国者阶层。乌托邦里，阶层是世袭的。在乌托邦社会里，不存在个人幸福，社会无限地强调城邦整体。从柏拉图描述的乌托邦的组织和运作来看，其境界与中国《礼记》中记载的大同世界差得好远，完全不在一个层次上。

最早的空想社会主义者托马斯·莫尔写了名著《乌托邦》，乌托邦实际上就是柏拉图讲到的理想国，他讲了一个人航海到一个奇乡异国"乌托邦"的旅行见闻。在那里，财产是公有的，人民是平等的，实行着按需分配的原则，大家穿统一的工作服，在公共餐厅就餐，官吏由秘密投票产生。他认为，私有制是万恶之源，必须消灭它。另一本乌托邦的名著是《太阳城》，它是早期空想共产主义者意大利人康帕内拉的重要代表作。他抨击了由私有制产生的各种弊病和罪恶，主张废除私有制。同时，他描绘了一个理想的社会制度，在那里，人人必须劳动，而且一切生产和分配活动都由社会来组织。康帕内拉在《太阳城》中提出的空想共产主义的体系，是其后很多空想社会主义体系的雏形。后来，傅里叶、圣西门、欧文三大空想社会主义者构想了一个十分庞大但又十分诱人的社会制度，马克思、恩格斯对傅里叶、圣西门、欧文有极高的评价，认为这三个人提出了天才的设想，但是这些设想又基于人类灵魂最深处的精神需求。

  大家不要以为空想社会主义或中国古代大同思想，是一种没有任何现实性的空想，是一些"疯子"或者"痴人"的不切实际的突发奇想，是痴人说梦。实际上并非如此。我觉得每个人内心深处都有这种大同理想或曰乌托邦梦想，不分古今，不分中外，都有这种理想。古往今来，这种内心深处的追求和向往是共同的，这种理想当然也会激励一批人在某个历史阶段产生想要实践这个理想的冲动。在人类的漫长历史上，这种冲动屡见不鲜。人类除了经济需求以外，还有内心深处的一种更高的追求，就是人和人互相联合、人和人相爱、人和人共同构建一个平等的大同世界的强烈需求；这个心理需求，甚至超越了人们对物质的需求。假如一个人看到儒家大同世界的描述之后心情不激动的话，这个人恐怕基本上可以说没有人性了；当一个教徒在教堂中听基督教描述的未来世界，上帝之下人人平等，如果这个人不激动，恐怕这个人的良知基本上也就不存在了。所以，我们讲人民公社，要追溯这种理想在中国乃至西方的思想渊源，看到这种理想乃一种人类亘古就有的崇高理想，但是这种理想在实践和尝试的过程中会遇到很多挫折。人民公社是一场伟大的试验，这个试验既有它的辉煌、伟大、天才的创造性的一面，同时这个伟大的试验也付出了令人沉痛的、沉甸甸的代价。

第三节 人民公社体制的早期发展：从高级社到人民公社

人民公社化运动，并不是一场突如其来的运动。人民公社化运动实际上是 20 世纪初叶以来中国农民合作试验的一个合乎逻辑的发展，同时，我们也要认识到，人民公社也是新中国赶超战略、工业化和现代化的国家目标得以实现的一个制度基础。1949 年之前，共产党进行了大量农民合作的实验，取得了丰富的经验。1943 年 11 月，毛泽东在陕甘宁边区劳动英雄大会上，发表了题为《组织起来》的演讲。这篇演讲实际上可以视为对未来中国农民合作和人民公社的一个遥远的设想和展望："在农民群众方面，几千年来都是个体经济，一家一户就是一个生产单位，这种分散的个体生产，就是封建统治的经济基础，而使农民自己陷于永远的穷苦。克服这种状况的唯一办法，就是逐渐地集体化；而达到集体化的唯一道路，依据列宁所说，就是经过合作社。"

新中国成立前后，东北和华北等地区较早开始了大规模的农民合作试点，到了 20 世纪 50 年代中期，各地的合作社试验都有了相当的规模。当然这个过程是充满波折、争议和挑战的。农民的小农意识根深蒂固，要在短期之内改变是很难的。20 世纪 50 年代末期的"大跃进"运动，以暴风骤雨般的气势，将合作化运动推向一个高潮。在这个巅峰时期，毛泽东认为，一些合作社有条件进入一个更为高级的合作形态。有一次他到天津、河北去考察，看到有些村的合作社叫"公社"，这使得他大为兴奋。后来毛泽东就写了一个"人民公社好"的题词，于是这个崭新的名字就传遍了大江南北。不能不说，人民公社化运动在执行层面有过激的倾向，到 1958 年年底，全国的人民公社达到 2.3 万多个，有 1.28 亿农户、5.6 亿农民进入了人民公社，占全国农户总数的 99%。从初级社、高级社到人民公社，这个过程比较短，有三四年时间，就全部进入人民公社。

1958年5月，中共召开了八届二次会议，提出"大跃进"，当时的口号叫"鼓足干劲，力争上游，多快好省地建设社会主义"，这就是总路线。当时喊得最多的口号是"总路线万岁，大跃进万岁，人民公社万岁"。这些激动人心的口号喊遍了中国每个角落，代表着那个时代的一种普遍的渴求。

中共八届二次会议认为，中国完全有条件发展到极高的合作形态，同时，中国的工业也有可能在短时间迅速赶超英国和美国。当时社会提出了"超英赶美"的目标。我经常强调，要理解中国当代历史，尤其是农村史，有几个关键词应作为一切理解的前提，其中最重要的一个关键词是赶超战略，所有的成就、失败、经验、教训都与赶超有关。为了迅速赶超西方发达国家，就要创造一整套体系和制度，于是合作化、人民公社化、粮食统购统销制度、高度计划经济体制等，都与赶超有关。20世纪50年代中华人民共和国肇创之初，中国连一辆自行车都造不出来，赶超英美岂不是一个极其脱离实际的痴人说梦？但是，经过近三十年的奋斗，中国已经建立起比较完备的工业体系；经过七十年的奋斗，中国的工业经济和整个经济实力已经在全球占据重要的地位，中国成为第二大经济体，中国的工业化和现代化已经取得了世界瞩目的成就。在"大跃进"时期，农业方面提出了"以粮为纲"的口号，提出很高的粮食指标，工业方面提出"以钢为纲"的口号，提出全年钢产量达到1070万吨。为了完成钢铁指标，全国都在大炼钢铁，农村的小高炉到处都是，农民把自己家门上的铁环都拿出来炼了铁。当时制定的很多指标都超越了当时中国农业和工业生产力的实际，同时文化、教育、卫生各个行业都在搞"跃进"。

"大跃进"的出现，有深刻的社会和经济根源，有它的合理性，也有它不现实的一面。当时毛泽东提出来，在农村，小的合作社人少、地少、资金少，不能进行大规模的经营，不能使用机械。小的合作社仍然束缚了生产力的发展，不能停留太久，应当逐步合并。有些地方可以一乡为一个社，少数地方可以几个乡为一个社。这个问题提得对不对呢？一部分是真理，如果合作社很小的话，确实规模收益受到制约，农业生产的机械化很难实施。但是，这个思想也不全对，因为这个判断忽视了中国的小农经济有多么根深蒂固，农民的意识和生产组织的改变都不是一蹴而就的，要用很长的时间来适应。"大跃进"时期政策制定者过高地估计了农民的接受能力，对中国农村的复杂性、农民知识的缺陷、农村组织化的难度缺乏足够的认识，有些头脑过热。

"大跃进"运动的一个积极的遗产是农田水利建设的大规模推进。随着农业合作的迅猛推进，随着人民公社化的深入，生产组织的规模更大了，中国农村大规模的水利建设和农田改造就提上了日程。我们看这些修堤坝、修水库的图片，在20世纪五六十年代，这样的场景在全国每个农村都在进行。从密云水库等这些巨型的水利工程，到村里面的小型水利建设和农田改造，其推进速度真是前无古人，现在我们还极大地受惠于那个时代所遗留的水利工程。我们今天到农村去看，所有的农田水利设施几乎都是毛泽东时代留下的遗产，这些水利工程修建的成本极低，都是千百万农民义务劳动所建成的。大规模的农田水利建设使得农田的可灌溉面积得到大幅度提升，这对于中国的农业发展和工业化非常重要。

并社高潮出现在1958年5月左右。辽宁9600个社合并为1461个大社，平均每社2000户，万户以上的社9个，最大的1.8万户。河南在1958年五、六月份之后，把原来的4万多个社合并成3万多个。安徽省最大的社达到8600户，1958年开始并大社的运动。1958年8月29日，中共中央发出了《关于在农村建立人民公社问题的决议》,并指出:"在目前形势下,建立农林牧副渔全面发展、工农商学兵互相结合的人民公社,是指导农民加速社会主义建设,提前建成社会主义并逐步过渡到共产主义所必须采取的基本方针。"在这里面提出十个字:"农林牧副渔,工农商学兵"。农林牧副渔是产业结构,在一个人民公社中,产业应该是多元化的,不是单一农业产业,还有林业、副业各方面产业。工农商学兵是内部的社会结构:这里面有工人,有工人就要有工业,即乡村工业(也就是改革开放之后乡镇企业的前身);商就是乡村的商业,包括供销合作社和信用合作社;学就是教育,人民公社要提供教育,要提供从幼儿园到大学的全方位教育;兵就是人民公社要具有军事功能。其实人民公社就是一个把政治、军事、教育、文化、社会统一起来的无所不包的社会机构。它代替了政府的功能,它既是政府管理部门,又是一个生产组织单位,既提供公共品,又要负责协调生产,多种功能集于一身。人民公社几乎无所不包,其目标函数过于复杂,这是导致后来人民公社运转失灵的主要原因之一。

第四节 以土地集中为标志的"合作":人民公社的制度安排

人民公社和原来的高级社有什么区别?首先,从规模而言,人民公社比高级社大得多,人民公社都在2000户以上的规模,到了1958年左右,人民公社的规模达到万户,甚至几万户以上。我小时候所在的山东掖县梁郭人民公社,大概十几个村子一个公社,以每个村几百户上千户计算,就是1万户左右。在这样大的一个公社共同组织生产,可见难度应该是很大的。

其次，高级社有退出权，但是人民公社基本没有退出权。退出权是非常重要的，它是保障合作社和任何俱乐部有效率的基本要素。如果一个俱乐部或者合作社不能保障成员的退出权，那么就会有很多人搭便车，整个俱乐部或者合作社就不会有效率。退出权是保障合作社效率的一种可信威胁。到1962年，《农村人民公社修正条例（草案）》中就没有退出权的规定了，这是人民公社体制中一个极其重要的制度设计。为什么没有退出权？就是为了维持人民公社的稳定性。其实这又回到刚才讲的柏拉图的理想国的价值观，即个人幸福是不重要的，整个理想国的幸福才最重要。

最后，在高级社中，虽然土地和主要生产资料归合作社集体所有，没有土地报酬了，但是社员还有私有的生活资料，以及零星的家禽、家畜、农具等，这些都由社员私有。但是人民公社时期，土地全部归生产队所有，所有土地包括自留地、自留山、宅基地等一律不准出租、买卖，实现了财产更大规模的公有制。这个确实超越了当时农村生产力的发展水平，同时也超越了农民的认识水平，农民不认同把自己家里的生产资料全部归人民公社所有。当然，这些制度安排，在人民公社后期也做了若干调整。

土地私有权一旦被取消，农民作为微观经济主体的自主选择权就没有了，农民丧失了土地，只好参加集体的劳动，接受集体的一切分配方法，所以农民不能决定自己种什么、种多少，也不能决定农业剩余的分配。土地收归集体所有，使得本来零散的农业生产，各家各户的分散决策，都成为社会主义制度下高度集中的计划经济体制的一个组成部分。人民公社制度，就是把每一个个体农民，一盘散沙的个体农民，都捆绑在社会主义这个大轮子上，你必须跟着滚，必须跟着这辆大车往前跑，每一个人都被这个大车轮裹挟着前进,这件事意义重大。从弊的一端来看,农民的自由度小了,对农民个体的幸福一定会产生深刻的影响,个体的权利、自由会受到很大影响,财产权和自由选择权的剥夺甚至给农民造成灾难性的影响。但是从利的一端来看,农民被迫加入了中国工业化和现代化的历史洪流中,他再也不能置身事外了,哪怕是一个边远的少数民族山村的农民,都被迫加入这个洪流,这样就把中国传统的农村社会一下敲碎了,极大地促进了农民的组织化、农业生产的规模化、农业经营的现代化。把传统农村社会敲碎之后,又把乡土社会重新以高度的政治意识形态黏结成为一个高度统一的整体。所以毛泽东很厉害,一方面颠覆了传统乡土社会的一切结构,另一方面把所有农民纳入了人民公社的系统,使农民加入了整个国家工业化的潮流之中,成为工业化的一部分,他们的国家意识、集体意识也空前增强了。看待人民公社,必须从利弊两方面综合看,不要感情用事,要客观。

人民公社时期农业生产绩效怎么样呢?1960年前后,中国发生了大规模的饥荒,粮食产量急剧下降,但是全国粮食总产量除了这个短时间的波动之外,在新中国成立后到改革开放之前的大部分时间是稳步上升的。在这一期间,粮食播种面积没有太大的变化,甚至有些时间还下降了,但是粮食总产量从1960年开始,一直在平稳增长。农业合作化到人民公社时期虽然存在着微观经济主体激励不足、农业生产效率不高这样的问题,但是确实在中国工业化过程中保证了粮食的供给和大量剩余的及时供应。同时,我们也要看到,人民公社体制极大地提高了中国农业的现代化水平。土地收归公有之后,现代农业生产经营和技术推广才具备了基本条件;同时,农民被空前组织起来,大量投入到农业的基础设施建设中。在人民公社时期,中国的农业现代化有了质的变化,这也是必须承认的一点。

近代以来，农业现代化一直是中国人的一个梦想。可是在1949年之前，农业现代化只是一个梦想而已，根本难以实现。但是在20世纪50年代末期至70年代，农业现代化突飞猛进，成为一个现实。1958年中国的机耕面积仅仅是351万公顷，占耕地面积3.3%，1978年机耕面积达到4067万公顷，占耕地面积将近41%，二十年间上升了40个百分点。同期，灌溉面积占耕地面积的比重由30%上升到45.2%，这表明农业基础设施建设和农田水利建设取得了显著的成效。大力兴修水利，建立各种水力发电站，同时兴建各种工厂，带动了中国的乡村工业化，带动了中国大量的社队企业的发展。1978年之后的乡镇企业为什么突飞猛进，其基础是人民公社时期的社队企业。在人民公社时期，农村机电灌溉面积变化非常大，1952年是1.6%，1978年是55.4%，说明由电力推动的灌溉增加了，这是农业现代化的基本标志。1952年中国有98个农村小型水电站，农村用电量仅仅是0.5亿度；到1978年，发展到82387个水电站，农村用电量达到253.1亿度，这个变化是很大的，这些变化都得益于人民公社的体制优势，这一点我们也要认识到。

自留地问题是人民公社体制中一直存在争议的问题。说到底，自留地问题，涉及农民拥有多少自由的问题，即有多少自由可以决定自己种什么、怎么种，以及有多少自由可以决定收益和剩余的分配。1956年召开的中共八大上，陈云在发言中就曾指出："许多副业生产，应该由社员分散经营。不加区别地一切归（农业生产合作）社经营的现象必须改变。……在每个社员平均占地比较多的地方，只要无碍于合作社的主要农产品的生产，应该考虑让社员多有一些自留地。"

在人民公社化初期，自留地一度被取消。虽然1958年中央《关于在农村建立人民公社问题的决议》中只是要求"一般说,自留地可能在并社中变为集体经营",但地方上的落实却更为激进。如《嵖岈山卫星人民公社试行简章(草案)》中规定"在已经基本上实现了生产资料公有化的基础上,社员转入公社,应该退出全部自留地"。而嵖岈山的做法又为许多地方所效仿。所以在人民公社的运行过程中,中央的政策框架是一回事,地方上的实践和落实又是另一回事,地方往往比中央更激进,而且每一级政府都层层加码,使政策在执行层面上越来越"左"。这是计划经济体制和威权体制下的一个常见的现象。

自留地的收归公有使农民的生产积极性受到了很大影响。为此,1959年五、六月间,中共中央先后发布了《关于农业的五条紧急指示》《关于分配私人自留地以利发展猪鸡鹅鸭问题的指示》《关于社员私养家禽、家畜、自留地等四个问题的指示》等文件,多次提到要恢复自留地制度,指出自留地数量应按原来高级社章程规定,以不超过也不少于每人占有土地的5%为原则,自留地的生产经营和所得产品,都由社员自己决定和支配。同时,自留地长期归社员自由使用,不征公粮,不派统购任务,只是不准出卖、出租和转让。为什么1959年发出这个指示?就是刚刚发生饥荒的时候,发现原来过激的政策不对了,老百姓连自留地都没有,想自己吃点东西都没有,想养点猪和鸡都没有地方,这种过激的政策必须纠正,还给农民一些自主权。

1960年11月,《关于农村人民公社当前政策问题的紧急指示信》要求:"凡是已经把自留地全部收回的,应该拨出适当的土地分给社员,作为自留地。今后不得将社员的自留地收归公有,也不得随意调换社员的自留地。"1962年通过的《农村人民公社工作条例(修正草案)》则对自留地给出了更为宽松的规定,归社员家庭使用、长期不变的自留地可以占生产队耕地面积的 5%~7%。

除此之外，生产队还可以根据自身情况，经社员讨论后拨给社员适当数量的饲料地，以及在统一规划下，允许社员开垦零星荒地。社员的自留地、饲料地和开荒地合计可占生产队耕地面积的 5%~10%，最多不超过 15%。时断时续的"自留地"成为农村集体经济组织下的"边缘地带"，为促进人民公社时期家庭副业的发展和农民生活的改善提供了条件。在整个人民公社时期，自留地就成为一个具有一定弹性的制度框架，有时候收上来，有时候放下去，一收一放之间，保留了一定的灵活空间。

人民公社体制的剩余收益分配机制是怎么样的呢？我们看看统计数据。从 1958 年至 1978 年，在农村征购的粮食一般占粮食总产量的 20% 以上，最多的年份可达 39.7%（1959），但大部分年份未超过 30%。如果剔除返销农村的粮食，净征购量占总产量的比重一般在 20% 以下（1958 年、1959 年、1960 年三个年份超过了 20%），从 20 世纪 70 年代中后期开始低于 15%。1959 年左右的严重饥荒，与征过头粮有直接关系，有些地方在执行过程中非常激进，干部到农民家里查粮食，只要掀起锅来看家里有粮食，就要收走，这种过激的征粮手段产生了极其不良的影响。

从国家税收与农村人民公社基本核算单位纯收入的对比情况来看，20 世纪 50 年代末至 80 年代初，国家从农村人民公社提取的税收规模基本上没有太大的改变，一直维持在 30 多亿元。但随着人民公社基本核算单位纯收入规模的不断增长（特别是 20 世纪 70 年代以后纯收入规模迅速攀升），国家税收占人民公社基本核算单位纯收入的比重经历了一个不断下降的过程，从最初的 13% 左右下降到不足 5%。

人民公社内部的分配制度是如何安排的？1958 年，中央在《关于在农村建立人民公社问题的决议》中提出了人民公社内部收益分配的基本原则:"人民公社虽然所有制仍然是集体所有的,分配制度无论工资制或者按劳动日计酬,也还都是'按劳取酬',并不是'各取所需'。"但这一原则性的规定在人民公社化的初期并没有得到很好的贯彻,很多地方在执行中追求平均主义,试图一步走进共产主义。

嵖岈山卫星人民公社的章程中规定:"公社在收入稳定、资金充足、社员能够自觉地巩固劳动纪律的情况下,实现工资制。"而"在粮食生产高度发展、全体社员一致同意的条件下,实行粮食供给制"。全体社员,不论家中劳动力多少,都可以按照国家规定的粮食供应标准,按家庭人口得到免费的粮食供应。

大锅饭、大食堂在"大跃进"期间遍布全国,对人民公社农业生产、收益分配和激励机制建设产生了很大的影响。大食堂为什么能在中国农村迅速推开?这与中国农民的观念有着极为密切的关系。中国的小农一方面私有观念很重,但同时中国小农有一种冲动,即村社共产主义的冲动、农业社会主义的冲动,就是追求一种绝对平等。毛泽东在1948年4月晋绥干部会议上发表讲话,认为那种追求"绝对的平均主义"的农业社会主义思想是一种错误的思想,应该批判;但是在十年之后,即1958年左右,这种主张绝对平均的农业社会主义和村社共产主义思想,却在大江南北盛行。很多地方,从1958年开始就出现了大锅饭,场面很壮观,有时候几百人、上千人在一块儿吃饭。直到20世纪60年代初期,1962年、1963年左右,公共食堂才慢慢取消,在这四五年时间中,农村经历了一个经济严重衰退的过程。当时农民几乎把能吃的全吃掉了,在大食堂中浪费是普遍现象。所以说,中国农民要进入共产主义,首先应该改变的并不是物质生产条件,而是人的意识,小农意识是难以支撑共产主义理想的。总体来说,在人民公社时期,国家和农民之间的收益分配关系、人民公社内部的收益分配制度、土地制度等，都有很多值得检讨的地方，这些缺陷形成了一些较为扭曲的激励机制，导致农业生产的激励不足。这些问题，当时的决策者已经认识到了，并进行了一定的反思和调整。

第五节 人民公社时期的制度调整

1960年前后发生大饥荒之后，中共高层认为，人民公社体制要有所调整，这个体制原来有理想化的成分，对农民有过高的要求，对农民限制太死，应该加强各方面的激励，应该给农民更多的自由。基于这样一种反省，人民公社体制在后期做了若干重要的调整，主要目的是加强激励、提高效率。[1]

先是进行集体经济规模变动与基本核算单位调整。人民公社一开始是一切生产资料归公社所有，生产计划、劳动、物资、资金、社员生活全部由公社统一管理，这就出现了两个问题：一是信息不对称很严重，公社的领导者怎么会知道下面每一个村庄、每一个生产队、每一个生产小组、每个农民的情况呢？不了解这些微观的情况，其生产计划和生产组织都必定是盲目的。二是由于信息严重不对称，导致管理成本极端高昂，农民合作社最大的成本就是监督成本。现在你去办个农场试试，假定这个农场一千亩，你怎么监督农民呢？农民在那边是聊天还是在劳动，你是搞不清楚的。在这种监督成本极高、信息严重不对称的情况下，农民搭便车和偷懒的现象比较普遍，农民一下地劳动就开始放松了，因为没有人监督。所以核算单位太大、公社权力太大、生产资料全归公社所有、公社领

---

[1] 王曙光、王丹莉：《维新中国：中华人民共和国经济史论》第五章，北京：商务印书馆，2019年。

导机关统一支配一切的方法其实是错误的。1958年2月，郑州会议上提出农民公社整顿的方针是"统一领导，队为基础；分级管理，权力下放；三级核算，各计盈亏；收入计划，由社决定；适当积累，合理调剂；物资劳动，等价交换；按劳分配，承认差别"。这个思想是比较客观实际的。首先要把核算单位变小，以生产队为基础，不要那么大的核算单位；要适当积累，不要过高积累，积累太高之后，农民自己没有粮食，会饿死人的；强调等价交换，比如说公社要去村里面要什么东西，要跟人交换，拿钱来交换，你不能随意征用人家的东西。人民公社时期，在很多激进的地方，"一平二调"的现象很严重，随便动用人家的财产，破坏合法财产权，连最基本的私有产权都保证不了，农民还有什么生产积极性呢？

1959年3月17日，毛泽东在致各省、市、自治区党委第一书记的信中进一步提出研究生产小队（生产小组或作业组）的部分所有制问题。生产队下面还要搞生产小队或者是生产小组，不要太大了，要小一点。1960年11月3日，中共中央在《关于农村人民公社当前政策问题的紧急指示信》中又强调了以下几点：(1) 三级所有，队为基础，是现阶段人民公社的根本制度；(2) 坚决反对和彻底纠正"一平二调"的错误；(3) 加强生产队的基本所有制；(4) 坚持生产小队的小部分所有制；(5) 允许社员经营少量的自留地和小规模的家庭副业。1962年2月13日正式发出《中共中央关于改变农村人民公社基本核算单位问题的指示》，并指出，以生产队为基本核算单位，更适合于当前我国农村的生产力水平，更适合于当前农民的觉悟程度，也更适合于基层干部的管理才能，是调动广大农民集体生产积极性的一项重大措施。这些都是由血的代价换来的教训。

同时，在人民公社时期，也在集体所有制下尝试实行农业生产责任制。很多人都以为1978年之后实行了农业生产责任制，实际上，在1958

年、1959年大饥荒之后，很多地方就在慢慢推广责任制，因为意识到原来的体制激励不够。1961年《农村人民公社工作条例（修正草案）》中谈到："生产队是直接组织生产和组织集体福利事业的单位。""生产大队对生产队必须认真实行包产、包工、包成本和超产奖励的三包一奖制。可以一年一包，有条件的地方也可以两年、三年一包。包产指标一定要经过社员充分讨论，一定要落实，一定要真正留有余地，使生产队经过努力有产可超。超产的大部或者全部，应该奖给生产队。"这跟农村联产承包责任制很像。当时中央规定，生产队为了便于组织生产，可以划分固定的或者临时的作业小组，划分地段，实行小段的、季节性的或者常年的包工，建立严格的生产责任制。畜牧业、林业、渔业和其他副业生产，耕畜、农具和其他公共财物的管理，也都要实行责任制。有的责任到组，有的责任到人。

有的地方有领导地自上而下地执行"包产到户"；有的地方在实行田间管理责任制中，把下种以后、收割以前的占全年农活50%以上的田间农活包工到户，叫作"田间管理包到户"或"田间管理责任制"；还有的干脆就实行"包产到户"或"部分产量包到户"。一些地方甚至"分田到户"进行单干。这个时期的包工包产到户试行的面广，影响大。当时全国搞各种形式包产到户的，安徽全省达80%，甘肃临夏地区达74%，浙江新昌县、四川江北县达70%，广西龙胜县达42.3%，福建连城县达42%，贵州全省达40%，广东、湖南、河北和东北三省也都出现了这种形式。

所以，我们看到，20世纪60年代初期、后期，人民公社体制也在反思中不断调整，从生产单位的缩小、核算单位的缩小到自留地的调整、责任制和包产的推行，都说明这个体制自身也在不断地自我修正之中。

第六节 对人民公社体制的反思

人民公社是中国工业化和赶超战略的产物。新中国从1949年致力于国家的工业化和现代化，到现在大概六十多年，基本完成了工业化。这么迅猛的工业化在全世界没有先例。在这个进程中，农民的组织化、农村的合作化，包括人民公社，都做出了极其重大的历史贡献，也付出了极大的代价。

人民公社二十多年的时间，为中国工业化提供了大量的农业剩余，也为1978年之后的改革开放提供了大量的人力资本。对于这一历史事实，也要给予相当的尊重。在人民公社时期，农村公共品的供给达到了历史高度，在这一时期，农村教育普及，农村合作医疗、农村社会保障、农业基础设施建设、农田水利的兴修等，都得益于人民公社体制。以农村合作医疗为例，20世纪70年代，联合国卫生署提出，中国农村的赤脚医生制度与合作医疗是全世界农村卫生工作的样板。毛主席说，把医疗卫生工作的重点放到农村去。这一时期，农村的健康水平乃至全国的健康水平提高很快。农村消除了大规模的传染病和流行病，儿童的死亡率达到全世界最低，这些都是得益于中国农村实行的农村合作医疗制度。对于这一点，我小时候是有切身感受的，村里的赤脚医生随叫随到，村民看病几乎不收费。这个体制优势，在改革开放之后反而丧失了，导致在农村教育、农村医疗、农村社会保障、农田水利和基础设施建设方面，出现大面积的倒退，到现在还是在补课。

邓小平在1978年之后讲到"两个飞跃"的问题。他说中国农村在改革开放之后，必须经过"两个飞跃"：一个飞跃是由人民公社到农村联产承包责任制的飞跃，这个飞跃解决的是激励问题，分配制度改变导致农民生产积极性提高；第二个飞跃，是由一家一户的小农经济向规模化经营的现代化农业飞跃。从邓小平这个讲话来看，人民公社退出历史舞台实际上是一个策略性的变革。从我们上文的探讨来看，人民公社体制并不是一个落后的、倒退的、腐朽的制度，从它的原理来看，从它的出发点来看，人民公社制度是中国农业现代化的必由之路，它是一个总的方向。因此它不是一个落后的制度，恰恰相反，仅仅从制度设计层面来看，它是一个极为先进的制度；可是，正好是因为它极为先进，大大超越了当时农村的生产力水平，超越了当时老百姓的认知水平，因此，人民公社必然存在内在的深刻的问题，这些问题导致人民公社体制本身必须进行调整。

从20世纪60年代发生严重饥荒到1978年，人民公社体制在不断调整，这个调整是一个连续的过程，不要认为人民公社一夜之间突然就发展到农村联产承包责任制了。农村人民公社过渡到农村联产承包责任制是一个自然的过程。在人民公社的实践过程中，就埋下了很多变革的种子，比如说自留地的变化、社队企业的发展、激励制度和分配制度的变化、包产到户的实践等，为改革开放之后的农业变革奠定了基础。

因此，这两个时期，即1978年之后的时期和1978年之前的时期，有其内在的关联，不是断裂的。人民公社为改革开放的启动留下了大量的历史遗产，比如社队企业的发展，为乡镇企业发展奠定了基础。人民公社时期培养出来的人力资本，支撑了中国的工业化，支撑了中国的现代化，也支撑了1978年以来的改革开放。不应该割裂地看待两个时期，特别是不要把前三十年说得一塌糊涂，这不符合实际情况，也不是一种科学的态度。

改革开放以来，我们抛弃了人民公社时期的一些错误做法，农民的产权得到更多的尊重和保护，农民自由选择的权利得到尊重。随着经济社会发展，这些方面都有了深刻的变化，这是时代的进步，也是时代发展的必然。回望人民公社的历程，实际上很多体制因素都是我们今天在农业经营体制变革和农村发展方面需要进一步汲取和借鉴的，这就需要我们对人民公社这一历史遗产有一种客观的扬弃的态度，把"扬"和"弃"结合起来，而不能简单化地一概否定。

第五讲

中国农村经济体制变迁（二）：
家庭联产责任制及其绩效

第一节 关于人民公社体制的七个假说

第四讲我们主要探讨了人民公社体制的产生与演变，对人民公社体制的历史根源、制度安排以及制度调整进行了全面的考察。第五讲主要讲1978年之后家庭联产承包责任制的产生与发展，探讨其历史意义和历史局限。在开始讨论家庭联产承包责任制之前，我们需要先系统地反思一个问题，即人民公社制度为什么会瓦解？其内在根源到底是什么？我们可以提出几个假说，这些假说要经过很严密的论证。我们今天不展开讲，只是提出一些初步的想法。

第一个假说是"激励不足假说"。即人民公社内部没有适当的激励机制，收益分配机制有问题，导致农民不愿意投入劳动，而是采取偷懒的搭便车的方法。实际上，后来人民公社体制的一个主要调整就是收益分配机制的调整,比如自留地的调整。

第二个假说可以叫作"生产力水平或经济发展水平约束假说"。人民公社制度是一套比较理想的体制,这套体制其实是很先进的,但是却严重脱离了当时农村的经济发展水平,也就是生产关系的发展严重脱离了当时生产力发展的水平,政策制定者过于理想化,对于小农经济的顽固性和农民小农意识的顽固性没有充分的估计。这就导致人民公社体制与当时的农村生产力水平、农业技术水平、农民组织水平不相匹配。

第三个假说可以称为"监督缺陷假说"。人民公社是一个几万人左右的庞大的合作社,农业生产的监督问题一直是一个棘手的问题。有些人说在人民公社中农民的幸福指数很高,为什么呢?因为存在着监督困难,很难监督农民的行为。监督有缺陷,信息不足,农民的约束机制就不行,最后导致合作社失效,因为搭便车的太多了。

第四个假说是"退出权假说"。在人民公社中农民退出的权利被剥夺,这对一个俱乐部或者合作社来说是致命的。没有了退出权,合作社成员就必然理性地选择搭便车,合作社就丧失了提高效率的动力,因为缺乏成员"退出"的威胁。

第五个假说可以称为"规模边界假说"。合作社的管理成本、监督成本、信息对称的程度、内部治理的效率,与合作社的规模密切相关。如果合作社规模比较合适,则其信息比较充分,管理成本能够得到控制,这个合作社就是有效的;相反,如果突破了规模的边界,合作社的规模太大,则这个合作社一定会面临崩溃,因为会存在大量的信息不对称,会出现大量的监督问题和激励问题。一个人民公社少则两三万人,多则五六万人,监督成本、组织成本之高不可想象,信息不对称很严重,组织生产、调配资源的复杂性极高,这就不得不动用强大的政治力量和意识形态来支配资源、监督劳动、动员农民的积极性,但这些东西是不能持久的。

第六个假说可以称为"契约假说"。一个农民加入一个合作社,其前提是出于自愿,他根据自己的资源禀赋情况,来计算他的成本收益,最后决定是否加入。在这种自愿的情况下,他和合作社之间就有一个基于平等和自由选择的契约。在合作社运动的早期阶段,也就是在初级社和高级社阶段,农民加入合作社基本上是自愿的,政治上强制性的因素比较少(但也不能说绝对没有);而到了人民公社化阶段,在很短的时间内就跳跃到人民公社,几乎在几个月之间全国农民都加入了人民公社,这背后的动力是什么,是农民的自发自愿行为吗?很显然,政治压力和意识形态压力是非常重要的因素。所谓"成也萧何,败也萧何",当运用政治意识形态鼓舞甚至强迫农民加入公社的时候,人民公社发展当然非常之迅猛,但是其崩溃得也快,因为没有了农民的自愿自发行为,这个合作社就失去了稳固的基础。要经过合作者之间长时间的相互博弈、相互妥协、信息沟通,还要设计完好的机制,才能持续维系一个合作社的效率;但是,人民公社基本上不是一个渐进的自发的过程,而是一个非常激进的过程,这个激进的过程破坏了农民与合作社之间的平等契约关系,从而成为强迫性的。

第七个假说可以称为"产权缺失假说"。在人民公社体制下,农民的土地所有权、收益权和处置权,包括其他财产权,基本上都是缺失的,这就扭曲了激励,这个方面我们在上一讲已经有充分的讨论。

以上我们提出了七个假说,用这些假说来阐释人民公社体制为什么最终在中国大地上消失。深刻理解了人民公社体制消失的原因,我们才能理解家庭联产承包责任制的出现有它的道理,但这个道理千万不要归结为人民公社体制落后。由于政治宣传的偏颇,导致很多年轻人在这方面有理解误区,认为人民公社制度太落后,所以才崩溃了。这个逻辑不仅是糊涂的，而且是有巨大误导的。我们今天从这个反思出发，来探讨农村家庭联产承包责任制问题，首先是梳理一下这个体制变迁的过程；其次，以小岗村这个例子来探讨农村家庭联产承包责任制的历史意义到底在什么地方，局限在什么地方；最后，我们还要探讨农村未来的经营体制应该怎么样变革，理解农村体制的"否定之否定"的历史规律。

第二节　家庭联产承包责任制的探索与推行

家庭联产承包责任制，也就是承包制、包干制这些东西，其实并不是什么新名词。20世纪50年代末期人民公社推行之后，在各个地方就不断出现承包制、包干制、责任制等各种试验和探索，1978年之后的家庭联产承包责任制，实际上是这些试验和探索的一种合乎逻辑的延伸。

我们首先梳理一下中国农村土地制度从20世纪50年代初期到改革开放之后的变化。第一个阶段，在新中国成立初期的土地制度改革中，其目标就是实现"耕者有其田"。土地改革激发了劳动人民的积极性，解放了农业生产力，农业生产突飞猛进。到1952年年底，全国广大解放区的土地改革已全部完成，土地由剥削阶级所有转为归农民所有，实现了"耕者有其田"的目标。土地改革之后每个农民都获得了几亩土地，千百年来第一次成为土地的主人，确实激发了农民的劳动热情，你如果读一读那时反映土地改革的一些小说，会真切感受到劳动人民得到土地之后对共产党的感情是多么深。土地改革之后，很多知识分子到农村去学习，北京大学很多教授都被派到各个农村去参观，当时北京大学经济系老教授、五四运动的发起人之一周炳琳先生深受触动，清楚了为什么共产党会夺得天下。

第五讲 | 中国农村经济体制变迁（二）：家庭联产责任制及其绩效

可是土地改革之后没多久，就开始了第二个阶段，即农业合作化运动和人民公社化运动阶段。当时著名的农业经济学家、燕京大学的学者董时进，给毛主席写了一封信，坚决反对土地改革分地之后再把土地收上来，认为这必将带来消极的后果。可是这封信据说毛主席根本没有看到。合作化运动开始后，大概分以下两个小阶段：一是初级农业合作化阶段。先是建立农业生产互助组，在土地和其他生产资料私有制和分散经营的基础上实行劳动互助；进而建立农业初级合作社，农民通过土地入股、集中经营、统一分配的方式联合生产，其实就是把土地的农民私有制转变为农民私有、集体统一经营使用的土地制度。在这个阶段，实际上土地改革之后所形成的土地的农民私有制就逐渐发生了变化，此时土地和生产资料表面上还是私有制的，土地可以入股，但是集中经营，统一分配，进行联合生产。二是高级合作社和人民公社化阶段。1955 年推广高级合作社，取消了按土地和农具入社分红的制度，开始把农民的土地所有制改变成了合作社性质的劳动群众集体所有。1956 年高级社达到 54 万个，1957 年全国有 74 万个高级社，1958 年又合并成 2.6 万个人民公社。高级社的产生和人民公社化运动，跟当时中国农村的经济情况是不匹配的，导致农民积极性受到了打击，激励制度解决不了，平均主义盛行，高度集中的劳动方式老百姓又不太接受，所以农业经济的发展从这个角度来讲，受到一定的约束。但是另一方面，规模化的农业生产和农业基础设施的大规模改善，也促进了农业的现代化。这两方面我们都要看到。

第三个阶段就是家庭联产承包责任制阶段。20 世纪 80 年代初期，中国开启了农村改革，这是一个非常重要的历史转折点，从而形成中国农村的基本经济制度。农村改革的标志为"包产到户（分田到户）"，即后来的"家庭联产承包责任制"（俗称"大包干"）。家庭联产承包责任制是一种农户以家庭为单位，向集体组织承包土地等生产资料和生产任务的农业生产责任制形式。它实际上是在不改变土地所有制的前提下，对土地产权进行重构；即在坚持集体土地所有制的前提下，改变了以往人民公社的集体经营体制，改变了农村土地集体使用、统一经营、集中劳动的方式，建立起土地集体所有、家庭承包经营、统分结合、双层经营的农村土地制度。

在家庭联产承包责任制中，农村集体组织跟农民签订一个协议，订好到时候交国家的公粮多少，集体提留多少，其余的都归农民，相当于古代的分成租佃制。农民在分田到户之后，就说了一句顺口溜："交足国家的，留足集体的，剩下的都是自己的。"在家庭联产承包责任制下，土地仍归集体所有。

大家注意，"双层经营"在这个地方说得还不是特别准确。双层经营有一部分是集体经营，那才叫双层，但是人民公社消失、承包制推行之后，双层经营变成了单层经营，集体经济在绝大部分农村都消失了，实际上中国又回到了小农经济。承包制的好处是暂时解决了激励问题，农民在分到承包地之后，劳动热情大大提高了。在承包制推行之后，国家一再将承包权的期限加长，从最初承诺三十年不变，到五十年、七十年不变。实际上，在农民心目中，三代人以上稳定的承包权就是一个永久的经营权，表面上看土地归集体所有，但实际上农民自己拥有这片土地，他就是这片土地的主人，这就相当于我国古代的永佃制。土地所有者把土地租佃给佃户经营耕种，这种租佃是没有期限限制的，租佃权永久属于耕种者，历代都可以种，而且这种租佃权成为一种独立的权利，与土地所有权一样，租佃权也可以继承、转让和交易。所以中国古代的永佃制中，土地的产权分割为两个独立的权利：一是所谓田骨权，即土地的所有权；

二是田皮权,即土地的经营耕种权。田骨和田皮都可以继承和转让。在永佃制下,农民认为他就是土地的主人,世代租种,而无所谓所有权,他就会以主人的姿态好好地侍弄这块土地,在土地上投入人力资本,维护土地的肥力不下降,这对土地生产力的保持是有很大益处的。改革开放以来的土地承包经营,相当于我国古代的永佃制,即土地长期给农户经营,他有稳定的经营权,可以继承。最近几年,国家也出于鼓励规模经营的需要,鼓励农民将经营权转让,也就是现在常说的土地流转,这个流转还是经营权的流转。我国目前的这个土地制度,相当于土地集体所有制下的永佃制。

现在年轻的同学们在学习中国当代改革史的时候,容易产生一个错觉,似乎农村变革是在一夜之间发生的,农村联产承包责任制是在国家号令之下,自上而下一夜之间推行的。这是一个严重的误解。实际上,农村变革,是一场酝酿时间很久、绵延时间很久的变革,经历了曲折的过程。1956 年就有浙江温州、四川江津等很多地区开始试验包产到户,但一直未获得中央的肯定。20 世纪 70 年代末期和 80 年代初期,安徽、广东、内蒙古、河南等地的地方政府和农民都冒着巨大的政治压力尝试包产到户,中央虽有激烈的争议,但基本还是采取了宽容和鼓励的态度。1980 年 5 月 30 日邓小平明确指出:"农村政策放宽后,一些适宜包产到户的地方搞了包产到户,效果很好。"对包产到户给予了明确的支持[1]。

1978 年年底的十一届三中全会尽管提出发展农业生产的一系列主张,但其中明确规定"不许包产到户"[2]。1979 年 4 月,中央批转国家农委

---

[1] 见《邓小平文选》,第二卷,第 315—316 页。
[2] 见《中共中央关于加快农业发展若干问题的决定》。

召开的七省三县座谈会《纪要》，提出"深山、偏僻地区的孤门独户，实行包产到户，也应当允许"；并指出其他地区搞了的，"如果一时说不服，也不要勉强纠正，更不能搞批判斗争"。1979年9月，中共十一届四中全会通过三中全会的农业决定，提出除某些副业生产的需要和边远山区、交通不便的单家独户外，"也不要包产到户"。1980年9月，中共中央召开省市自治区第一书记会议专门研究农业生产责任制，会议意见分歧很大，多次修改后的文件指出，现行体制"可以使群众满意的，就不要搞包产到户"；对边远山区和贫困地区，"群众对集体丧失信心，因而要求包产到户的，应当支持群众要求，可以包产到户，也可以包干到户"。直到1981年冬起草、1982年下发的中共中央1号文件（也就是第一个1号文件），在全国包产到户实践突破了按发达、边远落后地区划线的政策限制之后，才明确肯定了包括包产到户在内的"家庭联产承包责任制"的普遍合法性，并针对农民怕变的担心，宣布责任制"长期不变"。从1982年到1986年，中共中央连续发出五个1号文件，一再肯定包产到户政策长期不变，并审时度势地把体制改革推向农村的各个方面。对这个曲折的过程，杜润生先生作为亲历者与参与决策者，在《杜润生自述：中国农村体制变革重大决策纪实》中有着生动而翔实的描述。

一项涉及农村最根本产权制度的变革，最终经历了五年而终于完全被国家合法化。但是等到这项制度最终以法律形式固定下来，实际上已经到了2002年，也就是改革开放实行近二十五年之后。2002年，全国人大通过了《农地承包法》，确立了农户家庭承包责任制的法律地位。按照这部法律，全部农地的使用权、收益权和转让权，都长期承包给了农户；"集体"仍是农地在法律上的所有者，但其全部经济职能就是到期把所有农地发包给农民。农民在这个过程中获得了一系列的权利，这些清晰界定且长期具有法律效力的产权束给农民一种长久的激励,使他们愿意在土地上长久投入各种生产要素。

第三节 从凤阳小岗村看家庭联产承包责任制的贡献与局限

要观察家庭联产承包制的利弊,最好的典型案例是小岗村。2008年,就在改革开放三十周年之际,我带着北大、清华的几个学生去考察凤阳县小岗村。小岗村是中国农村改革的开启之地,对于中国现代发展史而言,这是一个不能不看的标志性的地方。现在,那里有一个纪念馆,来展示1978年发生的那个大家都耳熟能详的分地的故事。在1978年之前,小岗村年年有人出去要饭,春节期间出去要饭的人更多。小岗村原来是"吃粮靠救济,穿衣靠救助,用钱靠贷款,过年靠讨饭"。即使在集体所有制下,一个人诚实劳动,也不至于讨饭,因此小岗村这个事例,一方面说明了原来的人民公社体制下产权缺失和激励不足等严重弊端,另一方面也深刻地揭示了人性的问题。到了1978年,夏粮减产,这个时候大家就要商量怎么办。原来的集体劳动,能不能变成把地分给几户较小的单位进行生产?没有人同意。能不能兄弟之间合作共同生产?也不行。最后不得不一人一块地,把地分给每个农民。所以小岗村的故事,就是农民在不断把自己的生产单位变小的过程。在一个较大的生产单位中,即使是兄弟之间的合作,也难以达成,这是中国数千年小农经济所形成的最根深蒂固的心理结构。于是小岗村的18户农民,很悲壮地签订了一个协议,把地分了,每个人按了一个红手印。1978年11月24日这一天,就这样载入了中国经济改革的史册。很快,第二年小岗村就实现了丰收,交了公粮,而且还了贷款。当时的安徽省委书记万里,肯定了小岗村的做法,对小岗村不仅没有打击，而且给予了鼓励，觉得这个经验可以在安徽甚至全国加以推广。

从1979年至1985年，由于改变了农业生产的方式，由于缩小了农业经营单位，由于农民获得了空前的土地承包经营权和土地收益权，农民生产积极性和农业生产力被空前释放，农业经济出现了很大的增长，1984年粮食总产量达到历史高峰，解决了农村的温饱问题。应该说，家庭联产承包责任制开启了中国1949年以来第二个黄金时代。家庭联产承包责任制适应了农民作为一个小生产者的心理需求，释放了农民的能量，也适应了当时农村生产力的发展水平，这个调整是非常必要的。我经常跟大家分享老子说过的一句话："大曰逝，逝曰远，远曰反。""大曰逝"，像人民公社越搞越大；"逝曰远"，很多政策越走越远，这个"远"可以理解为政策的偏离越来越大；"远曰反"，一个事物发展到一定程度，物极必反，太远了就要回来。老子这九个字可以概括农民合作社和人民公社的发展规律，当然也可以概括分田单干这项改革的基本规律。

承包制改革，自有它的必然性和合理性。为什么一开始农民的土地承包制度激起农民这么大的激情，其根本原因在于这个制度激发了农民作为小生产者和小私有者内心深处最大的欲望，就是拥有自己的土地。对于农民分地和分割集体资产之后的兴奋，我还有些印象。我家在山东胶东地区，我那时应该是十一二岁，农村开始实行包产到户。那时最大的问题是如何处理一些人民公社时期留下的集体资产。耕种的牛马，农业机械如拖拉机、收割机、发电机、集体的房屋等，全都卖掉了，甚至被拆开卖掉，价格都低得难以想象。每天农民都处于兴奋中，因为每天都有"叫行"（拍卖）。早上起来村里大喇叭就开始广播"叫行了"，听到这个声音，农民连饭都来不及吃完，把碗一摔就跑出去了。我当时深切感受到，一个小生产者和小私有者在瓜分集体资产时表现出来的这种狂热性,这种狂热性确实深深地烙印在中国每一个老百姓的心目中。这个小农的文化传统,要充分地重视,也要给予充分的尊重。不尊重这一历史文化传统与农民心理积淀,就会犯过激的错误。这是农村改革之所以在一定历史阶段迅速取得成功的原因。

但是分田单干也有它的局限性。集体资产被分割,对于农业的规模经营是一个致命性的打击。开始春耕了,需要统一调配这些牛、马、机械、发电机,但是在分地分资产之后,都没法统一调配了,因为这些资产都分散在每个人手里,农业生产的统一规模经营就没有办法实施了。1978年之后,中国农业生产的机械化程度反而下降了。当然,人民公社崩溃之后,其他农村集体经济下的所有福利,包括农村教育、合作医疗、养老保障等,都一起烟消云散。同时,基于农业集体生产的一切大规模农业活动,包括大规模的农田水利建设,改造农田,改造土壤,修水渠、水库,平整农村道路,等等,也根本没有办法推行了。但是这些损失,在承包制推行的短时期中,农民、社会公众以及政策制定者是不容易察觉和体会到的,所以在农村改革初期,大家只看到农民在分地之后的生产积极性上涨,而没有看到农业规模经营的下降,也没有看到农村公共品供给的中断。但是时间越长,这方面的缺陷就体现得越充分,小农经济的弊端就暴露出来了。现在小岗村又在大力发展农民合作社,发展农村集体经济,这是大势所趋。

第四节 农村变革的制度经济学分析

1978年以来的农村变革从总体上来讲是成功的,农村改革的成功推进不仅使农业领域迅速改变了面貌,开启了中国的整个改革,同时农村改革也为我国整个经济改革奠定了基础。如果没有农村改革的成功,就没有整个经济改革的成功。

农村改革从制度经济学角度来看,是一系列的制度变迁过程。改革初期,经营了二十年的人民公社制度以及依附于这个制度的财政制度、分配制度一夜之间烟消云散。农民在自己的土地上(严格来说是在拥有承包权的土地上)焕发出与在公社土地上劳作时完全不同的工作热情;磨洋工的人不见了,农业的生产效率大幅提高,土地仿佛一夜之间被唤醒。我清楚地记得,在1980年之后,我们饭桌上的食品有了变化,冬天有棉鞋了,村里开始有人买电视机了……

人还是那些人,劳动资料还是那些劳动资料,土地还是那片土地,只是由于产权制度结构的调整,只是由于农民与国家之间的契约关系的变化,就使土地和人焕发出如此惊人的活力。反之,正是由于不合理的产权制度、正是由于农民和国家之间不合理的契约关系,才使农业劳动生产力的提升遭到了阻碍。通过四十多年的改革,我们似乎上了一堂最为生动、最有说服力,但同时也是代价最为高昂的一课。通过这一课,我们才明白,制度是重要的,而制度的设计要适合经济社会发展的状况,要尊重微观主体的意愿。

与企业改革相比,农村变革似乎是成本很低的。确实,在这场渐进的改革中,几乎找不到受损的一方。国家、地方政府和农民,都从这场变革中获得了收益。国家从改革中获得了农民的拥护,促进了国家的稳定,并使国家从粮食短缺的阴影中走出来,进入了一个粮食供应相对充足的时代。当然,更重要的是,执政党由于开启了这场改革并使农村改革获得了空前的成功,奠定了四十多年改革顺利推行的牢固基础,因此其执政的合法性也空前稳固。地方政府从农村变革中获得了更多的财源（尤其是允许乡镇企业的发展所带来的巨大财富），也乐于在改革中支持本地区的改革势力。农民是最大的受益者。农民从这场改革中取得了难得的土地承包权、经营自主权以及其他与土地联系在一起的一组权利。与人民公社相比，他们的自由大多了。分田单干之后，他们终于可以自己决定什么时候出工，而不必按照全村统一的铃声出工；他们终于可以决定在自己的土地上投入多少劳动力、肥料、技术和其他要素，而没有必要听命于一个统一的发号施令者；他们终于可以决定在自己的土地上种什么、种多少、怎么种，而没有必要按照上头的方法去统一种植一种东西；他们终于可以自己决定把粮食卖给谁，而不是按照统购统销的原则被迫把粮食卖给国家（1985年统购统销政策结束）；他们甚至可以决定到城市里打工，可以决定自己是否参与创办一个乡镇企业。农民从改革中所获得的自由，使他们的内在能量被极大地调动出来，而这些能量，成为支撑中国四十多年改革开放的重要基础。

虽然国家、地方政府和农民在这场改革中都是受益者，那么是不是我们的结论——制度变迁是要付出成本的——就是错误的？非也。从农村改革之后的结果看，确实各方都没有受损；但是，从人民公社制度确立到向农村家庭联产承包责任制变迁的漫长过程中，不论是农民还是支持农民分田的地方干部和中央政府里的改革派，都付出了巨大的成本。这些成本包括：

第一，农民在高度僵硬、没有任何自由选择权利的农业生产体制下，被迫在非常短的时间内由初级社向高级社再向人民公社过渡，生产积极性严重下降。20世纪50年代初土地改革之后，农业合作化的推行非常迅速。当大多数农民刚刚感受到土地改革带来的好处、多数人的愿望要求还停留在互助合作阶段时，就在批判"小脚女人走路"中匆忙完成了合作化；初级农业生产合作社建立后，又没有经过一段时间的巩固，就急忙完成从初级社向高级社的转变，有的农民是从互助组甚至是个体单干而直接跨入高级社的。而如此迅猛的所有制变革，并没有经过农民的同意，而是自上而下推行，严重违背了农民的意愿。初级社评工记分和股份分红，较好地体现了按劳分配原则和按生产要素分配原则的结合，调动了农民的积极性，使社员的个人利益与集体利益达到统一。在高级社中，生产要素退出分配领域，社员集体劳动，评工记分，按工分进行分配，已经有平均主义"大锅饭"倾向，但主体毕竟还是按劳分配，因此也能够在一定程度上调动农民积极性。而人民公社却实行供给制与工资制相结合的方式，这种分配方式实际上是奖懒罚勤，严重挫伤了农民的积极性。加上"共产风""命令风"、不自由的生活集体化，更使得农民对人民公社的优越性有所质疑。

第二，农民在这场"穷过渡"和"大跃进"过程中，付出了很大的代价。农民的个人财产受到极大的损害，"一平二调"就是无偿平调农民的劳动力和各种财产。

第三，农民和一些干部在尝试分田单干的漫长过程中付出了沉重的代价。农民是最理性的，与那些政策执行者和推动者相比，他们随时都是清醒的，因为任何政策都涉及他们的实际生活，是好是坏要到实际生活变化中去检验，让实践来说话。因此，农民对"大跃进"、大食堂、"穷过渡"、"一大二公"的人民公社体制，不断提出尖锐的意见，也不断有农民尝试包产到户，但是所有这些尝试，都被扣上"右倾"或者"修正主义"的帽子，受到激烈的批判。对人民公社体制和"大跃进"提出质疑的地方干部和中央干部也为此付出了惨重代价。我2008年5月到庐山，参观庐山会议旧址，真是感慨万千。

以上这些，都可以被视为在农村变革中付出的成本。当我们在安徽凤阳小岗村参观大包干纪念馆时，对这个制度变迁成本的理解就更深刻了。当年，小岗村的18户村民，是在秘密分田的契约上按了红手印的，他们冒着很大的危险，尝试了一件对以后的中国农村改革有深远影响的事情。回顾20世纪50年代至70年代的历史，我们就不难理解，为什么他们要立下这个生死契约，以及立下这个生死契约要付出什么代价。现在的人，很难想象那个时候的农民到底承受着多么大的政治压力。

可以说，农村改革的过程，是不断赋予农民更多自由权利的过程。从经济学理论的角度来说，农村改革的过程，是农民通过承包合约的签订而使自己的产权不断得到清晰界定的过程。这句话似乎有毛病。清晰界定的产权是各缔约方达成一项合约的基础和前提。如果各方的产权都难以界定清楚，双方如何缔约？这个经济学常识似乎每个人都应该明白。但是，农村联产承包责任制以及其他一系列农村改革，却是以完全不同的逻辑展开的：当缔约双方的产权界定还不清楚的时候，双方却已经开始缔约的博弈；而在缔约的过程中，双方的产权界定却越来越清晰。这样看来，似乎先有缔约，后产生清晰的产权界定。而这个看似悖论的逻辑展开顺序，恰恰是中国农村改革乃至于整个改革成功的奥秘所在。

周其仁教授在芝加哥大学"中国改革30年讨论会"上，做了题为《邓小平做对了什么》的发言，其中有一段话就谈到这个看似奇怪的"中国逻辑"：

"中国人创造的这个经验，让我们想起了科斯在1959年提出的一个命题：'清楚的产权界定是市场交易的前提'[1]。我们可以说，产权界定也是合约的前提——要不是双方或多方各自拥有清楚的资源产权，他们之间怎么可能达成任何一个合约？可是，中国的实践却提醒人们：恰恰是承包合约才界定出清楚的农民对土地的权利，因为在订立承包合约之前，作为集体成员的农户究竟对集体土地拥有何种权利，通常是模糊不清的。这是不是说，农户的产权反而是经由合约才得到界定的？在这个意义上，我认为可以得出一个新的结论：合约缔结与产权界定根本就是不能分开的同一回事。"

周其仁教授所指出的这个问题，确实是中国农村改革的一个关键所在：在合约缔结的过程中逐步使农民基于土地的产权清晰化，从而使更普遍的产权制度得以在中国农村确立。但是一个更深层次的问题是：在合约缔结之前，比清晰界定的产权更为重要的，是参与缔约主体的自由选择权。也就是说，参与缔约的各方，必须有足够的自由选择权，可以在缔约之前或缔约过程中选择以何种方式缔约以及缔结何种形式的合约。如果缔约的一方根本没有这种自由选择权，那么再清晰的产权界定都是无效的。

因此，改革是一组新的契约取代旧的契约的过程，本质上是一个重新缔约过程，但缔约的前提是缔约者的自由选择权。我在凤阳调研农民合作社的过程中以及后来写的数篇札记中，都强调合作社是"自由人的自由联合"。但是我国自 20 世纪 50 年代至 70 年代的农民合作化过程，从反面说明了在农村变革中，在农村合作化的过程中，如果不尊重农民的自主选择权，那么这样的合作社注定是要付出代价的。农民选择组建一个合作社，还是不组建一个合作社，以及要组建何种形式、何种层次的合作

---

[1] 中译本见《生产的制度结构》，第73页。

社，应该有自己的自由。他们必须出于自己的理性判断和成本收益计算，来决定自己是否加入一个合作社，而且在加入合作社之后，仍旧可以保留自己的退出权。这是合作社的灵魂所在。但是，在我国20世纪50年代后期的合作化运动中，农民的自主选择权利基本被忽视了。农民被剥夺了话语权，当他们的土地、劳动力、生产工具、生活用品被以国家和集体的名义征用的时候，他们没有说话的权利，没有反对的权利。

而我国农村改革近四十年的主要经验，就是尊重微观行为主体的自主选择。改革成功推进的过程，就是不断赋予农民各种合法权利的过程。当农民有了自由选择权的时候，此时的缔约才真正可以称得上是公平、正义的缔约，缔约的合法性才存在。

1962年7月7日，邓小平在接见出席共青团三届七中全会的全体与会者时说：

"现在出现了一些新情况，如实行包产到户、责任到田、五统一等等。以各种形式包产到户的恐怕不只是百分之二十，这是一个很大的问题。这样的问题应该是百家争鸣，大家出主意，最后找出个办法来。

"……生产关系究竟以什么形式为最好，恐怕要采取这样一种态度，就是哪种形式在哪个地方能够比较容易比较快地恢复和发展农业生产，就采取哪种形式；群众愿意采取哪种形式，就应该采取哪种形式，不合法的使它合法起来。……就是有些包产到户的，要使他们合法化。"[1]

那是大饥荒过去之后的第一年。以实践为准绳，不断把人民的意愿变成合法的行动，这就是邓小平的思维方式。这也是整个中国改革开放的逻辑。在这四十多年中，国家不断将人民的成功实践合法化，使之上升为

---

[1]《邓小平文选》，第一卷，第323—324页。

法律和正式的制度。

第五节 农村经营体制变迁的"肯定—否定—否定之否定"

21世纪初,"新农村建设"的口号再一次提出来。"新农村建设"确实是一个好口号。类似的口号在20世纪30年代被当时的国民政府提出过,然而占据乡村权威治理空间的乡村士绅体系、占据乡村行政管理空间的保甲制度、传统的宗族力量和残缺的农民土地所有权制度、政府包办式农民合作运动等,都不足以支撑国民政府的新农村建设的看似宏大的构想。

这个口号在新中国成立初期也被雄心勃勃的新政权提了出来。土地制度彻底改变,农民获得了土地的所有权;乡村治理空间发生了彻底的变化,新的政治代表人充当了村庄的权威,原有的士绅体系和宗族力量逐渐退出了历史舞台;乡村行政管理制度逐步转变为以政治控制为核心的体系,这种政治控制使原有的松散式的农村行政管理逐渐转变为集中式的农村行政管理;与此相适应的,是政府对农村合作制度充满理想的大力推动与基本务实的工作理念。因此,在新中国成立初期的一段时间,新农村建设取得了若干奇迹般的成果,农业生产的秩序和效率都提升了;农业要素的整合(包括劳动力、土地、生产工具以及信贷资金等)大大提高了农业劳动生产力,使粮食产量得以维持新中国成立之后百废待兴、工业建设高潮逐步到来、新政权行政体系不断膨胀的局面。

但是从20世纪50年代末期到70年代末期,新政权所实施的农村政策由于深受当时政治体制和意识形态的影响而逐步变得僵硬和单一化。在这种僵硬单一的农村政策体系下,产生了对农民所有生产要素自由支配权的全面干预与控制,而合作化在极短时间之内的迅速升级,剥夺了农民自由选择生产制度和分配制度的权利。对农业剩余的大规模强制性剥夺以及农民在人民公社中退出权的缺失，使农民对合作社制度和农村权威体系失去了信任，从而孕育着内部变革的可能性。以安徽凤阳小岗村为代表的草根力量，终于在一瞬间以一种戏剧性的方式颠覆和否定了原有的"大一统"的土地制度、乡村行政管理制度和治理体系，实行分田单干，揭开了中国农村改革的序幕。这一次对传统农村土地制度和管理制度的否定，获得了务实的中央决策者的默许式的激励，在一定程度上使各类农业生产要素的支配权重新回归到农民手中。农民有了土地的支配权，有了自己劳动力的支配权，有了对自己生产资料的支配权，从而使农村经济焕发了前所未有的活力与生机，农业生产在短暂的几年内就超越了历史水平，粮食产量之高甚至使农村在20世纪80年代后期出现了卖粮难的局面。

然而，在这场"否定"之后三十年，农村又面临着新的挑战，农村大规模凋敝、乡村治理体系瘫痪、农业生产效率和市场适应性的低下，使原有的农村生产关系又孕育着新的变革和"否定之否定"。在21世纪初期，"新农村建设"这个诱人的口号三次被提出。站在21世纪的门槛上，人们突然发现，分田单干也许只能解决温饱问题，但解决不了农民的致富问题。安徽凤阳小岗村，尽管衣食无忧、结束了出去讨饭的历史，但是农民收入不高，生活水准低下，人均收入竟然落后于凤阳县的平均水平。当小岗村还陷于"分"与"合"的争论中不能自拔的时候，有些村庄却在悄悄地行动了。一些村庄采取的农村建设模式是一种全方位的合作模式，对单干体制进行了"否定之否定"，很多地方的合作社和集体经济开始重新焕发生机。合作社几乎将一切生产要素加以重新整合，农民通过生产要素的整合提高了农业生产效率，使分散的小农经济转变为农业的集约化和规模化经营。

分散的小农与现代化农业产业之间的矛盾，封闭的乡土社会构造与现代社会运行体系之间的矛盾，是农村发展面临的主要矛盾之一。现代农业已经产业化，农业生产的各个系统需要高度组织化的体系与之相匹配，分散的小农在信息获取、签订契约、生产质量保证、市场开拓等环节难以适应农业产业化的需要。同时，封闭的乡土社会在人际交往方式、基层组织方面的劣势也非常明显，已经很难适应现代社会交往机制的需要。乡土社会以宗族、亲缘凝结起来的交往网络在现代的社会中已失去往日的优势，而农村现在又难以形成新的组织架构来代替原有的宗族与亲缘关系网络。因此，从农村基层治理的角度来看，与现代产业化的农业生产制度的内在要求相适应，农村迫切需要有新的组织化载体，来应对现代农业产业化带来的挑战。

这就涉及农民自组织能力的提升问题。改革开放四十多年来，我国农村的基层组织体系已经基本处于涣散的状态。联产承包责任制被视为我国农村改革最伟大的制度成就，这个制度也确实释放了农村的生产力，为我国改革开放的成功推进奠定了基础。但是凡事有一利必有一弊。联产承包责任制的推行，在另一方面也使得农民的组织化程度倒退到小农经济时代。我国有漫长的小农经济的历史，在这个长达几千年的过程中，造就了我国民众浓厚的小农意识。而农村"大包干"之后，小农经济又成为主导的经济形态。当"大包干"所带来的制度变迁的能量释放殆尽之后，小农经济内在的弊端就逐渐暴露出来。从某种意义上说，在农村改革四十年后，农村又面临着一次新的变革，这次变革的核心是提高农民的自组织能力，重新塑造农民的组织载体，鼓励规模化经营，以与农业产业化和农村现代化的内在要求相对接。

第六讲

中国农村金融制度（一）：
传统农村信用合作体系及其演变

第一节 我国古代农业信贷制度的简单回顾

一、古代"常平仓"运作原理与农村信贷机制

本讲主要是讨论传统农村信用合作体系，重点研究新中国成立以来我国农村信用合作的演变。在探讨新中国农村信用合作之前，我们还要把眼光放远一些，回顾一下我国古代和近代以来的农村信贷制度和信用合作的历史。我国农业发展历史悠久，农村金融和农业信贷体系的发展也有着非常长的历史，积累了很多经验。我们先从常平仓说起。古代的常平仓制度，是农业社会利用国家金融杠杆，进行农产品价格宏观调控的方法。它实际上是一种农村金融制度，也是一种宏观经济调控制度。

常平仓制度是封建时代国家利用季节差价买卖粮食以稳定粮食市场、控制物价的一种方法，其创行者是西汉宣帝时期的大司农中丞耿寿昌。史载耿寿昌创行常平仓制度乃"令边郡皆筑仓，以谷贱时增其价而籴，以利农；谷贵时减贾而粜"。农业生产季节性较强，在粮食收获季节，会出现粮食市场供过于求的情况，投机商人乘机压价，会使谷贱伤农；而在春耕时节，市场上粮食供应紧张，往往出现供不应求的局面，投机商人又可能哄抬粮价，导致农民耕作和城市居民生活受到影响。耿寿昌为这种制度取名"常平仓"，即是表明封建国家干预粮食市场以保持稳定市场价格的基本机制。

现在看来，这种方法非常聪明，我们老祖宗的经济智慧真是令人惊叹。实际上，常平仓制度的原理在我国春秋时期和战国时期都有应用。春秋末期越国就实行了"平粜"，范蠡在辅佐越王勾践时所用的《计然之策》谈到"平粜"。在战国时期的魏国也实行过"平籴"，据传是魏文侯的名臣李悝《尽地力之教》里的内容。在《管子·轻重甲》诸篇中论及国家利用货币和粮食两个工具对经济运行和市场物价进行干预的政策主张，也包含了若干常平的思想。汉武帝时期桑弘羊创立了平准制度，拓展了"平粜""平籴"制度，由国家控制粮食价格拓展到国家控制天下万物的价格，使"万物不得腾涌"。

我国古代除了常平仓之外，还有比较完善的农业信贷制度。《周礼》中就出现了有关借贷的记载：泉府负责向农民发放贷款，其贷款分为两种，一称"赊"，是对贫民生活困难的贷款，由于贫民要求借款不是为了经营求利，所以"赊"是一种无息贷款，"凡赊者，祭祀无过旬日，丧纪无过三月"，只规定还本期限而不取利息。另一种称为"贷"，是对生产经营者的贷款，"凡民之贷者，与其有司辨而授之，以国服为之息"。从《周礼》的论述来看，战国时期就存在国家通过信贷来赈济农民生活或支持农民生产经营的做法，而信贷这种做法比简单的常平仓更有利于人民生活生产，也能够在一定意义上遏制高利贷，是一种更深层意义上的常平仓。在汉代，"轻重论"者也提出了运用借贷这个经济杠杆来控制粮食价格的做法，即《管子》中所说的"布币于国"。封建国家统治者从民间高利贷活动中受到启发，仿效高利贷者的做法，由国家事先调查清楚全国每个乡的土地数量和粮食纺织品产量以及不同时期的价格变化情况，在每个乡准备好一定数量的货币作为放贷的基金，通过春借秋还，国家不仅获得一定的利润，平抑了物价，而且抑制了商人和高利贷者利用粮食差价操纵市场和掠夺农民的行为。

二、宋代王安石青苗法与农村金融体系的机制设计与历史贡献

王安石的青苗法，是古代农村金融制度发展的顶峰。即使从现代的角度来看，王安石在一千年前的很多制度设计都是很科学、很值得借鉴的。我们现在都在学习孟加拉国尤努斯创造的一套格莱珉模式，也就是孟加拉乡村银行模式。我们今天探讨王安石所创造的信贷体系，其中一些关键性的制度，几乎与孟加拉乡村银行如出一辙，可是比尤努斯早了近千年。[1]

在宋代，常平仓大多有名无实。在常平仓名存实亡的情况下，有些地方官为解决灾荒或青黄不接时农民的粮食问题或军食不足问题，也采取了类似古代信贷的方法，其中比较有名的例子是陕西路转运使李参和时任鄞县县令的王安石。

李参在陕西路转运使任上时，由于陕西"多戍兵，苦食少，参审订其缺阙，令民自隐度麦粟之赢，先贷以钱，俟谷熟还之官，号青苗钱。经

---

[1] 王曙光：《农村信贷机制设计与风险防范：以王安石青苗法为核心》，《长白学刊》，2009年第1期。

数年,廪有羡粮"。李参所用的方法,是在农民青黄不接的时候(春耕时节)根据自己预期的产量而向政府借贷一定数量的货币,等到秋收的时候再还款,这种信贷机制被实践证明是有效的。但是《宋史·李参传》并没有说明青苗钱贷放的具体利率水平。

王安石曾在鄞县(今宁波)做县令四年,1050年才调离鄞县。在鄞县的四年使王安石积累了丰富的执政经验并对民生状况有了较为全面的了解。王安石在鄞县除了大力兴修水利发展农业生产外,还进行了一项后来对其青苗法实施有直接影响的农村信贷活动。王安石发现鄞县的贫苦农民在饥寒交迫之时不得不以田地作为抵押,向豪强借贷从而遭到高利贷盘剥。为缓解这一状况,王安石将官仓的粟米,以较低的利率水平贷给贫民,约定秋收归还。邵伯温曾经记述:"王荆公知明州鄞县,读书为文章,三日一治县事。起堤堰,决陂塘,为水陆之利;贷谷于民,立息以偿,俾新陈相易;兴学校,严保伍,邑人便之。故熙宁初为执政,所行之法,皆本于此。"毫无疑问,王安石在鄞县"贷谷于民、立息以偿"的成功经验,使他坚定了改革常平仓而实行青苗法的信心。

以鄞县试验为基础,参酌李参在陕西推行的青苗钱例,王安石于熙宁二年(1069年)九月推出了青苗法。青苗法从内容上分两部分:第一部分解释立法意图;第二部分阐述青苗法具体实施办法。关于立法用意,青苗法做了如此解释:"人之困乏,常在新陈不接之际,兼并之家乘其急以邀倍息,而贷者常苦于不得。常平、广惠之物,收藏积滞,必待年歉物贵然后出粜,而所及者大抵城市游手之人而已。今通一路之有无,贵发贱敛,以广蓄积,平物价,使农人有以赴时趋事,而兼并不得乘其急。凡此皆以为民,而公家无所利其入,亦先王散惠兴利以为耕敛补助、哀多益寡,而抑民豪夺之意也。"

青苗法的立法意图主要可以概括为以下几点：第一，弥补以往常平仓和广惠仓制度之缺陷，运用货币借贷，可以解决谷物粜籴不当的问题；第二，缓解农民在青黄不接时的资金困境，使需要资金的农民可以较小成本获得国家贷款；第三，可以抑制豪强趁贫民饥寒之时以事兼并的状况，打击投机商和高利贷者；第四，可以借此平抑粮食价格，使国家可以控制粮食市场走势。

关于借贷的具体操作方法，青苗法做了如下规定："其给常平广惠仓钱，依陕西青苗钱法，于夏秋未熟已前，约逐处收成时酌中物价，立定预支每斗价例，出晓示，召民愿请，仍常以半为夏料，半为秋料。……请领五户以上为一保，约钱数多少，量人户物力，令、佐躬亲勒耆户长识认，每户须俵及一贯以上。不愿请者，不得抑配。其愿请斛斗者，即以时价估作钱数支给，即不得亏损官本，却依见钱例纽斛斗送纳。客户愿请者，即与主户合保，量所保主户物力多少支借。如支与乡村人户有剩，即亦准上法，支俵与坊郭有抵当人户。如纳时斛斗价贵，愿纳见钱者亦听，仍相度量减时价送纳。夏料于正月三十日以前、秋料于五月三十日以前支俵。"

除了青苗法通行法令中的这些条款外，各地方所加的补充条款也包含若干不可忽视的重要内容："结保请领青苗钱，每保须第三等以上有物力人充甲头；第五等户并客户，每户贷钱不得过一贯五百文，第四等每户不得过三贯文，第三等每户不得过六贯文，第二等每户不得过十贯文，第一等每户不得过十五贯文……在夏秋两次收成之后，随两税偿还所借青苗钱时，须在原借数外加纳三分或两分息钱。"

概括起来，青苗法中的信贷机制可以归结为以下几条：第一，农村信贷分两次发放，夏料在正月三十日以前发放，秋料在五月三十日以前发放，解决夏秋两季粮食未收获之前的资金短缺问题；第二，政府根据以往年份粮食价格，制定每斗粮食的价格，然后借款者根据自己的收成决定借贷谷物的规模，再折合为款项，借贷一般以现款发放；第三，根据贷款申请人的家庭财产情况分为五等（没有土地的"客户"算作第五等），来决定贷款规模；第四，贷款实行多户联保的方法，一般五户为一保（也有的地方是十户），每保需要第三等以上的有家产的农户作为第一担保人；第五，夏秋两季收成之后进行还款，还款时的利息为三分或两分，即年利率40%~60%（一年两次贷款，年利率为六分或四分，然而在实际执行过程中，利率多为四分）；第六，农户提出贷款申请须出于自愿，政府不能强行农户进行借贷（即抑配）；第七，在执行贷款的过程中，县令和县佐以及基层官员耆、户长需要对贷款申请人以及担保人进行详细的审查，对借款人家庭财产情况和个人信用品质（主要是要"检防浮浪之人"冒借）以及担保人情况进行考察，以确定借款人的资格与贷款额度；第八，农户还款既可以用现款，也可以折合为粮食还款，贷款一定要按期收回，不得损失政府的本钱，但遇到灾荒年份，允许展期。

从以上所引述的青苗法的政策意图和政策构成，尤其是青苗法的一些核心制度设计来看，客观地说，青苗法对于农户信贷的规定，与当今全球农户小额信贷奉行的一些基本原则非常类似，其制度设计有相当大的科学成分，其贷款审查程序的设计、风险控制手段的设计、贷款规模的选择等，均堪称严密规范，值得当今农村金融从业者借鉴，千载而下，亦令人叹服。兹一一详述之。

（1）用现代金融学的术语来说，王安石青苗法中实行的实际上是农户联保小额信用贷款。所谓信用贷款，即无抵押贷款，这是与农户尤其是贫困农户缺乏足够的抵押品相关的，而信用贷款也成为今日全球农户信贷的主流模式。王安石青苗法的机制设计中，核心的一条是联保机制，即五户或十户为一保，并选择有一定家庭财产和土地的农户为第一担保人。农户联保也是当今农户小额信贷比较通行的一种方法，在我国农村信用社实施的农户小额贷款中，有很大一部分即为农户联保贷款。而孟加拉乡村银行（即格莱珉银行）所实施的农户信贷，其所采用的小组制度，也具有联保的功能。因此，青苗法能够在一千年前就实施农户联保小额信用放款，这种贷款模式的创新是极有历史意义的。

（2）王安石已非常清晰地意识到政府在实施农户小额信用贷款中实行市场化利率的重要性和必要性。实行市场化利率水平（年利率40%应该是不算低的利率水平）与以往常平仓制度已经有明显区别，是一大制度突破。赈济贫民、调节农村经济、扶持农户生产，必须对原有的常平仓制度的弊端进行变革。

王安石认为："伏自庆历（公元1041年）以来，南北饥馑相继。朝廷大臣、中外智谋之士……思所以存活之，其术不过发常平、敛富民为饘粥之养，出糟糠之余，以有限之食，给无数之民，某原其活者百未有一，而死者白骨已蔽野矣。此有惠人之名，而无救患之实者也。"

改革常平仓制度的核心在于确定信贷的方法，而信贷的核心在于确定一定的利率水平。王安石明确论证了实行市场化的利率水平而不是简单地实行无偿赈济或免息贷款的经济原因，有一段论述非常精彩："政事所以理财，理财乃所谓义也。一部《周礼》，理财居其半，周公岂为利哉？奸人者，缘名实之近而欲乱之以眩上下，其如民心之愿何？始以为不请，而请者不可遏；终以为不纳，而纳者不可却，盖因民之所利而利之，不得不然也。然二分不及一分，一分不及不利而贷之，贷之不若与之，然不与之，而必至于二分者，何也？为其来日之不可继也。不可继则是惠而不知为政，非惠而不费之道也，故必贷。然而有官吏之俸、辇运之费、水旱之逋、鼠雀之耗,而必欲广之以待其饥不足而直与之也,则无二分之息可乎?则二分者,亦常平之中正也,岂可易哉?"

这段话清楚地表述了几个观点:第一,政事就是理财,理财才是真正的义;因此,批驳了反对者认为王安石关注理财而失于先圣之道。第二,指出农民对青苗法的普遍认可,原来以为没有人过来申请贷款,没有想到申请贷款者非常踊跃,原来没有想到农民会过来偿还贷款,没有想到还款者络绎不绝,其根本原因在于青苗法是"因民所利而利之",是真正的利民之法。第三,深刻分析了无偿赈济和无息贷款的弊端。对于贷款申请者而言,当然是缴纳二分利息不如缴纳一分,缴纳一分利息不如不缴利息而实行免息贷款,但免息贷款当然不如白拿(直接发放款项而不需偿还),然而免息或白拿的方法的最大弊端在于使政府的扶持资金不具有可持续性(所谓"来日之不可继")。因此必须执行相当于市场的利率水平,才能使之可持续。第四,王安石坚持用信贷的方法来扶持农村发展,并深刻分析了要收息二分的经济原因,实际上,王安石在此信中初步提出了根据贷款成本来确定利率水平的思想,这是非常超前和深刻的。凡是信贷必然遇到贷款成本问题,王安石提出贷款成本包括负责信贷的官员的行政管理成本、粮食运输成本、遭遇水旱灾害所造成的贷款风险成本、由于各种原因造成的消耗成本等。王安石提出,之所以必须要有较高的利息,原因在于这些成本很高昂,没有相当高的利率,就难以覆盖这些成本。运用市场化的利率水平而不是远低于市场均衡水平的利率来覆盖贷款成本和风险,这种思想产生于近千年之前,是非常难能可贵的。

(3)青苗法中关于贷款审核机制和贷款风险防范机制的设计也是值得肯定的。从贷款审核机制来说,青苗法中规定在贷款发放之前,必须对贷款人的资格进行严格的考核,这些考核的指标体系涉及贷款申请人信用水平和道德品格、贷款人家庭财产和收入情况、担保人的家庭财产情况等信息，在当时的经济发展水平下，这个指标体系可谓相当全面。从贷款风险防范机制来说，实际上包含多户联保机制、根据贷款申请人家庭财产规模来确定贷款规模的机制、运用市场化利率水平覆盖贷款风险的机制等，这些机制从广义上来说都是为了降低贷款风险。

但是，从农村信贷的机制设计和实施信贷的具体实践步骤来说，青苗法也存在若干漏洞和缺失：

1. 青苗法实施过程中"委托—代理链条"太长，导致行政执行体系行为紊乱，监管不力。常平广惠仓原来隶属诸路提刑司，青苗法实施之后贷款事宜仍由提刑司管辖；同时因需要将粮米兑换现钱，并令各路转运司一同办理。为推行青苗法，各路设常平官专司其事，全国共四十一员；各州置常平案，由通判一类官员负责转移出纳事宜；而在各县，则由县令、县佐直接督率耆、户长，管理借贷。从这个制度设计可以看出，为了实施推行和具体管理青苗贷款事宜，王安石等改革派设计了一个较为复杂的行政管理体系，从中央到州县，再到基层负责贷款的官员，其"委托—代理链条"较长。根据"委托—代理理论"，"委托—代理链条"越长，其实施过程中的信息沟通成本越高，信息失真的概率就越高，也就导致一项政策的实施绩效越差，实施成本越高。由于实施青苗法的行政体系紊乱，导致了各级各部门官员无法进行有效的监督和规范，使负责发放贷款的官员的行为与原来的制度设计相违背从而出现行为扭曲。苏轼与司马光等反对青苗法者，都列举了这方面的弊端，当然苏轼和司马光的描述中都有一定的夸张成分，但多少可以反映各级政府官员在推行贷款过程中的一些扭曲行为："官吏无状，于给散之际，必令酒务设鼓乐倡优或关扑卖酒牌子，农民至有徒手而归者。但每散青苗，即酒课暴增。……因欠青苗，至卖田宅、质妻女、投水溺水自缢者，不可胜数。""先朝散青苗钱，本为利民，并取情愿。后提举官速要见功，务求多散。或举县追呼，或排门抄扎。""所遣使者，或年少位卑，倚势作威，陵铄州县，骚扰百姓。"

客观地说，由中央政府下令推行的官方农户小额信贷，由于其实施者均为各级政府官员，政府官员为了扩大贷款额而必然采取各种与原有制度设计相违背的方法，从而导致官员行为扭曲紊乱，经年累月，积弊尤深，这是不可避免的一个结局。

2. 实施范围过广，在未经从容试点的情况下，仓促在全国迅速推行，导致其实施中的摩擦成本太高，而由于范围过广引起的信息严重不对称，导致青苗法推行过程中出现各种偏差。在青苗法的原有制度设计中，本来有这样的规定："兼事初措置非一，欲量诸路钱谷多寡，分遣官提举，仍先行于河北、京东、淮南三路，俟成次第，即推之诸路。"但是事实上，在河北、京东和淮南三路试行并没有多久，尚未"成次第"，也就是说尚未获得多少实际成效和积累多少经验，就匆匆忙忙在全国诸路派去了提举官而将青苗法加以普遍推行。而且，更为重要的是，在一国推行的难度、复杂程度、实施成本的高昂程度都远远大于王安石和李参等在鄞县和陕西一地所做的试验。未经从容试点而仓促在全国推行青苗法，导致三个后果：

第一，从制度变迁的视角来看，一项改革的成功推行，需要经过较长时间的学习过程和经验累积过程，而从容试点的好处在于，可以通过试点产生示范效应，从而使别的地区按照其经验教训，在制度变迁过程中自然产生一种纠错机制和自我完善机制。但是，青苗法在没有取得充分经验的情况下就急于在全国推行，其纠错机制和自我完善机制尚未建立，使新法推行充满不确定性。

第二，在仓促推行全国的过程中，各级管理者和执行者缺乏充分的经验和实践准备，因此在执行过程中出现混乱和扭曲势在必然；同时，由于仓促推行，青苗法实施的舆论准备亦不足，导致士大夫阶层大规模的反对，使制度变迁的摩擦成本过高，致使新法在一定程度上难以长时间维系。

第三，自上而下的纵向管理体系一旦形成，难以像王安石在一个局部地区所做的试验那样对执行者进行严格的筛选，也不能对实施的步骤、节奏和进程等进行较为自主和从容的把握与调节。因此，在一邑一乡行之有效的制度却难以在全国成功推行。

南宋朱熹曾经在《婺州金华县社仓记》中约略谈到了这一思想："青苗者，其立法之本意，固未为不善也。但其给之以钱而不以谷；其处之也以县而不以乡；其职之者以官吏而不以乡人士君子；其行之者以聚敛亟疾之意，而不以惨怛忠利之心，是以王氏能行于一邑，而不能行天下。"

3. 青苗法实施过程中出现的"抑配"，使自愿的农村信贷行为转变为强迫性的借贷，造成信贷行为的扭曲，容易滋生很多弊端。硬性的"散俵"或"抑配"，即执行贷款的人"以多散为功"，硬性逼迫豪强富户请领青苗钱，使得豪强富户不得不支付年利率为40%的利息，因而导致他们极"不愿请领"。梁启超也说："是故当时抑配有禁矣。而有司以尽数俵散为功，虽欲不抑配焉而不可得也。"虽然青苗法规定"不愿请者，不得抑配"，但是在实践中抑配的现象非常普遍，后来虽明令禁止，也难以根绝。司马光论及抑配时说："今出钱贷民而敛其息，富者不愿取，使者以多散为功，一切抑配。恐其逋负，必令贫富相保。贫者无可偿，则散而之四方；富者不能去，必责使代偿数家之负。春算秋计，辗转日滋，贫者既尽，富者亦贫。十年之外，百姓无复存者矣。"

王安石对抑配的做法向宋神宗做了如下的解释："臣以为此事（按指抑配青苗钱）至小，利害亦易明。直使州郡抑配上户俵十五贯钱，又必令出二分息，则一户所陪止三贯钱，因以广常平仓储蓄以待百姓凶荒，则比之前代科百姓出米为义仓，亦未为不善！"

王安石为抑配所做的辩护，其理由是认为假使政府对富户豪强进行抑配，可以征收一部分利息（王安石认为这个利息对于大户是可以接受的），而政府可以将这部分利息储蓄在常平仓中，灾荒之年时可以赈济百姓。王安石认为这个制度，与前代那种强令大户出米为义仓相比，并不见得更不好。虽然利用抑配之法可以从豪强大户那里获得一定收入以用于国家的宏观调控，但是王安石忽略了强行抑配对青苗法的信贷制度所造成的致命危害。而一旦自愿的信贷制度成为逼迫性和强制性的信贷制度，这种信贷制度则必然归于失败。

（4）青苗法具体的贷款实施层面存在若干漏洞，使其原有的较为科学的贷款风险防范机制极易扭曲。其表现大概有四：

其一，利率限制不够严格。执行青苗法的政府官员因行为不规范导致实际执行的利率在某些地区达到"倍息"的水平（即年利率80%），实质上已经成为官方发放的"高利贷"，这对贫苦农户而言成为不小的负担，流弊甚多。政府从这种较高利率的贷款中获得不菲的收入，以1073年（即青苗法执行第五年）为例，该年青苗利息即达到292万贯，为数颇为可观。

其二，贷款的监督机制不够健全。借款人一旦获得贷款，或使用混乱，或故意逾期不还，长此以往则容易形成不良贷款。在青苗法实施之前，王安石曾向苏辙咨询其对该法的看法，苏辙的分析实际上就涉及贷款监督机制的问题。而一旦监督机制有问题，单靠行政惩罚体系是不能解决问题的:"以钱贷民,使出息二分,本以救民,非为利也。然出纳之际,吏缘为奸,虽有法不能禁;钱出民手,虽良民不免妄用;及其纳钱,虽富民不免逾限。如此,则恐鞭棰必用,州县之事不胜烦矣……"

其三,联保机制有可能难以奏效。在实践中,富户对贫户的担保有可能根本难以实行,五户或十户之间的联保往往成为"联而不保"。不过这种五户或十户为一保、保内牵头的甲头称为"甲"的联保制度所形成的保甲这种农村行政组织倒是一直延续至近代。

其四,青苗法中并没有设计比较好的贷款偿还激励制度。成功的小额信贷模式必须有相应的还贷激励制度,运用贷款额度累积的方式对于信用好的借款人进行相应的激励,并对还款信用低的客户进行相应的"负激励"。但是青苗法中没有此类制度设计,导致贷款逾期的概率增加。

第二节 我国近代以来农村信用合作发展的历史演变

一、我国农村信用合作的早期历史(1920—1937)

我国农村信用合作发展的历史,最早可以追溯到20世纪初期。清末,在北京大学的前身京师大学堂,就开设了产业组合课程,由一个日本的讲师来讲授产业组合课程,也就是合作社课程。这是中国最早的合作社课程。1918年,北京大学成立了北大消费公社和学生储蓄银行,这些都是在五四运动前后成立的,这是中国公认的最早的合作社和合作金融机构,北大可以说领风气之先。

1919年8月,朱进之先生提出要发展合作银行,也就是平民银行。1919年10月27日,薛仙舟先生在上海创建了上海国民合作储蓄银行,这是南方最早的一家合作制银行。薛先生是我国合作化运动的先驱之一,可是很不幸，他在很年轻的时候就去世了，导致民国的合作化运动受到非常大的损失。

20世纪20年代，华洋义赈会成立。这个会成立的背景是当时北方发生旱灾，中外人士捐款来抗旱救灾。后来这笔款项没有用完，经过大家商议，就成立了华洋义赈会，拟订农村信用合作章程，在河北香河县开始中国最早的农村信用合作。这个章程最早是于树德先生主持制定的。于树德先生是北京大学的教授，中共早期的党员之一，也是跟李大钊同志关系非常密切的革命先驱，曾经受毛主席之邀到广州农民运动讲习所讲授过农民合作运动。章元善先生也是河北香河华洋义赈会的主要推动者之一，也是中国整个信用合作运动的领袖之一。

华洋义赈会为代表的信用合作社有什么特点呢？那个时候的合作社一般都仿照欧洲雷发巽式的信用合作，目的在于给农民低利息的资金，扶持他养成自助的能力。华洋义赈会明确，这不是慈善救济，这是信用贷款，让农民知道，你是要还钱的，尽管利息比较低。农民入社要经过考察，成为社员后需要认购社股；它的机制设计非常规范，而且只对社员进行放款。华洋义赈会对近代以来的农民信用合作有着非常大的影响，可以说奠定了近代信用合作的基础。

国民政府也在大力推动信用合作。1931年，国民政府制定了《农村合作社暂行规程》，规定了九大合作（信用、供给、生产、运销、利用、储藏、保险、消费、其他如建筑或改良品种之合作社）。1934年2月，国民政府通过了《合作社法》，明确合作社是一个法人，跟工商企业一样可以注册，而且可以享受免征所得税和营业税的优惠。这是中国最早的合作社立法，这很不简单。1935年在国民政府的实业部设立了合作司，专门负责资金调剂、人才培养等，政府的管理机构也建立起来了。1931年，江西瑞金成立中央苏区，大力推行土地改革，提倡农民合作。国共两党实际上都通过农民合作化运动，来争取民众，争取农民的支持。20世纪二三十年代实际上是中国农村信用合作突飞猛进的十几年，发展非常快。我们要看中国经济史、中国金融史就会发现，从1927年到1937年，是中国整个经济金融发展比较快的十年，是"黄金十年"。在这个十年中，中国诞生了大量有名的商业银行，比如南三行、北四行，中国金融从零做起，迅速发展壮大。农村信用合作在这个阶段的发展也是非常快的，扩张了十倍左右。极为遗憾的是，1937年日本发动全面侵华战争，打断了中华民族复兴的进程，1937年之后中国的经济、金融开始往下走。

20世纪二三十年代，提倡合作事业，是国民党政纲之一，也是复兴农村经济的重要方案之一。这也是中外合作事业发展的一项重要区别，国外资本主义国家的合作事业虽然也由政府扶持，但更多的还是依靠自发的力量完成；而中国的合作事业一开始就带有很浓厚的政府色彩，是靠外力推动进行的。

对于民国时期的农民合作运动，陈振汉先生曾有一个评价："当今甚嚣尘上之合作运动，自其能予农民以一种组织方式与力量之点观之，诚不失为富有意义之举。诸如农村之高利贷，由于财主之盘剥，资金之缺乏，及乡村贷款至不稳者，今可以信用合作之方法消除之：以合作社代替高利贷者，则剥削可除，以农民联合向政府或银行借款，则资金可裕；以联合担保交互负责之方法出贷，则放款安全。又如农民缺乏资金以利用新式农具机械，则可合众力以致之；农民不能涉远道而销售农产，复不知商情市况，致为中间人所垄断剥削，则组织运销合作以济之。如是农民一切经济上之弱点咸可以合作组织济其穷，甚至如产业之小，田亩之仄，亦莫不可以合作方法补救之……今浙省合作事业，初期发展如此迅速，其非出于自动而为被动，非出于自然，而带强制性质，为极明显之事实。故在合作社发展之过程中，其占主要地位者非为人民而为政府，一切所以促进社务之扩张与发展者，悉由政府任之。兹一论其得失。中国农民既贫且愚，人皆知之，且习性保守，散漫自私。欲农民自行起而组织从事改造环境，纵非不可能，亦极为困难。是以政府之翊助不特应当而且必要。然从长久计，合作之主体为人民而非为政府，必逐渐使人民知合作之真谛而逐渐自动参加而后可。"[1] 什么是合作社的真谛？就是农民要有合作精神，要有自主的精神，农民是合作的主体。后来我们北大经济系的老学长唐宗焜先生，出了一本著作，就叫《合作社真谛》。[2]

二、新中国成立后农村信用合作事业的发展（1949—1979）

讲新中国农村信用合作之前，我们需要先明确一点，就是要从什么高度来认识中国的合作化运动和人民公社。我认为，必须从赶超战略与工业化这两个关键词来理解传统体制，否则我们对传统体制或经典体制的理解恐怕容易走偏。从20世纪50年代到大概21世纪初期的这个经典体制，其目的是干什么呢？其实就是服务于中国的赶超战略与工业化的总体战略目标。这个事情毛泽东从新中国成立的时候就非常明确了。我们的社会主义体制，包括新中国成立初期的新民主主义体制，它的主要功能就是要赶超西方发达国家。新中国那一代人内心的切肤之痛，就是近代中国的积贫积弱，备受列强欺凌，因而中华民族在世界民族之林中极其卑微、极

---

[1] 陈振汉：《步履集：陈振汉文集》，北京：北京大学出版社，2005年。
[2] 唐宗焜：《合作社真谛》，北京：知识产权出版社，2012年。

第六讲 | 中国农村金融制度（一）：传统农村信用合作体系及其演变

其没有尊严，这是那一代人的内心之痛。而反思积贫积弱的原因，近代的有识之士都认为就是因为中国没有工业化，所以才贫弱。如何改变这个面貌呢？就是要快速地建立起自己的一套现代工业体系，实现赶超战略，这个心情是很急迫的。毛主席说，"一万年太久，只争朝夕"，就反映了这种焦灼和急迫的心情。所以我们今天对那个年代要有一种同情的理解，像钱穆先生《国史大纲》序言中讲到的"同情的理解"。所谓"同情"，就是要站在历史的角度看历史，从当时的角度看那一代人面临的国内外情境，看他们的约束条件，看他们的目标和诉求。这个同情并不是没有批判性，批判也是站在同情的立场上来批判的。所以钱穆先生在《国史大纲》那本书中提到一个词，说研究本国史，要有一种"历史的温情"。就是对本国史有一种同情的理解，尽管也需要批判、检讨，甚至需要深恶痛绝地去检讨，但是这个检讨仍然是站在一种"同情的理解"上。我觉得对于1949年以来的传统体制，我们需要站在这个高度上，以这种历史学家的眼光来看待才行。

如果你站在历史的立场上，从工业化和赶超战略的角度来讲，在新中国成立初期，农业的使命、农村金融的使命是什么？当然一方面要照顾农民的生活，让农民在新中国有生活质量的提高，但同时农业更是中国实现工业化的基础，要从农业中获得中国工业化的所有原料、资金、人力，乃至于其他的要素。中国的工业化不可能像西方一样，到非洲和拉丁美洲殖民来获得原始资本，中国整个工业化靠的是四个字："自力更生"。所以新中国发展了石油工业、钢铁工业、航天工业、很高水准的国防工业等，这些都靠农业来给它提供基础。

1949年至1979年，是中国农村信用合作传统体制形成、成熟的时期。这个时期中国农村实现了全面的合作化，农村的信用合作事业跟人民公社紧紧绑在一起，也跟中国的早期工业化紧紧绑在一起。这一阶段可以分成两个具体的阶段，第一个阶段从1949年至1958年，"大跃进"前夕，是农村信用合作社试办、调整、推广的阶段。第二个阶段是1958年至1979年，是农村信用合作的曲折发展阶段，管理体制不断发生变化。

新中国成立初期，农村经过多年的战争，全面凋敝，非常贫困。那时高利贷盛行，资金短缺问题非常严重，农村出现两极分化。中央看到这个情况，在1951年1月召开了第一次全国农村金融工作会议，强调试办农村信用合作组织，要给农民贷款，扶持农民的生产，满足农民的消费。到了1955年，全国的信用合作社发展到15余万个，社员9500多万人，全国80%的乡建立了信用合作社。每个村、每个乡、每个县都成立了合作社，政府从中起到了很大的作用。此时农村信用社的积极作用非常大，它限制了高利贷，支持了农业生产的恢复和发展，同时，缓解了农村金融市场那种很混乱的局面，高利贷没有了，农村信用合作此时起到了一个非常好的正面作用。

从1951年到20世纪70年代之后，农村信用合作社体系一直在不断地发生变化，管理体制不稳定，简直让人眼花缭乱。一开始由中国人民银行管理农村信用社，1951年8月成立了农业合作银行，来领导管理农村信用合作组织，类似于成立了一个总行来管理信用合作社。但是仅仅不到一年，1952年农业合作银行就被取消了，由中国人民银行农村金融管理局来负责管理农村信用合作社。1955年，中国农业银行成立，由农业银行来指导农村信用社的发展。1957年，国务院又撤销了中国农业银行，农信社的业务并入中国人民银行管理。1962年又恢复了农信社的独立地位，让农信社独立发展。大家注意这个变动之后的背景。在1959年至1961年的三年困难时期之后，饥荒基本结束，党和政府开始调整在"大跃进"时期过激的政策,要恢复农业生产,休养生息。这个时候必须给农信社一定的独立性,让它独立发展,给农民更多的信贷支持。但是这个政策没有维持多久,1965年又取消了农信社的独立地位,1966年农信社下放给人民公社进行管理。从1966年至1976年,农信社由于受到"文化大革命"的影响,基本上是按照国家银行基层机构的形式进行管理,完全失去了农民信用合作的性质。到了20世纪80年代,国家又倡导农村信用社要恢复合作制,想让它回到传统的信用合作体制。可是这个方面的努力基本是不成功的。从20世纪70年代末期到90年代,农信社受农行统一领导。1996年,又让农信社和农行脱钩,从此农信社才进入了一个真正独立发展的历史时期。

  从上面的描述中,就可以发现一个很大的问题。什么问题呢?就是农信社管理体制在这几十年中间,一直在不断摇摆,在分与合、收与放、统一与分散、控制与自由之间不断摇摆。这种摇摆,实际上从当时的历史背景来看,反映了中央对农村信用合作的一种极其矛盾、纠结的心态。国家要控制农村信用合作的发展,但是控制太多了就会束缚农村的发展和农民的积极性,甚至会造成农村经济的严重问题;于是国家不得不下放权力,给农信社一定的自主权,给它一定的独立的地位,目的是发展农村经济,让农民休养生息;但是放得太多,农村的资金就会留在农村,而对工业化的支持减少,于是国家又要上收权力。农信社体制的放与收这对矛盾,其实反映了中央政府在对待农民和农村方面所处的两难境地。国家面临以下两难境地,一方面国家希望发展农业生产,执政者知道农业对于整个经济乃至工业化的重要作用,农业不好,整个工业化没法弄,于是就支持农业发展,支持农信社的独立发展,而照顾农民生活本身是新中国合法性的题中应有之义,也是当时毛主席等决策者的一个非常强烈的诉求和目标。但是同时，当时的决策者又很清楚，农民信用合作的功能和宗旨不仅是发展农业和改善农民生活，从更高层面来讲，农民信用合作乃至整个合作化运动的目标当然是工业化，是赶超战略，这两个方面既要平衡，但又要有重点。《毛泽东年谱》讲得很清楚，工农业既要平衡，又要有重点，重点在什么地方呢？重点就是工业化和赶超。所以你看农信社管理体制变化的这个过程，实际上反映了中央在农村工作方面这种收与放、管制与自由、给予与汲取、爱护与剥夺这各种不同的极端之间的纠结、矛盾和平衡。

三、改革开放以来我国农村信用合作的制度变迁（1980年至今）

1980年至今，我国农村信用合作的发展可分为三个阶段：第一个阶段是1980年至1996年，这是在改革调整中不断发展的阶段。第二个阶段是1996年8月至2003年6月，这是农村信用合作社的独立发展阶段。第三个阶段是深化改革阶段，从2003年到现在二十多年时间。

1979年刚刚改革开放，那个时候大家反思农信社的官办体制，认为这种官办体制不符合农村信用合作的初衷，应该改变。要恢复农村信用合作的"三性"，即组织上的群众性、管理上的民主性、经营上的灵活性，要回到最经典的农村信用合作的定位上来。当时中央也认为，农村信用社应该坚持农民合作金融组织的性质，要恢复我称之为"原教旨主义的"信用合作制度。农信社本质上应该是农民的合作社，不能跟农行老搅在一块儿，那时中央有一派人认为应该恢复农信社的合作社性质。这个理解对不对呢？从理论上来讲，这种理解也是对的，农村信用合作社当然是合作社，应该强调它的合作性质。但是我们又要明白，恢复合作性质是一个极端理想主义的愿望，一批人出于对合作社的热爱，出于对经典体制的热爱，出于对农民的独立性的尊重，他们认为官办体制是不对的，放在农行底下来管理也是不对的，应该让农村信用社独立发展，改变那种双重管理体制，恢复合作制。在这个阶段，恢复合作制的呼声成为一个主流的呼声。

1984年，农业银行向国务院提交了一个报告，报告指出，应该抓紧改革信用合作社管理体制，把它办成真正集体所有制的合作金融组织。在这种思想指导之下，农村信用社确实也发生了一些变化。这个变化首先就是初步改变信用社既是集体金融组织又是国家金融机构的这种双重管理体制，开始清股、扩股、落实股权，密切了信用社跟社员的关系，加强了民主管理，强化了理事会、监事会、社员代表大会，经营管理体制也慢慢灵活了，开始自主经营、自负盈亏了，这是第一阶段。

第二个阶段，1996年8月，国务院发布了《关于农村金融体制改革的决定》，这个决定概括为四个字，就是"行社脱钩"，把农行跟农信社完全脱钩，农村信用社独立发展。这实际上是一直以来众多人士呼吁农村信用社要恢复为真正的合作金融组织的结果，1996年终于行社脱钩，农村信用社初步开始建立一个自求发展、自我约束、自主决策的经营体制，不再受农业银行支配。在监管方面，初步建立起央行监管与行业自律结合的监管体制。

农行在1996年以后不再管理农村信用社，脱钩之后，农行的基层组织力量和凝聚农民的力量逐渐变得薄弱，当初农行与农信社脱钩，农行很多人认为甩掉了一个包袱，但是现在，很多农行的人开始反省行社脱钩带来的弊端和消极影响。农行现在在县域金融这个层面面临激烈的竞争，它的网点基础薄弱，客户基础薄弱，与农民的联系不够紧密，这个时候农村信用社的竞争优势开始显现出来。在全国所有的县域，农村信用社几乎都是农业银行最强大的对手，而且一些地区农信社基本上以压倒性优势盖过农业银行，其原因是农信社的基层网点非常完善，与农民的血肉联系使他们的客户基础极为扎实。反之，农行在开拓农村金融市场时面临着网点和客户的双重劣势，这是1996年行社脱钩以及1999年撤并基层网点带来的直接后果。此一时彼一时，昔日的包袱正在变成今天的优势。

在第三个阶段，也就是最近二十多年，农信社体制发生了更为深刻的变化。2003年国务院发布《国务院深化农村信用社改革试点方案的通知》，有八个省市开始首先试点，自此拉开了农信社新一轮改革的序幕。这十年是农信社体系突飞猛进的十年，也是农信社发展的黄金十年。农信社经过十几年的改革发展，已经初步改变了以往资产质量低、金融风险大、经营效益低下的局面，进入了一个良性发展的轨道，农村合作金融的命运出现了转机。在这个时期，农信社的内部治理结构和产权结构都发生了深刻的变化。当前农村信用社改革的基本趋势，是按照市场经济的基本原则，按照各地区经济发展的不同阶段和经济结构，鼓励各地区农信社寻找符合本地区发展特点的产权模式和组织形式，一些地区开始组建农村合作银行和农村商业银行。因地制宜、分类指导，坚持产权制度改革模式的多元化和组织形式的多样性，是农信社改革的基本原则。

第三节 农村信用合作制度的演变：基本争议和存在问题

一、农村信用合作制度变革中的基本争议

2003年之后，学术界和决策部门对农村信用合作组织的地位、性质、改革目标的设定存在着巨大的争议。归纳起来，其争议主要有以下几个方面：

第一个争议是我国的农村信用社是否为合作制。合作制一般需要符

合一些最基本的条件,而其中最核心的有四条:第一个条件是自愿性;第二个条件是互助共济性;第三个条件是民主管理性;第四个条件是非营利性。以上几个基本条件的规定表明,合作金融机构(信用合作组织)在理论上似乎更接近准政府型的公共机构:由成员自行决定参与与否;无论股份多少实行一人一票的民主管理制度,而非竞争性机构的一股一票制度;没有自己独立的效用函数,而是各成员效用函数的累加。

经济学界主流的观点认为,尽管我国决策部门一直强调农村信用社要坚持合作制,但是有充分的历史事实表明,我国的农村信用社体制从来没有成为真正意义上的合作制。首先,农民加入合作社并没有遵循自愿性原则,退社的例子也几乎没有,因此农民在加入和退出合作社上都没有体现"自愿"和"自由"的原则。其次,合作社本来应该坚持互助合作的原则,但是农信社与社员之间的贷款程序与商业银行基本相同,贷给谁、贷多少、抵押担保程序,均由农信社负责人决定,非社员贷款占到50%左右。因此,农民从来不认为信用社是一种农民的互助性的合作金融组织,而是把信用社当作政府或官方银行的某个附属机构。再次,农信社不符合民主管理的原则,从来没有实行过真正的民主管理;由于这种虚假的合作制本来就是依靠行政力量自上而下推动的,其内部人员配置和经营决策也自然带有行政管理色彩。最后,信用社本来应该"主要为社员服务",不以营利为主要目标,但是真实的情况是,信用社已经明显地商业化,以利润为第一导向,演变为一个追求营利目标的股份制金融机构。以上观点,从某种程度上来说,已经成为学术界的主流观点。

第二个争议是,未来的农信社改革是否需要坚持合作制,重新回到合作制。这个争议涉及农村信用社未来改革的目标模式问题。在2003年之前,有关监管当局一直把农信社的改革定位于恢复真正的合作制,其内部治理结构和管理模式也是按照合作制的架构来设计。在2003年后，尽管在管理上已经不再强调合作制，但是在内部治理结构上仍旧没有任何实质性的改变，还是沿用已经被证明无效的"社员代表大会、理事会、监事会"的旧治理模式。在学术界，主流的观点认为，历史上农信社从来没有实行过真正的合作制，因而回到合作制的目标模式成本很高，而且基本没有可操作性。

第三个争议是农信社组织模式的选择问题。对于组织模式，学术界提出了几种不同的模式：一是按照"一县一社，统一标准"的原则，把原来信用社为独立法人的体制改制为以县为统一法人的体制；二是合并模式。根据农信社主营目标的最后界定，来确定与中国农业发展银行或农业银行合并；三是联合重组模式。实行农业银行和农村信用社的捆绑式重组，把县及以下农业银行和农信社统一重组为农业银行集团控股的股份制农业信贷银行；四是单一重组模式。仅对农信社进行重组，以地市或县市为单位建立独立的农村合作（股份制）银行；五是权力下放，多元模式并存，把组织模式的选择权下放给地方和信用社自身，不搞"一刀切"。以上几种模式，有些已经被2003年以来的改革框架所采纳，有些则被放弃。事实上，现在的格局是多元模式并存，地方的自主选择权利在一定程度上被尊重。

第四个争议是管理体制的选择。第一种意见认为应该建立全国性的管理机构，模仿供销合作社组织，全国联合统一管理全国信用社的经营方针；第二种意见是全国协会模式，属于相对松散型的行业管理；第三种意见是主张模仿美国模式，存在独立的监管机构和独立的存款保险基金；第四种意见是省联社模式，属于紧密型行业管理和纵向管理。2003年后的改革，实际上采取了第四种意见。但是有学者指出，紧密型管理的弊端显而易见：紧密型管理意味着权力的集中，而缺乏监督的集中意味着官僚主义、低行政效率和寻租行为。省联社的制度在实行后受到很多学者的批评，省联社的定位和职能问题值得进一步探讨。

二、传统农村信用合作制度存在的基本问题

目前农村信用社体系存在的问题可以归结为以下几个：第一，某些地区的农信社的历史债务包袱依旧沉重，需要政府进一步加大化解历史遗留不良贷款的力度。第二，农村信用社产权需要进一步清晰化和多元化，尤其是加大对民间资本的引入力度，加大法人股的比重，适当引入战略投资者。第三，农信社经营两极分化现象严重。目前我国农村合作金融从总体上看有较大的发展，但发展很不平衡，存在明显的两极分化。一部分农村信用合作社经营状况比较好，信贷资产质量优良，经济效益好，形成了良性发展机制，但相当大比例的农村信用合作社经营状况不佳，信贷资产质量差，亏损严重，一些已陷入资不抵债的境地，特别是经济欠发达地区，很多农信社濒临倒闭的边缘。第四，农信社内部人控制严重。这是与其内部治理结构和所有权关系密切相关的。农信社的产权结构分散，加之地方政府干预农村信用社，信用社的董事会、监事会和社员大会流于形式，缺乏对管理人员的监督和制约，信用社的内部人控制现象十分严重。第五，省联社的管理体制不合理，内部治理存在缺陷。省级信用联社本来只是一个比较超脱的行业性的管理和服务机构，但往往直接从事业务经营活动，既是行业管理者又是经营者，充当了裁判员和运动员的双重角色。

第四节 我国农村信用合作的发展趋势与变革

一、农信社未来发展趋势的展望

农信社的未来改革和发展趋势，主要有以下几方面：

一是明确农信社的功能定位，承认我国农村信用社的商业化和股份化趋势。这就要求决策当局不再执着于"合作制"的原教旨主义观念，而是与时俱进，适应时代的发展，寻找合适的改革目标模式。

二是应该将农信社未来的改革目标定位于建立中国的商业性社区银行。西方发达国家，银行数目很多，其中大部分是小的社区银行，在美国，这些社区银行的经营范围一般不跨州。我国银行中，大银行很多，但是社区性的中小银行比较缺乏，导致我国的银行体系结构不合理，难以满足中小客户的需要。如果将农信社建成将来中国的社区银行，则可以很好地改善我国银行体系的竞争结构，较好满足中小企业和一般客户的融资需求。同时，农信社改造为社区银行，成本也比较低。

三是省联社制度必须有新的定位，应该强调其服务功能，而不是强调其干预功能。这方面，日本和德国的合作金融体系的经验值得借鉴。他们的合作金融体系基本商业化和股份化，高层的联社只承担服务功能，发挥教育、培训、结算、数据处理、信息沟通等功能，基层信用社有独立的法人资格，有独立的经营权和人事权。我国省联社的制度尽管有一些积极的效果，但是弊端也很明显。其中最大的弊端是省联社对基层信用社的干预太多，甚至对具体的经营和人事安排都有干涉，这不利于信用社经营管理的有效性。省联社功能的转变，不仅可以调整省联社和基层信用社之间的关系，而且可以加强基层信用社的人员培训、结算网络的构建以及基于充分信息的监管。

四是农信社应进一步使产权结构多元化,增加投资股的比重。现在,农信社投资股的比重越来越大,而资格股的比重降低,这表明农信社的股份化倾向越来越清晰。产权结构的多元化既有利于增强农信社的资金实力,又有利于未来农信社改造为股份化的商业性的社区银行。同时,在农信社逐步股份化的同时,其内部的治理结构也逐步变化。

五是治理结构逐步由合作制模式变为商业性的股份化社区银行模式。原有的社员代表大会、理事会和监事会的治理结构是不现实的。可以说,在几乎所有地方,社员代表大会都是形同虚设,监事会也没有承担相应的职能,最高的权力机构是理事会。由于执着于合作制,所以这套治理结构一直被保留下来,尽管没有一个人相信这套治理结构。随着股份化的倾向越来越清晰,大的股份持有者必然要求更大的话语权。建立股份制的社区银行之后,就可以建立比较完善的公司治理结构,出资人对农信社的治理必然有更大的动力去监督。董事会、监事会和股东代表大会的相应职责就会清晰起来,聘用总经理执行经营管理之责。总经理就不是任命制,而是采取董事会聘任的制度。

六是加大农村金融领域的竞争力度,结束农村信用社的垄断局面。在很多地区,农信社在县域以及县域以下市场实际上是垄断者,这是导致农信社效率低下的原因之一。银监会于2006年年底提出"调整和放宽农村金融市场准入的指导意见",主张开放农村金融市场,建立村镇银行、农村资金互助组织,这对于打破垄断、改善竞争结构和提高农信社效率有很大好处。

七是未来应建立跨区的竞争体系。一些好的农信社,可以跨县跨区经营,目的是加强竞争,提高效率。经营业绩良好的信用社进行跨区经营,可以给信用社一种正激励,鼓励其改善经营、提高竞争力,而对于那些竞争力不强的信用社，跨区经营也构成一种竞争压力和挑战，促使其改善经营行为。

二、未来变革中若干热点问题的讨论

农信社体制在近十年中发生了深刻的变革，这个变革的总体趋势是好的，是有利于农信社发展的。在未来的发展中，有两个问题是非常关键、也是非常难于处理的。其中一个是省联社体制，另一个是混合所有制和治理结构问题。

第一，关于省联社体制。2003年以来，全国各地纷纷建立了省联社，海南省联社于2007年最后一个成立。十几年来，农信社的存款总量、贷款总量、资产质量等各个指标与十几年前相比有了巨大的进步，可以说省联社的成立，对农信社改革与发展起到巨大的推动作用。其中的原因，一是因为省政府有巨大的资源调配权力。二是如果没有省联社这样一个机构存在的话，我想每个省的农村金融改革、农信社改革不可能如此步调一致、循序渐进，这说明省联社的领导能力是很强的。三是省联社的更大作用在于防范风险。农信社体制下是双层法人，省联社一级，县级法人一级。如果仅仅强调县域法人的独立地位，而不强调省联社地位的话，我相信中国县一级的农信社有一部分要面临倒闭、破产的风险，包括发达地区。根本原因在于县域法人太小，它的抗风险能力比较低。

第二，关于最优法人层级问题，我想最合理的一级法人应该是省联社和县级法人之间的层次。省联社这个法人过大，很多地方都有动力搞一个本省的全省统一的农商银行。监管部门对全省统一法人是比较谨慎的。最合适的一级法人在哪一个层次呢？我认为在地级。地区级法人既有能力管理风险、进行金融创新，招收高端金融人才，同时它也有能力整合资源,这个层次比较合理,很多县域是没有这个能力的,是留不住人才的。所以我认为尽管现在要强调县级法人独立性,但是要慢慢把它淡化,慢慢地把它过渡到地区级法人。地区级法人成立起来之后,对防范风险、整合资源、增强农商行的竞争实力非常有帮助。希望将来有更多的地区级法人出现,来增强农信社的实力。

第三,关于混合所有制改革。我认为将来农信社的一个前景就是进一步加大引进民间资本的力度,就是把那些愿意参与农信社发展的民间资本拿进来,让他们参与农信社的发展。农信社这几年发展很快,对于社会资本来讲,有很强的吸引力,所以我在很多地方都看到,民间资本进入农信社发展的动力非常足,他们愿意参与,我想这在将来是一个大趋势。但是在混合所有制改革过程中,要同时重视建立完善的法人治理结构,这是农信社体系未来长治久安的重要条件之一。

近年来,省联社改革问题一直是决策层和学术界关注的焦点。2016中央"1号文件"提出要开展省联社改革试点,此后连续两年均强调要积极推进改革试点。2019年1月五部委印发《关于金融服务乡村振兴的指导意见》,各方围绕省联社改革路径的探索进一步展开(傅甜甜,2019)。2021年7月,原银保监会召开全系统2021年年中工作座谈会,提出要"一省一策"探索农信社改革模式。目前各省(自治区、直辖市)围绕省联社改制的道路探索实践可分为三类四种。一是成立统一法人的农商银行,搭建"总—分—支"行的层级架构;二是原省联社改制为金融控股公司;三是组建省农商联合银行,省农商联合银行模式又可分为自上而下注资参股和自下而上出资合作两种。

统一法人模式参照股份制银行统一公司法人,采用"总—分—支"行的管控模式,向社会募集资本,组建省级农村商业银行,将原先的基层农信社转组成为省级农商行的分支行，从而将全省农信机构合并为同一法人。这一模式下省级机构对辖内机构的控制力得到强化，业务规模进一步扩大，有助于集中配置资源，提升经营管理效率和执行力，打造品牌形象，形成规模优势，进而在专业人才吸引、风控能力提升、公司治理制度完善方面占优。目前，四个直辖市均采用统一法人的农商银行模式，包括重庆农商行、北京农商行、上海农商行和天津农商行。

金融持股模式是将省联社与省会农商行的职能进行合并，由省国资委、国有企业等合格发起人成立省级金融控股公司，领头行参股、控股县域行社，并向辖内机构提供融资、清算等专业服务。其优点在于保持了两级法人模式，有利于保持县级法人地位的稳定，两级法人之间形成以资本为纽带的股权关系，既可以通过入股补充农信机构资本、对高风险机构进行重组，还有利于加强省级联社对县级法人的指导，帮助理顺省联社与农信社的法理关系。典型案例是宁夏黄河农商行和陕西秦农农商行。

自下而上的联合银行模式即将省联社改制成为省农商联合银行，通过辖内基层农信机构共同出资组建省级股份合作银行，由该联合银行执行管理和服务职能，在股权制约基础和法人治理结构下原省联社由合作金融机构转为商业性金融机构。这一模式可以保持两级法人地位不变和县级法人机构的稳定，可看作对现有体制的改良，改革成本较低，推进相对稳健，有助于丰富拓宽联社业务范围，提高其服务质量，但实际上并没有打破"省联社—农商行"的二元管理模式。该模式下联合银行不具备行政干预权力，更侧重强调服务能力，其前提是辖内农信机构自身综合实力过硬，更关注经营的独立性和灵活性。这一模式的先行者是浙江省，2021年10月，经国务院批准同意、银保监会批复，浙江省深化农村信用社改革试点实施方案成为全国深化农信社改革"第一单"，2022年4月浙江农村商业联合银行正式开业。

自上而下的联合银行模式是由省政府牵头组建联合银行，联合银行接着向下注资参股，以此形成管理控制纽带。不同于浙江农商联合银行是由辖内农信机构入股组成，河南省虽也选择组建省级农商联合银行，成为第二个成功落地农商联合银行的省份，但河南农商联合银行是通过自上而下参股控股实现的。具体而言，河南省政府首先出资组建河南农商联合银行，接着由省级农商联合银行向下辖市的农商银行参股注资，省辖市的农商银行再向辖下的县级农信机构参股注资，通过逐层参股注资，形成了基于控股权而非行政权的"省—市—县"三级管理架构。

第七讲

中国农村金融制度（二）：
新型农村金融体系的发展

第一节 农村金融改革为什么滞后

一、从毛泽东和梁漱溟的争论谈起

第六讲我们探讨了中国农业信贷和农村金融的经典体系，也就是农村信用合作体系。我们回溯了农村信用合作的百年历程，尤其是系统梳理了农村信用合作在新中国的发展和演变。从这个演变中，我们可以看到一个基本的脉络，即在新中国成立的初期，农村信用合作社长期处于政府推动的官办状态，它的基本职能和目的是为实现工业化和赶超战略。这一点，我们已经在上一讲充分地探讨过了。本讲主要讨论农村金融的修正体系，即新型农村金融体系。这套体系的建立，是中国农村发展乃至整个经济发展进入一个崭新阶段的产物。

从 20 世纪 50 年代开始，新中国在毛泽东领导下建立了新的农村金融体系，建立了农村信用合作体系。直到2005年，在半个世纪的漫长历史中，实际上农村金融的经典体系没有太大的变化。1978年之前，农村信用合作社是人民公社的附属物；而在1978年之后，虽然人民公社退出了历史舞台，但是农村金融体系仍然没有进行系统性的深刻变革，农村金融资源向城市单向流动的情况并没有得到根本改观。

20世纪50年代，毛主席和梁漱溟先生有一次影响深远的著名争论。梁漱溟先生曾经是北大哲学系教授，20世纪30年代是中国乡村建设的先驱之一。他跟毛主席在一次会议上有过公开的争论。梁先生讲，新中国成立以来很多方面都有非常好非常快的变化，值得肯定，但是有一点不能不给主席提出来，就是现在"工人在九天之上，农民在九天之下"，农民太苦了。毛主席用很激烈的言辞批评梁先生，批评有些人是"妇人之仁"，说共产党是"大仁政"，而梁漱溟先生是"小仁政"，批评很多人"群居终日，言不及义，好行小惠"，这叫"妇人之仁"。毛主席当时用语很重，令梁漱溟先生的自尊心大受伤害。这段历史，在公开出版的《毛泽东年谱》中有非常详尽的记述。

我二十多年前看这段历史的时候，对梁漱溟先生的风骨非常赞佩，而对毛主席的批评不太理解。二十多年后再看这篇文章，我的体悟和理解有所变化，对这段公案中争辩双方的立场和观点以及这些观点对中国的影响，有了新的感受。以今天的历史眼光来看，毛主席和梁漱溟先生实际上都是正确的，只不过他们观察问题的角度不同，着眼的历史阶段不同，实际上是殊途同归。毛主席着眼于新中国的根本战略，那就是要实现工业化和赶超战略，这是一个长远的、战略性的、根本的目标，所有的国家行为和政策制度都是为这个"大仁政"服务的。在实现这个"大仁政"的过程中，当然会出现各种问题，甚至会有一些曲折，甚至会影响"小仁政"。"大仁政"和"小仁政"实际上是相互联系的，不是相互矛盾的，以"小仁政"妨碍"大仁政"的实现，是一种短视的、没有历史眼光和战略眼光的做法，只抓住了次要矛盾，没有抓主要矛盾；同样，因为"大仁政"而忽略了"小仁政"，则会给"大仁政"的实施造成障碍，甚至会延缓"大仁政"的实现，使"大仁政"的实现打折扣。

新中国在前三十年的过程中，实际上就是围绕两件事。一件事是中国要实现赶超战略，超英赶美，赶超西方发达国家。另外一件事就是要实现工业化，要使中国从农业国家变成工业国家。要实现这两个目标，就需要大量资金投入，而中国是一个资金严重匮乏的国家。在这种约束条件下，中国不可能搞殖民地来进行原始积累，唯一的途径是大量地从农业和农村中获得工业化所需的资金和原料。因此在前三十年，治国者在对待农民的过程中一直处于一种矛盾和纠结的心态：一方面，共产党是依靠农民夺取政权的，共产党最了解农民，最同情农民，他们时刻要解放农民，要给农民争取更多福利，使农民过上更幸福的生活，这也是共产党合法性的基础；但是同时，治国者又觉得工业化太重要，工业化是中国的根本战略和国家根本利益所在，中国如果不实现工业化，就不可能从根本上改善人民的生活，不可能从根本上改善国家的国际地位，甚至国防都成问题。无论火箭还是导弹，背后都是钢铁，都是完善的工业体系，都是工业实力，没有这个实力跟帝国主义叫板腰杆就不硬。在这种情况下从农业部门获得大量的剩余，支持中国的赶超战略和工业化，就成为历史的必然。在这个历史阶段中国必须付出很大的代价，全体人民都要付出这个代价，农村和农民付出的代价更多。所以尽管当时中国人民确实很辛苦，但这个过程是非常必要的，因为新中国的工业化目标是历史性的，是不可逆转的。

我小时候在农村生活，那时还是人民公社制。我母亲一年到头辛苦劳动,甚至在寒冷的冬季也要下地劳动,凌晨到地里刨玉米根,很辛苦,到年末生产队一结算,不但没有一分钱收入,而且还欠大队很多钱,这就是人民公社的体制。这个事情我很长时间不能释怀,但是我现在理解了,这是那个阶段中国人民必然付出的代价。在那个历史阶段,农业部门充当了工业化和赶超战略的剩余提供者这个角色。这段历史到什么时候结束的?大概到21世纪初期,在2005年左右结束了。21世纪初,中国基本建立起比较完善的工业体系,赶超战略也基本完成,经济总量已经达到世界第二位。在工业化和赶超战略基本完成之后,中国面临两个任务,一个是城市反哺农村,另一个是工业反哺农业。所以在进入21世纪之后,我们取消了农业税,开始大规模实施农村合作医疗,尝试完善农村养老和社会保障体系,同时给农村大量的农业补贴,各项政策开始向农村大规模倾斜,农业转型和农村发展进入了一个新阶段。为什么会有这个变化?因为我们已经超越了工业化和赶超战略的阶段,我们的历史使命已经发生了变化,农业部门不再是为工业化提供剩余的部门,不再是单纯输出资本和其他各种要素的部门,而应该得到更多的反哺。

二、双重二元金融结构和农村系统性负投资

在分析中国金融体系的时候,我创造了一个新的概念,即"双重二元金融结构"。所谓双重二元金融结构,是指中国金融体系中出现双重的二元对立结构:其中第一重二元对立结构是城市和农村金融体系的二元对立,相比于城市金融体系而言,农村金融体系发展非常滞后,农村信贷供给和农民信贷可及性低,农村金融剩余向城市净流出;第二重二元对立结构是农村金融体系中正规金融体系和非正规金融体系的二元对立。农村正规金融体系受到国家政策和法律的保护,但其对农村金融需求的满

足度低，金融服务的效率较低；而农村非正规金融体系虽然在满足农村信贷需求中起到重要作用，却难以获得国家的合法性保护，从而使得非正规金融体系的融资成本提高，并在一定程度上累积了金融风险。第一重二元金融结构的体现是农村金融体系出现所谓"系统性负投资"问题，而第二重二元金融结构的体现是我国农村非正规金融的不断扩张，并对农村经济增长的绩效形成了巨大影响。

刚才又提到了一个新的概念——"系统性负投资"。这也是我第一次提出并进行系统实证分析的一个概念。所谓"系统性负投资"，是指银行或其他金融机构从一个地区的居民中获得储蓄，而没有以相应比例向该地区发放贷款。对这种系统性负投资的一个检测方法是审查银行对某个社区的信贷与储蓄的比率。从统计数据来看，改革开放以来我国农村地区已经出现了严重的"系统性负投资"现象，而且这种现象在20世纪90年代以来有所加剧。从1978年至2005年，中国农业银行、农村信用社、邮政储蓄系统以及其他金融机构等都在不同程度地从农村地区吸走大量资金，但并没有以同样的比例向农村地区贷款，这种趋势在1992年至2005年间更为明显。1994年，农村地区金融机构负投资额为1234.7亿元，而到了2005年，农村地区金融机构负投资额达到11378.46亿元，增长了将近10倍，而这十年正好也是大批国有金融机构纷纷从农村地区撤离网点的时期，这使得农村资金短缺的状况异常突出。如果将财政渠道的负投资额计算在内，这种状况就更加严重，农村地区的负投资总量在1992年为261.28亿元，2005年这个数字猛增到30440.41亿元，13年间扩大了116倍。

无论是农业银行、农信社还是邮政储蓄都把大量的农民储蓄从农村转移到城市，"负投资现象"非常严重。所有金融机构在农村更多的只是吸收储蓄，而很少发放信贷，这样一个"抽水机机制"的发明，其目标就是为了工业化，就是为了城市和工业的发展。从1979年至2000年左右，我们做了很多事情，但是整个金融体系并没有根本性改变。1979年农行恢复，但是农行在农村的业务却没有得到提高，甚至在20世纪90年代有大面积的萎缩。1994年中国农业发展银行成立，试图加强农村的政策性信贷，但是农发行基本不跟基层农户打交道，主要是为粮棉油大宗商品收购服务的，其对农村金融发展的意义有很大的局限。1996年农行跟农信社脱钩，农信社独立发展，但是在发展的过程中，农信社的商业化趋势明显；1998年、1999年左右，在当时亚洲金融危机背景下，为了防范金融危机，大型商业银行大量从中国县以下区域撤走金融机构，所以当时工、农、中、建，包括一些股份制银行都把他们的网点从基层撤走了，"银行返城运动"对中国农村金融体系影响很大。现在你到县域和乡镇去看，其实真正在县域和乡镇放贷的大银行已经很少了；"工、农、中、建"这些大银行在县域放贷很少，因为绝大部分网点已经撤走了。1999年，中国全面取缔将近3万家农村合作基金会，当时确实有很多地方的合作基金会面临很大的风险；但是以现在的眼光来看，当时全面取缔合作基金会、一个不留的政策，过于"一刀切"，不加区别，不加分析，过于武断，对中国农村金融发展产生很大的负面影响。所以改革开放以来这些自上而下的改革，几乎都没有农民的参与，也没有经过比较科学的论证。最后导致什么结果呢？中国大量在农村放贷的金融机构慢慢脱离农村，过度的行政化、商业化使农村金融服务严重不足。2005年左右，中国人民银行发布《中国农村金融服务报告》，这个报告说，中国大概有1万个乡镇只有一家金融机构，8000多个乡镇是零金融机构。这样差的农村金融服务怎么能振兴农村经济呢？这就造成中国农村金融服务出现大量真空，对农村的发展影响太大了。最近三十年,城乡差距拉大的一个很大的原因在于农村金融机构的服务弱化,特别是在老少边穷地区,农村金融的短板尤其明显。

三、从库兹涅茨曲线看发展农村金融的意义

为什么要特别重视农村金融发展,尤其是要发展农村的微型金融呢?我们可以从库兹涅茨曲线来看这个问题。库兹涅茨曲线是表示经济发展(包括金融发展)和人均收入差距之间的关系。Hayami(2001)用双对数图的形式绘制了对应于1990年的人均国民生产总值和19个国家20世纪70年代和80年代的基尼系数,该图呈现一个平滑的钟形,数据

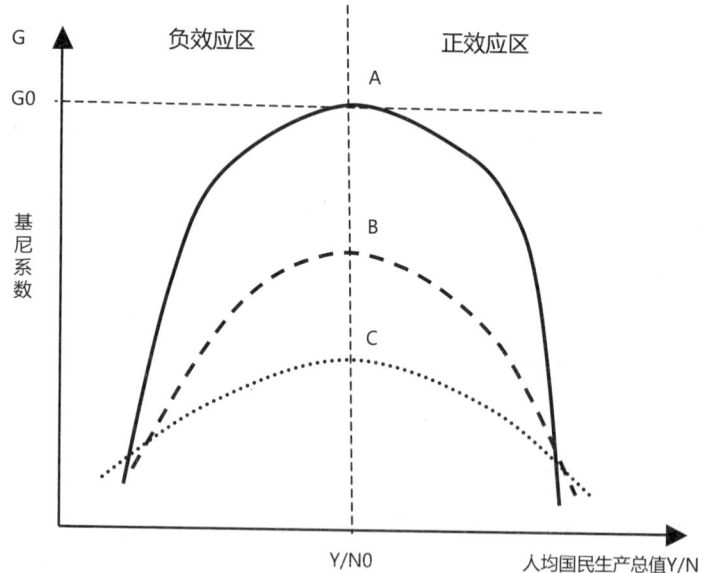

图7-1 库兹涅茨曲线效应示意图

对二次曲线的拟合程度也很高。我们可以用图 7-1 简单地描述这个钟形曲线。该图的横轴表示人均国民生产总值（Y/N），纵轴代表基尼系数（G）。图中表示出 A、B、C 三条弯度不同的曲线，其中 A 表示该国在经济发展过程中收入不平等程度最高，C 表示收入不平等程度最低，B 的情况居中。在库兹涅茨曲线的最高峰值上，代表着收入最不平等的时点，在这一峰值上人均国民生产总值处于 2000~3000 美元。

在金融发展和经济发展的初期，低收入者和高收入者的收入差异会显著增大且呈不断扩张的趋势。因此，在库兹涅茨曲线的左半边（负效应区），由于收入差距不断增大，金融机构会更倾向于在具有较高预期收益从而具有较高偿还能力的城市投资，而不愿意在收入较低的农村社区投资，从而出现资金由农村向城市的净流动，这就是典型的"系统性负投资现象"。单向的资金流动和系统性负投资导致城乡收入差距持续拉大，收入不平等程度加剧，低收入者陷入贫困陷阱。问题的核心在于能否运用一些特有的制度安排和激励框架，来遏制或至少在一定程度上缓解系统性负投资，从而使得库兹涅茨曲线变得相对平缓一些，减少经济发展和金融发展过程中的收入差距，在图 7-1 中即表现为"A→B→C"不断移动的过程。也就是说，即使这个库兹涅茨效应不可避免，也应该运用某种制度设计使得基尼系数上升的幅度低一些。

图 7-1 的左侧部分为库兹涅茨负效应区。在这个区域，随着经济和金融发展，人均收入上升，但是收入不平等也在加剧；右侧部分为库兹涅茨正效应区，即经过经济和金融发展的一定阶段之后，随着人均收入上升，收入不平等现象缓解，基尼系数下降。如何由库兹涅茨负效应区尽快过渡到正效应区，如何在经济和金融发展过程中降低收入分配的不平等，是我国面临的严峻课题。我们研究证明，运用系统性的激励和约束框架，

建立相应的农村金融发展机制，鼓励微型金融机构发展，构建多层次、广覆盖、可持续的普惠金融体系，可以在一定程度上缓解穷人的信贷约束，从而平滑其收入水平，降低经济发展和金融自由化过程中的收入不平等程度（即降低库兹涅茨曲线的峰值，并使得库兹涅茨负效应区尽快过渡到正效应区）。

我们做过一个实证研究，证明中国也存在库兹涅茨曲线效应，而且库兹涅茨曲线的拐点大概出现在2005年。2005年之后，我国的基尼系数保持稳定并慢慢开始回调，拐点开始出现。中国现在从总体来讲，基尼系数慢慢在下降，尤其是2012年之后，回落的趋势明显。相信随着经济的发展，未来收入差距会不断地下降。[1]

库兹涅茨曲线背后的政策含义是什么呢？如何才能使这个曲线变得平滑一些呢？即在经济发展过程中，基尼系数没那么大，人和人之间的差距比较小，这样的话，这个国家是比较均衡的社会，这是比较理想的状况。如何达到这种理想状态呢？其中一个方法是要发展农村金融，尤其是微型金融，通过滴落效应使得经济发展的微观主体，尤其是中下层的人民慢慢得到更多的信贷支持；这样整个国民的收入差距慢慢缩小，尤其是城乡收入差距会慢慢变小。我们验证了一下发现，库兹涅茨曲线的拐点大概出现在2005年，这就是我把新型农村金融体系的发展定位在2005年的一个原因。当然，从现实来讲，在2005年之前，中国的农村信贷体系基本上还是古典体系；而到了2005年之后，这个体系才发生了非常深刻的变化，成为一种革新的现代农村金融体系。

---

[1] 王曙光、李冰冰：《农村金融负投资与农村经济增长——库兹涅茨效应的经验验证与矫正框架》，《财贸经济》，2013年第2期。

第二节 农村金融体系的新变革：超越经典体系

一、农村合作金融的商业化：超越"原教旨主义"

我们在上一讲就讨论过，中国农信社体制在进入21世纪之后发生了深刻变化，这个变化概括起来，就是超越"原教旨主义"。实践证明，经典合作制在农信社领域是很难实现的，这是一个比较理想主义的目标，虽然很好，但不具有可操作性。农信社从现实路径来说，最终一定要搞成一个商业化、市场化、股份制、营利性的金融机构。今天，在中国的现实情况和约束条件下，农村信用合作社必然走上这条道路。虽然像我们这些学者内心世界还向往合作制，但是农信社不可能再回到合作制，这一点，我们已经讨论得很透彻了。2005年之后农信社体制发生深刻变化，开始逐渐建立社区银行体系，放弃了合作制，开始实现股权的多元化、经营机制的商业化。

客观地说，农信社体系已经成为我国农村金融体系中最强大、最核心的力量，是农村金融服务的最大提供者。这些年，农村商业银行在全国大规模建立，很多农村商业银行的实力很强，尤其是在山东、江苏、浙江、广东等经济发达地区，农商行的发展更为迅猛，其资金实力、资产质量、服务农民的覆盖面，都有很大的提升，甚至成为当地县域金融中最有竞争力的金融机构。农村商业银行的产权结构发生了深刻的变化，资格股基本被清退，从而使农信社彻底变成一个商业化和股份制的商业银行，实现了股权的多元化。农村商业银行的法人治理结构也发生了深刻的变化，董事会、监事会、管理层、股东大会各负其责的新型治理结构正在慢慢推广开来，这是一个好的趋势，尽管在现实的操作中还有很多问题，但这毕竟是一个好的开头。从经典体制到革新体制，其发展一定有一个漫长的过程，需要各个主体不断去适应。一些地方，在省联社法人和县级法人之间，成立了地区级法人，这些有实力的地区级法人，将是未来农信社体系的一个基本目标模式，应该加以鼓励和支持。在这个变革过程中，省联社体制的很多弊端可以慢慢加以调整，逐步使省联社成为超越性的、服务性的主体。但是农信社体制从经典体制向革新体制过渡的过程中，我们也要注意避免一个严重的弊端，就是农信社体制过于商业化之后容易脱离农民，脱离农业，反而削弱了对农村发展的支持，这是需要深刻反省的，也是要通过机制创新来极力避免的一个现象。

二、农村民间金融的阳光化和规范化

说到民间金融，大家可能想到地下钱庄、非法集资。近年来我国民间金融的案件层出不穷，比较早的是孙大午案，比较近的是吴英案，吴英案引发了全国的关注，她以非法集资罪被逮捕，被地方法院判处死刑，后来由于国内学者的呼吁，当时的总理也在全国人大会上讲话，认为吴英案件应该慎重处理，所以吴英的死刑最终没有执行。吴英这个事件在中国不是个案，背后反映了中国企业发展和金融发展乃至政府行为的一些深层次问题。

中国的民间金融形式多样，历史悠久。互助会（ROSCA）这种形式在中国很多地方都存在，在东亚国家也都存在，比如在韩国叫"契"，日本人叫"无尽"。它是全世界好多国家都通行的老百姓互助共济的方法。互助会有多种形式，如轮流使用资金的轮会、竞标使用资金的标会、摇骰子来决定使用资金顺序的摇会等。中国还有很多地下钱庄，有些地下钱庄打着担保公司等牌子，但实际上既吸收存款，又放贷。第三个形式就是合作基金会，它曾经大量存在，1999年被取缔，后来在一些地方仍然以各种形式隐蔽地存在着。地下的典当业也很多。典当业实际上是有抵押的小额贷款,是到期再将抵押品赎回的一种借贷方式。除了这些有组织的民间金融之外,还有一些无组织的私人借贷,有的带有很大的随意性,并没有严格规范的契约形式,有些利息水平很高,带有高利贷的性质。还有一种民间金融形式是银背。有些人与银行有密切的私人关系,这帮人就把钱从银行以极低成本借出来,然后再以较高利率水平放出去,这就叫银背,也叫银中。银背或银中普遍存在的根本原因在于中国正规银行体系的利率市场化改革不到位,借贷价格与市场均衡水平差别较大,自然有人以更高水平贷出去,这就成为一个地下市场。总体来说,中国的民间金融应该说不但种类繁多,而且为中国经济发展做出了一定贡献,虽然它的消极层面也不容忽视。为了规范民间金融发展,2005年左右,央行着手制定《放贷人条例》,但《放贷人条例》到现在还没有出来,比较难产。由于法律规范不明确,民间金融的合法性危机就一直存在,很多乱象也难以制止。

从经济学视角看,民间金融的产生是民间金融制度需求与制度供给两方面共同作用的结果。民间经济主体的资金需求与正规金融资金供给不足之间的矛盾构成了民间金融的制度需求,而民间富余资金投资需求的存在以及民间金融同正规金融相比所具有的内在优势构成了民间金融的制度供给,当供需两方面的力量实现某种均衡时,联结供需的民间金融就产生了。

从民间金融的制度供给来看,在从计划经济向市场经济转轨的近三十年中,我国民营经济获得了空前的发展,从而为民间金融的扩张提供了资金前提。我国民营经济在工业总产值中的比重已经占到80%以上,民营经济对国民生产总值的贡献率已经达到65%以上。这些数据都表明,尽管民营经济在国家信用体系中没有得到足够的信贷支持,但民营经济已经成为国家经济增长的主要支撑力量。民营经济发展为民间信用的开展提供了足够的民间资本。从民间信用供给的角度来说，充裕的民间资本使得民间信用有可能在尚未获得合法性地位的情况下，仅仅依靠民间资本强烈的逐利性动机而得以支撑。

从民间金融的制度需求来看，民营部门有着强烈的融资需求，但在当前融资体系中难以得到有效满足。在民营部门迅猛发展的同时，民营部门所获得的国家信用体系的支持与民营部门对国民经济的贡献率很不相称。在正规金融部门难以满足民营部门强烈融资需求的情况下，民间金融或者说非正规金融就应运而生。同时，自改革开放之后，我国城乡居民储蓄均呈逐年上升趋势，但是由于我国金融市场的不完善，储蓄手段之外的投资渠道多具有高风险性，难以成为居民，特别是农村居民富余资金的主要投资渠道。在这种情况下，居民较高的储蓄和投资意愿也体现了对于民间金融的巨大制度需求。

除了制度供求这个角度之外，民间金融的产生还与我国的文化传统有关。中国的传统文化注重关系和人情，这种取向不仅体现在观念上，而且体现在社会结构之中，并为社会结构所强化。这种文化的影响贯穿于民间金融发展的整个历程之中。民间金融依托于乡土社会，利用血缘、地缘、人缘、业缘关系来展开，交易成本比较低，信息不对称程度比较低，融资效率较高，对经济发展有其积极的一面。

民间融资在我国有着悠久的历史，即使在新中国成立后的计划经济时期，某些地区的民间融资也以各种隐蔽的形式继续活动。民间金融具有明显的内生性，与中国乡土社会特有的社会信任关系、经济组织结构和文化传统密切相关。民间金融因其信息优势、有效的偿付促进机制、较为灵活的利率结构和贷款期限结构，以及较快的融资速度和较低的运营成本，而获得了内在的生存合理性。

但是,民间金融也隐含着巨大的风险。民间借贷所依赖的"共同体内部信任"是有边界的。比如"互助会"就有一定的规模边界与地域边界,如果突破了其所能承受的规模边界与地域边界,则极易出现"崩会"事件。可见,民间金融组织的风险和效率既依赖于民间金融组织内部治理的有效性和制度安排的科学合理性,也有赖于共同体信任及其拓展的程度。超越规模边界和地域边界的民间金融组织必然面临更大的违约风险,而解决的方案只能有两个:一是非正式金融本身组织形式与运行机制的演变与提升,向更加正规的金融形式过渡,从而使得非正式金融组织的契约形式逐渐严密化与复杂化;二是政府对某些具有高风险、高违约率、带有高度投机性质的民间金融组织给予密切的关注与监管,也可以运用适当法律手段予以制止,以保证那些风险较低的民间金融组织的正常运作。温州在20世纪80年代发生过严重的倒会风波,当时温州地方政府采取了较为恰当的措施控制了局部金融危机,其主要做法是:第一,有效保护、规范和疏导合法的民间金融组织及其融资活动。第二,严厉取缔和打击非法的金融诈骗投机活动。第三,危机处置中坚持分类指导原则和保障金融安全原则。第四,构建多层次的资金融通市场,调动正规金融机构和非正规金融体系两方面的积极性。可以说,温州20世纪80年代治理民间金融危机的做法对今天也很有借鉴意义。

我认为,未来我国的民间金融规范发展和民间金融危机处置应该考虑以下几个方面:

第一,政府对民间金融的政策框架最终应鼓励民间金融组织自身的转型与升级,从而实现民间金融的阳光化、规范化。当民间金融组织突破原有的较为封闭的地域界限和较小的规模边界之后,政府应该提供法律上和政策环境上的便利，允许这些民间金融组织转型和升级为更为高级的组织。在这方面，政府政策框架的灵活性有助于民间金融组织自身的逐步规范化，向着更有利于农村金融体系稳定的方向发展。我国台湾地区在合会升级方面的经验，值得我们借鉴。我国台湾地区在法律上明确了合会的法律地位和债权债务关系，同时允许有条件的达到一定规模的合会组建更高级的合会公司，拓展其融资规模，使得非正规的民间金融组织通过自身的转型与演进自动成为较为正规的金融组织，其契约形式和运行机制逐渐规范化。

第二，加快新型农村金融机构的组建，鼓励民间资本以发起、参股的方式来参与新型农村金融机构，如小额贷款公司、农民资金互助组织、村镇银行等。温州近期将开展民间资本管理服务公司试点，其资金主要用于对县辖范围内的企业法人、自然人或其他经济组织及其项目的投资。

第三，对民间金融需要一个比较完善的立法。央行几年前制订了一个关于民间借贷的法律草案，但这个草案一直没有被全国人大法律工作委员会提交进入讨论程序。要尽快制定和完善相关的法律法规，如《民间融资法》《民间金融机构管理条例》等，将民间金融合法化、规范化，引导民间金融机构走上正规发展的道路；建立有效的监测制度，通过地方监管组织或统计局，定期采集民间金融活动的有关数据，重点监测民间资金规模、性质、利率、资金流向和风险状况等情况，相应地将民间金融活动纳入宏观调控体系。同时，应加强制度创新，为民间金融提供更好的生存空间；要完善支持民间金融发展的制度安排，如建立存款保险制度、民间融资登记制度、破产清算制度、贷款担保制度、市场准入制度和信息披露制度等，为其发展创造良好的制度环境。

以上所谈的综合性民间金融治理措施，其核心是将"堵"和"疏"

有机结合起来，把存量的改革和增量的转型结合起来。在治理民间借贷方面，疏和堵要结合，但最终还是靠疏，才能从根本上解决问题。从世界经验来看，逐步走向规范化是民间金融发展的最终趋势，我国部分民间金融也已经在政府的主导力量下向着这一方向发展。民间金融的规范化和合法化一方面有利于民间金融组织提升信誉度和规范经营，降低交易成本和违约风险，另一方面也有利于政府进行风险预警和风险甄别，适当控制民间金融可能引发的金融动荡。应顺应民间金融的内生性特征，鼓励民间金融主体在自身发展和演进过程中更多地发挥自身能动性。通过此项努力尝试依赖一定的机制和制度框架，让民间资本进入正规的金融体系。如果民间资本一直被限制在正规金融体系之外，不允许民间资本组建银行和贷款类机构，那么民间借贷是永远遏制不住的。

三、新型农村金融机构的发展与问题

2005年央行推出农村金融改革试点工作，就是小额贷款公司试点，在山西、内蒙古、湖北、四川、贵州五个省份建立七家小额贷款公司。这个举动应该说是中国农村金融体系中破天荒的大事。表面来看建立七家公司不算什么，但是这个举动意义重大，它揭开了中国农村金融改革的序幕。

2006年12月20日，《中国银行业监督管理委员会关于调整放宽农村地区银行业金融机构准入政策，更好支持社会主义新农村建设的若干意见》发布，提出农村金融市场开放的更为广泛的试点方案。按照银监会的说法，其基本原则是："按照商业可持续原则，适度调整和放宽农村地区银行业金融机构准入政策，降低准入门槛，强化监管约束，加大政策支持，促进农村地区形成投资多元、种类多样、覆盖全面、治理灵活、服务

高效的银行业金融服务体系,以更好地改进和加强农村金融服务,支持社会主义新农村建设。"

银监会这次的手笔不可谓不大。这些基本原则允许以较低的门槛在农村地区设立乡村银行和其他金融机构。与央行的改革方案相比,银监会的方案更加气魄宏大,也更加深刻地触及当前农村金融市场的一些最核心的弊端。应该说,银监会的农村金融市场开放试点方案,是最近十几年农村金融领域力度最大的改革举措,对于改善农村金融领域信贷资金外流、农村经济主体融资困难,推动农村产业结构调整和农民收入增加必将产生深远的影响。更重要的是,农村金融市场将出现多元投资主体并存、多种形式金融机构良性竞争的局面,有利于有效动员区域内农民储蓄和民间资金,有序引导这些闲散资金流向农村生产性领域,对民间信用的合法化和规范化有着重要的意义。

银监会的改革举措可以归纳为几个突破:

一是农村金融机构设立方面的突破。积极支持和引导境内外银行资本、产业资本和民间资本到农村地区投资、收购、新设以下各类银行业金融机构:(1)鼓励各类资本到农村地区新设主要为当地农户提供金融服务的村镇银行。(2)农村地区的农民和农村小企业也可按照自愿原则,发起设立为入股社员服务、实行社员民主管理的社区性信用合作组织。(3)鼓励境内商业银行和农村合作银行在农村地区设立专营贷款业务的全资子公司。(4)支持各类资本参股、收购、重组现有农村地区银行业金融机构,也可将管理相对规范、业务量较大的信用代办站改造为银行业金融机构。(5)支持专业经验丰富、经营业绩良好、内控管理能力强的商业银行和农村合作银行到农村地区设立分支机构,鼓励现有的农村合作金融机构在本机构所在地辖内的乡(镇)和行政村增设分支机构。

2006年10月31日通过的《中华人民共和国农民专业合作社法》（2007年7月1日起实施，以下简称《农民专业合作社法》），其中并没有明确规定农民可以设立农村信用合作组织。而银监会的农村金融市场开放试点方案，却直接允许农民设立主要为入股社员服务、实行社员民主管理的社区性信用合作组织，这就比《农民专业合作社法》的规定又前进了一大步。可以说，这个举措，将会极大地改善农村资金紧缺和资金外流的情况，也有利于整合现有的民间信用组织，使这些民间信用组织获得合法的地位。一旦民间信用组织获得明确的法律地位，就可以达到"一箭双雕"的目的：一方面，可以进一步规范和完善民间信用组织的经营行为，把民间信用组织的运作置于监管部门的监管框架之下，从而有效监督和控制民间信用组织的潜在金融风险，加强其规范性和安全性；另一方面，改变了长期以来民间信用组织没有合法地位的尴尬，使其从"灰色金融"走向"阳光化"，从而极大地调动民间资金存量，使闲散的民间资金可以更多地回流农村，服务于农村经济建设。

而村镇银行设立的意义更为重大。村镇银行有希望成为未来中国社区性中小银行，它们是地区性的金融机构，一般不跨地区经营；同时，其经营能力和比较优势也使这些金融机构只能适于在一个比较封闭的区域内运作。因此，此次银监会开放农村金融市场的试点，对于改善我国中小金融机构缺乏、农村金融市场竞争性不足的情况，是非常有益的。

二是农村金融组织注册资本金的突破。2006年银监会开放农村金融市场试点的主要指导思想，是调低注册资本，即根据农村地区金融服务规模及业务复杂程度，合理确定新设银行业金融机构注册资本，使新设机构的资本金门槛与农村经济发展的实际相符合。银监会开放农村金融市场试点中新设银行类金融机构注册资本金的门槛其实很低。在县市设立村镇银行需要最低300万元，在乡镇设立村镇银行需要100万元，在乡镇设立信用合作组织需要30万元，在行政村设立信用合作组织需要10万元，而商业银行和农村合作银行设立的专营贷款的全资子公司需要最低资本金50万元，农村合作银行需要1000万元。从理论上来说，农村金融市场中的资金需求主体多为农村中小企业和一般农户，因此资金的需求量较低；而从农村金融市场现有的民间信用组织的融资存量来看，融资规模也是比较低的。因此，对农村金融市场中的各种行为主体降低市场准入门槛，有利于民间信用组织的规范化发展，使民间信用组织可以在现有的融资水平上进入正规金融市场。

三是鼓励农村金融机构加强农村融资服务的激励机制的突破。银监会的试点，其政策指向是非常明确的，就是运用各种经济激励手段，鼓励各种农村金融机构加强对农村融资服务。银监会的试点中，规定新设银行业法人机构总部原则上设在农村地区，也可以设在大中城市，但其具备贷款服务功能的营业网点只能设在县（市）或县（市）以下的乡（镇）和行政村。农村地区各类银行业金融机构，尤其是新设立的机构，其金融服务必须能够覆盖机构所在地辖内的乡（镇）或行政村。为了激励金融机构对于在农村设立分支机构的热情，规定凡是在农村地区设立机构的申请，监管机构可在同等条件下优先审批。国有商业银行、股份制商业银行、城市商业银行在大中城市新设立分支机构的，原则上应在新设机构所在地辖内的县（市）、乡（镇）或行政村也相应设立分支机构。同时取消境内银行业金融机构对在县（市）、乡（镇）、行政村设立分支机构拨付营运资金的限额及相关比例的限制。

四是农村金融机构股权多元化和治理结构灵活化的突破。农村金融机构的股权多元化，可以最大限度地动员区域内的资金，使每一笔资金所有者都能够在农村金融市场中找到合适的位置。这有利于有效增加农村金融市场的资金供给，解决资金短缺的问题。银监会开放农村金融市场试点，着意调整投资人资格规定，放宽境内投资人持股比例，对境内企业法人向农村地区银行业法人机构投资入股的条件做了适当调整。同时，银监会的试点方案明确规定，农村地区新设的各类银行业金融机构，应针对其机构规模小、业务简单的特点，按照因地制宜、运行科学、治理有效的原则，建立并完善公司治理，在强化决策过程的控制与管理、缩短决策链条、提高决策经营效率的同时，加强对高级管理层履职行为的约束，防止权力的失控。这些规定都是适应农村金融市场特点的举措，可见银监会的决策指导思想是尽量贴近农村金融的现实，努力满足农村地区资金需求者和资金供给者的需求，而不是想当然地把一些现成的做法强加给新成立的农村金融机构，这种务实的作风是值得肯定的。

五是鼓励农村金融领域金融创新的突破。由于农村资金需求者的融资规模小且较为零散，因而农村金融机构所设计的金融产品必须符合农村地区资金需求者的特点，不能照搬大城市金融产品的成例。要通过业务创新，最大限度地降低交易者的交易成本，满足农民差别化的资金需求。在银监会开放农村金融市场的试点方案中，其基本指导原则是放宽业务准入条件与范围，鼓励金融创新。

从以上五个方面的突破来看，2006年银监会的农村金融市场开放试点的力度是比较大的。当时我对这些改革举措给予高度评价，曾经写过一篇文章，题为《中国乡村银行的黄金时代即将来临》，呼吁加大农村金融改革力度，对银监会的改革寄予厚望。当然，银监会推出的这个改革模式，在实践中也出现了一些问题。村镇银行在中国现在实际数量不多，从2007年到现在，中国村镇银行有1000多家，数量不多，覆盖面有限，且所有村镇银行都放在县或者县以上，其定位存在很大的问题。村镇银行大多规模小，竞争地位非常尴尬。大部分村镇银行都是由大银行领办的，有些甚至由大银行独资举办，遗传了大银行的一些行为模式，不了解农村的信贷需求，与农村客户的黏合度不够。但是村镇银行也有一个方面的积极作用不得不强调，就是它在一定程度上实现了农信社的跨区域竞争。原来农信社不允许跨区经营，现在可以通过村镇银行这个平台，实现跨区域竞争。我去过新疆五家渠国民村镇银行，领办者是浙江鄞州农村商业银行。鄞州农商行把东部的资本带到西部，同时激活西部的资本，提升那里的农村金融服务质量，同时也提升了自己的盈利能力和竞争力。东部的银行到西部办分支机构是双赢的。农村资金互助组织的发展也不理想，从2007年7月1日银监会颁发执照成立第一家农村资金互助组织以来，到现在总共成立不到50家，在广大的农村可以说是杯水车薪。农村资金互助这种草根性的农村金融组织，我是非常赞成的，数量很大，应该得到很好的发展。现在农业农村部鼓励在合作社内部搞资金互助，这是一个很好的方法，但是要搞好风险防范。小额贷款公司在全国各个地方都有所发展，但是"只贷不存"的规定带来的资金短缺问题和变相集资问题、高利贷问题、小额贷款公司的监管问题等，都困扰着小额贷款公司的发展。

四、农村金融机构的新谱系："巨—大—中—小—微"分层体系

从2005年到现在，农村金融体系的变化非常大，形成了一个崭新的农村金融谱系。我把它画成金字塔形状。处在金字塔底端的是数以万计的草根农村金融机构，包括各地的农村资金互助社、村级的农村社区发展基金、在基层开展业务的小额贷款机构，以及各种公益性的微型金融机构。为什么叫草根？因为它们服务于最穷的群体、服务于最弱势的群体、服务

于最基层的群体。第二层是面向基层的农村金融机构，主要是村镇银行、县级以及乡镇一级的农村信用社及其分支机构、贷款机构，这些机构主要面向龙头企业、小微企业，面向大的种植户、家庭农场和合作组织。第三层是大型银行类农村金融机构，比如全国具有一定规模的大型农商行、农合行，有些是规模比较大的省级农商行，比如北京市农商银行、上海农商银行等，这类银行正在崛起为中国最优秀的商业银行之列，可以跟"工、农、中、建"这些大的金融机构竞争。第四层是巨型银行金融机构，主要是农行和邮政储蓄银行两家。这两家银行其实是一个庞大的金融帝国，有极其完善的遍布全国的网络，资金优势和人才优势非常明显。最高层的塔尖就是农发行，这是一个对我国农村发展极为重要的政策性银行。农发行也在发生深刻的变迁，它正在更多地向农业基础设施、粮食安全和农业转型方面投资，对于我国的农业安全和农业发展非常关键。

第三节 现代农村金融制度和普惠金融体系

一、现代农村金融制度的内涵

2011年中央"1号文件"提出一个新概念，要构建中国的"现代农村金融制度"。一个运作良好的现代农村金融体系应该至少有以下五个方面的特点：

第一，这个体系一定是多层次的体系，即规模要多层次，不但有巨型农村金融机构，还要有大型、中型、小型、微型农村金融机构。中国现在大型金融机构太多，比如我们的农行、农商行、农合行、邮储银行等，都是个头比较大的；像地方性的北京农商行、重庆农商行、上海农商行等也都很大，而我们缺小银行，尤其小小银行太少，要发展微型金融机构，制造更多的毛细血管。

第二，现代农村金融制度要想实现产权多元化，必须更多地吸收民间资本。

第三，现代农村金融制度一定是多类型的金融体系，不仅包含农村信贷市场，上面我们讨论过的所有农村银行都是信贷机构，无论你是小额贷款公司，还是资金互助都是信贷机构。我认为除了农业信贷之外我们还应该大力发展农业保险。比如说2010年贵州、四川一带发生大规模雪冻灾害，一场雪把好多农民的生计给毁掉了，农民完全处于破产状态，为什么？因为没有农业保险，他的大棚蔬菜甚至牲畜都冻死了，所以说农业保险如果不行，农村金融就不能发展。除了农业保险，还要大力发展农产品期货市场，农产品期货非常重要。在座的朋友可能很少有学金融的，那期货市场是干什么用的？表面来看期货市场是一个投机性的市场，但是农产品期货最重要的功能是规避价格风险。但中国的农产品期货市场发育比较晚，而且大部分人没有风险规避的概念。未来应该将农产品期货引入中国农村金融体系中。

第四，中国农村金融必须具备广覆盖的特点。就是不光服务于富裕的农民、富裕的企业，而且覆盖微型企业、覆盖最贫困的农户。这是一个重要标准，即要建立一个普惠式的金融体系，覆盖更多的农户和农村微型企业。

第五，现代农村金融制度必须是可持续的。一个企业、一个金融机构如果不可持续怎么能叫现代？靠补贴生活那是以往农信社的做法，现代农村金融制度要求农村金融机构要自我实现财务可持续。

以上五个特点，多层次、多元化、多类型、广覆盖、可持续，我觉得是现代农村金融制度比较重要的五个方面。

二、普惠金融体系的内涵

中共十八届三中全会的《中共中央关于全面深化改革若干重大问题的决定》提出"发展普惠金融"的战略构想，虽然只是短短六个字，但是其意义却非常重大。这是"普惠金融"这个概念第一次在党的决议中出现，标志着"普惠金融"已经提升为党和国家的重要战略性政纲之一。

那么，什么是"普惠金融"？"普惠金融"这个概念来源于英文"inclusive financial system"，即"普惠金融体系"。普惠金融体系于2005年至2006年由联合国和世界银行"扶贫协商小组"（CGAP）正式提出并见诸相关出版物。普惠金融体系的基本含义是，金融体系应该具有包容性的特征，应该以有效方式使金融服务惠及每一个人、每一个群体，尤其是那些通过传统金融体系难以获得金融服务的弱势群体。联合国希望通过微型金融的发展，通过传统金融体系的创新与转型，促进这样的金融体系的建立，从而进一步促进全球的反贫困事业。

构建普惠金融体系，必须强调两个方面的意义：一方面，普惠金融强调金融体系要为所有人服务，金融体系应该是包容性的、普遍惠及于各阶层群体的，包括传统上难以获得金融服务的农村人群和微型企业；另一方面，普惠金融体系意味着要把微型金融整合到整个金融体系中，使它成为金融体系不可或缺的组成部分，在法律政策上给予微型金融更广阔的发展空间，使其不再处于边缘化地位。构建普惠金融体系的目标是完善农村金融市场，服务广大农民和弱势群体，在客户定位上始终瞄准低收入阶层和微型企业。将小额信贷整合到金融体系中，一方面，是创造一个合适的政策和法律环境；另一方面，更重要的是要创造一个微型金融市场的竞争环境。微型金融（包括小额信贷和小额保险）应当被理解为一种市场经济行为，一个向贫困人口提供市场化扶助的机制，一个向市场化程度低的贫困地区灌输市场意识的通道。

普惠金融体系的提出，具有重大的理论意义和实践意义，对于全球微型金融的发展和反贫困事业，产生了巨大的推动作用，具体体现在以下几个方面：

第一，"普惠金融体系"这个概念确立了一种全新的金融理念。2006年诺贝尔和平奖得主、孟加拉乡村银行创始人尤努斯教授说："信贷权是一种人权。"就是说，每个人都应该有获得金融服务机会的权利。只有每个人拥有金融服务的机会，才能让每个人有机会参与经济的发展，才能实现社会的共同富裕与和谐。这个理念与"包容性增长"是一致的，即要在经济增长和金融发展的过程中，使每一个人都能够得益于这种经济增长与金融发展，而不是被经济增长和金融发展所排斥。

第二，构建普惠金融体系的前提是金融创新。为让每个人获得金融服务机会，就要在金融体系进行创新，包括制度创新、机构创新和产品创新。在宏观的金融体系和法律制度层面，要进行创新，以制度性的框架鼓励微型金融的发展，为微型金融机构创造平等的竞争环境；金融机构层面上，应该建立更多的微型金融机构和创新性的金融机构，来服务于更多的弱势群体与贫困人群，同时一些商业性的金融机构包括大型商业银行，也可以通过机构的创新来进行微型金融服务；产品创新的意义在于只有开发出适合于农村微型客户的金融产品，这些原本难以获得金融服务的人群才能真正享受有效的金融服务，同时金融机构才能有效控制风险和获得一定的经济回报。

我理解的普惠金融大概有以下六个方面的含义：

第一，普惠金融首先是要"普"。把"inclusive"这个词翻译为"普惠"，我认为中国人是有智慧的。普惠首先是"普"，"普"是什么意思呢？就是要广覆盖。假如一种农村金融体系遗漏了很多重要的人群，那就不能叫"普"。"普"首先要广覆盖，尤其是要覆盖那些得不到金融服务的弱势群体、低收入人群，我想这是包容性金融的题中应有之义。如果做不到"普"的话，就不是普惠金融。

第二，"惠"。什么叫"惠"？很多人把这个"惠"理解为优惠，这是不对的，优惠就是打折了，我认为这不是"惠"的原意。"惠"的意思是要有合适的、可持续的市场价格，这叫"惠"。《论语》中孔子也讲到"惠而不费"，他认为这是当政者的主要目标。什么叫"惠而不费"呢？就是既要给农民一个合适的价格，同时又不能成本过高。在农村金融机构看来，这个"惠"既要做到不竭泽而渔，给农民一个合适的价格，又能保证农村金融机构自身的盈利。

第三，强调机构的可持续。我们一直强调机构主义或者制度主义，就是要强调机构的可持续发展。我不是特别赞成在鼓励普惠金融中过度地强调农村金融机构的社会责任。因为农村金融机构能不能承担社会责任，这是靠每个金融机构根据自己的经营状况和区域特点来自发地、主动地承担的，不要过度地在社会上强调农村金融机构的社会责任。作为一个商业机构来讲，我认为它首先还是要可持续。

第四，普惠金融应该实现产权的多元化。也就是说在发展普惠金融时，应该鼓励各种产权进入普惠金融体系中，应该鼓励产权的多元化。

第五，市场多层次。我们的农村金融体系，我认为从 2005 年以来发生了深刻的变化，形成了多层次的体系，具体来说就是"巨—大—中—小—微"五个层次兼具。"巨"就是像农行这样的巨型农村金融机构；"大"就是很多的省级农商行；"中"就是一些中等规模的农信社、农商行；"小"就是村镇银行、小贷公司等小机构；"微"就是指各种村级资金互助和社区合作基金等。这五个类型的农村金融机构构成层次分明、各有分工、各司其职的体系。

第六，要多样化。我们不要把普惠金融简单理解成为信贷市场。实际上在普惠金融发展过程中，我们既需要信贷，又需要农业保险，需要多层次的资本市场，需要农业产业基金，需要农业期权期货市场。

三、农村金融体系的新特点

进入21世纪以来，我国农业和农村发展呈现出良好态势，尤其是党的十八大之后，随着城镇化和农业现代化的推进，我国农村发展又迎来了新的战略机遇期。农村金融发展总体上呈现以下七个特点：

第一，随着城镇化的深入推进和城乡一体化的发展，农村金融的需求日益旺盛和多元化，农业企业、种养殖大户、家庭农场、农民合作组织以及农村小微企业等都有强烈的融资需求。这些主体，尤其是这几年迅猛发展的合作社和家庭农场等新型农村经营主体，他们的融资需求很旺盛，对金融产品的需求比较多元化，这对农村金融发展而言是一个大好机遇。

第二，通过大量调研我们发现，经济欠发达地区和人均收入较低的农民的金融需求更为旺盛，这对欠发达地区的农村金融发展提出了迫切的要求。这是我们在二十几个省份做的田野调查统计数据所证实的一个结论。这个结论似乎与我们的常识相反。我们的常识似乎是经济发达地区和收入较高的农民融资需求强烈，但是事实上那些经济不发达地区和低收入农民的融资需求更旺盛，他们所面临的资金瓶颈约束也更严重。东部地区金融供给比较充分，而西部地区没钱，金融机构也不去开办网点，形成巨大反差。我近年来一直在呼吁，应该加大对中国西北、西南地区农村金融的支持，加大对那些低收入人群的金融支持。民族反贫困是非常大的问题，尤其在一些边远的民族地区，像广西、云南、贵州、西藏、新疆这些地方，农村金融供给严重不足，金融需求却特别旺盛，但农民的信贷可及性却很低。

第三，农村金融的供应主体多元化，商业金融机构回归农村的态势明显。这是最近十年以来出现的好现象。随着2005年的农村金融改革不断推进，我国农村金融的谱系逐渐完善，尤其是一些新型的微型金融机构的出现，极大地丰富了农村金融供给主体，对我国农村金融发展和农民增收意义重大。现在工、农、中、建这些大银行也在不断地回归农村，争夺县域和县域以下的金融市场。

第四，随着土地资本化和土地制度变革的深度推进，困扰农村金融供给的瓶颈问题如抵押和担保问题，得到极大缓解，极大地促进了农村金融领域的产品创新。农民的土地经营权市场逐渐发育，土地流转、土地抵押、土地担保等形式逐步完善，土地的资本化有益于农民信贷可及性的提升，也有利于农村金融机构的发展。

第五，社会资本进入农村金融领域的热情持续高涨，国家通过政策激励进一步促进了社会资本参与度。现在民间资本正在以极高的热情，进入村镇银行、农村信用社（农村商业银行和农村合作银行）、小额贷款公司以及农民资金互助组织中，提高了农村金融机构的资金实力；虽然也带来一些问题，但是其积极效应却值得大力肯定。

第六，微型金融发展与创新层出不穷。P2P等互联网金融的出现为微型金融发展注入新的活力，微型金融发展为缩小城乡人均收入差距起到明显的作用。

第七，现代农村金融制度的建设正在进入快车道。一个产权多元化、规模多层次、多类型、可持续、广覆盖的现代普惠型农村金融体系正在加快形成。

四、建设现代化金融强国与完善普惠金融体系的历史成就与挑战

2023年10月30—31日中央金融工作会议在北京举行，会议首次提出了建设"金融强国"的概念，强调高质量发展是全面建设社会主义现代化国家的首要任务，金融要为经济社会发展提供高质量服务。其中明确指出，要"做好科技金融、绿色金融、普惠金融、养老金融、数字金融五篇大文章"，这"五篇大文章"是对2017年全国金融工作会议提出的"要建设普惠金融体系，加强对小微企业、'三农'和偏远地区的金融服务，推进金融精准扶贫，鼓励发展绿色金融"的新提法。党的二十大概括提出了"中国式现代化理论"的重大创新，在经济层面提出了"实现高质量发展"的愿景，在这一愿景中，金融高质量发展和金融强国建设，尤其是建立"以人民为中心"的人民主权金融，是非常重要的，要全面提高金融服务覆盖率、可得性与满意度。我2022年提出了"人民主权金融"的概念，所谓"人民主权金融"，就是以人民为中心的金融体系，是以全面满足人民的金融需求、服务国家发展战略和保障国家金融安全为宗旨的金融体系，是普惠性、战略性和安全性的统一。[1] 2023年9月25日《国务院关于推进普惠金融高质量发展的实施意见》（国发〔2023〕15号）强调指出，要"坚持人民至上，牢固树立以人民为中心的发展思想，坚持普惠金融发展为了人民、依靠人民、成果由人民共享。始终把人民对美好生活的向往作为普惠金融发展的方向，自觉担当惠民利民的责任和

---

[1] 王曙光：《普惠金融的制度、技术与组织创新》，《学术前沿》，2022年第15期。

使命，切实增强人民群众金融服务获得感"。

党的十八大以来，随着中国特色社会主义建设事业的深入，我国绝对贫困问题得到了历史性解决，脱贫攻坚任务取得了全面胜利，中国式现代化进程稳步推进，在这一进程中，普惠金融作为国民经济的"血脉"，做出了历史性的贡献。十多年来我国普惠金融体系逐步完善，制度创新、机制创新和金融产品创新层出不穷，涌现了大量因地制宜的普惠金融服务创新举措，基本实现乡乡有机构、村村有服务、家家有账户，移动支付、数字信贷等业务迅速发展，小微企业、"三农"等领域金融服务水平不断提升。多层次普惠金融体系逐渐形成和完善，金融机构不断完善金融资源配置和金融支农激励政策，从供给侧发力，打破长久以来城乡之间、大小企业之间、贫富之间的金融二元结构，构建起切实满足各个群体需求的农村金融供给体系，成为助农增收、助力乡村振兴，破解农户融资难、融资贵的有效途径。总体上可以说，自2013年党的十八届三中全会正式提出"发展普惠金融"至今，我国已经初步形成了以人民为中心的多层次、广覆盖的农村普惠金融体系。近年来随着数字金融和科技金融的大力发展，普惠金融依托数字技术在资源整合和产品形式等方面又衍生出许多有效的创新模式，各层次金融机构不断探索以数字科技为抓手的金融服务内容创新，大幅提升了乡村普惠金融的覆盖面、可得性和满意度。当前数字普惠金融在广大农村地区遍地开花，有效缓解了金融供给结构的失衡问题，从产业兴旺、生态宜居、乡风文明、治理有效等多维度助力了乡村全面振兴。

在充分肯定我国金融强国建设和普惠金融发展的重大历史性成就的同时，我们也要看到金融体系（尤其是中小金融机构）所存在的问题和挑战，看到我国普惠金融体系中的体制和机制问题。正像中央金融工作会议所深刻指出的,我们应"清醒看到,金融领域各种矛盾和问题相互交织、相互影响,有的还很突出,经济金融风险隐患仍然较多,金融服务实体经济的质效不高,金融乱象和腐败问题屡禁不止,金融监管和治理能力薄弱"。在普惠金融领域,我国由于中小金融机构种类比较多,类型丰富,因此对于各类不同性质的普惠金融机构的监管体系还没有完全建立起来,对于中小银行类金融机构、小额贷款公司、融资担保公司、典当行、融资租赁公司、商业保理公司、互联网保险业务等不同类型金融机构的监管规制还存在很多空白。同时,在金融创新层出不穷、金融科技发展方兴未艾的形势下,我们也要看到各种因金融创新和金融科技的"滥用"而带来的负面问题,尤其要对依托互联网平台的各类线上金融交易和金融产品所带来的风险加以警惕,这类风险已经对我国普惠金融的健康发展产生了很大威胁。在健全普惠金融领域新业态、新产品的监管体系和规则方面,在数字平台风险的识别和防控方面,在普惠金融领域风险预防预警和风险处置方面,在普惠金融的法治化和规范化方面,目前还存在很多盲区和短板,需要在法律制度层面和监管体系层面以及金融机构的微观层面,加以弥补和完善。普惠金融要守住不发生系统性金融风险的底线,探索成本可负担、商业可持续的普惠金融发展模式,使之成为构建现代化金融强国的有机组成部分。

第八讲

中国农民合作组织制度（一）：
改革开放之前的农民合作与农业发展

第一节 引子：中国人的合作精神

一、合作之真谛与条件

农民合作问题是贯穿中国百年历史的核心问题之一。无论是在学术界，还是在政府官员中，甚至在农民中间，大家都在抱怨，中国人合作太难，原因是中国人没有合作意识和合作精神。这几乎成为大家一个共同的感受。因此，在讨论农民合作之前，我们需要深入反省，合作的灵魂、本质、精髓、真谛到底在什么地方。我认为，合作的精髓包含四个方面的要点：

第一，民主是合作的灵魂。在合作社中，要建立一种民主的协商制度、民主的议事制度。西方有所谓"罗伯特议事法"，小到开一个小组会，大到进行宪法的决策，都需要一个民主协商和议事的程序。西方的民主协商制度是古希腊的民主传统，这是根深蒂固的一种习惯。没有民主协商和民主议事制度，一个群体的合作就很难有效率，也不会产生好的合作。

第二，自律是合作之前提。换句话说，组成任何一个合作社，或者合作做任何事业，必须把成员的权利和义务关系界定得非常清楚，大家都要自觉地履行自己的义务，行使自己的权利。这就要求成员都要有自律的精神，尊重规则，尊重法律，尊重契约。假如成员没有自律意识，不清楚自己的权利义务关系，不尊重规则，那这个合作没法开展。

第三，法律是合作之保障。这个法律有些是成文的法律，有些是默契的法律，总之，合作中要有法律来保障程序的公正。美国的法律精神中有一条，认为程序公正比结果公正更重要。美国有一个道格拉斯大法官，他认为在美国的宪法中，其实大部分条文是关于程序的法律，程序的公正很重要。合作就要有法律、有规矩，它不是人治，而要尊重超越于个人之上的规则。

第四，妥协与博弈是合作达成的必要条件和过程。每一个合作社，其成员之间合作的达成都需要成员之间不断地妥协和博弈，在不断妥协和博弈之后最终达成一致意见和集体行动。如果一个农民不太清楚在合作社中如何跟别人妥协，如何协商博弈，这个合作就没法进行下去，要么出现个人专制，靠个人的圣明来独断，要么大家一哄而散，合作社解体。大家不会协商和妥协，不会平心静气地讨价还价，都希望有一个人担当起来，你从这些最平常的群体决策中就会发现，中国人的专制传统根深蒂固，因为中国人缺少民主的训练、协商的训练。

二、为什么中国人很难达成合作呢

为什么中国人很难合作呢？以前形容中国人就是"一盘散沙"。"一盘散沙"就是不能合作，每个人都是一个决策主体，可是互相之间达不成真正的合作。其中的原因我想可能有以下几个：

第一，中国有历史悠久的长达几千年的小农经济传统，这种小农经济形态影响和约束了中国人的合作。中国人小农意识很强，满脑子小生产者和小私有者的思想，小农的习惯是根深蒂固的，他很难跟别人合作，在受过高等教育的人中间也是如此。从内心深处来说，我们每个中国人都是一个小农。

第二，中国传统文化中有一些思想传统阻碍了中国人之间进行大规模的合作。中国人重视家族和宗族，跟与自己不是一个家族的人很难达成合作，这种文化形态影响深远。所以，我们的合作半径或者是交易半径很小，就是我们熟悉的自己家族的人。中国传统思想中，有非常根深蒂固的小国寡民的思想，主要是道家思想，对中国人的影响非常大。其实道家最深刻地反映了中国小农经济下的哲学思想，其理想世界就是"鸡犬之声相闻，民老死不相往来"。实际上儒家代表中国人中比较高层的贵族的思想，他们强调大同世界，强调人和人之间更大规模的联合，"人不独亲其亲，不独子其子"，这就包含着社会合作的理念在内。

第三，我们在传统上，法制与程序的意识比较差，对于规则，往往不太重视。比如说罗伯特议事规则。这个议事规则在中国人看来极其刻板、烦琐，大家还是觉得一个人说了算挺好，很有效率。确实，从效率来看，罗伯特议事规则未必是对的，有时候讨论一件事议而不决很长时间。我们做事情的时候往往过于弹性，过于变通，过于灵活。这种过于灵活导致什么结果呢？就是我们的合作往往是非常脆弱的，因为它过于灵活，把法治、规则和程序放在一边，合作就很容易走样甚至破产。中国人往往过于热衷于变通和灵活，不去严格执行规则，所以合作总不持久，一遇到问题就不欢而散。

第四，因为我们的民主传统比较缺乏，专制传统漫长而且顽固，每个中国人都期待有一个又聪明又能照顾大家利益的人出来为大家决策，没有成员之间相互协商、慢慢讨论问题的习惯。一些历史学家认为，中国古代的治水传统对中国的影响非常大，当年大禹治水，实际上是古代专制国家形成的萌芽。古代以前都是实行"选贤与能"的禅让制，这是非常古老的一种制度；可是到了禹，禹最后传位给他的儿子启，建立了夏，夏是中国第一个专制国家。这是历史学界一种说法。专制的传统太长，确实影响了人民之间的合作。

第五，我们往往缺乏自律的精神。你让中国人在没有任何强制的情况之下产生自我约束，这是非常难的。中国古人讲"慎独"，认为即使没有任何人监督，独自一个人的时候，也要高度自律，这是古代君子的精神境界。假如合作社的成员都不自律，那么这个合作是很难维系的。

第六，我们往往不太懂得妥协和博弈，因此比较容易走极端。真正中庸的状态，是成员都有主人公意识，同时又懂得在群体中相互妥协和博弈。这样的话，这个团体就很有弹性，大家互相之间可以讨价还价，可以协商，最后达成一个协议。你说的东西我可以持不同意见，可是最终群体一旦达成协议，每个成员又必须忠实执行这个决议，这是一个民主协商制度。

第七，中国人缺乏合作也许是因为中国的超越家族的企业组织的传统在历史上是比较缺乏的。中国历史上不乏优秀的儒商，他们经营商业的能力和智慧都非常高，但是中国的企业组织比较缺乏，你看中国的企业都是家族内部的传承，建立不起陌生人之间的合作传统，这跟西方的企业传统不一样（当然西方也有很多家族企业）。没有这样的企业治理的训练和传统,合作社就很难办得好,因为合作社不过是一种特殊的企业。

以上可以说是提出了几个假说,来探讨中国人的合作精神,但这些假说都不一定很全面和很正确,大家可以再讨论和深化。

三、中国人有自己的独特合作模式和传统

那么,中国人是不是不能合作呢?我认为不是,中国人有自己的独特的团队合作模式。中国人往往强调统一意志下的合作,这跟中国古代大型水利工程的实践恐怕是有关系的。中国古代几大有名的水利工程,非常不可思议,如果没有规模的合作是不可能完成的;可是这个合作,必须在一个统一的领导之下合作。

中国人更擅长在宗族和村庄范围内进行合作。在我国古代,宗族内部的义田、义庄、义学非常多,大家守望相助,在同族同宗之内建立起合作和互助的机制,古代这种成功的实践非常多。我们在中国乡村治理那一章会详细讨论。

从历史上来看,中国也不缺乏乌托邦思想,中国人也向往人和人之间的和谐生活。可是你会发现,除了少数的乌托邦思想之外,中国大部分乌托邦思想都强调小农经济下的自由自在的生活,而不是人和人之间相互合作的生活,这一点跟西方不太一样。当然,中国有没有那种具有高度纪律性和合作精神的乌托邦思想呢?也有。比如说张道陵的五斗米教,比如说墨子所组成的团体,都是纪律性很强的组织。墨子强调成员之间的兼爱,即爱无差等,组织内部成员是平等的,有强大的自律精神,强调刻苦的生活。墨子建立的组织制度非常严密,在当时影响很大,但是在战国之后就逐渐式微,以至于后来在知识分子中逐渐丧失了影响力。

第二节 "非自觉"的近代合作：谁在推动农民合作

一、现代化视角下的农民合作

1840年的鸦片战争拉开了近代史的序幕，同时也开启了中国现代化的进程。此后的百余年间，为了实现救亡图存和国富民强的理想，中国人开始了理论与实践层面的不懈探索与努力。从康有为将中国"定为工国"的设想，到孙中山的《实业计划》，再到新中国成立初期的过渡时期总路线，工业化成为几代中国人的梦想。然而，对于一个典型的农业国来说，要达到这一目标，不仅需要建立起一个庞大的工业体系，还必须对农业进行改造，使之完成由传统到现代的转型。农业的现代化是工业化进程内在的不可分割的组成部分，这已经是当时所有有识之士的共识。因此，如何改变传统的落后的农业经营方式、提高农业生产和农民生活水平、使工农业真正实现均衡发展和良性互动，成为过去一个多世纪的时间里中国人最为关注的问题之一。

鸦片战争后涌现出的众多社会思潮中，合作思想的传播是颇为重要的一个思潮。薛仙舟、于树德等一批中国早期合作运动的先行者，在向国内民众介绍罗虚代尔公平先锋社和雷发巽乡村信用合作社等来自西方的思想与实践的同时，也竭尽全力地将自己宣传的理论付诸行动，我国农村的合作运动在这样的背景下应运而生。借助"合作"的组织形式，改造中国的乡村，进而改造整个中国，这是当时很多合作社倡导者的梦想；而由推广合作社，中国人开始了构建新的经济秩序的尝试。

值得深思的是，在中国近百年来的现代化进程中，"农民合作"是贯穿始终的：20世纪20年代起有民间团体和知识精英倡导的农民合作；1928年以后南京国民政府大力推行农民合作运动；同时期也有共产党在农民中间倡导的合作运动；新中国成立初期在全国范围内进行了农业合作化；而现在，数量可观、类型多样的农民专业合作社迅速成长起来。尽管各个时期内"农民合作"的内涵不尽相同，但农民合作一直是百年以来最重要的、一以贯之的主题之一。

二、近代农民合作运动中政府的角色

在近现代史上，"合作"最初引起政界人物的关注，并不是单纯地因为这一新的组织形式所能产生的经济效益，而是"合作"本身可能具备的其他社会功能。换句话说，近代中国倡导农民合作，主要是为了改造社会。这是农民合作运动受到南京国民政府高度重视的根本原因。孙中山早年曾提出在中国实行地方自治的主张，在他看来，除了清户口、立机关、定地价、修道路、垦荒地、设学校等这些首先需要完成的基本工作之外，地方自治团体此后应办之"要事"，即"农业合作、工业合作、交易合作、银行合作、保险合作等事"，"此所建议之地方自治团体，不止为一政治组织，亦并为一经济组织"。合作社，在孙中山的理论体系中，肩负着促进分配社会化和缓和社会矛盾的重要职能。

如果说以孙中山为代表的早期国民党人对"合作社"的关注还寄托了他们对于未来社会的理想的话，那么国民党统治后期对农民合作运动的强力推进，则具有更实际的作用。有学者曾经这样描述甲午战争后直至1927年前后这一时期的农业生产，"其基本状况可以用狭小的经营规模、落后的生产技术、种植业为主的单一结构和低而不稳的土地产量加以概括"。所有这些要素，在连年的战乱、动荡的政局和频繁发生的自然灾害作用下，使农村经济日趋凋敝，农民生活困苦窘迫。这时推行农民合作，意义不只在于改善农村经济，其更重要的作用或许在于通过农民的组织化可以缓解社会矛盾，在恢复农业生产的同时，消除对当权者统治构成潜在威胁的不稳定因素。

1928年以后，南京国民政府通过了大量关于推进农民合作的条例、法令、决议等文件，从地方到中央，一系列以推动农民合作为主要任务的行政管理机构也相继成立。这一时期的合作社在数量上出现了一个极大的飞跃。如果以1931年全国的合作社数量为基数，则15年内增长了60余倍，由不足3000家变成了172053家，合作社社员达17231640人。南京国民政府以行政命令的方式，将农民合作社的发展情况作为考核基层政府业绩的指标，培训并下派了大量人员到地方直接组织、督导合作社工作的开展，这使农民合作原本的"非自觉性"得到了进一步强化。合作社数量虽然有了明显的上升，但合作社的质量和发挥的作用却并不尽如人意。

政府应不应该扶持合作社的发展？我们在第六讲中讲到近代农民信用合作，曾经引用了陈振汉先生的话，其中有一句解释了政府为什么应该在农民合作运动中扮演重要的角色："中国农民既贫且愚，人皆知之，且习性保守，散漫自私。欲农民自行起而组织从事改造环境，纵非不可能，亦极为困难。是以政府之翊助不特应当而且必要。"政府介入农民合作运动，乃是基于中国的小农经济的基本国情。小农经济的分散性、小私有者的自私和散漫、传统乡土社会的封闭性，都决定了我国的农民合作不可能完全依赖农民的自觉，而必须以政府的力量动员。所以，我们在研究中国农民合作运动的过程中，不要仅仅批评政府的过度介入，须知政府的行为本身，亦是基于中国的国情，基于中国人民的实际情况，有此人民乃有此政府，政府与国民实际上不能截然分开。当然政府的强力推动自然也产生了消极的一面，就是更加强化了农民本身的依赖性。如何通过合作社教育，更加激发农民合作的内在动力，培育农民的合作精神，一直是近百年农民合作运动必须解决、一直在试图解决的问题，也是一直没有很好地解决的问题。

三、社会团体和社会精英的角色

我们在第六讲中也粗略讲到了早期华洋义赈会在我国近代农民合作运动中的开创之功。华洋义赈会领导下的农民合作是"外部嵌入"式的。作为一个民间社团，华洋义赈会从未直接组织农民进行合作，而是以多种方式积极鼓励农民进行合作。各地农民在产生了创办合作社的意愿之后，即可向华洋义赈会提出申请，如果获得承认，就能从华洋义赈会获得稳定的、低息的贷款，贷款年利率一般在 5.5%~10.5%，这些贷款成为支撑农民进行信用合作的最重要的资金来源。保持农民合作组织的独立性一直是华洋义赈会努力的方向，然而由于合作社在资金方面对总会的过度依赖，这一目标始终没有实现。在南京国民政府全国范围内的农民合作运动逐步展开后，华洋义赈会掌握的合作社交由国民政府实业部接管。作为一个社会团体，华洋义赈会在推动农民合作的过程中确实起到一定作用，但是客观来说，其作用是有限的。它没有与农民发生深刻的、紧密的关系，没有深入地动员民众，也没有从激发农民的合作精神这个角度来进行深入细致的合作社教育。农民的信用合作严重依赖于华洋义赈会的资金支持，其实失去了农民内部信用合作的本质意义，失去了农民合作的初衷。而且在华洋义赈会的合作中，绝大部分是信用合作，而很少有生产领域的合作，农民的生产方式并没有发生变化。华洋义赈会的初衷是以信用合作帮助农民恢复生产，改善农村金融服务匮乏的境况；因此，在其主导下的农民合作以信用合作为主不足为奇。但是，这一局面在此后的二十余年中未发生任何根本的变化。到南京国民政府推行合作运动时，信用合作社依然"一枝独秀"。"我国所谓合作运动,大部分实为农贷运动的别名。"很多农民"非为合作而合作,乃为借款而合作",成立合作社的目的就是获取借款,"求助于人,大违信用合作之本旨"。

近代农民合作运动的主要倡导者都是社会中的知识精英,其中主要是从欧美和日本留学归国的一批知识分子;还有一个重要力量,即乡村建设运动的倡导者。比较典型的如梁漱溟在邹平主导的乡村建设实验,尽管合作经济并不是"乡村建设"的核心内容,但却是"乡村建设"运动的一个重要的副产品。梁漱溟说,中国"要翻身在工业,而凭借以翻身的是农业……改造乡村经济的路子在合作",而"中国农村的合作,恐怕要从生产合作、利用合作做起"。在这一理念的指导下,邹平建立起了生产、运销、购买、信用等多种类型的合作社。在晏阳初以河北定县为主要实验区推行的平民教育运动中,筹建农民之间的合作组织也是其中的一项重要内容。晏阳初是美国留学归国的。早期合作社的倡导者于树德先生,是留学日本归国的。最早建立合作银行的薛仙舟先生是从德国留学归国的。这些留洋的知识分子,看到了欧美和日本等国农民合作运动的成绩,于是迫不及待要将这些经验介绍到中国,殊不知中国农民和农村的状况与欧美和日本完全不同,小农经济的积习早已根深蒂固。知识分子的热心推动,对于合作思潮在中国的传播起到重要的作用;但是农民仍旧处于漠不关心的状态,农民依旧没有被动员起来,知识分子一厢情愿的热情并没有换得农民的觉醒,这是我们需要深刻反思的。

四、非自觉的农民合作

从上文的分析中我们可以看到,与西方合作社的成长历程不同,我国近现代史上的农民合作从一开始就是一种"非自觉"的行为。不论其推动力是来自非官方的民间社团、社会精英，还是来自官方的中央及地方政府，农民始终是被动地走向合作。如果不是外界的强力推动，他们既缺乏合作的意识和动力，也难以拿到支撑合作持续进行的各种资源。更重要的是，新中国成立以前的农民合作，其覆盖的范围始终有限，这与合作倡导者们的目标——实现农民的组织化、提高农业生产水平距离甚远，而农民对于"合作"的"非自觉"状态短期内很难改变。

在这段时间中，农民合作意识比较差，合作意愿不强，而只是合作的被动参与者。这个合作实际上是一个外部"嵌入式"的合作。与"嵌入式"相对应的词是自觉的、内生的、自发的、自生的，只有内生的合作才是真正的合作。但是同时我也要强调，大家不要对中国人合作进行过多的批评，不要觉得中国人合作意识差，就永远不能合作。我们可以批评自己，但是在实践中要有信心，我们的任务恰恰就是激发中国人的合作精神，激发农民内在的合作动力。实际上合作这件事，是在学习中的合作，是在模仿中的合作，是"干中学"，任何人都不是天生就会合作的，西方人也不是天生就会合作的，民主与协商的习惯也是慢慢养成的。让农民在合作中学习合作，在合作社这个大学校中不断养成民主和协商的精神，养成合作的习惯，这是引导农民合作的基本思路。所以不要老是抱怨和批评，需要的是行动。从外部的嵌入，最终变成自发和内生的东西，这是一个历史的过程，不是一蹴而就的，要有耐心。

第三节 新中国农民合作：政治动员与计划经济体制

一、跃进与政治动员

农民合作经济组织是农民提高生产的组织化和集约化程度、提升农业生产的规模效应和边际收益、联合抵御系统性农业风险的重要载体。所以没有人会反对农民的合作。但是对于如何推动农民合作，不同的人却有不同的看法。新中国的农民合作化运动，是中国近代以来合作化运动的一个合乎逻辑的延伸和发展，所以在新中国的合作化运动中，你或多或少地可以发现那里面遗留着近代农民合作的一些基因、一些影子。道理在什么地方？道理很简单，因为人民还是这样的人民，不管是农民还是管理这个国家的人，他必然遗留着这个国家的整个文化的基因，遗留着这个国家一切习惯的影子。这个不可能突然改变。所以民国时期农民合作运动中，国家扮演着重要角色，政府推动着合作运动的发展，但农民的合作意识不强，农民是被动的，合作是嵌入的，而不是内生的；而在新中国的合作运动中，能够突然改变这种文化的遗留吗？能够突然改变农民的小农意识吗？能够突然改变中国农村绵延数千年的小农生产方式吗？既然不能，那么新中国的农民合作运动就必然或多或少遗留以前的影子。

当然，新中国的农民合作运动，与民国时期的农民合作运动有很大的不同，其主要原因是新中国的政治条件发生了深刻的变化。新中国的政治条件有什么不同呢？最大的不同是共产党的政治动员力量达到了空前的高度，通过意识形态领域的教育、通过政治力量的发动，共产党达到了前所未有的动员能力和凝聚能力，它能够把一盘散沙的数亿农民凝聚起来，团结起来。能够把具有如此浓厚的小农思想的数亿农民给拢起来，这个本事不得了，这真是数千年来没有几个人能够办得到的。这是共产党独特的政治优势，这种政治优势，在新中国成立之初发挥到了极致，取得了巨大的成功，彻底改变了旧中国的面貌。

政治动员能力强，当然就会在推动农民合作的过程中起到极其重要的作用。本来难以推动的一件事，借助强大的政治力量，就可以迅速地推动。如果对比一下新中国和民国时期的农民合作运动，就会发现新中国的农民合作运动进展之迅猛，简直是民国难以望其项背的。新中国农民合作化运动在20世纪50年代初期开始启动，到1956年中国农村基本实现初级农业合作化，农业生产合作社数量达到1008000个，入社农户10668万户，占全国农户总数的90%。初级农业合作化的迅猛推进大大超过了政府的预期，促使其由谨慎和渐进式的态度转向采取更为大胆和激进的推动措施。1955年年底，高级农业合作社仅有500个，1956年年底达到54万个，1957年冬季这个数目猛增到75.3万个，加入高级社的农户已经达到全国农户的87.8%，而初级社的农户比例仅有8.5%。1958年的"大跃进"政策更是加速了农业集体化的进程，仅1958年8月末至11月，就有74万个农业生产合作社被合并为2.6万个人民公社，囊括了1.2亿户农户，占全国农户总量的99%以上。这个速度，这个跃进的姿态，令人惊叹！你可以想象，这种暴风骤雨式的农民合作运动，会给中国的数亿农民带来多大的冲击，会给这1亿多农户带来多大的冲击，会给这些农民的生活形态、思想意识、社会结构等带来多大的冲击！你也可以想象一下，在如此迅猛的合作化运动中，农民需要做出多少行为上的调整，做出多少适应，来消化矛盾、克服内心的纠结？这场运动，用"大跃进"来命名实在是太准确了，这是一场史无前例的伟大的跃进。然而，1959年至1961年中国遭遇严重的农业危机，1959年粮食产量猛降15%，农业总产值猛降14%，1960年粮食产量再降10%，农业总产值再降12%，致使中国出现了历史上罕见的非正常人口锐减。过快的跃进使中国农民和整个国家付出了巨大代价，其根源也出在政治动员能力太强，推动的时候过于迅猛，从而累积了矛盾，激化了矛盾，而没有在推进的时候适当地缓和甚至化解矛盾。

二、计划经济、工业化、统购统销和合作运动

理解新中国的合作化运动，包括人民公社化运动，必须把它们与"工业化""赶超战略"和"社会主义计划经济"这几个词联系起来理解，才能透彻。快速的工业化和赶超战略，历史性地决定了新中国必须采用一种可以克服分散化的模式，必须发明一种快速地动员资源的机制和体制，这个体制就是计划经济体制。然而社会主义计划经济的实施必须有一定的物质条件来保障，其中最大的问题是吃饭问题。在中国大规模社会主义经济建设的过程中，严重的问题是粮食供求的矛盾，大量的工人要吃饭，工业化过程中需要大量的粮食供应，因此就必须发明一种体制来保障粮食的供应。于是统购统销这个事就必须弄。什么叫统购统销呢？这个词是陈云同志发明的，所有的粮食，除了农民的口粮之外，全部由国家统一收购，全部的粮食供应都由国家进行计划供应。可以说，没有统购统销，就不可能有中国的社会主义计划经济，就不可能有中国的工业化。统购统销是一种不得已而为之的体制，这个体制大概到20世纪90年代初期才最终结束，退出历史舞台。我1990年考入北大，第一年到石家庄陆军学院军训，还向陆军学院交了粮票，我们赶上了中国粮食统购统销制度的一个尾巴。统购统销过程中，国家掌握了粮食市场，掌握了粮食的价格，由此国家也就控制了工业化的成本，工农业产品价格的剪刀差就是这样形成的。

1955年，毛主席做了一场关于合作化的报告。他说我国的商品粮食和工业原料的生产水平很低，而国家对这些物资的需要一年一年地增大，这是一个尖锐的矛盾。换句话说，市场上的粮食不够，但是工业化过程中庞大的工人群体要吃饭，怎么办？如果我们不能在大约三个五年计划的时期基本解决农业合作化的问题，我们的社会主义工业化事业就会遇到

极大的困难。我们从这个讲话中就可以看明白,当时的治国者是非常清醒的,他们都看到了计划经济、工业化和农民合作化之间的关系。在这种历史背景下,农民就难以获得自由选择权,农民合作只是国家大的目标函数中的一个变量而已。农民合作的推动模式由国家决定,国家决定一切,其中包括农民合作的方式、合作的内容、合作的推进速度、国家和农民之间利益的分割、农产品的价格以及整个买卖方式等,都由国家决定。农民是没有任何决策权和选择权的,他们被迫参与了整个合作化的洪流,因为他们不参加合作社的代价是极高的,这个代价既包含一些政治代价,也包含十分实际的经济代价。

这些体制特征都决定了新中国的农民合作与民国时期有很大的不同。一是国家政治动员能力强;二是合作化运动的推动极快;三是实现了对农民的全覆盖;四是新中国的农民合作直接指向生产;五是农民的组织化程度大为提升;六是农民的国家意识被空前激发出来。这些正面的积极作用,同时也隐含着一些弊端,而恰恰就是这些弊端,引发了后来的农业危机。

当然,合作化运动也带来另一个积极的副产品,就是农村公共品普惠式的提供。合作化和人民公社化运动对于农村集体福利事业、农村社会保障体系、农业基础设施建设、农村教育和医疗等都有极大的推动。在这个时期,国家在农业上的投入尤其是农业科研方面的投资大量增加,农田水利设施建设和农田可灌溉面积迅速增加,如果没有大规模的农民合作,就不会有这些方面的大规模改善。所以我们也不能把这些功绩从农民合作中抹杀。

三、从嵌入到内生，从非自觉到自觉

中国的农民合作实际上是不断地从非自觉到自觉、从嵌入式的合作到内生和自生合作变迁的过程。新中国成立初期的农民合作，基本上是一种出于农民自愿、自觉和内生的合作，因此带来农业生产的迅速提高。后来的"大跃进"和迅速的人民公社化，使得嵌入的成分逐渐增多，农民的自愿和自觉的成分比较少。改革开放之后，农民的合作又发生了深刻的变化，尊重农民意愿成为大家的共识。在这个过程中，农民和国家都在不断从实践中吸取教训。对于农民来说，实际上合作的过程就是漫长的学习过程，农民从分散经营的个体到具备强烈合作精神的合作社社员，这个过程我相信是非常漫长而且复杂的，不要揠苗助长，不要一厢情愿地强制。这是我们从百年农民合作中所得到的血的教训。

第四节 从契约—产权的视角反思新中国农民合作

一、退出权假说

从20世纪50年代初到70年代末的近三十年间，中国农业合作化运动所取得的伟大成就与所遭遇的空前困境，对于今天的中国农村体制变迁仍有巨大的参考意义。从全球农业合作化运动的视角来看，中国合作化运动的独特历程也是一笔值得珍视的制度遗产。对1952年至1961年间中国农业合作化运动出现的戏剧性变化进行解释的文献，在国内外已经大量出现，其中有代表性且具有一定说服力的理论假说有政府政策失误和公社管理不良假说、激励不足假说和退出权假说。

从新中国成立到1956年全面实现农业合作化，农业绩效基本呈现出渐进增长的态势；但1958年之后农业产出的急剧下降和随之而来的非正

第八讲 | 中国农民合作组织制度（一）：改革开放之前的农民合作与农业发展

常人口锐减，迫使政府不得不调整人民公社的生产管理体制、收入分配核算体制，并取消公共食堂。总要素生产率指数和农业产出（以1952年为100）在1952年至1958年间是明显上升的，1959年至1962年这两个指标剧烈下降并跌到谷底；1963年至1978年农业产出虽有增长但波动性明显，在1979年之后才出现快速增长；而总要素生产率指数这个指标在1963年至1978年一直在很低的水平上徘徊，直到1984年人民公社制度解体，总要素生产率指数才恢复到1952年的水平。对于这个历史时期的农民合作组织绩效骤变，最有影响的是林毅夫提出的退出权假说[1]。他认为，农业生产中的有效监督成本过于高昂，这就使得农业集体组织的成功不可避免地要依靠集体成员建立的自律协议；但是只有当集体组织成员在其他成员不履行协议就有权退出集体组织时，自我实施的协议才会维持。在合作化运动的开始阶段，退出权一般是受到充分尊重的，相应地，自我实施的协议在绝大多数集体里得以维持，整个农业绩效得以改进。成员实施退出权导致部分集体组织解体，恰好扮演了集体化运动的安全阀的角色。但是农民合作化运动后期农民退出权被剥夺，导致集体化从自愿的运动变成强迫运动，安全阀的丧失使得合作化运动后期出现了农业绩效的大规模下降和农业危机。尽管林毅夫的退出权假说受到很多学者在理论和实证方面的质疑，但是退出权本身确实是理解农业合作化绩效变化及后期农业危机的重要视角。

---

[1] 林毅夫、蔡昉、李周：《中国的奇迹：发展战略与经济改革》，上海：上海人民出版社，上海三联书店，1999年。

二、契约—产权假说

我在一篇文章里提出了另一个假说,即"契约—产权假说"[1]。我的这个假说并不是对林老师的"退出权假说"进行简单否定。退出权对农业合作社的有效激励结构诚然是非常重要的,但是退出权的有效实施需要严格的制度条件。对于一个有效运作的集体组织,退出权和内部激励都是要件之一,但是成员之间平等自主的契约关系和受到严格保护的财产权利,比退出权和内部激励更重要,更带有根本性。

我提出的"契约—产权假说"的第一个命题是:从产权视角来说,退出权实施的前提是合作社成员受到完整保障的财产权利,在成员的合法产权得不到有效保障的情况下,法律文本意义上的退出权不可能得到有效实施。尽管在中央颁布的正式文件中都明确表明农民加入合作社应该遵循自愿的原则并享有自由退出权,但是在执行层面上并没有按照合作社有关法律与章程实施完全的退出权。在农民的完整产权得不到保障的条件下,即使农民都知道法律中规定了退出权,也难于实施,因为实施退出权的代价极高。在1951年《中共中央关于农业生产互助合作的决议(草案)》中,对当时各地在农民互助合作运动中存在的违反农民自愿和互利原则而进行强迫命令的做法提出了批评,当时在全国一些地区出现了"强迫编组""全面编组""搞大变工队"和盲目追求互助合作"高级形式"的倾向。解放初期在全国某些地区出现的急于向社会主义过渡的急躁情绪,导致一些地区在互助合作中急于求大求快,同时对不加入合作社的单干农户进行限制与歧视。在东北的辽西、辽东、吉林和松江地区,

---

[1] 王曙光:《中国农民合作组织历史演进:一个基于契约—产权视角的分析》,《农业经济问题》,2010年第11期。

1950年干部采取各种办法限制和排斥单干，松江省对单干户提出"三不贷"和"一不卖"，即不贷款、不贷粮、不贷农具，供销社不卖给单干户任何东西，有些地方甚至提出"单干户没有公民权"。据吉林省统计，依靠强迫命令方式组织起来的互助组占70%~80%。有的地方规定，组员提出退组，先给予批评，批评后仍要退的，只能"净身出组，地马留互助组"，剥夺了退组农民的财产权利。山西省委在给中央的请示报告《把老区互助组织提高一步》中也提出，为了扭转互助合作涣散解体的形势，必须"逐步战胜农民自发的趋势，引导其走向更高级的形式"，提出"征集公积金，出组不带"的原则，以逐步地"动摇、削弱直至否定私有制"。"出组不带"就是在农民退出互助组之后其公积金不准带出来，侵害了农民的合法产权，增大了农民退出合作社的成本。这些现象在合作化运动初期仅是局部的现象，随着合作化运动的快速推进而变得普遍化了，到1958年在短短几个月之内实现人民公社化，使得自愿的渐进的合作化完全走向行政化与意识形态化。

由于1958年之后农业集体化的急速推进，导致农民的产权完整性受到损害，产权缺失使得退出权的实施变得没有意义；因为一旦实施退出权，农民将很难带走自己的土地和其他生产要素，也很难将集体在土地上的投入及其收益扣除以实现对集体的补偿。这些都构成退出权执行的高昂成本。更为严重的是，一旦农民意识到加入合作社之后退出权难以保障且退出的成本极高，则有可能以快速扩大当期消费而不是增大积累作为预防性手段，避免在加入合作社之后产权缺失带来的损失，这导致农业积累和投资的降低以及农业生产资料的人为破坏。在合作化运动的早期，合作社社员的产权完整性在一定程度上尚可得到保障，因此农业绩效在最初的几年呈上升趋势；但是在合作化后期社员的财产权利越来越难以保障，农民实施退出权的成本越来越高，农民在合作社中的激励不足导致农业产出和农业劳动生产率急剧下降。

"契约—产权假说"的第二个命题是：退出权实施的另一个制度前提是契约缔结过程中缔约双方平等自主的缔约关系。当缔约关系非平等自主的时候，表面上的退出权是不可能被实施的，一方实施退出权对另一个缔约方难以形成可信威胁。在合作化运动的前期，平均农户规模在 10 户至 20 户的初级农业互助组织基本上是农户之间在自愿的基础上达成的平等契约关系（尽管局部区域在合作化早期即暴露出行政化强迫的苗头），因此在合作化运动最初的 5~7 年中，农业生产绩效和粮食产量保持了较高的增长速度。正是由于早期合作社中成员之间较为平等自主的契约关系，使得合作社的规模可以保持在较合理的水平，从而保证了合作社内部信息对称的可能性较大、合作社监督和惩罚等管理成本较低、合作社内部核算和激励制度能够有效实施。而 1958 年"大跃进"之后，农户之间基本平等的有效契约关系被自上而下的强制性制度变迁中国家与农民之间的缔约关系所取代，这种缔约关系的核心是国家通过地方执政者强制推行国家意志，农民失去了自由缔约的可能性。同时，在农民与国家缔结的契约关系中，国家及其地方执政者在必要的情况下甚至可以任意剥夺农民的财产所有权。"一平二调"在合作化运动的后期非常普遍，"一平二调"就是无偿平调农民的劳动力和各种财产。根据《农业集体化重要文件汇编》记载，湖北沔阳县（今仙桃市）海通公社，在"一平二调"和"共产风"中乱调劳动力 349 个，土地 8082 亩，房屋 1512 栋，资金 53 万元，粮食 53 万斤，农具 35040 件，耕牛 84 头，木料 84 万斤，砖瓦 147 万块，家具 24906 件。广西邕宁县五塘公社，被"共产风"刮走的东西包括土地 1.17 万亩，鱼塘 316 亩，劳动力 651 个，耕牛 94 头，马 47 匹，猪

52 头，鸡鸭 321 只，房屋 44 间，砖 9 万块，木材 7000 多条，胶轮木车 352 架，粮食 24 万多斤，拆毁房屋 235 间。"共产风"使农民物质利益受损严重，农民非常不满，形容"共产风"是"见钱就要，见物就调，见屋就拆，见粮就挑，上至树梢，下至浮土，什么东西都刮到"。

在国家与农户之间出现不平等缔约关系之后，农民加入合作社和退出合作社都受到中央政府和地方执政者的严格控制，而不是农户出于成本收益计算而做出的自主行为；1955 年左右中央决定紧缩合作社的时期，不仅农户退出合作社的权利难以保障，甚至农户加入合作社的权利也难以保障，导致很多愿意保持合作互助的农户被迫退出了合作社。1955 年中央发起了整顿农业合作化工作，贯彻"停、缩、发"三字方针，各地出现很多强迫农民退社和转组的现象，浙江很多地方甚至强行将合作社全部解散。1955 年 4 月至 5 月间，用行政方式解散了 14623 个合作社，转退农户 335918 户，另外在 13260 个农业生产合作社中有 125103 个社员退社。所以尽管我们在统计资料中可以观察到退社农户有时达到很大的规模，但这些实证数据决不能被简单地理解为农户自由地实施了退出权，而要在数据背后考察农户退出的真正根源。

林老师的退出权假说，本身没有错误，但是我认为这是说了一半的故事，没说完，因而对传统合作社弊端的分析就停留在表面上，没有深入其本质。我认为比退出权更重要的还有两件事，第一件是平等契约权，如果契约双方没有平等权利，它不是一个自由平等的契约，那么强调退出权是没有意义的，平等的契约权是退出权实施的前提。第二件是产权。假如只讲退出权，不讲产权，这个问题是得不到解决的。表面的合作社章程中规定了退出权，可是你退出之后没有产权了，土地被收上来了，你到供销社买东西也不卖给你了，你到信用社贷款也不贷给你了，你在这个世界上没有立锥之地，没有任何的生存能力，给你退出权有什么用呢？如果没有产权的保障，则给你退出权也难以实施，因此，没有产权保障的退出权是一个不可信的威胁。林老师那篇文章没有触及那个制度本身的两个最关键的问题，一个是契约的平等权，即自由签约权，一个是产权。如果这两个前提取消的话，退出权本身是毫无意义的。

  本讲对新中国前三十年的农民合作化运动进行了比较系统的分析，到此告一段落。最后，我还是要强调，对农业合作化运动的作用，我们应该有一个更客观更全面的认识。从更长的历史视角观察，农业合作化运动应该被视为中国赶超型工业化战略的有机组成部分；正是由于农业合作化和人民公社化所构造的高度计划化的微观经营机制，使得粮食统购统销制度、工农业价格剪刀差机制才能够有效实施，从而才能为赶超型工业化战略提供必要的大规模农业剩余。所以，农业合作化这一制度变迁不仅是建设农业社会主义的需要，而且是国家实现快速经济发展与赶超、实现超常速度城市化与工业化的必要条件。在整个合作化运动和人民公社化运动期间，灌溉水利设施的进步、现代耕作技术和农业机械化及其他农业技术的大面积推广、社队企业的大规模发展、农村合作医疗体系等成就，都与合作化运动有密切的关联。合作化运动中，合作医疗的成就很大，赤脚医生制度和农村合作医疗体系的完善是新中国取得的重要成就之一。20世纪60年代和70年代，中国在农村普遍建立了赤脚医生制度和合作医疗制度，这个制度使得中国在当时农村人均收入很低的情况下，建立起比较完善的农村初级保健网。在"把医疗卫生工作的重点放到农村去"的指导方针下，20世纪70年代末期农村合作医疗制度使农村卫生保健得到很大发展，婴儿死亡率大大下降，20世纪60年代的防疫接种计划使中国成为第一个彻底消灭天花和小儿麻痹症的发展中国家。在很多农村卫生指标上，中国都居于发展中国家的前列，获得世界卫生组织的高度赞誉。但是赤脚医生制度与合作医疗制度的基础是农村集体经济，而20世纪80年代之后集体经济不复存在，中国农村合作医疗制度和赤脚医生制度也随之解体，农村医疗卫生水平严重下降，在世界190多个国家中，世界卫生组织将中国医疗平等权指标列为倒数第四位。合作化运动中出现的这些农业和农村领域的新要素，为改革开放之后农业绩效的快速提升和农村经济的全面发展提供了制度与物质前提。

第九讲

中国农民合作组织制度（二）：
改革开放以来的新型农民合作组织

第一节 "从合到分"和"从分到合"：中国农村转型的辩证法

一、"从合到分"：是进步还是倒退

第八讲我们谈到，20世纪50年代至70年代，中国人以极高的政治热情，大力推动中国农村从"小农经济"向合作经济乃至人民公社的发展，试图让中国农民由一个落后的、分散的、小私有者的团体，变成一个有组织的、有集体精神的、有国家意识的团体。从某种意义上讲，这个目标在这个历史阶段是达到了，中国农村乃至整个国家达到了空前的组织性，国家动员能力达到巅峰。但是人民公社过于僵化的体制和激励制度的不合理，导致1978年之后这套体制很快发生了颠覆。这场颠覆要从两方面来看。从积极层面来看，这场颠覆意味着农民积极的自我选择，意味着农民自我意识的觉醒，他们终于从国家的束缚中解脱出来，获得了一定意

义上的自由；但是这场颠覆，从消极层面来看，农民在获得这个自由之后当然也付出了很大的代价。什么代价呢？农民突然从组织化极强、集体感极强、国家意识极强的团体，又退回到了小农经济。对于这个代价，农民自己和政策制定者当初并没有清醒而深刻的感知，大家一开始都被那种短时期内猛然释放出来的生产力和劳动热情所振奋、所激动，但是并没有意识到，由大农退回小农时代，甚至退回生产力极其粗陋的、原始的时代，所引起的后果是十分严重的。

在一个小地块上进行以农户为单位的单干，与集体化中的高度机械化、大规模农田水利建设、大规模耕地整治是不能兼容的，小农经济不能兼容这些高度发达的现代农业生产形式。随着时间的推移，这个后果越来越被中国农民和政策制定者所深刻认识。因此，尽管我们要高度肯定1978年以来农村联产承包责任制对于中国农村发展、对于释放中国农村的活力所发挥的巨大作用，但是对于其弊端也要有清醒的认识。1978年以来的农村改革应该对原来高度集体化的人民公社体制进行扬弃。什么是扬弃？扬弃既包括"弃"，又包含"扬"。"弃"就是放弃、颠覆、抛弃、否定、打破，"扬"就是发扬、弘扬、继承、发展。1978年之后我们对原来的人民公社体制绝大部分是"弃"，极少部分是"扬"，甚至完全没有"扬"，全部抛弃了。没有"扬"的后果很严重。中国人老讲一句话，"天下大事，合久必分，分久必合"，中国人对历史的认识其实是非常深刻的。老子讲过一句话："无往不复。"这句话也是非常深刻的。中国人所理解的这个世界，所有的前进，所有的"往"，都是必须回归的，都是要"复"的。老子又讲过："大曰逝，逝曰远，远曰反。"这与"无往不复"是一个道理，当一个事物发展到极端之后，必然回复到它自身。这就是黑格尔所讲的"正反合"，一正一反一合。"一合"就是回来了，但是这个回来不是简单的回归，这个"复"也不是简单的恢复，而是一种更高意义上的回归，一种经过扬弃的回归。所以，"从合到分"是一个阶段，它必然走向下一个阶段，就是"从分到合"。

二、"从分到合"：内涵和驱动力的变化

在农村改革三十年后，农村又面临着一次新的"由分到合"的变革。这次变革的核心是提高农民的自组织能力，重新塑造农民合作的组织载体，以与农业产业化和农村现代化的内在要求相对接。这是一次新的农村微观组织形态和农村经济运行模式的重大变革。近年来，农民合作社出现了蓬勃发展的态势，2007年7月《中华人民共和国农民专业合作社法》的正式颁布实施，标志着我国农民合作经济组织进入了一个法制化、规范化的新阶段。农民合作组织的迅猛发展说明，从兼业"小农"到组织化"大农"是未来农村发展的基本趋势。

这场新的变革，同样指向塑造"大农"，指向农业的规模经营，但是在内涵和驱动力上，可能跟毛泽东时代的合作化运动大不一样。虽然从形式上来看其追求是一样的，都是追求"大农"，追求农民的组织化、集体化，追求农业的现代化，但是内涵和驱动力发生了变化。新中国前三十年合作社的发展主要还是靠强大的政治动员、意识形态的教育，通过农村劳动的集体化、组织形式的军事化来达到。但是改革开放以来的合作社发展，已经不可能再用这些传统的方式，因为社会意识形态和政治环境已经发生了深刻的变化。新时期的农民合作，更多地依靠农民的自愿性，农民要提升自己在农业上的边际产出，要降低自己面临的自然风险和农业风险，要引进新的生产技术，这些都需要有合作社作为载体。可以说，在当下中国，农民加入农民合作基本上是出于自愿，是出于他的内在需求。政

府再也不可能用传统的办法来强制性地推动农民合作，国家和农民之间的关系基本回复到正常的轨道，政府更多地通过给农民以技术上的培训和指导、通过财政上的倾斜性支持、通过政策和法律等，来扶持农民合作社的发展，当然社会公益组织和知识分子等在推动农民合作中也扮演了重要角色。

第二节 新型农民合作社兴起的制度根源及其制度特征

一、《农民专业合作社法》的意义和局限性

2007年通过了《中华人民共和国农民专业合作社法》（以下简称《农民专业合作社法》），这是新中国第一部正式的合作社法律。这部法律对于我国农民合作社发展的促进作用是显而易见的，合作社的规范性也大为提升。这部法律出台之后，我国农民合作社的数量呈指数级增加，各类合作社如雨后春笋。这部法律对我国农业产业化、农业现代化的转型也功不可没。但是，这个法律本身也有它的局限性。在这部法律的制定过程中，我应全国人大法律工作委员会的函请，对这部法律的草案提出了自己的意见。大家看这个法的名字，就暴露出很多问题。"专业"两个字很有局限性，专业合作社是一个非常重要的界定，而且这个界定非常不合理，把合作社界定在一个狭窄的领域，这在早期的合作社登记注册中造成很多困扰。合作社法通过初期，很多地方把专业规定得很刻板、很僵化，假定你要注册一个养殖合作社，这是不行的，你必须注明是养猪专业合作社还是养鱼专业合作社，否则是完全不允许注册的。当时的立法希望把专业合作社局限在一个小的领域中，而不鼓励综合的、范围较大的合作社。我们都知道，农业生产具有规模效应，现代农业发展表明，一个农业假如要

达到循环农业、生态农业，必须是复合的养殖和种植。比如说水下可以养鱼养蟹，河边可以种果树，水上和岸边可以放养鸡鸭鹅，还可以在其他地方种菜，这是立体的养殖、种植，是农业的综合发展。可是《农民专业合作社法》立法的时候，把"专业"局限得非常死，假定你要注册一个果树合作社，在早期基本注册不了，注册部门会让你注明是苹果、樱桃还是核桃，兼营的话不允许。实际上，合作的范围包含养殖、种植、技术的合作，甚至包含资金合作、消费合作等，不要局限在一个狭窄的专业上。在后来的实践中，这个"专业"的局限性越来越被大家所认识，登记注册部门也开始慢慢放松了限制，这是一个必然趋势。

在这个法律的名字中，还有一个限制就是"农民"。我们讲过中国合作化的历史，1934年国民政府通过了《合作社法》，没有什么限定词，这是高瞻远瞩的。因为任何人群都要合作，城市居民也要合作，各行各业都需要合作。一把合作社用"农民"来界定，说明市民是不可以搞合作社的。市民不能做合作社，这是《农民专业合作社法》的一项非常不合理的规定，名字就限制死了。实际上，在欧美等国，各行各业都有自己的合作社，非常普遍。

这部法律对于联合社也不鼓励。所有这些限制和界定，实际上都是不合理的。这个法律在合作社立法方面有开创之功，我相信所有这些限制都会慢慢地放松，慢慢地发生演变，因为法律最终要符合合作社发展的历史趋势和历史规律，要符合现实的需要。

二、新型农民合作的不平衡性

现在农民合作社的发展很快，达到150多万家，这个数量还在膨胀中。当然，一方面是发展的迅猛，简直是暴风骤雨一般；另一方面是合作

第九讲 | 中国农民合作组织制度（二）：改革开放以来的新型农民合作组织

社良莠不齐，发展很不均衡，这个不均衡表现在以下几个方面：

一是地域发展极不均衡。比如说山东、浙江、江苏这些东部地区省份合作社的发展比较好；西部的农民合作社发展稍微弱一些。

二是合作的形态不均衡。大部分合作形态都着重于生产和销售环节，而资金合作、消费合作、农机合作、技术合作比较少。

三是发起人的结构不均衡。目前的农民合作社，相当大一部分都不是由农民发起的，要么是由当地政府主动来组织大家建立起来的（当然农民要自愿），要么是由一些工商企业发起的，要么是一些知识分子和公益组织、扶贫组织发起的。

四是发展质量不均衡。现在农民合作社良莠不齐，有些质量很好，但是我相信90%以上处于质量不太理想的层次，甚至有很多质量比较差，管理不善，经营很差，形同虚设。很多合作社运行绩效很不理想，整个合作社处于僵死状态。很多地方办合作社并不是为了把合作社办好、为农民增加收入，而是为了套取政府农业补贴，这就严重违背举办农民合作社的初衷。

三、新型农民合作的意义

新型农民合作社的兴起不是传统体制的简单回归，而是一种更高意义上的否定之否定。它在一定意义上矫正或者弥补了小农分散经营的弊端。我想主要有以下几个好处：

第一，提高了小农抗风险的能力，提高了农民作为弱势群体的自救、自助能力，避免了农民的破产危机。这几年在农业和农村方面，有很多负面的信息，很多地方农民因为丰收而破产，有些甚至自杀。比如某农户贷款十几万，种了几十亩韭菜，但是到韭菜上市之前价格突然大跌，韭菜不能久放，他又没有存储设备，眼看着很多长得非常好的韭菜全部烂掉，贷款还不了了，这个韭菜种植户顿时就破产了。这种情况在中国很常见，因为丰收而破产。这里面价格风险和市场风险很大。当然还有一些自然风险、疫病风险。这些都需要合作社作为一个集团来抗风险。单个农民是很难抵御这些风险的。

第二，新型农民合作增加了农民的边际收益，在一定程度上阻断了农民边际收益递减的效应。农业生产中一个很大的问题是，农民往往面临着边际收益递减的情况，在全世界都是这样的，只要农业生产丰收了，往往会造成农民收入的下降。比如说最近我的老家烟台，苹果很好，可是最近烟台的苹果比大葱还要便宜，价格跌得很惨，农户叫苦不迭。中国为什么出现这种情况呢？这跟我们的合作化程度低有关系。由于农民都是单干，合作化程度低，导致农民在生产过程中缺乏一种有效的计划，没有办法作为一个集团跟某个企业达成订单合约。小农跟市场是很难对接的，小农天然地没有办法控制市场，没有办法适应市场，因此农民合作社这方面的作用就显得非常关键。合作社还可以提高农产品的品牌效应，使其收益增加。

第三，新型农民合作提升了农业生产的规模效应和农产品的市场竞争力。合作社有规模经营的优势，可以大力降低生产成本。合作社有技术方面的优势，可以在比较大的生产范围内推广统一规范的农业技术。合作社有信息的优势，可以对接市场的信息，从而提升农业生产对市场的反应能力。合作社还有管理优势，有销售渠道的优势。

第四，新型农民合作促进了农业的适度产业化。在农业开放之后，产业化尤其重要，现在我们面临国外农产品的竞争。比如中国苹果面临着美国苹果的激烈竞争，到超市以后发现美国苹果的个儿很大，口感好，大家觉得质量比较可信,因此美国苹果虽然很贵,大家还是愿意买。这样的话,中国的单个的苹果种植户就可能面临破产。小农直接面对美国的水果、日本的大米,是很难获得竞争优势的。小农跟人家高度产业化和专业化的农业生产对抗的话,我们中国农业的风险就不可估量。所以我一直主张,在农业市场不断向全球开放的过程中,一定要加强农民的组织化、农业生产的规模化,要不然很难保障中国农业的安全,农民就有可能面临破产。

第五,新型农民合作加速了农村生产要素的流动与整合,提高了农业生产要素配置的效率。因为农民合作社的推动,很多要素流动了起来,包括土地、资金、劳动力、技术等。

四、新特点:领办人、契约、异质性、所有权

新型农民合作社呈现出一些新的特征。[1]

第一,从发起人的结构来看,各类合作社同时得到发展,其中有政府部门牵头发起兴办的合作社,有一些准政府部门(比如各种挂在政府的协会、农业技术推广部门和农机站等)兴办的合作社,有公司领办型合作社,有村庄能人和种养殖大户发起的合作社,也有非政府组织发起的合作社和各地供销社领办的合作社。

第二,从契约角度来看,新型农民合作社重新回到合作社成员之间比较对等和自愿的契约关系,社员有退出权,有签订或不签订契约的自由选择权,这和传统的农民合作有根本的不同。没有人会强迫一个农民加入

---

[1] 王曙光:《论新型农民合作组织与农村经济转型》,《北京大学学报(哲学社会科学版)》,2010年第3期。

合作社，这是非常关键的东西，这种对等的契约关系，对合作社的效率有很大的影响。

第三，新型合作社中，成员的异质性比较强。一个俱乐部，假如大家的诉求非常不一样，经济和社会地位非常不同，就表明成员之间的异质性太强。哪种俱乐部会更有效率呢？是异质性特别强的还是同质性特别强的？一般而言，异质性很强的俱乐部很难有统一的意见，很难达成一致的契约，因此管理成本高。现在我国农民专业合作社中，成员异质性比较强，既有很有实力的企业家，又有普通农民，很多成员的经济地位、社会地位和话语权是不平等的。我认为，异质性强对于农民专业合作社的效率是有影响的。但是我们同时又要强调，异质性并没有成为影响对等契约关系的因素，为什么呢？即使是异质性再强的合作社也必须尊重普通成员的完全退出权，现在任何合作社都不可能强迫农民留在合作社，不让他退出。当然在实践中，对于退出权的实施也可以设定条件，设置一定的退出成本，同时在加入合作社的时候也可以设置一定的门槛条件，这些条件和门槛是否合理和有效，在理论界还是有争议的。

第四，从所有权的关系来看，新型农民合作社跟传统合作社和人民公社不同，加入合作社的农民仍然是要素的所有者，其所有权关系不变。人民公社时期最大的弊端并不是激励和约束制度不行，最大的弊端在于产权缺失。现在的合作社，所有权关系是不变的，一个农户拿土地加入合作社，但是其产权还是属于农户，合作社并没有侵夺他的土地产权（主要指经营权）。在新型农民合作中，产权得到保障，因此土地以及其他要素进入合作社的时候，所有权仍归成员所有，这一点非常重要。合作社只是改变了要素组合形式，并没有改变产权归属。所以，新型农民合作社从契约和产权来讲，两方面都优越于传统体制下的合作社，这个合作社就可以办得久一些,不会很快垮台,原因在于它有产权保护和契约平等权。

第五,与农业产业转型相匹配的是,新型农民合作组织涉及的产业和服务领域逐步多元化,能够为农业产业化提供全方位的服务,同时为适应农业产业化和集约化的趋势,新型合作社在自主品牌建设和专业化方面也有了迅速的发展。

第六,新型农民合作组织逐步趋向一种"全要素合作"的发展模式,劳动力、技术、信息、土地、资金、企业家才能等要素均进入合作社,出现了生产合作、供销合作、消费合作、技术合作、土地合作、信用合作互相交融、多元综合的合作趋势。

当然,在新型农民合作中,也有一些不足。现在的合作社,利润导向过于强烈,利润第一,而不是服务农民第一,这种过于明显的利润导向有可能对农民的利益、对合作社的发展起到消极的作用。同时,新型农民合作社的组织化程度比人民公社时期肯定要低,其合作半径、要素整合程度还是低了一些。现在很多地方一个村搞一个合作社,甚至搞两个合作社,合作社规模很小,覆盖范围很小,规模经济的效应不明显,这就是规模局限。所谓规模局限,就是达不到真正的规模经济。2007年版的《农民专业合作社法》中不太强调联合社的发展,甚至在很多地方联合社得不到注册,这就影响了规模经济的实现,影响了要素在更大范围内的配置,也影响了农产品的品牌塑造能力和市场竞争力。因此,在当下的农民合作中,全要素合作的深度、广度都是有限的,要逐步加以提升。

第三节 农民合作组织弱内生性和公司领办型合作社的经济学解释

一、合作社的"异化":如何理解公司领办型合作社

合作社的"异化"这个提法,是我在2008年成都的一次会议上提出来的,是用来描述当下合作社中的一些令理论界感到不解的现象,其中之一就是公司领办型合作社这种现象。我提出的这个"异化"的概念,不具有贬义,而是一个中性的词汇,只是客观描述一种现象;这个描述当然带有一定的批判性,但是其中不包含感情上的贬低和指责的意义。

2008年至2010年左右,我对各地合作社进行了密集的调研,从中有一个令人纠结的发现,我看到几乎每个比较成功的合作社背后都有一个公司在控制,这是一个非常普遍的现象。我经常问那些企业的董事长,你为什么要领办合作社呢?一般来讲,公司领办一个农民合作社,都是因为这些企业家在跟农民打交道的过程中遇到了一些瓶颈。比如说我在京郊考察一个梨专业合作社,领办者是一个进行高端梨销售的公司,可是在收购梨的过程中这个企业遇到很多问题,农民种植不规范导致农药残留太多,梨的质量根本没办法保证,怎么办呢?这个董事长就想,不如我领办一个合作社好了,把几千户种梨的农民凝聚在一起,统一规定农药的使用,统一种植方式,统一剪枝和其他技术服务,于是他就搞了一家合作社,后来办得非常好。

实际上,不论是国外还是国内,围绕着合作社的发展,一直存在着两种不同的思维模式或者学术流派:一种我们可以称之为"原教旨主义模式的合作社流派",另一种我们可以称之为"修正主义模式的合作社流派"。

原教旨主义的合作社流派强调合作社的发展应该遵循欧洲合作社的

经典模式或曰古典模式（classical model）。这些模式可以用罗虚代尔原则来概括，其中的核心原则是一人一票的民主决策制度、限制股金分红和按交易额分配的利润分配制度、为社员服务及社员身份的平等性与同质性。这些最经典的合作社原则在一个多世纪以来通行全世界，逐渐被全世界所广泛接受。这些原则也是国际合作社联盟（ICA）所倡导的主要原则。但是随着世界经济的发展，各国的经济形态、市场竞争形态、社会阶层形态、外部环境等都发生了根本性的变化，原教旨主义的合作社发展思路越来越不能适应市场竞争带来的挑战，也不能适应社员的新要求。在这种情况下，合作社的发展模式必须与时俱进。于是就出现了修正主义模式的合作社流派。

在中国，由于特殊的历史语境，"修正主义"是一个名声很不好的词。但是，严格地讲，任何一种从异文化中移植过来的东西，最终都必然在与本国文化交融的过程中发生变化，而且任何一种东西在长期的历史变迁中也会发生变化，而不会是一成不变的。这里一个是历史的维度，一个是文化的维度，这两个维度意味着任何一种经济制度或文化制度都必然是"修正主义"的。合作社作为一种由外国引进的典型的"舶来品"，到中国之后必然发生变化。这就好像印度的佛教到了中国一定会发生变化一样。合作社在中国的变化，是一种必然现象。实际上，合作社从欧洲传到日本、韩国等地，也发生了若干变化。即使在欧洲合作社发源地之一的德国，合作社原则在近二十年中也发生了若干重要变化。

修正主义的合作社流派根据社会经济发展的新形态，对原有的经典合作社原则做了若干修正。其中包括：一人一票的民主决策制度逐渐转变为加权投票的民主决策制度；在按交易额分配之外加入股权分红制度；社员身份逐步出现异质性和多元化倾向，允许资本所有者更多地进入合作社；合作社服务范围也逐步扩大化和泛化，不仅为社员服务，更为非社员服务，不仅为本国人服务，更为全球客户服务。这些变化，在欧洲、美国、日本、韩国以及中国台湾都出现了。

可以说，根据社会结构、经济形态、市场结构等方面的新变化，对经典合作社原则进行若干有益的修正和调整，使合作社更能适应现代市场经济的竞争，是各国合作社采取的一致做法，是一个全球现象。实际上，任何一种生产关系或组织制度的产生与发展，都要与生产力或社会经济发展的情况相适应，当生产力或社会经济形态发生变化的时候，固守僵硬的死的模式是不行的，一定要使生产关系或组织制度随之加以适应性调整。

在中国，尤其是学术界，持有原教旨主义观点的人比较多。他们认为，公司领办型合作社就是合作社的变异，很多研究者深恶痛绝地把公司领办型合作社认定为假合作社，抨击之，批判之，欲除之而后快。我认为这一派意见有其合理性，因为在合作社发展过程中，由公司领办本身就蕴含着大量的风险，蕴含着大量的利益分配不公的情况。但是也有一些学者认为，公司领办型合作社在中国的出现有其深刻的经济和历史根源，不可一棍子打死，而且在当下的合作社生存环境和市场环境中，公司领办型合作社有它的比较优势，对农民的发展也有益处，要客观看待，并积极引导其走向规范化。我认为后者的意见比较可取。

认识中国的专业合作社，尤其是公司领办型合作社的异化问题，不应该单纯从情感出发来谈问题，不能动辄代表农民来批判公司领办型合作社，不能动辄站在道德的高地上进行简单的指责和道义批判。从某种意义上来讲，公司领办型合作社只是若干非农民领办型合作社中的一个。换句话说，非农民领办成为中国农民合作社中非常常见的现象，公司领办型是其中一种。看待公司领办型合作社不能简单地用"原教旨主义"的眼光。

很多学者认为，合作社有严格的标准和原则，到了中国这些标准都发生了异化，所以中国的合作社很多都是假的，不能叫合作社。我认为，所有的企业形式都是一种上层建筑，企业形式要怎样安排才有效率，要看当地的经济、社会、文化条件。适应一种文化和社会的企业制度，到了另外一种文化和社会中不发生任何变化，这是不可能的。比如说德国经典主义的合作社到了日本就发生了变化，日本的综合农协制度是欧洲所没有的，而日本这种合作制度到了韩国也发生了若干变化，它要适应那里的文化。同样道理，日本和韩国这套东西到了中国台湾地区也发生了若干变化。当然更不用说，作为主体性文化特征极其明显的中国大陆的文化，本身极具主体性意识，所有的文化到中国来，都会被加以改造，但是你不要主观地认为这种改造就是不好的。很多人说，中国人学外国的东西，很多都变形了。你想想，能不变形吗？中国的主体文化如此强大，怎么可能原封不动地照抄复制别国的东西而不加以变通呢？每个国家有自己固有的主体文化，美国不可能完全照抄德国，中国也不可能完全照抄美国。从这个意义上来讲，所有异化都是合理的，而且是必然的。对于合作社的具体运作模式和组织形式的选择，我们要基于本国的经济基础、社会结构、文化传统来选择，不能刻舟求剑式地去追求所谓原汁原味的外国合作社形式，这种追求是不可能的，因为船已经走了，那个记号是没用的。

二、公司领办型合作社出现的原因

2008年我发起了一个15省农民合作社的调研。我们发现，公司领办型合作社在全部农民合作社中占有相当大的比重。在有些地区，我们所调研的合作社几乎全部是公司领办型的。可见这是个普遍现象。当前公司领办型合作社为什么在中国大量出现？我认为，我国公司领办型合作社广泛存在的根本原因应该从我国现有的社会经济基础方面去寻找。

首先，当前我国农村市民社会基础薄弱。欧洲经典合作社的诞生与发展，是与欧洲的市民社会的兴起分不开的，市民社会的兴起，使得人们的民主意识、自我意识、合作意识等大为增强，这才有了经典合作社产生的基础。农村普遍缺乏市民社会基础，农民的民主意识、自我意识、合作意识很差，在一个组织中很难通过民主管理和民主决策来实现自己的目标，也不懂得如何通过民主程序、通过讨价还价和妥协来维护自己的利益。

其次，我国当前农村市场发育基础和农民市场意识薄弱。经典合作社的出现是与一定的市场发育基础联系在一起的。我国当前的农村市场发育不完善，农民的市场意识比较薄弱，这就导致由农民自发产生组建合作社的想法的概率大大降低。

再次，农民合作意识基础薄弱。这是与市民社会基础的薄弱联系在一起的。同时，我国农民合作意识的薄弱，还与我国合作社发展的特殊历史过程有关系。我国在20世纪50年代至70年代，政府运用政治力量大力推动合作社发展，结果导致农民丧失独立的自主权，出现"一大二公"式的超前的人民公社，使农民的利益受到极大的影响。所以，农民对于合作社有很多误解，根本不了解真正的合作社是什么样的，对合作社发展心存疑虑，这也导致其合作意识薄弱。

最后，农村竞争环境基础恶化。现在，随着农业产业化的逐步推进，资本对农业产业的渗透和控制逐步加深，这就导致农村中竞争环境的恶化，单纯由农民组建的合作社在资本规模、生产规模、技术层次、人才竞争力方面很难与大型资本相竞争。可以说，我国当前的农村竞争环境，是不利于纯粹的农民合作社发育和发展的,它们在市场上根本不可能占有一定的地位。

从以上四个方面来看,我国现阶段单纯由农民发起和组建的合作社之所以很少,关键是这类合作社的生存缺乏市民社会基础、市场发育基础、合作精神基础和竞争环境基础。所以,公司领办型合作社在中国的普遍存在,也许是一个必然的现象。在公司领办型合作社的发展中,农民和公司形成了较好的利益对接:农民拥有劳动力、土地和生产优势,而企业则拥有多方面的其他优势,可以弥补农民在社会经济转型中的很多天然劣势。这样一个利益对接格局的出现,是公司领办型合作社目前尚为广大农民所接受的一个根本原因。农民在公司领办型的合作社中,实现了单个小农所没有的收益,其福利具有帕累托改进的性质。尽管还不是一个最好的选择,但是比起单纯由农民组建的合作社,公司领办型合作社确实有多方面的优势,有利于农民福利的增进。龙头企业有哪些优势呢?分析起来,龙头企业的优势主要有以下几点:

一是品牌累积的声誉优势。龙头企业大都拥有自己的自主品牌,而一个品牌的声誉要经过多年的累积,才会有一定的市场知名度和市场竞争力。公司领办型合作社可以直接利用这种品牌声誉优势来开拓市场,而农民自己如果要累积这样的品牌声誉,需要很长的时间成本和其他成本。

二是企业家精神优势。龙头企业的领导人必须具有较强的企业家精神,才可以办成龙头企业。这种企业家精神包括熊彼特所说的创新精神、敬业精神以及企业家所独有的开拓能力,而一个农民要具备企业家精神,也需要长时间的磨炼和市场经验,不是一朝一夕就能具备的。

三是市场敏感性优势。龙头企业的市场敏感度更强,更能捕捉市场机会,对市场信号更能迅速地做出反应。与龙头企业相比,农民对市场的敏感性相对较低，捕捉市场信息的能力较差，对市场获利机会的回应也比较缓慢。

四是市场网络与营销优势。龙头企业经过多年的市场开拓已经累积起一个比较完备的市场网络，而一个市场网络的形成需要付出很高的时间成本、物质成本和人力成本。这些市场网络可以直接为合作社服务，不必再花费成本构建营销网络。

五是管理优势。龙头企业具有较多的高素质的管理人才，相对来说，农民的管理技能要经过多年的培育才能适应市场竞争和合作社运转的需要。

六是市场谈判能力和订约优势。龙头企业有较强的市场谈判能力，这一方面取决于市场谈判经验，另一方面取决于企业的实力。另外，龙头企业对外签订契约的能力也较强。很多银行根本不跟合作社这样的组织签订贷款契约，原因在于合作社是一个有限责任为零的组织，其抵押担保机制难以建立，而龙头企业则很容易与银行签订契约。

因此，龙头企业与农民比较起来，具有多方面的优势，这也就是现阶段很多农民加入公司领办型合作社的一个动机：他们可以利用龙头企业的这些优势，使合作社及其产品在市场中更具有竞争力，这样合作社的盈利能力就会增强，就可以为农民社员带来更多的实惠和福利；而为了这些福利的增进，农民社员在组建和运作合作社的过程中，都愿意自动让渡一部分权利，来凸显龙头企业的作用，使资本在合作社治理中占据更多的话语权。

三、公司领办型合作社与纵向一体化的好处

从契约角度来看，公司领办型合作社实际上是兼业小农与农业产

资本之间缔结的一个合约。我们要知道,在这个合约中,缔约双方的地位是天然不平等的。表面上看契约是自由而平等的,没有强迫,但是一个大企业和一个农民实际上不可能有同等的话语权。不要以为农民是自愿的就一定会平等,一个大企业家身价好几千万,一个农民很难跟他谈判;在这个过程中,农民之所以要加入合作社,是为了得到公司领办型合作社给他带来的若干好处,这个好处用经济学语言来讲,就是带来福利的帕累托改进。其实,在公司领办型合作社中,企业家和农民都得到了福利的帕累托改进:农业产业资本这一方获得政府大量的租金,同时获得了纵向一体化的好处;农民也获得了更多收益,规避了经营风险。

纵向一体化使得农业产业资本跟农民之间的关系发生了根本的变化。原来在市场上,农业产业资本与农民是买卖关系,是甲乙方的契约关系,是市场分工的关系。而农业产业资本和农民组建合作社之后,就成为自家人了,就没有市场上的契约关系了,而是把交易内部化了。科斯讲企业的边界,合作社作为企业当然也有边界。当龙头企业感觉跟农民的交易内部化之后,即纵向一体化之后得到的好处更多,他就会跟农民组建合作社。假如他认为合作社成本更高,而市场交易成本更低,他就去独立办企业了,当然对于农民也是如此。所以我认为公司领办型合作社对于农业产业资本有好处,对兼业小农也有好处。兼业小农在这个过程中获得了规模收益,降低了企业家的搜寻成本与培育成本,因为要找一个企业家、要培育一个企业家很不容易。企业家更能够判断市场,他有这个经验,而农民没有这个经验。另外农民还获得了大量与集约化经营相关的收益,避免了风险。因此,我们千万不要把兼业小农跟农业产业资本对立起来,不要认为在这个兼业小农与龙头企业的契约中,兼业小农是一个纯粹的利益受损者,这是错误的看法。公司领办型合作社中,产业资本跟兼业小农在不断博弈，形成一个利益共同体，这是一个相容性的集团，而不是排他的。

奥尔森讲到，相容性的集团有可能出现集体的共同利益，他们有可能为了共同利益不断地相互博弈。我再举那个梨合作社的例子。我问那个企业家，你跟农民这几年处得怎么样，合作愉快吗？他说还不错，但是有几个问题。一是农民不愿意参与集体决策，你要召集周围几百户种梨的农民过来开会很难，每次打电话都必须说我们有午餐补贴，他才过来开会参与决策。农民的民主意识是很差的，企业家本来是召集这些合作社社员过来共同商议合作社发展，要照顾农民的利益，可是农民恰恰不买他的账，不愿意去参加民主决策。这反映了农民民主意识缺失，散漫惯了，不愿意被约束，也没有习惯参与协商决策。还有一个麻烦是，在收购梨的时候，有些合作社社员总是把质量不好的梨子给合作社，很多农民社员认为，我是合作社社员，我所有的梨你都应该收购。农民没有把合作社当成是他自己的合作社，他没有真正的归属感，只是要利用公司领办型合作社来达到他的增收目的。所以公司领办型合作社也有很大的弊端，需要加以注意。

四、公司领办型合作社之弊和健康规范发展之路

公司领办型合作社的弊端主要有三个：

第一，公司领办型合作社容易造成合作社内部治理的变形和无效。由于龙头企业在合作社中的话语权很大，又主导整个合作社的外部市场开拓和内部管理，因此，导致合作社的内部治理结构极为不规范，出现龙头企业单边控制的局面。这样很容易导致一般农民社员的利益受到损害，合作社的民主决策、民主管理的机制往往失效。

第二，利润分配的不公平。有些专家认为，公司领办型合作社容易造成龙头企业剥削农民社员的现象。有这个可能性。龙头企业在利润分配中有可能制订有利于自己的分配方案，从而侵蚀农民社员的利益。特别是在内部治理结构十分不规范的情况下，这种情况尤其严重。

第三，容易造成政府支农资金被龙头企业侵占的现象。很多龙头企业之所以积极参与合作社构建，除了降低生产成本的动机之外，还出于套取政府支农资金的动机，这是不可否认的事实。

刚才我们分析了我国当前农民合作社异化现象的表现、社会经济基础以及其弊端。我们的结论是：（1）异化是有其社会经济基础的，公司领办型合作社的出现，归根结底是因为中国农村还不具备经典合作社产生和发育的社会经济土壤，同时龙头企业在多方面确实具备很多优势，从而形成龙头企业和农民社员的利益对接；（2）异化是一个全球现象，不是一个孤立的现象；（3）我们需要做的，是寻找异化的原因，而不是简单地指责这种异化。

那么，问题就落在这样一个命题上：如何让公司领办型合作社获得健康的发展？我所谓的健康的发展，需要具备三个条件：

——这种发展是一种可持续的发展。也就是要使合作社能够在内部管理、对外的市场竞争力、盈利能力等方面实现合作社可持续发展。

——这种发展是保障农民利益的发展。公司领办型合作社的发展，不能以剥削农民为代价，而应该保障农民的利益，增进农民的福利。

——这种发展应该是提升农民能力的发展。公司领办型合作社的最终目的，是提升农民的可行能力，拓展农民的自由，赋予农民更多的权利，使其各种素质得以全面发展。

按照这三条标准，我认为，要使得公司领办型合作社有一个健康的发展，需要从以下四个方面着手：

首先，要完善公司领办型合作社的内部治理结构。完善的治理结构是一个合作社的灵魂所在。理事会、监事会和社员大会都要有切实的权利和义务，在合作社运行中要赋予社员切实的权利，不能流于形式。与分配模式、社员同质性等指标相比，内部治理结构更为重要。

其次，要实现公司领办型合作社的民主管理和民主决策。这要基于一个完善的内部治理结构。合作社的内部治理最终要实现民主管理和民主决策。这样，就可以在很大程度上平衡龙头企业的权利，使农民社员的权益得到保障。

再次，利润分配制度要完善，既要保护资本的利益，更要保护社员的利益。如果在利润分配中不保护社员的利益，而是偏向资本所有者，那么合作社就没有举办的意义了。

最后，农民必须有自由退出权。自由退出权是保证一个合作社内部治理和制衡结构有效的必要条件。在一个合作社中，不管是由农民发起的合作社，还是公司领办型合作社，只要农民有自由退出权，就可以对内部治理造成一种压力，如果合作社严重侵害社员的利益，社员就可以实施自由退出权，最终使这样的合作社归于解体。

在所有措施中，一个最重要的核心就是社员的自由退出权。合作社是马克思所说的"自由人的自由联合"。合作社社员在加入合作社和运营合作社的过程中，始终是以一个自由人的身份而存在的，他可以自由选择加入还是不加入，而在加入之后，也可以自由选择继续参与合作社还是自由退出。强调"自由人的自由联合"，就意味着合作社是一个自由人的联合体，合作社的每一个决策必须经过这些自由人的充分协商和平等约定，这就是所谓的"用手投票"；就意味着合作社的社员可以拥有自由退出的权利，以表示自己对于合作社的消极评价，这就是所谓的"用脚投票"。

我国合作社在20世纪50年代至70年代的曲折发展过程中，一个最大的教训就是农民丧失了自由退出权。农民自由退出权的丧失，使合作社内部出现了普遍的搭便车的现象，导致合作社无效率；而更重要的是，农民社员自由退出权的丧失，导致合作社发展最终脱离了正常的轨道，成为集中式计划体制的一部分，失去了办合作社的意义，使合作社根本不是"自由人的自由联合"。

在公司领办型合作社中，自由退出权意味着对龙头企业行为的一种制约，当社员退出合作社，实现"用脚投票"的时候，龙头企业不得不修正和调整自己的行为方式，以使得合作社继续运转下去。这是对龙头企业的一种制衡机制。自由退出权也意味着农民话语权和谈判能力的提高，只要农民社员拥有退出权，就可以在很大程度上制约龙头企业的决策，使农民在内部治理中获得一定的谈判地位。

虽然农民社员在公司领办型合作社中让渡了一部分权利，但是在这个过程中，农民也获得了很多收益：

——农民在这个过程中支付了一些学习成本，但是获得了市场谈判的经验。农民学习到很多关于市场的知识，在营销、市场开拓、信息处理等方面的能力将大为提高。

——农民在与龙头企业的博弈中，学到了很多内部讨价还价、争取权益和妥协的知识，与此同时，龙头企业的行为也会慢慢趋于规范，从而使合作社的内部治理趋于完善。

——农民在这个过程中还学习了大量的有关民主管理和民主决策的知识，他们在与龙头企业和合作社内部其他成员的长期合作过程中，明白了自己的权利该如何维护，明白了决策的民主程序，明白了如何制定相应的制度来保护自己的利益。因此，合作社是一所伟大的学校，是农民学习民主、体验民主的大学校。

第四节 农民全要素合作、全过程合作与政府行为框架

一、全要素合作和全过程合作

2008年3月8日我带领北京大学的几个学生到吉林梨树考察我国第一个注册的农民资金互助社——梨树闫家村百信资金互助社。这个资金互助社2007年3月9日正式注册，到我们去的时候正好一周年。实际上，百信资金互助社的前身是一个生产合作社，早在2004年，村民就组建了一个合作社，主要进行养殖业方面的合作。梨树百信资金互助社的例子鲜明地反映出农民合作社的发展历程。在初期，农民首先会进行生产方面的合作；但是在生产合作的过程中，由于资金的匮乏，使得他们有强烈的资金互助合作的愿望；在实现资金合作之后，他们又发现，单纯的资金合作并不能完全解决农民生产与增收的问题，他们还是要进行全方位的合作，包括生产、销售、消费和信用等在内的合作都必须同时进行。

我在这里要谈谈两种合作。

其一，全过程合作。全过程合作意味着农民在整个生产过程中实现全方位的合作，合作贯穿农业生产的全部程序。全过程合作包括：第一，农业生产上游环节的合作，即各种投入品和消费品的合作，包括化肥、种子、生产工具和机械、农药、信贷等合作。第二，农业生产中游环节的合作，包括生产过程、技术培训、灌溉、农作物管理等领域的合作。第三，农业生产下游环节的合作，即农产品加工、品牌建设、营销等领域的合作。

其二，农民的全要素合作。农民通过合作社要达到什么目的呢？从本质来说，农民参与合作社，是要实现各种要素的共享与互助。农业生产涉及多方面的要素，这些要素包括劳动力、土地、资金、技术、管理、信息等各个方面。

农民进行全要素合作意义重大。第一，只有实现全要素合作，才能实现各种农业生产要素的合理有效配置；第二，只有通过全要素合作，农民才能实现农业生产各个环节的有效配合；第三，只有通过全要素合作，农民才能实现更高程度的规模经济和范围经济；第四，只有通过全要素合作，才能使农民合作社成为真正具有市场竞争力的特殊企业，单一的合作会极大地限制农民合作社的竞争力。因此，我们可以说，全要素合作是农民合作社可持续发展的必要条件。

二、政府如何扶持合作社的发展

现在各级政府已经充分认识到发展农民合作社的必要性。各地在支持合作社发展方面都出台了很多政策，也搞了很多创新性的手段。但是，从全国的层面来说，很多地方的政府部门对于合作社这个组织还不是很了解，不知道何谓合作社的政府官员大有人在。同时，对如何支持合作社，如何规范合作社，也存在很多行为偏差。概括来说，大体可以归结为三大偏差：

其一，以政府的意志代替农民合作社的意志。合作社是农民自愿组建的互助性的民间组织，合作社本着为合作社成员服务的精神组建，其精髓是"合作、自愿、互助、民主"。而很多地方政府往往把政府意志强加到合作社身上，这就违背了合作社的原则。其二，政府对合作社的支持手段比较简单化，大部分采取直接拨款补助的方法，这导致政府的很多资金支持都没有效率。其三，在合作社的组建过程中，直接以政府的名义组建各种合作社，对合作社的组织形式和内部治理结构进行严格的控制，使合作社实际上成为政府的一个派出机构。

我认为，政府支持合作社应该始终遵循四大原则。第一，民主性原则。就是政府在支持合作社发展过程中，一定要以一种平等的心态，来扶持合作社，而不是以一种居高临下的心态、一种命令的心态。第二，市场性原则。是指政府在扶持合作社时，其方法应该是符合市场原则的，其手段应该是市场化的，应该使参与的各方都能从这个市场化的支持机制中获得好处，避免风险。第三，协调性原则。是指政府支持框架的核心应该是协调不同参与主体之间的关系，尤其是协调合作社与产业界、金融界的关系，使各主体之间的关系和谐起来，为合作社的发展营造一个比较宽松的外部环境。第四，制度性原则。是指政府应该在制度建设方面支持合作社，使合作社的支持框架更具有长期性、稳定性，应该把一些机制设计制度化、规范化。

政府支持合作社的领域多种多样。首先，合作社面临的最大问题之一是资金的瓶颈。政府在解决合作社资金瓶颈方面可以发挥较大的作用。政府一定要清楚，在多数时候，带有约束性和激励性的贷款比直接的财政拨款更有效。现在，政府对合作社每年投入很多资金，大部分资金是直接拨付的，不需要偿还，也没有任何约束和激励机制。这种拨款的效果往往是很差的。同时，政府也可以通过委托专业机构贷款、支持银社合作、发起创建抵押担保和贴息等机制来解决合作社的融资困境。

除了资金方面的扶持之外，政府还应该帮助合作社加强基础设施建设。在调查北京郊区农民合作社的过程中，我感觉，合作社在基础设施建立方面的滞后，直接影响了合作社业务的开展。比如奶牛合作社急需各种高规格的牛奶检测仪器和储奶设备，果品合作社特别缺乏规模较大的储存水果的仓库和保鲜设备，这些仪器或者设备一般而言价格较高，合作社在发展初期很难有财力进行设施建设或购置仪器，致使很多业务难以开展。

另外，人才是政府扶持合作社的重要领域。政府可以和高校以及科研机构进行合作，对合作社的管理人员、技术人员进行定期培训，提升其人力资源素质。在我考察的京郊合作社中，他们最迫切需要的就是技术、营销、对外贸易等方面的人才，而合作社又难以提供有吸引力的薪酬待遇，所以根本留不住人才。因此，政府一方面可以加大对现有人才的培训，另一方面也可以在人才招聘方面有所作为，比如对高素质人才进行补贴，或利用"村官"等机制为合作社配置人才。高校也可以与合作社进行合作，合作社为高校学生提供实习和调研机会。

最重要的是，政府支持合作社要建立经常性、永久性的协调机制，以利于信息沟通。这种信息沟通是非常必要的，相当于为合作社建立了一个稳定的利益表达机制，建立了一个话语平台。只有当这种沟通机制建立起来之后，产业部门、金融部门和政府部门才能了解合作社的愿望和困境，而合作社也能够了解产业部门、金融部门以及政府部门的需求。我建议，北京市可以建立"政府—合作社—产业和金融部门—学术界联席会议制度"。如果政府觉得建立这个制度有些难度，可以由北大和社科院这样的研究机构来发起搭建这样一个平台。

三、结束语：合作社的合作、自生能力和制度补贴

合作社的合作是合作社的自愿联合。只有实现联合社，实现合作社的合作，要素才能在更大的范围内得到更自由、更有效的配置。联合社与

合作社一样，也是本着自愿的原则，由各合作社自行组建。现在，各地的合作社之间自发地进行合作，由于不能注册，只好采取很多迂回的"曲线救国"的方式。比如，如果"板栗生产销售联合社"的牌子得不到注册，就改称"栗联专业合作社"，实际上还是起到联合社的作用，只不过在注册的时候不能叫"联合社"。这样就规避了法律。不过，这样的规避毕竟只是一种权宜之计。我想，法律应该明确规定联合社的地位和作用，并以清晰的条文规定联合社的组建程序和法律要件。

目前，全国合作社尽管很多，但是合作社的自我生存能力普遍不高，合作社的竞争实力还有待加强。很多合作社规模小，获利能力低，对社员的凝聚力差，管理效率低。我们在京郊合作社调研，发现一个奇怪的现象：农民合作社中，真正由农民自己组建和运营的合作社其实很少。这些比较大型的优秀合作社要么由政府组建，要么由企业家组建，要么由改制之后的供销社人员组建，要么由专家发起组建。农民合作社的组建方式反映其自生能力有待增强。

我认为，要提高农民合作社的自生能力，关键是要进一步提升农民的合作意识，塑造农村的新型合作文化。在农村中大力普及合作理念，推广合作社思想，让农民深入了解合作社的基本原则、管理模式和对农村发展的重大意义，是我们应该担负的责任。

政府必须对农民合作社进行制度补贴。所谓制度补贴，就是政府运用各种政策和法律手段，降低农民加入和运营合作社的成本，提升农民加入和运营合作社的收益，从而增强其自生能力，使合作社获得较为宽松的政策空间和市场空间；其中尤为重要的是降低农民合作社的准入成本（在合作社注册中予以免费并降低合作社准入门槛和简化注册手续）、降低农民合作社的企业家搜寻成本和培育成本（对合作社骨干成员进行系统培训以提升其企业家才能）、降低农民合作社的信息成本和市场准入成本（政府帮助农民合作社提供市场信息和建立信息网络，扶持农民合作社产品进入超市等市场网络）以及降低农民合作社的运营成本（严格按照法律规定进行税收减免和财政补贴），使农民合作社在市场竞争中增强其比较优势。

现在，农民合作组织面临着新的发展机遇，农民合作组织的崛起也意味着农村微观经营组织结构正在发生着"第二次飞跃"，即由分散的小农模式转向集约化、规模化、产业化的合作社生产模式。但是，历史教训告诉我们，合作社必须在充分尊重农民的意愿、充分尊重农民的首创精神、充分尊重并严格保护农民的平等契约权利、充分尊重并完整保障农民的财产权利和退出权的情况下，才能获得健康的发展。同时，政府应该加强对农民合作组织的制度补贴，加强农民的合作社教育、企业家才能培育和合作社内部治理规范化，同时为农民合作社创造一个公平而有效的市场环境。

第十讲

中国乡村治理（一）：传统社会的乡村治理

第一节 引子：乡村建设中我们的使命与担当

一、近代乡村建设运动与北大知识精英

北京大学有乡村建设研究和实践的悠久历史传统。中国乡村建设的一批先驱人物，其中大部分是北京大学的著名学者。乡村建设理论主要倡导者和乡村建设的主要实践者之一梁漱溟先生（1893—1988），是北京大学哲学系的教授，后来辞职到山东和重庆等地搞乡村建设实践，并在乡村建设理论上有很高的造诣。梁先生是民国以来对中国乡村建设最有影响力的一个人。

第二位是陈翰笙先生（1897—2004），27 岁就成为当时北京大学最年轻的教授。他是在 20 世纪 30 年代做乡村研究的，是中国农村经济研究会的创始人。陈翰笙先生以马克思主义立场、观点、方法，分析研究中

国农业、农民和农村问题，以第一手的农村调查材料论证中国农村半封建、半殖民地的社会性质。他是对田野调查最为关注的学者之一，他领导的无锡、保定等地的农民调查，留下的资料是非常权威非常珍贵的历史文献，在海内外有很高的知名度。

第三位是杨开道先生（1899—1981），曾任燕京大学社会学教授兼系主任、法学院院长。1928年组织燕大社会学系学生到清河镇调查，并于1930年在清河镇建立实验区，同年组织发起成立中国社会学社。他写了很多农村社会学方面的著作，包括《农村社会学》(1929)、《新村建设》(1930)、《社会学研究法》(1930)、《农场管理学》(1933)、《农业教育》(1934)、《农村问题》(1937)、《中国乡约制度》(1937)、《农村社会》(1948)等。他的乡村社会学研究在当时影响很大。

第四位是于树德先生（1894—1982），他1921年从日本学成归国在北京大学执教，和李大钊同志是挚友。于树德是我国早期合作社思想的主要传播者之一，对合作社的理论颇有研究，发表了许多论著，著有《我国古代之农荒预防策——常平仓、义仓和社仓》《信用合作社经营论》《合作社之理论与经营》《消费合作社之理论与实际》《合作讲义》等。1926年毛泽东任第六届广东农民运动讲习所所长期间，开设的"农民合作概论"一课，就是于树德讲授的。于树德先生是我国近代信用合作运动的先驱者之一。1923年，他受聘于中国华洋义赈救灾总会担任合作指导员，在河北香河县利用救灾总会的赈灾款，首次建立了德国雷发巽式的农村信用社。

最后一位前辈是著名社会学家费孝通先生（1910—2005），他是我国当代社会学中最主要的代表人物之一，他的《乡土中国》等著作，对我国乡村研究意义深远。费孝通先生特别倡导乡村调查，强调"真知亦自足底功夫",一生"行行重行行",做了大量的田野调查,并对中国乡村建设和城镇化提出了很多真知灼见。

以上这个并不完善的名单,囊括了中国20世纪二三十年代以来最主要的一批做农村研究与乡村建设实践的先贤。我们要效法先贤,更多地关心中国的农村发展,关心中国最基层的农民。我认为关心他们,就是关心我们自己。农民发展了,整个中国就发展了,农民不发展,我们的国家就不可能发展,这是毫无疑问的。

在中国的乡村建设中,尤其是最近一百年以来,知识精英在乡村启蒙、社会结构调整、农村教育以及改变农村面貌上发挥了相当大的作用。他们身上的这种社会担当意识、这种历史使命感,是中国传统知识分子身上非常重要的精神气质。中国人以前把知识分子叫作"士",《论语》讲"士不可不弘毅,任重而道远",一个知识分子就要有那种宏大的气象,要有坚韧不拔的品格,任重而道远,要为整个国家和民族奋斗,这是中国传统"士"的精神。随着商品经济的发展、市场的发达,当代知识分子中的"士"的精神正在逐渐式微,这个现象值得大家反思。

我们要加强我们的家国天下意识,这种意识是中国传统知识分子核心的东西,杜甫有一句诗:"致君尧舜上,再使风俗淳。"一个知识分子的最大理想不就是"致君尧舜"吗?希望天下出现尧舜时代那样的治世,同时通过知识分子的作为,使得天下"风俗淳厚",社会变得更加和谐。范仲淹也说过"先忧后乐"的名言,我觉得这些都是我们的榜样。

二、关注乡村建设的三个入手处

怎么关心农村呢?我们对中国农村问题的认识要非常全面、非常深入才行,切忌表面,切忌肤浅,切忌情绪化。我认为要做一个严谨的乡村建设实践者和研究者,应该从三方面着手。

第一,要开展比较深入的田野调查。田野工作是我们理解农村的开始。你只有到了村这个层次,才真正知道农民需要什么,农民在想什么,才知道农村什么样子。我一直强调,不要仅仅从文献出发来研究农村问题,而是要从田野出发研究问题,这样我们处理问题就不是隔靴搔痒,而是切中要害。

第二,田野调查之后要有一个理论升华。诸位,你们到乡下去锻炼,到中国的基层去调研,你看问题之深入,我相信是跟那些没受过理论训练的人完全不一样的。为什么国家把你们派到下面去锻炼,就是因为你们有更强的问题意识,有更高的理论提炼的能力,你们知道农村问题出在什么地方。所以我们除了调查之外,还要锻炼自己的理论抽象能力。

第三,根据这个理论的抽象来提出相应的建设性意见,即探讨怎么来解决问题。比如你调查中国合作社问题、农村金融问题、土地改革问题,你要理出一个系列的政策框架。到这一步,大概才能完成乡村研究与实践的三部曲。

第二节 传统乡土社会的特点和传统乡村治理的基本理念

一、传统乡土社会的五个特点

下面,我们探讨一下中国传统乡村治理的理念与实践。传统的乡土社会是什么样子呢?我曾经说过,中国现在面临两大转型:一个转型就是由传统的计划性经济向市场经济的转型;另外一个更深层的转型,恐怕没有更多的人了解,就是由传统的乡土社会向一个现代社会转型。这个转型,最近十年来进展非常迅猛,乃至把中国原有社会结构打得七零八碎,新的社会结构正在重构。

传统乡土社会有以下五个特点：

（1）熟人社会。中国依靠熟人来维系乡土社会的秩序，大家彼此熟悉，世代生活在一个比较封闭的社区里面，信息非常透明，这是一个非常重要的特点。

（2）中国的乡土社会是一个差序格局社会，这个概念是费孝通教授提出来的，就是每个乡土社会中的成员都是以自我为核心，按照亲疏远近慢慢地往外推，来形成一个差序的格局，从而确定一个交往和信任的次序。就像一个石子投入湖中所形成的涟漪，越往外越浅，越往外越缺乏信任。这与西方的契约社会是不同的。

（3）中国传统乡土社会是一个由乡村精英治理的社会，由他们承担起治理乡土社会的重任。这些乡村精英，有些是乡村的知识分子，有些是有经济地位和德望的乡绅，有些是一个家族内的长老，这些人负责治理传统乡土社会。

（4）传统乡土社会的治理是"皇权不下县"。在中国的传统乡村中，实际上正规治理是很少的。我们老说"皇权不下县"，什么概念呢？中国古代的皇权一般到县为止，乡和村几乎没有皇权的存在。乡和村靠什么呢？中国以前有"三权"，其中皇权是在县以上存在；第二个是族权，宗族社会的权力；第三个是绅权，就是乡绅的权力。绅就是乡村精英，那帮乡下知识分子担当了乡村治理的重任。乡和村这两个级别，基本上是没有皇权直接干预的，由族权和绅权来负责治理。宋代王安石熙宁变法以来希望加强在乡村的正规治理，一直到民国时期恢复保甲制，最后的效果都非常糟糕，其中原因在于中国乡土社会的传统是"皇权不下县"，需要乡村精英的非正规治理。

（5）宗族与宗法制度。这是维系传统社会秩序和伦理的主要机制，下面再细讲。

二、传统乡村治理的五大基本理念

由中国乡土社会这五个特点造就了中国传统乡土社会中乡村治理的五大理念：

第一，以宗法制度作为乡村社会治理与救济的基本制度。宗法制度是一套维系乡村社会和谐的主要制度，靠家族和宗族维系。如果宗族内部出现问题怎么办呢？比如宗族内一个家庭出现意外灾害从而丧失生活来源，怎么办？也靠整个宗族的内部机制来实现社会救济。我下面会具体谈到，中国古代的社会保障，不是依赖商业保险，而主要靠宗族制来保障，保障农村人口的生存和发展，实现救荒、救灾、社会救济的目的。

第二，以文化伦理教化作为乡村治理的基础。中国古代十分讲究伦理，文化教化非常重要，所以《周易》里面就讲，"教以人文，以化成天下"。我们今天讲的"人文""文化"就是从《周易》来的，以前没有"文化"这个词。在传统的乡村治理中，主要靠思想教化，来维系传统的伦理道德体系。谁做教化呢？就是乡村知识分子，那帮有知识的人来承担教化任务。当然，从广义上来说，乡村的各种祠堂崇拜仪式，各种节庆仪式、祭祀仪式以及婚丧嫁娶等民俗仪式等，都是进行伦理教化的工具和途径。

从周朝开始，就有采风的制度，《诗经》里面记载了很多。《诗经》分风、雅、颂，把当时各个国家的诗歌整理出来，孔子做了大量的整理编排工作，这些民歌采过来干什么用呢？就是用来教化。采风之官既承担了教化功能，又承担了文化传播的功能。秦汉有一种制度叫三老制度，一般都是挑三个德高望重的老人来承担道德教化、社会治理的重任。到了明朝，朱元璋作为皇帝，有了任何圣谕，要传达到地方上很不容易，就要找民间有知识有威望的老人，手持木铎，到处宣扬圣谕。古代人把铎当作一个教化的、有引领作用的东西，孔子认为他自己就是木铎，有教化的使命在身。当时朱元璋下了六条命令，这六条命令并不是行政命令，而是希望大家德业相劝，患难相助，主要的功能是教化。这个任务需要乡村的知识精英来完成。

实际上中国古代的伦理教化没那么简单，中国的伦理教化广泛地以各种形式存在于大量的民间行为中，比如说祠堂崇拜。你要到祠堂中去拜祖先，这其实就是一个教化过程。中国很多地方都有祠堂祭祖，大家不要以为在祠堂磕个头就可以了，还要在祠堂中进行教化，发挥惩恶扬善的功能。很多祠堂设立两种本子，善行记在一个本子上，恶行记在另一个本子上。很多人很害怕，假如做了错事，死了之后，记在祠堂的本子上，子孙后代都看得到，这很蒙羞。各种节庆，比如说春节、端午节、重阳节等，都是中国人实行教化的日子。各种婚丧嫁娶的民俗，都是伦理教化的工具，因为这种伦理教化是贯穿和渗透在传统社会民间习俗的每一个场合中的。

第三，以乡土社会内部激励与约束作为治理工具。乡土社会中怎么来惩罚一个人呢？不是靠法律，不是给他判刑，而是靠乡土社会内部的奖惩机制。因为在中国的传统社会中，最高境界是孔子所说的"无讼"，就是不要动用法律。那么，矛盾怎么解决？矛盾就靠乡土社会自身的机制去调解，比如说"口碑"。农民村落互相之间的闲言碎语，邻里之间对一个人和一个家族的议论，这种机制非常管用，虽然是软约束，但是力量很强大。一个人犯了错误之后，哪怕一点小错误，保证一小时之内就在墙根底下晒太阳的老太太之间传播开了；这些老太太一赶集，就立刻传播到另外一个村子,甚至整个乡都知道了。而且更要命的是,有些负面的评价是世代相传,一百年前一个家族犯的错误或发生的龌龊事,一百年后还在遭受大家耻笑,这种惩罚机制或者农村的习惯法非常厉害,很管用,根本用不着正式法律。

第四,以儒家乡土精英和底层人民的结合作为维系手段。中国以前的知识精英们,他们的生命弹性非常大。以前乡土社会中的读书人,早上还在耕地呢,晚上就登上宫殿与皇帝谈论国家大事,"朝为田舍郎,暮登天子堂",这个社会地位的变动和调整是西方传统社会难以想象的。但是这些知识分子退休之后怎么办呢?我们知道贺知章写过"少小离家老大回",为什么"老大回"了呢?因为贺知章退休之后回到乡村,又回归自己出生的那个地方,而不是在长安养老,他就很有可能成为那个村子中最有威望、最有知识、最有见地的一位乡土精英和长老。这是中国古代非常重要的一个特征。但我相信,我在北大退休之后,我回不到我那个小村子了,为什么呢?因为那个促使乡村精英回归乡村的机制已经不存在了。像贺知章这样,在朝廷做很大的官,后来又回到他的村子,地位就不一样了,他是见过世面的人,他能够把外面的东西教给这个村子的人,他就是一个长老,就是一个有权威的、能够判断人对错的道义审判者和执行者,就是可以执行"准法律"裁定的这么一个人。但是现代的乡村精英没了,读书好的孩子走出乡村,就再也回归不了了,而且就乡下的有知识的年轻人也在往外跑,这对现代乡村治理来说是一个致命的影响。

第五,以乡规民约作为乡村治理的法治基础。中国古代传统的乡村治理不是靠法律,而是靠乡规民约,靠这种介于正规的法律和不成文的民俗之间的乡规民约。乡规民约是基于乡村的伦理习惯和民俗传统而制定的一整套乡土行为规则,这套行为规则有规劝族人和乡里向善的意思,也涉及对族人和乡里的救济制度；但是乡规民约也带有某种强制性（尽管不是法律意义上的强制性），有一定的惩罚机制，有时候这种惩罚还非常厉害，我下面会细讲。

中国古代传统乡村治理的实践历史非常悠久，积累了大量的经验，这些经验以往我们都是简单地当作封建糟粕而加以批判，但是以现代的眼光来看，传统乡土社会的治理中还有一些很值得汲取的精华，要批判地吸收，而不是一味地否定。

第三节 传统乡村治理的八个机制

一、族谱

族谱是联结乡谊与族裔的纽带，是传统宗族社会的核心纽带。一个家族的族谱，往往完整地记载一个家族数千年的源流脉络，一代代辗转流传下来，把整个家族维系到一起，即使这个家族在地理意义上已经四分五裂，但是经由族谱这个纽带，还是可以牢固地黏结到一起。十几年前我回到胶东老家，我爷爷拿给我一本非常厚的《王氏族谱》，它精确记录了大概自明朝洪武年间到现在的我们这一族人的发展历程。让我非常惊讶的是，这是用电子表格做成的现代版的族谱，我看了以后非常有感觉，也非常敬佩族人的毅力。翻到族谱的最后几页发现，我的名字赫然放在里面，我看了以后，知道这个家族绵延不断，顽强地生存，知道历代前辈中的贤能者的事迹，而这个家族的团结与生命力就体现在这个厚本子里。族谱是古代乡村治理非常重要的部分，一个人进没进谱，是事关重大的事，一个优秀的人不但进谱，而且里头还有几句话来旌表他的事迹。族谱还有惩罚的功能。怎么惩罚呢？如果一个人品行不端，就会被逐出族谱，这个比蹲十年监牢还厉害。在乡土社会中，族谱就是一个激励和约束的机制，跟法律差不多，在乡下对人的最大惩罚就是不让他进族谱，永久被逐出族谱。这个人尽管肉体上还存在，但是从历史的角度来讲，他已经不存在了，也没必要存在了，因为这个人品行不端，只会给家族带来各种各样的麻烦和不好的名声。

二、祠堂

祠堂是解决家族纠纷的主要机制。乡土社会出现家族内部或村庄内部的纠纷，不是靠到县太爷那个地方去，而主要是靠祠堂。一个家族的人进祠堂、拜先祖，那个仪式表面上看是祭祀祖先，其实是凝聚后人，是维系这个家族的认同感。广东、福建、浙江一带，保留了大量宗祠，在重要传统节日，大家都要从天南海北回到家乡，在宗祠祭拜先祖。这对于现代商业网络的拓展也是很有益的。

三、义庄

义庄是传统乡土社会中进行社会保障和救济的一种机制。历史上，范仲淹建立的范氏义庄很有名。范仲淹小时候家境贫寒，读书时以米粥果腹还吃不饱，因此他显达之后就特别关注平民和社会底层人民的福祉，义庄就是一个在家族内实施社会救济的机制。在范氏义庄内，凡是范氏族人，可以领口粮、领衣料、领婚姻费、领丧葬费、领科举费、设义学（请本族有功名的人教育本族子弟并给教授者束修）、借住义庄房屋、为急用钱或贫穷者借贷（到时要偿还，若不能归还，也不扣其月米，以保证他的基本生活）。因此在范氏义庄内，衣食住等基本生活需要都可以满足，婚丧嫁娶的经费也由义庄承担。可以说范仲淹为家族成员（范围非常大）构建了一个衣食无忧的"初级共产主义小社会"，这也是我国古代大同思想的一种小小的尝试。自从宋皇祐元年（1049）范仲淹首创范氏义庄以来，义庄这种以家族为纽带的社会救济和社会保障组织就在江南开始发展起来，其后江苏金坛县张氏、新淦郭氏、莆田陈氏都相继设义庄。到明代义庄增加，安徽、广东、广西、陕西、直隶都有设立义庄的记载。至清代，设义庄者激剧增多，民国时期，义庄也在不断发展。要研究中国乡土社会的治理和宗族内的救济机制，不能不研究义庄。

四、义田

义田也是一种传统宗族社会中社会救济和社会保障机制。我们这个家族假如有两千亩地，其中五十亩作为义田保留下来。义庄内一般都有义田的设置。义田留下来给那些一旦发生问题（比如说火灾、病患等）的宗族成员。这是一个非常重要的保险机制。我们现在的保险都是商业保险，我国古代没有商业保险，靠什么呢？就是靠义田这种宗族内的机制，这是一种多人帮一人的制度，是一种互助保险。当一个家庭摆脱贫困了，再把这块田让出来给更加贫困或发生问题的家庭，这样轮流使用下去。

五、社仓

社仓也是一种社会保障机制，比较有名的有南宋朱熹创立的崇安社仓。朱子社仓的旧址就在武夷山的五夫镇，大家有时间可以去看看。朱熹创建的社仓受到了皇帝的关注，但是社仓这个东西并不是纯粹慈善救济和无偿捐助，社仓实际上是一种带有公益性质和家族救济性质的借贷机制。社仓一般是春季放款，用粮食来放款，秋冬季还款，所以朱熹创建的这个东西实际上是公益性的小额贷款。我们在第六讲中提到，王安石在大概一千年前（1068）就提出完整的一套小额信贷制度，其中的很多机制如市场化的利率水平、信用评估制度、五户联保制度等,都很先进,王安石比2006年诺贝尔和平奖获得者尤努斯教授整整早将近一千年。但是我们知道,王安石的青苗法设计的小额信贷机制,是一种官方小额信贷,是由政府推行的,后来变法失败了,整个青苗法被废除了。又过了将近一百年的时间,朱熹批评王安石,他说王安石这个青苗法初衷非常好,可是有个大问题,就是由政府推行的小额信贷机制往往风险很大,官员往往靠摊派(即所谓抑配)来发放贷款,村民往往发生赖账,现在我们经济学上的术语叫"道德风险"。朱熹把王安石失败的原因分析得很清楚。朱熹肯定在想,我能不能办一个民间自动发起的、以宗族社会和乡土社会内部的互相制约为基础的、以家族的乡谊作为纽带的这么一种小额信贷呢?这个思路非常好,他把官方小额信贷变成一种以家族为纽带的小额信贷,利用了乡土社会的惩罚机制,这就是义仓,我们也叫社仓。社仓一般没有专门的仓库而在祠堂庙宇储藏粮食,粮食的来源是劝捐或募捐,存丰补歉。一般春放秋收,利息为十分之二。孝宗乾道四年(1168),建宁府(治今福建建瓯)大饥。当时在崇安(今武夷山)开耀乡的朱熹,同乡绅刘如愚向知府借常平米600石赈贷饥民。贷米在冬天归还,收息20%,小歉利息减半,大饥全免。计划待息米相当于原本10倍时不再收息,每石只收耗米3升。后来归还了政府的常平米,至淳熙八年(1181)已积有社仓米3100石。这一年朱熹将《社仓事目》上奏,孝宗"颁其法于四方",予以推广。以后的物流仓储业把朱熹作为开山鼻祖,把他供了起来,尊为"紫阳仓祖"。朱熹开创的社仓,我认为既是具有小额信贷性质的机制,而更重要的,它是有社会保障功能的。社仓的利息蛮高的,年利率20%,相当于大概月息两分,比现在农信社的利息高很多,但是对于贫民而言,这个利率比高利贷低多了,可以接受。

六、乡约

乡约，是农村非正规制度的制度化、乡土伦理的成型化。中国古代乡约太多了，直到现在，乡规民约在很多乡村也是非常流行的。宋代有一个非常有名的《吕氏乡约》，是由"蓝田四吕"（即吕大忠、吕大钧、吕大临、吕大防）倡导制定的，这四个兄弟于北宋神宗熙宁九年（1076）制定了这个乡约，它对一千年来的中国乡村治理模式影响甚大。"乡约"既是一个农村社区（一个乡或者一个村）的居民互相劝勉、共同认同的一套伦理规则，也是一套完整的社会保障与社会救济制度，显示出我国古代乡村自治的一种雏形。"乡约"的实施，是首先推举年高德劭者为"约正"（即主要的负责人）："约正一人或二人，众推正直不阿者为之。专主平决赏罚当否"，另外每月选一人为"直月"（即具体的赏罚执行人），实施劝勉赏罚。"乡约"以定期聚会形式，敦促乡邻向善除恶："每月一聚，具食；每季一聚，具酒食。"在聚会的时候实施赏罚："同约之人各自省察，互相规戒。小则密规之，大则众戒之，不听则会集之日，直月告于约正，约正以义理诲谕之，谢过请改，则书于籍以俟，其争辩不服与终不能改者，皆听其出约。"这些"乡约"看起来似乎是一些没有约束力的伦理条款，但是在乡土社会中，它的实际约束力其实是非常强大的，如果被"出约"，后果就很严重，这个人在乡间就很难生存，这个家族的名声也就完了。吕氏四兄弟在乡间很有文化，很有威望，倡导高尚的品德，倡导族群之内的扶危济困，他们订的《吕氏乡约》包含四项，即"德业相劝，过失相规、礼俗相交、患难相恤"。"患难相恤"中包括对于水火、盗贼、疾病、死丧、孤弱、诬枉以及贫乏七个方面的救济，实际上是民间的社会救济制度。"乡约"实际上并不简单的是道德教化，它是中国传统宗族社会一个具有自治功能、社会保障功能、社会救济功能的制度设计，能够保证一个宗族和谐、延续和稳定。

七、义学

义学是与官学相区分的、以公益为目的的一种乡村教育形式,以支持那些贫困家庭的子弟上学。有义庄必有义田,有义田必有义学,这是中国古代漫长的两千多年封建社会如此稳固的主要原因之一。

八、讲学

讲学是中国古代乡土知识分子与平民百姓互相结合的重要之举,通过这种机制,乡土社会中的知识精英与普通的没有受过教育的农民达成了很好的沟通,这种沟通对于移风易俗、推行教化、保障乡村社会的和谐稳定都是非常重要的。明代的泰州学派在平民讲学方面做出了非常大的贡献,在历史上也非常有影响力。明朝泰州学派以王艮(心斋)为代表,一批乡土知识分子到农村讲学,为劳动人民传播思想,在平民中开展启蒙运动,在当时影响很大。王艮是王阳明的学生,文化水平并不高,他认为"百姓日用即道",主张用愚夫愚妇都能听懂的语言来解释圣贤之学,这在中国历史上具有革命性的意义。这些人深入民间讲学,且都具有勇猛无羁的品质,如徐樾、颜钧、罗汝芳、何心隐等。这些知识分子志不在当官,不在成为大学者,而在于教化平民。泰州学派知识分子的乡村讲学实践,实际上对于民国时期的梁漱溟先生这些人影响非常大。

通过以上八个方面的简单梳理,我们看到,中国传统乡村治理是一套非常有效的自治性的、内生性的、伦理本位的治理模式,它不太靠正规的法律制度,不太靠外在的官方组织,而是靠内生性的宗族社会机制和伦理教化机制。它是自治的,不需要别人来强迫它。我们今天讲的村民自治达不到这个程度，自治是自我和谐、自我治理，是乡土社会内生的东西，我们现在大部分靠外力来治理，成本很高，效果反而不好。

第四节 中国乡村治理的现代嬗变与困境

一、中国乡村治理的双重消解

近代以来，尤其是鸦片战争以来，中国的乡村治理发生了非常剧烈的、深刻的变化。清朝末期，中国传统社会结构几乎崩溃，西方列强侵入之后，中国的社会结构发生了巨大变化。1905年，废科举，建立现代学校；1912年京师大学堂改名为北京大学，现代大学教育开始普及。同时，商品经济的发展、城乡的隔离、外国资本的侵入，导致农村凋敝，没有人去治理，因而处于涣散的状态，很多知识分子为此忧心如焚、大声疾呼。民国时期，内生性的乡村治理崩溃了，国民政府在此情形下怎么办呢？就又启动了保甲制，后来发现保甲制还是起不到振兴农村的作用。

就在这个时代，梁漱溟先生、晏阳初先生等人，开始了乡村建设的实践。这些人搞乡村建设就是为了挽救凋敝的乡村，其中梁漱溟先生提倡村治，要村民自治，晏阳初先生主要从教化入手，搞平民教育，在当时都有很大成绩。但是所有这些努力，仍然不能挽救民国时期乡村逐渐凋敝的现实。民国乡村治理的现代转型应该说是基本失败的，国家政权试图把自己的力量放到乡村去，将正规制度向村里渗透，也不成功。

新中国成立之后，由于共产党的高度政治动员能力，对农民实施了空前绝后的动员，导致1949年直到1978年，中国实现了两千年以来没有实现的东西，就是动员了中国最基层的农民，使他们的国家意识、集体意识空前觉醒。从来没有一个时代的农民像毛泽东时代的农民一样有那么强的、空前的国家意识。农民干劲空前高涨，合作意识增强，他们参与了国家建设，开始了合作化运动和人民公社化运动，尽管在20世纪50年代后期国家在某种程度上忽略了农民的自主性和独立性，过于急速地要推动中国的农村公社化。但是国家动员能力的增强，反过来也瓦解了中国两千多年以来固有的乡土社会的治理机制，这个瓦解实际上导致了1978年之后，当国家政治动员能力弱了、国家制度渗透程度低了，农村又出现了大量的乡村治理的真空地带。

合作化运动和人民公社化运动期间，大概从1958年至1978年这二十年中，乡村的公共品由谁来提供呢？都是由人民公社、由村集体提供。无论是教育、医疗、基础设施各方面，与民国时期相比都有非常大的变化。人们认为毛泽东治理的时期是中国乡村医疗卫生体系最有效的时期，在全世界同样水平的发展中国家中，中国显然是乡村医疗的样板，那时婴儿死亡率大幅度降低，中国人均寿命从1949年的三十多岁到毛泽东去世的时候已经上升到将近七十岁。当时的赤脚医生制度、农村合作医疗制度遍布整个中国农村，改善了中国农民的健康状况，其实也为1978年之后中国的改革开放积累了非常健康强大的人力资本。这里面还有农村教育的巨大作用。我们小时候的教育是不花钱的，但是20世纪80年代之后发生变化了，义务教育搞不起来，为什么呢？因为乡村集体的教育体制在改革开放之后崩溃了，农村教育问题变得非常突出，失学率开始猛增。还有当时的农田水利基础设施建设，都是非常成功的，我们现在的农村农田水利设施改革开放后由于乡村集体经济崩溃，长期得不到更新改善。1978年之后人民公社逐步解体，乡村治理体系就崩溃了。崩溃之后乡村治理面临一个双重的消解，一方面内生性的、乡土社会的治理体系没有了；另一方面嵌入式的、依靠国家能力的乡村治理也没有了，所以变成

"双重消解",乡村治理出现了大量的真空地带。

二、中国乡村治理的现代困境与未来出路

当前我国乡村治理方面面临着极大的困境,公共品的供给者不是人民公社了,其供给模式必然要发生深刻的变化。比如说乡村道路由谁修,医疗、健康、卫生、防疫、教育、垃圾处理等,由谁来承担。这些年来农村出现的局部衰败现象(不排除有些地方新农村建设很成功),根源在于公共品供给的缺失,农村健康、教育、文化、农业基础设施等方面公共品的供给长期处于不足状态。同时可以看到,村民自治组织也在不断涣散,村民选举有些地方非常不规范,形同虚设,乡土文化正在大面积地消失,以前乡土社会的伦理道德体系、文化体系,包括它的宗族、祠堂、宗教、节庆体系,都在迅速的消亡过程中。同时,由于大规模的农村人口流动和剧烈的城市化进程,乡村精英不断流失,有知识的人都跑了,到农村找一个初中以上文化的壮年人都找不到了,为什么呢?因为全村人都是"619938部队"(儿童、老人、妇女),在这种情况下,中国的乡村治理面临的困难非常之大,大到可能关系到中国未来的长治久安。

我认为将来的中国乡村治理,一定是建立在乡土社会传统治理理念基础上、基于乡土社会内生性特点,并有机融合现代农村治理结构的一套"多元化乡村治理模式"。具体来说,包括以下几个方面:

第一,村民自治的民主化转型。这里我要说说四川村民议事会制度的试验。2012年我们在四川平武以及成都周边的蒲江等县做了一些调查,发现那里推行的村民议事会制度非常有趣。我觉得这个试验非常好,应该是解决未来乡村治理问题的重要思路之一。村民议事会的实施,是首先在村民中民主选举那些有名望、有知识的村民作为村民代表,称之为村民议事会的议员。这个人既可能是小学教师、退休的公务员、做生意做得非常好的乡村企业家、合作社的负责人，也可能是没有任何职位但品德高尚值得信赖的村民，平均每30户选1个村民议事会议员，来参与这个村重大事件的讨论与决议。讨论结束后，执行层面怎么去实施呢？村民议事会的决议，要由村民委员会主任，也就是村长去执行。我调查了很多村的村委会主任，问他们愿意搞这个制度吗？不怕权力被削弱吗？他们一致的回答是：我们太愿意了，以前我们自己拍板，自己做决策，村民不承认，就去告，去上访，哪怕修一条50米的路，五年也修不起来，总有人反对。现在所有的重大决策都是由村民议事会来讨论，共同投票，投票通过之后，村主任无条件执行，村主任只不过是执行了村民的意志而已，因此有公信力。如果哪个村民有不同意见，你可以找代表你（也是你选出来）的议员去反映，甚至可以提议通过合理的程序罢免你的议员。这个机制很好，解决了村委会的尴尬局面，也提高了村民自治的民主性。我觉得村民议事会相当于全国人大，它是在做决策、做立法的工作，村主任的负担减轻了，他只是执行，村民的意志由村主任来执行，他相当于总理。中国的乡村治理一定要实现自治组织的民主化，就是由人民来投票，而不是自上而下来决策。

第二，要加强中国农村合作组织的地位，以提升农村的组织化程度，提升农民的民主意识。我经常讲，合作社是农民学习民主的大学校，只有通过合作社，农民才知道怎么沟通、怎么在理事会和社员大会上提出意见、怎么通过用手投票的方式来互相制约和监督，才知道如何讨价还价、如何在集体决策中妥协、如何跟对方谈判，这是民主的精髓。动不动拿着锄头来解决问题，那是永远也解决不了问题的；拿锄头出去打架不用学习，但是谈判需要学习，民主需要学习。因此，合作社是提高农民的组织化程度、培养农民民主意识的最大法宝。2007年我国农民合作社法的通过，对我国的乡村治理起到一定的推动作用。

第三，宗族组织的再度复兴和村规民约的实践。我们还要看到，最近几年，中国乡村中宗族社会的力量在复兴，村规民约正在受到更多的重视，家族体系也正在发挥作用。当然，这种宗族组织的复兴，不可能简单复制以前传统社会的整套伦理观念和实施机制，但是其乡土社会的治理精髓应该继承，并且要扬弃其中不合理的部分，结合当代农村社会的特点进行创新。宗族组织的兴起如果处理不好，会对乡村治理的有效性起到消极作用；但是如果利用得好，会起到积极作用。

第四，民间信仰组织的崛起及其影响。我们应该注意，有些乡村民间信仰组织也在迅猛崛起。因为村民治理的真空地带，一定会有一种力量去填补，要么是宗族力量，要么是能人政治，要么就是民间信仰组织。这些民间信仰组织如妈祖信仰，大部分都对村民的心灵世界、伦理观念、社会行为起到很大的引导作用，政府应该很好地加以规范和引导，而不是采取相反的政策。因为从深层次来说，这是乡村自发产生、内生于最基层人民的一种组织，要因势利导，把这些组织引导到有利于乡村治理、有利于乡村教化和社会和谐的道路上去。

以上这些力量，都要成为中国未来多元化乡村治理中合理的有机组成部分，都要重视而不能压制，因为它们都是内生的，都是自己长出来的，政府只能慢慢去梳理，慢慢去引导，让它们逐步走向规范。所以我相信，中国未来的乡村治理应该是多元化的，应该是诸多乡村内生力量的整合，政府应当在农村复兴方面更多地给予支持和扶助。关于多元共治的理念和实践，我们在第十一讲会详细探讨。

第十一讲

中国乡村治理（二）：
当前乡村治理问题与现代乡村治理体系的构建

第一节　引子：中国传统社会超稳定结构的基石

在第十讲最后，我们讲到中国乡村治理最近几十年的变化，谈到传统乡村治理模式的"双重消解"：一方面中国内生性的乡土社会的治理体系被消解掉了，另一方面，1949年之后那种嵌入式的、依靠国家能力与政治动员而运作的乡村治理也被消解掉了。这两个体系都有其合理性优势。传统乡土社会提供了内生性的、很有生命力的、在乡村自然生长出来的一套体系，依靠宗族、教化、传统的乡土社会网络，使这套体系运转了相当长时间。在这套体系中，乡约是精神和伦理核心，保甲是治安体系，社仓是社会保障体系，社学是教化和教育体系。这四个体系相互结合使得传统的乡土社会在中国相当长的历史中达到了一种超稳定性。而新中国成立之后的乡村正式治理体系，在中国快速工业化和现代化的过程中，也扮演了重要角色，其对中国乡村治理现代化的努力，也不可一概抹杀。

我们老说中国的传统社会是一种超稳定社会。这个词是20世纪80年代一些学者提出来的。这些学者发现一个颇具中国特色的问题,就是中国大概从结束战国纷乱局面、秦帝国建立、"大一统"国家形成之后,两千年以来基本上是非常稳定的国家。这种超稳定结构的根基在哪里呢?实际上就在乡村。是中国乡村的哪些因素导致中国的超稳定结构、支撑着这个超稳定结构?我认为有两个东西支撑着中国的超稳定社会结构,其中一个是富有生命力的传统社会的内生性的乡村治理体系,另一个就是历史悠久的中国农业文明体系。

很多人都看到了今天某些乡村的溃败与凋敝,空心村大量出现,一些村庄变得毫无生气,公共品供给体系失效,道路失修,医疗、教育、文化、卫生、农田水利等方面都不尽如人意,好多村子垃圾成堆,村容村貌很差,村庄风气也大不如前,有些人形容为"礼崩乐坏"。很多人为此忧心忡忡,觉得中国乡村存在危机了。当然这是一些乡村的真实写照,但是大家对这个状态的描述并不全面,也有治理得特别好的乡村,山清水秀,且民风淳朴,乡村发展正在走上一条良性循环的轨道。我在很多场合讲,没有必要为所谓乡村凋敝过于忧虑,这是中国社会转型中必然出现的现象,原来的传统的东西消解掉了,新的东西没有成长起来,在这二三十年中必然出现农村凋敝的情况,大量要素单向流出加剧了这种凋敝,但是农村的这种凋敝恰好也孕育着农村变革的空间,预示着乡村治理的新的转型。我老引用孔子的一句话来讲这个问题,就是"圣人无忧"。我们不要一提到农村就忧心忡忡,满脑子都是问题,脸上都是忧虑的皱纹,其实这是没有必要的。我认为看到当下的农村问题,应该以一种比较达观的心态、前瞻的心态,积极寻找解决问题的办法。我们今天就是要为一些乡村治理的溃败找到一个疗治的办法,去改变乡村凋敝的局面。

第二节 协商民主理论与乡村基层民主机制的重构

一、什么是协商民主

协商民主又叫商议民主、商谈民主。20世纪末期，西方政治学界兴起了这种新的民主理论范式，这种范式应该说是基于对自由民主理论和代议制民主的批判而产生的，试图修补自由民主理论和代议制民主在实践中的缺陷。在西方，自由民主的理论和实践遭遇了深刻的危机，过度强调个人自由的自由民主，往往会导致社会责任的缺失。很多学者开始反思，绝对地强调个人自由民主是不是有它的弊端呢？巴伯在《强势民主》这本书中谈到这样的观点，他说自由民主这样一种理念更多地关注个人的自由，而不是保障公正正义。它是为了增进利益，而不是为了发现善，它是把人们安全地隔离开，而不是使他们富有成效地聚合在一起。结果就产生了什么呢？自由主义的民主可以强有力地抵制对个人的任何侵犯，比如说对个人隐私、个人的财产权以及其他个人利益和权利的侵犯，但是没有办法抵御对共同体、正义和公民性以及社会合作的侵犯。最终，自由主义的民主削弱了对个人的保护，因为个人自由不是参与政治行动的前提，而是它的结果。这是巴伯对自由民主进行的一种批评。

巴伯强调代议制民主是一种弱势的民主，这种民主"既不承认参与的乐趣，同时也不认同公民交往的友谊；既不承认持续政治行为中的自主与自我管理，也不认可可以扩大公民彼此间共享的公共善——共同协商、抉择和行动"。大家注意，他强调公民交往问题，强调共同的抉择、共同的协商、共同的行动。他的批评很到位，代议制民主忽视了公民共同参与的重要性，而只重视裁判的功能，在这种情况下，很容易产生多数人的暴政，其决策未必是正确的。

因此，很多学者，包括比较有名的哈贝马斯、吉登斯这些著名学者都认为，未来理想的民主体系应该从以投票为中心的代议制民主制转向以对话为中心的协商民主。他们认为公民的政治参与不仅仅局限于投票、请愿。西方的民主，往往是公民投票之后就没别的事了，而公民之间共同的抉择、共同的行动、共同的协商是不充分的。未来的政治应该给参与者平等的发言机会，在决策程序公平的条件下掌握充分的信息，对公共决策进行公开讨论，从而提出意见，这是对传统代议制民主的一种批判和修订。

我们要追溯协商民主理论的发展，最早可以追溯到亚里士多德。亚里士多德是第一个捍卫协商思想的理论家，在他的名著《政治学》《尼各马可伦理学》中，协商占有重要地位。他特别强调公民之间的公开讨论，认为协商是"公民公开讨论、相互证明其规律和法律的过程"，强调协商建立在公民的协商能力基础上，强调公民参与的重要性。埃尔斯特是比较早地提出"协商民主"概念的学者。他说协商民主的概念源于公元前15世纪的雅典，在雅典的城邦里面，公民可以通过相互讨论来提出决策，这就是协商民主。埃尔斯特特别推崇协商民主，他认为协商民主的意蕴就是："民主意味着任何公共决策必须经过所有受到影响的公民或其代表者的参与而达成，即决策是民主的；协商意味着公共决策的过程是以讨论的方式进行的，且参加讨论的公民或其代表者必须珍视理性与公正的价值，这是民主过程的协商部分。"对任何事都要讨论，参加讨论的人必须真实、理性和公正，不是说公民参加讨论就没有条件了，公民参与协商要注意理性和公正，每个公民都要养成理性讨论问题、公正讨论问题的习惯，这是协商民主的精髓。这一点，对于我国新型乡村治理的构建、对于乡村民主机制的构建，具有十分重要的借鉴意义。

1980年，美国克莱蒙特大学政治学教授毕塞特第一次提出了协商民主的概念。他反对西方民主中的精英主义，赞赏和提倡公民的参与，主张每个公民都要参与到国家大事的讨论当中。精英政治是一种形式的政治，精英民主是一种形式的民主，可是公民的参与更为重要。苏格拉底当时被执行了死刑，饮毒药而亡，而苏格拉底为什么会死呢？罪名非常荒谬，即"蛊惑青年"。他是被民主程序杀死的，这个民主程序实际上就是代议制民主。当时在雅典城邦里面，几十位享有代议权力的议员共同投票，认为他应该被执行死刑；苏格拉底不是被暴政杀死，而是被民主杀死的。这种代议制民主不强调公民的参与，可以想象，假如当时让老百姓参与，让青年们讨论一下苏格拉底该不该死，这个事恐怕会不一样。协商民主是一种审慎的民主，不以精英的决策为基础，强调共同体长久的、总体的利益，强调集体协商、分权和制衡抵制个别领导者的野心和暴政。

1987年，著名学者伯纳德·曼宁发表了《论合法性与政治协商》，提出协商民主包含四个含义：第一，协商是各种观点互相碰撞比较的过程，越是碰撞沟通，信息越清楚，越能显示个人的偏好。第二，协商存在集体和个人两个维度，一方面每个个体要参与，另一方面，要重视集体的协商制度。第三，政治协商不是为多数主权提供辩护的，不应当因为多数人同意这个事就必须干，少数人的权利也应该得到尊重，这是非常重要的一个原则。第四，协商理论仅仅是提供了一种不完善的、尽可能合理做出决策的方式。协商不是非常完美的制度，但是强调公众的参与。

对协商理论做出最重大贡献的是哈贝马斯。你要读哈贝马斯的东西就会发现，他在这方面的论述更加深入核心。什么核心呢？他提出了一个非常关键的词汇，叫"主体间性"。他说代议制民主强调主体，即个人。比如我作为主体，我有不可侵犯的权利，任何人不能侵犯我的权利，这是美国以及欧洲代议制民主的核心。传统的自由民主的核心，就是以主体为中心，要维护主体的尊严，维护主体的权利不被任何人所侵犯。而哈贝马斯认为，应该从以"主体"为中心转向以"主体间性"为中心。什么叫"主体间性"呢？就是主体和主体之间的交往理性。交往理性非常重要。在交往理性中强调，交往不仅仅是立足于主体，不仅仅立足于我们各自主体的自由不可侵犯、尊严不可侵犯、权利不可侵犯，而且立足于主体间平等的对话与协商，以达到相互的理解和共识。比如说我们这个课就是一个团体，就是一个契约，我们不光是要维护学生的利益，维护老师的利益，维护大家每个个体的利益，最为关键的是，我们之间的关系是什么样的？你们每个人之间的关系是什么样的？这是比个人权利更重要的因素。原来代议制民主强调主体性，每个人的尊严不可侵犯，财产、利益、自由不可侵犯，而协商民主制度除了这个之外更加强调公民之间的对话、沟通、协商、平等参与，主体间性的交往理性，这个非常重要。

　　哈贝马斯基于他的主体间性和交往理性理论，提出了双轨式的协商政治。所谓"双轨"，一轨是以民主程序来调节以决策为取向的协商，一般具有宪法的形式，通常指议会这种公共领域，适用于民主程序，它的主要功能是决策；另外一轨是不受制度规范的非正式意见的形成过程，一般公共领域的讨论应该适用于这种协商理论。假定我们讨论要不要单双号限行，这个问题不是宪法意义上决策的领域，而是公民生活领域，在这种公共领域更加适合于协商民主。"协商民主"这个概念非常好，尤其是协商民主中所强调的主体间性、公民的交往理性，我觉得是十分重要的概念。对于中国现在民主的进程，尤其是对于中国农村的民主发展，这些概念有非常重要的借鉴价值。

二、协商民主的五大核心

协商民主有五大核心。一是参与性。强调公民的参与和自由讨论。民主的本质是人民的主权，是平等公民之间自由而理性的参与，民主决策是平等公民之间共同参与讨论的结果。在一个团队、小组、社区中，乃至在政治生活中，都要广泛地鼓励公众的参与，每个公民都要学会对话、妥协，学会表达自己的偏好，要有自己的利益主体意识；同时，要跟对方平等协商，以至于最后达成共识。这个学习过程非常漫长，现在中国农民，甚至中国每一个公民，都应该学会这个方法，平等、对话、协商、妥协。

二是协商性。协商是不同于投票的，在投票制度中，你选出来的未必是最好的，你的选择权利很小。协商不等于投票，也不等同于政治的交易，它是指人民之间就某些公共问题进行面对面的理性的讨论与交流，讨论之后个体根据其良知和知识而做出集体决策。

三是平等性。首先是机会平等，每个人都要给予平等的机会。其次是实质平等，在权利的实质方面是平等的。所以协商民主不光保证机会平等，每个人都有机会参与讨论，而且要保证每个人有对于重大决策的平等参与权。

四是合法性。合法性是协商民主的目的，政治合法性来源于所有利益相关者以及参与决策的所有主体要相互认可，要相互讨论，不能一个人压制另外一帮人，就把这个决策通过了，就取得合法性了，这是不对的。

五是责任和理性。每个公民都要讲理性，要有社会责任。

中国传统农民有两个极端，要么走暴力的道路，要么走顺民的道路。第一个极端是暴力路线。历史上中国农民起义是非常多的，以暴力手段来结束一个他们认为不好的政权，这个方法非常多见。中国整个古代史，都不断伴随着农民的暴动。在当代社会中我们要反思，要更加强调理性沟通、强调协商民主。第二个极端是中国农民往往面对任何决策漠然不顾、不理不睬，你让他开个会讨论问题，他不参与讨论，他希望最后有一个人帮自己决策，以专制的形式来决策，他习惯于默不作声，做沉默的大多数。我觉得这是很可悲的一件事情。中国人养成了一种习惯，做沉默的大多数，不会积极表达自己的观点，不会通过正常渠道去互相协商、公开讨论、平等决策、互相妥协、积极对话，他只愿做沉默的大多数。由于中国农民在历史上的这两个极端倾向，我认为现在强调协商民主特别重要，农民要学会责任和理性，学会平等沟通和协商，学会对话与妥协。农民要知道，作为一个公民，在协商过程中他要承担特定的责任。

这里强调的责任和理性，对于现在中国的农民特别重要。要重建中国乡村治理，要构建一种乡村民主机制，关键要培育一种公民的精神。这种公民精神是协商民主的核心，它是一种孕育于公民社会中的、以公共性作为价值依归的、位于人类心灵深处的基本道德和政治秩序理念、态度和行为取向。这种公民精神是现在所有中国公民都比较缺乏的，公民精神中包含着一些重要的价值理念，比如民主、平等、自由、秩序、公共利益、负责任、道德操守、宽容、理性判断、主人翁意识等。农民在乡村民主建设中，也要有公民精神，乡村治理的最终目的还是要培养农民的公民意识，倡导一种参与式的基于交往理性的民主协商思想和机制。

第三节 中国乡村基层民主机制的历史演变

一、村民自治制度的早期试验和推广

这里所谓乡村基层民主机制，主要指的是人民公社解体之后慢慢形成的村民自治制度。1978年之后，随着人民公社体制的解体，随着集体

经济不断式微，我国农村基层组织开始涣散，大量的公共事务无人过问；同时，在一些影响到农民切身利益的大问题上，比如说土地调整、集体财产的分割、生产资料与公共设施的分配等，不断出现各种各样的矛盾，农民之间的利益冲突不断出现。这个时候大家发现，在人民公社解体之后假如没有很好的乡村治理，农村就要出乱子了，这时就开始尝试村民自治。

其实，村民自治最早不是政府推动的，而是农民自发进行试验的。首先在广西河池地区，这个地方山清水秀，但是比较贫困。河池地区有两个县开始尝试村民自治，一个是宜山县，另一个是罗城县。宜山县在包产到户之后发现农村乱套了，大家瓜分集体资产，对集体的树木乱砍滥伐，这些乱象怎么制止呢？于是就召集一些老党员、老干部、老贫农，大家一起来组织，自己选村长，自己选出村委会，以遏制这种混乱局面。1980年，在宜山县三岔公社合寨大队，现在叫屏南乡合寨村，建立了第一个村委会。后来宜山县在每一个自然村都建立了村委会。果作村制定了村规民约，与以前的乡约有一定的继承性。果作村的村规民约写道："1. 必须提高思想觉悟，认真体会安定团结的重要意义。2. 严禁赌博，不准在私宅、村里开设赌场，违者罚款10元。3. 为了保苗夺丰收，严禁放猪，违者罚款5角，并给赔偿损失处理。4. 维护正常的娱乐活动，不准在村内、村附近对唱野山歌，违者罚款每人10元。5. 不准在路边、田边、井边挖鸭虫，受损失的罚工修补。6. 不准盗窃，违者按件加倍赔偿并罚款5元，情节严重者，呈报上级处理。7.（捡到）遗失东西，拿回交给村委，归还原主。8. 不准在泉边、河边大便，不准在上游洗衣、洗头梳发、晾晒蚊帐、床单等污染东西。9. 讲卫生光荣，不讲卫生可耻，自觉做到码头经常冲洗，保护清洁。"这个乡约更强调对于农民行为的规范，古代乡约更倾向于社会教化和社会救济以及社会保障。当时在合寨大队选举了村委会主任，要求村委会主任要符合政治觉悟高、群众威望高、敢于负责任、工作经验丰富等一些条件。后来巴马瑶族自治县这些地方都纷纷建立了村委会，巴马我曾经考察过，确实是山清水秀适宜居住的好地方，那里也是中国村民自治最早的试验地。

村委会被写进党的文件，是在1981年6月，中共十一届六中全会提出要在基层政权中逐步实现人民的直接民主，中国人在20世纪80年代初期，还是相当有追求民主的激情的。1982年党的十二大的时候，提出发展基层社会生活的群众自治，民主应当成为人民群众进行自我教育的方法。这两个会议的决议文件实际上为村民自治探索提供了一个契机。

其中有一个关键性的人物必须提到，就是彭真。当时他是全国人大常委会副委员长，后来担任委员长。彭真听说广西宜山县搞了村民委员会，十分重视，1982年他建议把村民委员会载入宪法，用宪法的形式把它固定下来，成为群众性的自治组织。1982年11月通过了新的《中华人民共和国宪法》，宪法第111条规定，城乡居民要设立居民委员会或村民委员会等基层性的群众性自治组织，主任、副主任、委员由居民选举。那时中国就想把民主真正搞起来，20世纪80年代初还真有一种向上的积极的气象。1983年，彭真已经担任委员长了，再次强调村民委员会是人民群众自我教育、自我管理、自我服务的组织，它办理公共事务、调解民间纠纷比政府机关要好一些。彭真在推进村民自治、建立村庄民主的过程中起到非常重要的作用。

1983年开始提出"政社分开"，要建立乡政府，那时中共十一届三中全会已经开了五年。1983年10月12日《关于实行政社分开建立乡政府的通知》，对村民委员会的设立、职能、产生方式诸问题，做出了具体规定。随即全国开始试点工作。江苏省江宁县是较早的试点地区，以生产大队为单位设立村民委员会，包括主任 1 名，治保、民政调解、民兵、妇女委员 4 人，均由群众直接选举产生。以生产队为单位设立村民小组，由生产队队长兼任小组长。

二、村民自治立法进程与各地的村庄民主试验

在建立村民委员会的同时，开始了村民自治立法的工作。1983 年天津最早制订了《天津市村民委员会工作简则（试行草案）》。1984 年民政部开始起草《村民委员会组织条例（草案）》，印发给辽宁、吉林、黑龙江、天津、湖南、江苏六省市征求意见。1985 年 2 月形成第二稿，并发给四川、山西等八省征求意见。此后中央政法委、国务院常务会议等对此条例多次提出修改意见。1987 年 1 月 12 日全国人大审议，建议进行进一步修改。1987 年 4 月 11 日全国人大审议原则通过《中华人民共和国村民委员会组织法（草案）》。社会上普遍对村民自治提出的一个疑问是：农民素质低，没有参政议政能力。对此，彭真认为，群众的议政能力需要通过实践来提高。他说，"八亿农民实行自治，自我管理，自我教育，自我服务，真正当家作主，是一件很了不起的事情，历史上从没有过"，它"对于扫除封建残余影响，改变旧的传统习惯，实现人民当家作主，具有重大的、深远的意义"。彭真主张逐步试验、逐步推广，不要搞形式主义，给村委会压的任务不要太多。不要把村委会搞成一级政权。1987 年全国人大常委会表决通过《中华人民共和国村民委员会组织法（试行）》（以下简称《村民委员会组织法（试行）》），国家主席李先念签署第 59 号主席令，宣布该法于 1988 年 6 月 1 日起试行。这部法律经过四年酝酿修改，前后修改 30 多次，只有 21 条，不足 2000 字，却是我国基层民主发

展史上的重要文献，也是村民自治史上具有里程碑意义的事件。

这个立法过程可以说非常复杂，非常漫长，凝聚了从基层到高层立法者的各方面的智慧，也充分反映了中国各个地区经济社会发展的多元性和差异性。中国在最近三四十年中，立法的经验还是非常丰富的，这个村民自治立法的基本精神是充分尊重农民的意见，充分尊重地方的民主实践，不搞"一刀切"，强调试验和推广的渐进性，强调学习过程，强调村民的自我教育过程，杜绝形式主义。其目的是把村委会建成群众的自治组织，一个民主协商的机构，而不是国家政权的组成部分。

在具体的执行过程中，各地的情况不太一样，创造出非常多的富有特色的民主形式。1988年，辽宁铁岭开始竞选试验，在推选村委会主任的过程中要组织答辩，候选人发表演说，村民要看候选人的施政纲领，进行无记名投票。吉林梨树是中国最早搞海选的地方。原来村委会的成员是由乡政府指派的，村民并不满意，而且这个村集体经济薄弱，村民负担重，村级组织凝聚力差。1986年12月23日晚，梨树县梨树乡北老壕村11个村民小组进行村委会成员的预选，发白纸填写，13人入选；25日召开村民代表会，从13人中选出9名为正式候选人；当晚进行第三轮无记名投票，选举产生村委会成员。这是直接民主的第一次尝试，是海选的萌芽，在中国村民自治史上有着非常重要的意义。梨树县的海选引起了国际上的很大轰动，很多美国记者、欧洲记者跑到北老壕村去采访。

后来在村民委员会中又产生出村民代表大会或村民代表会议。村民代表会议是由原来的社员代表大会演化过来的。《村民委员会组织法（试行）》规定：村民会议由本村18周岁以上的村民参加，也可以由每户派代表参加。必要的时候，可以邀请本村的企业、事业单位和群众团体代表参加会议。村民会议有权撤换和补选村委会成员。1986年山东莱西县牛溪埠村建立了"农户代表"制度，8名农民成为首批农户代表。1984年河北正定县南楼乡南楼村在"三老"（老干部、老党员、老社员）制度基础上，建立了村民代表会议制度。大家看，秦汉以来在中国乡村中实行的"三老"制度，现在以新的面目又出现了。"三老"的理念和方法到现在还管用，只不过形态发生了变化，变成老干部、老党员、老社员，这些人在乡村中是有威望的。当年我外祖父从掖县粮油加工厂厂长的位置上退休之后回老家住，由于他有见识、有权威，很多乡亲都找他评断事理。村民代表会议制度脱胎于三老制度，又有所发展。1984年辽宁省辽阳市曙光乡峨嵋村，针对原大队社员股金和集体经济固定资产的处置问题，召集村里有威望又敢于直言的30位村民代表商议，再劝说村民，圆满解决了集体资产不再分的问题。

三、村民自治在20世纪90年代之后出现的问题

20世纪80年代，中国村民自治制度的试验总体来说是蒸蒸日上的，搞得很热闹。很多人认为，中国村一级民主选举的试验，有可能开启中国民主政治的先河。不可否认，20世纪80年代，中国从乡村民主政治的角度来讲，步子是非常大的，村民自治取得了若干的效果；但是进入20世纪90年代，村民自治也发生了很多问题。

第一个问题是，由于集体经济不断衰落，导致村组织涣散无力。村级的自治组织要强大，必须掌握一定的资源，这些资源是公共品供给的基础，是村组织有效率的基础。假如集体经济不发达，怎么来组织村民并提供公共品呢？村组织的力量涣散，凝聚力减弱，直接原因就是集体经济薄弱，这是一个非常大的问题。2015年我在河北七个县考察，观察到村民公共品的需求非常大，比如说教育、文化建设、娱乐设施、婴幼儿保健、

农村养老、垃圾处理和卫生等，这些政府不能完全包办，而普遍的现象是由于村集体经济薄弱，村里的这些公共事务就基本处于空白状态。

第二个问题是，政府职能没有转变，导致村委会行政化。村委会本来就是一个议事协商组织，结果后来成了一个官方的组织，导致村委会的成员在群众当中威望下降，甚至有些人就是直接由乡政府、镇政府点名，要求在选举的时候必须选他做村委会主任。行政化的方式，退回到命令指派的方式，村民自治和选举就变味儿了。

第三个问题是，20世纪90年代农村负担重，干群关系非常紧张。现在，农业税取消了，但是在20世纪90年代，农业税收和各种税费非常多，农民不愿意交税，抵制交税。有些学者提出中国历史上在农业税收方面，存在一个"黄宗羲定律"。也就是在历史上，中国不断在合并税收，可是合并完之后又加一个新的税，再过几年之后，新增的税再合并成一个税，因此总的税额不但没有因合并而变少，反而越合并越多。农村负担加重，导致村委会主任和村干部整天忙着收税、收费、摊派，干群矛盾加剧。

第四个问题是，村民集体意识比较淡薄。如果农民的公民意识、主人翁意识比较差，对村民事务的参与感不强，整个村民自治不可能实现那种理想的有效率的状态。村民经常讲一句话："有房有地不靠你，有吃有喝不求你，不批不斗不怕你，有了问题就找你，处理不好就骂你。"村民的公民精神和民主意识、集体意识，是支撑村民自治的重要基础，村民集体意识和民主意识差，就造就不了好的干部，也不可能造就好的村民自治。有什么样的人民，就有什么样的政治，这是一个真理。

后来，很多地方对村民自治进行了一些改良，来加强治理，其中莱西经验比较典型。莱西在村民自治中搞"三配套"：一是以党支部建设为核心，搞好村级组织的配套建设。二是以村民自治为基础，搞好民主政治的配套建设。三是以集体经济为依托，搞好深化服务的配套建设。这是抓住了三个要害。村级组织首先要把党支部建得有力量，这是核心；民主政治要把村民自治搞实，你的村民自治要有活力，老百姓要更多参与；要把集体经济搞好，集体经济是一个依托，把集体经济搞没了，整个村就涣散了。

他们总结出十项创新制度：村民委员会组织章程、村民委员会管理规则、村民会议与村民代表会议制度、村民委员会联席会议制度、乡镇政府指导村民委员会工作通则、村民委员会选举规则、村民公约指导纲要、财务公开与民主理财制度、乡政府代记账制度、村民教育纲要等。这些经验，其基本精神就是鼓励村民的参与，建立一种民主协商的可持续的机制。

第四节 中国乡村基层民主的创新：村民议事会制度

一、成都村民议事会制度的尝试

应对村民自治在20世纪90年代出现的新现象和新问题，一些地方在尝试补救和改良之道。尤其是21世纪以来，农村的问题越来越突出，空心村的出现、大量农民向城市的单向流动、城镇化的加速、农村土地问题的激化，这些都使得乡村治理面临着比20世纪90年代更尖锐的矛盾。这就需要在基层民主制度方面进行新的创新，走出新的一步。在这个过程中，成都的村民议事会试验取得了一定的效果，引发了大家的关注。

2012年我到成都做了一次调研，对村民议事会的运作方式及其效果进行了考察。在调研期间因劳累和天气湿热，我得了很重的病，但那次考察收获很大，我对成都的村民议事会有了深入的认识。我考察了蒲江等县的一些贫困村，在实行村民议事会之后，村庄发生了巨大的变化。2007年，成都被确定为城乡统筹综合改革配套试验区，试验区的核心就是土地确权，还权赋能，把农民的权利还给农民，其中包括土地的权利、房屋的权利等。土地确权是一件非常大的事，确定了农民土地的产权，包括宅基地、承包地都要确权，发给房屋产权证和土地证。对于土地确权过程中出现的大量纠纷，怎么解决呢？成都就开始推行村民议事会制度，来解决农民因土地确权带来的纠纷。同时，成都在城镇化过程中采取了土地置换的创新模式，城市的土地开发权要用乡村的土地整治来置换。在实施土地置换的过程中，乡村获得了大量的土地补贴，也就是级差地租，这些补贴的使用也需要一个更好的民主机制来决策，避免各种各样的纠纷。

2008年11月25日，成都市政府发布了第36号文件，规定建立以村民会议为村最高决策机构、村民议事会为常设议事决策机构、村民委员会为执行机构的新的村民自治机制。村民议事会相当于全国人大常委会，负责日常决策，村民会议是全国人大，负责最高决策，村委会是一个执行机构，相当于国务院。这个架构跟原来村民自治制度不太一样，村民委员会成为一种真正的执行机构，而决策权基本掌握在村民议事会手里。

村民议事会制度总体思路可以概括为"三分离，二完善，一改进"。什么叫"三分离"呢？即决策权和执行权分离，决策权归村民议事会，它是最高的常设决策机构；社会职能和经济职能分离，村委会不直接介入管理，重大决策更多的是由村民议事会来决策，村委会更多的是管一些社会服务工作；政府职能和自治职能分离，要搞成真正的村民自治，不要搞成政府的一级机关。"两完善"，即一是完善公共服务体系，二是完善集体经济组织运行机制。"一改进"就是改进党组织的领导方法。

村民议事会是村级自治事务的常设议事决策机构,受村民会议委托,在授权范围内行使村级自治事务决策权和监督权。村民小组设村民小组会议和村民小组议事会,负责讨论本组事务。村民议事会成员实行结构席位制,按每个村民小组2~5名确定,由村民从村民小组议事会成员中推选产生。村民议事会成员一般不少于20人,组议事会成员不少于5人。为更好地保障村级事务的其他相关者的利益,经村民大会或村民代表会议同意,允许突破户籍限制,吸收本村以外人员进入议事会。这个变通很有必要。假如一个人在本村有很高的威望,可是从户口上来说他又不是本村的村民,怎么办呢?可以把他拉进议事会来参与决策。我在蒲江县调查的过程中,发现一个村把在村里长期与村民合作的企业家拉进村民议事会,把户口不在当地的小学校长也拉进去,因为他们德高望重,有知识、有眼界,与村民的利益息息相关,所以应该进入村里的决策机构。这就是一个突破。

二、村民议事会制度实施的效果

2012年我去成都考察村民议事会,采访了很多人,从干部到村民都认为村民议事会决策比村委会自己决策要好得多。我采访了一个女村委会主任。这个村原来是很穷的,现在村容非常漂亮。为什么变化这么大?因为在成都城镇化过程中实行了土地置换,城乡土地增减挂钩,耕地总量不变,开发商要在成都周边开发一千亩的土地作为工业用地和城市用地,同时必须在农村平整相同数量的耕地,进行土地整治。开发商在土地拍卖市场上拍到这个土地开发权,所支付的费用就用来做土地整治,这些资金相当大一部分用于农村的土地整治、土地开发、住宅建设、公共绿地建设、公共娱乐和休闲设施建设等。那个村的居民集中居住,住上很好的楼房，节省出来的宅基地进行了土地整治，综合利用，生态得到保护，农业产业进行重新规划，村容村貌焕然一新，小桥流水，弄得很漂亮。这位女主任跟我讲，他们原来每次遇到土地纠纷，都有村民把怨气撒到村委会负责人身上，砸窗户什么的都有，或者组团上访，这种情况特别多。现在好了，一切由村民议事会决策，村委会纯粹作为执行机构，假如你觉得村民议事会决策不对的话，你找村民议事会，你有权撤换村民议事会的成员。一旦村民议事会做完决策，村委会来执行，在这个执行层面，老百姓是没有什么话可说的，村委会主任的压力变小了，从来不担心上访，也不担心老百姓对她有怨恨。同时她发现，很多事的办事效率提高了，假定原来要修一条路，老百姓会千方百计阻挠你干这件事，很多路十年以上也修不好。可是现在，一旦村民议事会决策之后，村民都很认可，推行很顺利。具体来说，村民议事会制度的实施取得了以下效果：

第一，村民议事会制度实施之后，决策权、执行权、监督权互相分离，互相制衡，形成了村干部领导、议事会决策、村委会执行、监事会监督的模式。村民议事会制度在最近几年中，推广到很多其他省份。村级党组织的领导方式也发生了深刻变化，因为大量的决策是由村民议事会来决定的，村级党组织从原来的大包大揽事无巨细变成了管大事，管规则，管自身建设，从包办型逐步向引导型转变。

第二，补强了农村中民主决策与民主监督的短板。以前都是村委会说了算，现在还权赋能，民权民定，这方面的进步很大。每个村都对公共事务进行公示，经济账目、重大事务都要进行公示，发挥了民主决策和民主监督的作用。

第三，解决了农村中长期存在的疑难杂症，比如说土地问题的纠纷、集体的债权债务问题、集体经济组织的成员身份认定问题、公共服务设施的建设问题等。这些问题以往都是很难决策的，因为涉及大量的利益纠葛，现在由村民议事会进行决策，有效化解了大量问题，缓解了干群矛盾。

当然现在村民议事会制度也并不是完美的，还存在若干问题，这些问题都跟农民的民主素质、农民公民精神的培育有直接关系。第一，村委会和议事会之间可能还需要磨合，很多地方议事会可能被村委会暗中控制了，并没有真正发挥作用。第二，村民议事会有可能发生变质、异化，成为一个举手表决的机器，没有充分代表民意。第三，村民议事会的规范化和制度化程度有待提高，农民要真正学会充分协商、充分沟通，学会妥协，提高参政议政能力，这方面应该说是任重道远。农民只能采取"干中学"的态度，在实践中慢慢提高议政能力。这种学习的过程也是一种文化的转型过程，不是一年两年能够实现的，甚至也不是十年八年能够彻底完成的，有可能需要五十年左右才可能实现彻底转型。

第五节 未来乡村治理：多元共治的乡村协商民主模式

以村民自治制度为代表的中国特色的乡村民主治理体系，在中国广阔的农村不断试验、不断推广，也不断演化。从空间来看，乡村民主治理模式在中国具有很大的差异性，这是中国多元性的地域文化和历史差异所决定的；同时，从时间来看，乡村民主治理模式也是不断演变的，不是固定不变的。

在创造具有中国特色的乡村民主治理模式的过程中，要中西兼备、古今结合。西方的协商民主概念跟中国的村民自治实践，这两者是可以结合的。西方的协商民主尽管是在西方产生的，但是对于中国乡村治理有很多启发，其中很多方面是契合中国的乡村民主实践的，对于修正中国乡村民主治理中的一些弊端也是极有借鉴价值的。同时，当代中国乡村民主治理应该吸收中国古代乡村治理的基本精神，也就是内生性的、基于乡土社会的治理理念，用一整套内生性的机制把精神教化、社会保障与乡村治理结合起来。当然，当代的乡村治理也不可能割断与20世纪50年代以来乡村治理的传统模式之间的千丝万缕的联系，要对人民公社时期的乡村治理进行客观的反思和扬弃，取其精华，去除其不适合时代要求的东西。借鉴西方协商民主的精髓，吸收古代乡村治理的历史智慧，并结合对人民公社时期乡村治理的批判性反思，来创造具有中国特色的乡村治理新模式，提升乡村公共服务水平，探索新的村民自治模式，这是当前中国乡村治理变革的总方向。这里面关键还是要激发农民的公民精神，他们要负责、理性地参与协商民主实践，这是乡村治理有效性的根本和基础。

近年来，在研究乡村治理的过程中，我提出"多元共治"的新型农村协商民主模式。在这个模式中，一是强调多元化的结构。村民议事会也好，还有其他的村民代表会议也好，实际上都是一个形式，这个形式中要包含多元化的结构，要容纳不同诉求的利益群体，结构的多元化意味着利益诉求的充分表达，意味着公民偏好的充分显示，有利于决策的民主化。

二是要强调共同的协商治理。多元共治的核心是共治，多元是形式，共治是核心。共治就是强调共同协商治理，这个协商就是在一个民主的程序之下，在程序公正的前提之下，大家以平等的身份相互协商，相互讨论，共同参与。

三是强调内生因素和外生因素的有机结合。外生因素是什么概念？比如说村庄外部政治力量（如挂职干部、村官）、企业家、外来的志愿者等，这些都是外生因素。这些外生因素应该跟内生因素紧密结合，有机融合在一起，不要偏废。我认为这些外生因素，无论是属于正规政治范畴的组织，还是非政府组织的，或是商业组织，他们都应该在多元共治的村民治理中占据合理的、适当的地位，来共同促进乡村治理。

四是把村庄的传统要素和现代要素结合起来。什么叫传统？传统就是一直传留到现在的影响和约束我们行为的一整套规范和习惯的总称。我们与传统之间有一种不可分割的历史联系。一个人是不可能脱离历史的，我们今天感觉我们的很多制度很新，但是这个"新"不是真正的新，而是与古为新，是在继承传统之上来创新，没有人会在不受传统影响的前提下来创新。

多元共治的乡村协商民主机制，强调多元融合，即不同的主体都要参与到乡村治理中来。在这些主体中，首先是乡土精英，也就是村庄能人。现在村庄当中有一些能人，这些能人包括村干部、村庄知识分子、村庄企业家，以及其他能人。这些能人有创业精神，有凝聚力，有知识，能够在乡村治理中扮演领袖的角色。

其次是来自村庄外部的市场力量与非政府组织的力量。现在中国的村庄正在面临着巨大的变革，村庄不再是封闭的一个社区，而是开放的社区，很多外来力量开始介入村庄的社会经济活动中来，这是一个很好的趋势，而且随着时间的推移，这种趋势会越来越明显。这些力量可以纳入村民自治中，成为村庄协商民主、多元共治的一部分。比如说合作经济组织的领导人，他们一般都是对市场极其敏感、有很强烈的创业欲望、有广泛的市场人脉以及丰富的管理经验的能人，这些合作社的领导人既有可能是内生的力量，也有可能是外来的力量。还有外来的企业界人士。一些企业家在一个村长期做企业，他跟村民有天然的商业互动与利益关系，村民在一定程度上信赖和依靠这些企业家，与他们形成了一个天然的利益和命运共同体。实际上很多微型金融机构的负责人也扮演了这个角色。另外还有公益组织的负责人。现在很多志愿者和社会公益人士、非政府组织等，到农村进行大规模扶贫，这些力量非常重要，有些公益人士由于长期在某个村庄定点扶贫，已经成为这个村庄不可分割的一分子，他们也可以参与到乡村治理中，架起村庄与外界的桥梁。

最后是乡土社会的主导力量。这个主导力量包括宗族长老以及家族和村庄中的其他权威人士。一些退休回乡的官员，本来就是乡间很有威望的社会贤达，他们回到家乡，可以发挥很大的力量。家族的长老以及村庄中有权威的老干部，可以扮演秦汉以来"三老"的角色。

乡贤也是多元共治的重要参与者。"乡贤"这个词包容性很强，本村走出去的教授、专家、企业家，还有旅居海外的本村村民、退休的官员与社会贤达，这些人都是当代新乡贤的组成部分。我们现在呼唤乡贤文化的回归，就是要建立一种包容性的乡贤文化，把现代协商民主的理念跟中国传统乡贤文化以及乡村治理的传统智慧有机融合，从而构建中国特色的乡村民主制度。

第十二讲

农村土地制度变革与新型城镇化

第一节 农村土地制度变革与土地资本化

一、农村土地制度变革的历史逻辑起点

我国当前的农村土地制度,是改革开放之后四十余年的时间里逐渐形成的,是我国整体改革逻辑中一个不可分割的部分。所以,要探讨我国农村土地制度变革的逻辑,就要搞清楚在中国改革的大逻辑中,农村土地制度到底扮演了什么角色。从整个中国改革的历史逻辑来看,可以概括为三个方面:

第一,是通过"故意"把价格搞错的方式,为我国改革和工业化提供资金。所谓"'故意'把价格搞错",是指通过工农业产品价格剪刀差的方式、通过城乡要素价格(包括土地价格等)分离的方式、通过农民工和城市职工在工资和社会福利上的分离的方式(体现为劳动力市场价格的

扭曲），为我国快速的工业化、城市化提供了基础和条件。在这个历史进程中，城市和工业部门获得了大量的租金，获得了廉价的农产品，获得了廉价的城市和工业发展用地，获得了廉价的劳动力要素，从而极大地加快了城市扩张和工业部门发展的速度，也为地方政府竞赛提供了大量的财政剩余（主要由土地的级差地租带来的财政收入），从而成为地方政府主要的财政来源之一。

第二，是通过"故意"把产权搞模糊的方式，为实现工业化和城市化提供租金和要素支撑。产权制度的清晰化固然是交易的前提，然而产权的清晰化是一个历史的进程，是需要时间和成本的。因此中国改革的一个秘密在于，经济改革和发展往往是在产权尚未清晰的时刻开始的，初期的产权模糊化给经济发展带来大量的租金机会，支撑着经济的快速发展。土地产权的模糊化是最典型的代表之一。土地产权的模糊化使得政府的土地征用成本降低，这为城市扩张和土地财政奠定了制度基础；同时土地产权的模糊化和土地产权市场的不完善，也支撑了一个隐形的社会保障体系，使得农民工在社会保障未能实现均等化的时代还能够保有一份安全感。因此很长一段时间以来，政府在农村土地产权（包括农民住宅）清晰化和农村土地产权市场完善化方面的动力和激励均很小，这一方面基于发展城市和工业部门的考虑，另一方面也出于社会保障和稳定和谐方面的考虑。

第三，是通过"故意"把资源配置方式二元化的方式，将城市资源和农村资源人为地割裂开，从而在制度上鼓励农村资源向城市的单向流动，来支撑快速的工业化和城市化。其中的典型代表是农村集体建设用地与城市建设用地的人为的二元化管理体制，导致农村集体建设用地与城市国有土地不能同等入市，不能实现同权同价。这种二元化土地管理体制导致的结果是，农村集体建设用地难以得到高效率的利用，其经济效益极低且大多处于法律的真空状态。另一个典型的例子是农村金融的二元化。二元金融结构的核心在于城市金融吸纳了大量农村资本，形成农村负投资现象，而大型商业银行和农村金融机构在一个很长的历史时期中仅仅扮演了农村资金"抽水机"的角色，从而形成城乡二元金融格局，这极大地影响了农民的信贷可及性，影响了农村经济的可持续发展。

以上所谓的三个"故意搞错"，背后所付出的代价是很大的。"故意搞错"对于农民来讲在某些方面是不公平的，但是这个"故意搞错"是一个必然的历史过程，它依靠一整套制度安排，快速地推动了中国的工业化与城市化。我们需要把这两方面的影响都认识到。我们前一阶段的改革实际上就是部分地以农民的尊严、权利和福利为代价，来支撑整个国家的工业化和城市化。在前一个阶段，我们更多地强调效率，强调经济的增长，强调国家财政收入和国家力量，而没有强调公民，没有强调个体，没有强调每个人天生的、与生俱来的、不可剥夺的权利。但是我认为这个历史阶段现在过去了。现在要更加重视城乡一体化和工农业一体化的发展，要建立城乡统一的土地市场，建立城乡统一的社会保障体系，实现城乡的公共服务均等化。均等化意味着把所有人都当作同样的人来看待，而不是把人分成三六九等。城市居民有房屋产权证，可以卖房子，可以抵押，可以转租，将来农村也是这样的，农民也要有这种权利，要把人为的不公平的二元结构打破。

明白了以上我国改革的历史大逻辑，我们就会清楚当前农村土地制度的历史根源，从而找到未来改革的方向。从以上三个"故意搞错"的历史条件出发，我们未来的使命是工农业要素市场和产品市场的一体化，建立统一的城乡土地市场，实现农村集体经营性建设用地与国有土地同等入市、同权同价,并赋予农民更多土地财产权利,从而实现城乡要素的合理流动与科学配置。

二、农村土地制度存在的问题及改革的总体方向

我国现行的农村土地制度是一种集体土地所有制下农民拥有承包经营权的制度,在这个制度框架下,集体拥有土地的所有权,从而拥有土地的发包权和处置权,而农民拥有土地的承包权、经营权、收益权和转包权。这种在党的十一届三中全会后逐步形成的农村土地制度,由于承认农民对土地的承包经营权长久不变,从而极大地激发了农民在土地上长期投入的热情,对于我国改革开放后农业生产的长期稳定起到至关重要的作用。也可以这样说,如果没有农民的家庭联产承包制,就没有我国改革开放的发轫与成功推进。经过四十多年的农村土地制度的不断调整,我国农村土地承包关系逐步长期化,接近于我国古代的永佃制,这种稳定的带有永佃制特征的土地制度在总体上是有利于农村社会稳定和农业生产发展的,应该加以肯定并长期坚持。

但是这种制度在执行运转过程中存在很多问题,也引发了某些消极的后果。其中之一是这种承包经营权长期稳定的制度在土地流转权方面存在很大的问题,农民的土地在法律层面很难得到有效的流转,土地流转的市场机制没有形成,其法律程序也没有清晰和完善。在这种情况下,农民的经营权就很难转移到别的主体手中,这就阻碍了农村土地的规模化利用。而由于没有规模化的利用,就很难形成规模经济,现代化的农业产业和农业经营方式就很难在现有制度条件下得到发展。小农难以转化为大农,就难以抵御市场风险,难以融入大的农产品市场,也就难以分享市场收益,从而导致我国小农经济下的农户很难获得应得的收入,难以分享

改革开放和市场化带来的好处。这是由其所面临的土地制度的历史条件所决定的。要使家庭经营向规模化的家庭农场、企业化的现代农业企业和有组织的合作社等现代经营模式转变，就必须完善土地流转市场和法律程序，使土地得到集约化和规模化的利用。土地流转方面的障碍也使得我国珍贵的耕地资源得不到有效的利用，很多耕地被闲置或者低效使用，远远没有释放土地应该有的生产力。这对于中国这个土地资源至为稀缺的国家是一种巨大的浪费。

其中之二是，在原有土地制度下，我国农民所享有的土地权利实际上仅仅是承包权和经营权（经营权很难转让），农民对现有土地的处置权、抵押权、担保权等权利还不能充分享受；农民仅仅享有住房的所有权，农民的住房很难被抵押；农民只享有宅基地的使用权，但其收益权和转让权是不完整的，导致其宅基地的财产功能难以发挥。农民不享有承包地的抵押权，则土地难以作为抵押物，仅仅作为一种耕种的对象，而不是一种活的资本，农民难以通过土地的抵押来获得融资支持。农民不能享有住房财产权的抵押、担保、转让，就难以获得住房的财产性收益。

党的十八届三中全会明确了未来的改革方向，大致有三方面：一是赋予农民对承包地的占有、使用、收益、流转及经营权抵押、担保权能，如此则可以使土地要素得到合理流转，为现代农业经营体系的构建奠定制度基础；同时农民所拥有的抵押和担保权也可以促使其更多获得银行的信贷支持，提升其进入农村金融市场的能力。农民可以将土地承包经营权入股，组建土地股份合作社，既使生产经营规模扩大，有利于农业的规模化和集约化经营，有利于现代农业产业的培育，同时也可以使农民获得更多财产性收入。这方面的制度创新对于那些拥有承包经营权但又在城市务工的农民工而言非常有利，既增加其收入，又避免土地的闲置抛荒，可谓一举多得。二是党的十八届三中全会决议提出，要保障农民集体组织成员权利，积极发展农民股份合作，赋予农民对集体资产股份的占有权、收益权、有偿退出权以及抵押、担保和继承权。三是推进农民住房财产权抵押、担保、转让，探索农民增加财产性收入渠道。最近一个时期以来，很多地区实施农民住房的确权和颁证工作，农民有了房产证，就可以拿去抵押，就可以获得银行信贷，这是对农民增收的最大支持。当然，上述改革的推进有赖于一个完善的农村土地和住宅产权市场的构建，来完成土地和住宅产权的确权、登记、定价和交易等诸项功能。

三、土地资本化带来的积极效应及其局限性

党的十八届三中全会关于农村土地制度调整的一系列政策框架和设想，其目的有四个：一是实现土地的集约化和规模化利用，促使小农经济向规模化的现代农业经济转型，为农村经营体制的变革奠定制度基础；二是使土地得到更有效的利用，避免土地的大规模抛荒，既使农民获得更多的土地收益，又可以在此基础上使稀缺的土地资源得到更合理的配置；三是促使农民土地资产和住房资产转变为农民的活的"资本"，使农民土地经营权和住房财产权实现抵押和担保等各项权利，增加农民的财产性收益，并使农民获得更多的信贷支持；四是通过城市和农村土地同地同权、同地同价，建立城乡统筹的土地产权市场，促进农村土地征用的规范化，使农民更多分享城镇化和工业化的收益。

农村土地制度创新和调整的核心是土地的资本化和住宅的资本化，这将对我国农村金融供给带来一定的积极效应。在原有的农村土地制度下，农民缺乏可以抵押的资产，银行在考察农民还款能力和评估银行信贷风险的时候，仅仅是根据农民的信用来考察，这往往使得农村金融机构在

给农民贷款的时候心存疑虑。农民几乎没有银行认可的合格的可抵押物，与城市居民可以用自己的合法房产作为合格抵押从而获得银行信贷不同，农民没有房产证，其承包地也不能抵押，所以银行的贷款意愿很低。这也难怪银行，因为银行需要控制风险；因此我们往往把这种因为资金需求方的一些问题而导致的信贷不足称为"需求型金融抑制"。现在，土地的资本化初步解决了农民抵押物不足的问题。农民可以将农村土地的经营权和住宅产权作为抵押向银行申请信贷，这就极大地提升了农民的信贷可及性，并极大地推动了农村金融机构向农村的放贷，由此撬动的银行信贷每年会多达数万亿元。同时，集体建设用地也可以用来抵押和担保，这对银行信贷的撬动能力更大。

农村土地制度变革所引发的农村经营制度的转型与升级，对农村金融发展提供的机遇也许更大。党的十八届三中全会提出要通过土地的合理流转，促进土地向家庭农场、种养殖大户、合作经济组织和现代农业企业这四类现代化的农业经营主体集中，这必将使得我国农业经营体制发生根本的新的变革。这些规模化的"大农"的金融需求，比原有的那些原子化的"小农"更旺盛，金融需求的规模更大，类型也更加多元化，这给农村金融机构的扩张和金融产品创新带来很多机遇。当前，农村金融机构对家庭农场和农民专业合作社以及种养殖大户的信贷力度还很不够，其金融产品的开发力度也很不够，应该说有极大的发展空间。因此，农村金融机构和商业银行应该加大对土地制度变革后农村新型经营主体的信贷需求特征的研究，大力开发新的金融产品，以满足其强烈的金融需求。

在强调土地资本化给农村金融发展带来机遇的同时，我们也应该充分认识到在这个过程中农村金融机构所面临的风险和挑战。我们要认识到，在现有的法律制度和社会保障制度以及市场条件下，农村土地经营权的转让还存在很多实际的操作层面上的困难，农村住宅的抵押和担保也存在很大的障碍。如果一个银行接受一个农民的土地经营权或者农民住宅作为抵押物，一旦农民不能还款，则银行将获得土地经营权和住宅的产权，由此造成的农民土地经营权和住宅产权的丧失的后果是非常严重的。如果没有一个完善的土地评估机制和农村住宅评估机制，土地和住宅的价值很难被科学评估，这也就使得银行很难由此确定其信贷风险和信贷规模。如果没有一个完善的土地和住宅产权的交易市场和规范的交易机制，农民的抵押权的实现和土地住宅资本化就很难落地。如果没有一个完善的社会保障体系，农民在不能还款的情况下丧失土地和住宅，其生活就难以保障，农村社会和谐与稳定必然受到影响。而且，中国农民拥有的土地规模非常小，人均一两亩耕地带来的收益是非常低的，以这些狭小的耕地作为抵押向银行申请信贷，对于银行而言其价值极小，不足以激发其发放信贷的热情。因此，假如仍然以小农的狭小地块作为抵押物，虽然在理论上和法律上可以算是合格的抵押物，但是在现实中这些微不足道的抵押物所能撬动的银行信贷是极为有限的。基于这个理由，我一直强调，单纯试图以小农土地经营权作为抵押来撬动农村金融需求，在实践中是很难操作的，局限性很大，这里面既有土地收益低从而抵押价值小的原因，也有社会保障和社会稳定方面的原因。因此在这方面农村金融机构不要盲目乐观，而要谨慎研判，谨慎推进，政府也要在产权市场建立和社会保障制度完善方面有突破性的实质性的举动。

第二节 土地制度变革的创新模式

一、土地增减挂钩与土地产权交易市场

在我国城市化过程中，城市建设用地的需求不断增长，这种不断增长的土地需求一方面威胁着农村耕地的数量，使耕地数量屡屡触及中央政府规定的"红线"；另一方面，城市建设用地在侵占农村土地的同时，能否为农民带来益处，能否让农民在土地产权的交易中获得更多的"级差地租"，从而分享城市化带来的红利。这两个问题的解决，关系到中国的农村和农业的长远发展，也关系到农民的权益与福利。在这个方面，土地变革的重庆模式值得大家思考和借鉴。重庆的很多探索还是很超前的，在全国都具有典型的意义，尤其是在"地票"交易制度方面和城乡一体化发展方面。

重庆市是中西部唯一一个直辖市，对于中西部经济和社会发展意义重大。2007年，重庆市获批成立全国统筹城乡综合配套改革试验区。在土地和房屋确权、"地票"交易、城乡社会保障体系的均等化这些方面，重庆确实实现了很多制度创新，可以说，重庆的创新是全方位、多层次、多领域的创新。农村土地交易所的成立就是其中一项非常重要的制度创新。2008年12月4日，重庆农村土地交易所正式挂牌成立，12月5日第一宗300亩"地票"拍卖就拍出了2560万元的价格，平均每亩8.53万元。这些"地票"都是产生在远郊农村，收益流入农村，主要用于新农村建设、农村社会保障和农民工在城市的安置等方面，而这个价格已经接近甚至超过很多地区的征地补偿标准。这是重庆市统筹城乡发展的重大举措，意义重大，对中国其他地区也很有示范意义。

什么是"地票"呢？一个开发商，要想获得开发土地的权利，就必

须先在土地交易所拍到"地票"。这个"地票"并非实物意义上的土地，而是"附着"在这些土地上的"城乡建设用地指标"。也就是说，只有这个开发商在土地交易所拍到这个"地票"，他才获得了城乡建设用地指标，才有开发土地的权利。因此，农村土地交易所交易的并不是实物意义上的土地，而是农村土地的"衍生品"，通过双轨制实现了实物交易与指标（权利）交易的分离。可以说，重庆模式是很巧妙的，它充分利用了中国土地制度的丰富内涵和灵活性，通过"地票"交易，在城乡建设用地和农村土地分离的制度框架下，实现了各种权利要素的重组配置，从而既保证了农民的利益，也推动了城市化进程的顺利进行。通过"地票"交易，开发商支付的费用被转移到农村，使农民得到了巨大福利，分享了城市化的好处。同时，重庆模式实现了土地资源和土地权利的远距离、大范围和跨期配置。以前的做法是，开发商要拿到城乡建设用地，就必须在项目区复垦土地，这就有很大的局限性，被空间所局限，意味着远郊农村不能享受到城镇化的收益。而重庆模式突破了项目区的空间限制，将城市化建设的部分收益分流到远郊农村，惠及更远的乡村，同时又突破了以项目为主体的传统做法，显得更有灵活性。

在重庆模式中，开发商要开发城乡建设用地，就必须复垦相同数量的农村土地，从而在城乡建设用地减少耕地的情况下，通过复垦来增加耕地供应，这就是"增减挂钩"，使耕地的总体数量不减少，这是一种市场机制下的城乡统筹方式。借助"增减挂钩"的指标，实现将发展权注入偏远农村的土地复垦中，从而实现对偏远农村的"转移支付"。重庆模式强调土地交易过程的市场化运作，政府在这个过程中是"赋权"，即赋予了农民的收益权，但是政府又不直接"行权"，完全借助市场机制让交易双方发现价格，并完成支付行为。资金不经政府之手直接转移到农村，从而实现了政府与土地收益之间的适度分离,政府转而更加注重指标的产生过程,即土地的复垦质量,注重顶层的制度设计。

我们老是提城市反哺农村、工业反哺农业,在重庆模式中,就创造了这样的反哺机制,让农民在城市化过程中利益不受损,能够分享改革的红利和城市化的红利,而且可以保障农业的安全,促进农村的发展。后来重庆模式也被复制到其他地区,很多农村在拿到土地产权交易的收益后,大规模改善农村的基础设施,改善农民的住房条件,提高农村公共品的供给水平,农村的面貌发生了深刻的变化。应该说,重庆模式是一项伟大的制度创新。

二、农村土地信托、规模经营与农民权益

农村土地制度变革的目的:一是改变原来小农经济下细碎的耕作方式,实现农业的规模化经营,从而提高农业生产效率;二是保障农民的土地权益,使农民从土地制度变革中获得相应的利益,使其分享制度变革红利。农村土地信托制度的探索,可以说很好地达到了这两种目的。所谓土地信托,就是根据农民及村集体的意愿,将土地信托给信托公司,信托公司委托农业产业化公司进行规模化经营,信托公司将土地经营的固定收益和增值收益直接分配给农民。在土地信托制度中,农民持有土地信托凭证,这是一个可交易、可携带、可继承的凭证,这就保障了农民的土地权益。

在土地信托方面,中信信托和哈尔滨市兰西县合作,通过信托方式,对全县共约300万亩农地进行流转,实行集中经营。其基本流程是:(1)村集体成员作为该村农地的共同所有者(每个合法成员对共有的土地拥有一份平等而无差异的权利),根据自己意愿,将土地使用权委托给

村委会（或和政府相关的一个公共机构），后者成为土地使用权代表，行使相关权利。（2）村委会或相关机构将整理好的土地信托给信托公司。（3）信托公司运用市场化运作经营土地资产（由农业产业公司承包经营）。（4）信托公司将土地的固定收益和增值收益直接分配给农民本人，保证农民利益不被侵害。农民作为土地使用权人，有权监督代理人（信托公司）。

这个信托制度的设计并不复杂，其中关键的有几条：一是实现了土地权利的平等性和无差异性，这在单纯的土地承包制中是难以实现的，农村的土地差异性很大，如果按照土地的自然属性去承包，则永远难以实现绝对的平等。而这种土地信托制度，就实现了土地权利的抽象的平等，土地和土地之间是无差异的，从而实现了农民权益的公平性。

二是实现了农民土地的资本化。所谓资本化，就是土地作为一种资本属性的东西，是可以流转的，可以交易的，它不是固定的东西，而成为一种可以交易的资本物。中信信托设计了土地信托凭证，使得共有制的土地固化到每一个特定对象，且确定的权利是均等化的。这样土地流转本身就是确权过程，农民的土地权益变成可携带的财富。土地信托凭证已在信托公司登记，银监会和证监会正在上海自贸区建立信托凭证流转中心，未来拥有信托凭证的农民可以拿它在市场上流转交易，从而使之具备了资本属性。

三是实现了土地的规模经营，可以促进农业的现代化，使得现代农业机械和现代农业技术等可以应用。这样就避免了小农经济的弊端，可以对接大农业，对接现代农业，从而极大地提高了农业生产效率、农产品质量以及农民收益。

四是有利于农村土地的抵押、担保，盘活农村资产，为金融支持农业提供了一个基本的标的，方便和保障了农村融资，农民可以将土地信托凭证进行抵押，到银行那里获得贷款。

五是土地经营者凭借经济地位和规模优势，可以大规模地积聚和分享知识、社会关系和资本，延伸产业链、提高农业生产的附加值，这是小农经济难以达到的。

六是农民在这种信托制度下，解放了自己，促进了农民身份的变化。他持有了信托凭证，可以到期分红，获得资本收益；可以留下继续受土地经营者雇佣来种地，从而获得固定的工资，成为农业产业工人；他也可以到外面打工，获得打工的收益；他还可以通过抵押信托凭证获得贷款，去从事其他服务业和加工业，自己进行创业。可以说，农地信托制度的探索，兼顾了社会主义原则和市场经济，兼顾了公平与效率，实现了农民、信托机构、土地经营者的共赢，同时也实现了农业的转型。

三、土地股份合作、新型集体经营与村庄治理变革

土地股份合作是通往土地规模经营的重要途径。我们在课上多次讲过，改革开放之后由于土地规模的狭小，导致土地经营效率下降，收益也低，风险又大，很难对接现代农业技术。在全要素合作中，土地的合作是极其关键的一种合作，土地作为一种要素进入合作社，可以使土地经营达到规模经济；更为重要的是，一旦一个村的土地进行了股份合作，则整个村的政治治理必然发生相应的变化。在这方面，我想讲讲我考察过的一个村庄。这个村庄距离小岗村很近，就是凤阳县刘府镇的赵庄。这个村的土地股份合作、土地租赁和集体经营模式，值得我们仔细研究。2008年我同时考察了凤阳县的小岗村和赵庄，这两个村子给我留下了深刻印象，对比鲜明。

我去考察的那一年（2008），赵庄有2100人，4个自然村，实有耕地7500亩。2001年，赵庄人均收入不足1000元，低于凤阳全县平均水平。2002年，赵庄在曾经是优秀企业家的村支书的带领下，提出"企业带动、科技兴业、奋战八年、全面小康"的发展目标。从2002年1月，赵庄注册成立了凤阳金星农林开发有限公司，注册资本100万元，该公司是专门为赵庄建设工程而注册成立的集体企业，负责筹措资金和经营。赵庄以企业为依托，本着"依法、自愿、有偿"的原则，先后与赵庄村480户农民签订土地租赁合同，4000亩土地由公司统一管理，实现集约化、规模化的经营。

除了租赁的4000亩地之外，赵庄还有3500亩承包地由农户负责经营。村领导引导农民调整产业结构，选择养羊、养鹅、大棚蔬菜、无籽西瓜等项目，由公司统一提供技术示范和技术服务以及提供种苗等服务。根据赵庄的土地、劳动力、区位等优势，发展大棚蔬菜为主的无公害产业。而赵庄新型农业产业发展的初始条件是非常差的。赵庄虽然土地多，但是过去是出了名的贫困村，号称刘府镇的"北大荒"。改革开放分田到户之后，地块非常零散，各家各户的地分散在不同的地方，乱七八糟，难以实现规模种植，也难以使用大型机械，浇地和施肥等田间管理的成本较高。最要命的是，水利设施很差，旱涝不保收。

在这样的初始条件下，第一件事情就是要打破原来的土地格局，把土地重新集中起来，搞农田综合治理。从2005年至2007年，当时的村支书耐心说服农民，将土地重新收上来，进行统一的治理。他们在塘埂上栽桃树，塘里养鱼，立体开发，效益很好。还搞农家乐旅游，吸引城里人到赵庄来休闲度假。现在，这些经过治理的土地全部承包到村民进行规范化管理。经过农田综合规划和科学治理，农田规模扩大，每户农民的承包田集中，基本做到路路相通，可以进行机械化种植，灌溉系统也可以配套，极大地改善了农业生产条件，提高了农业生产的效率，降低了农业生产成本。现在，赵庄已经由"北大荒"变成旱涝保收的效益农业基地。

实际上，土地的综合治理就是实现土地的合作。可以说，赵庄的模式是把整个赵庄当作一个土地合作社，进行统一规划，统一经营，实现各种生产要素的全方位整合。我们可以想象，在这个工作开展的初期，村干部必然面临着巨大的困难。村民是不会轻易把自己的承包田交给别人去统一治理和经营的。他们必然要考虑这样一件事的可行性、可能存在的风险以及潜在的收益。村干部做了大量的说服工作，把规划给村民讲清楚，争取他们的信任和支持；在征得村民的同意之后，统一收回土地，统一丈量登记，按照规划统一治理，该挖塘的地方挖塘，该推平的地方推平，将所有土地都整治好之后，再分给农户。结果是农户的土地由原来的零碎的地块变为完整的有规模的地块，跨区作业的收割机等机械可以运作。这种统分结合的土地制度，是对以前包产到户的土地制度的一次"扬弃"，可以说是赵庄的一大创新。村民仍然对自己的土地拥有产权，但是这些土地在经过统一治理之后已经重新加以整合，在经营时也可以进行统一经营管理。这就克服了以往土地切割零散、农业生产成本高、机械化和集约化程度低的弊端。

土地合作使赵庄超越了包产到户制度，土地的规模化和集约化经营进一步解放了生产力，为效益农业、新型农业、农业产业化奠定了制度基础。但是，土地制度的变革仅仅是赵庄模式的一部分。赵庄模式的另一个重要特征是村庄的民主治理。按照村民委员会组织法的要求，大力推进村民自治和民主管理，加强民主政治建设，为赵庄的新农村建设奠定了组织基础。

2002年，赵庄成立了7人组成的赵庄村建设工作协调领导小组，凡涉及赵庄建设的重要事项都要在领导小组内进行充分的酝酿讨论，形成初步决策方案。而协调领导小组成立后，按照村民委员会组织法的有关规定，由全村村民推选出33名代表组成村民代表会。协调领导小组提出的方案全部要经过村民代表会讨论通过才能付诸实施，重大事项还要召开村民大会。在坚持民主决策的同时，村里还成立了7个由村民代表组成的民主管理小组，参与日常管理工作，充分体现了村民决策管理的主体地位。新农村建设的主体始终是农民，而不是个别企业家，企业家在新农村建设中可以起到发动、引导的作用，但是要真正使新农村建设起到作用，就必须让农民真正成为主人，将新农村建设的可持续发展和管理的接力棒交给农民。在通向村庄的路旁，竖着一个标语牌，上面写着："新农村建设我们是主人，目标是——大家共同富起来"。这是赵庄的新农村建设的基本哲学。

赵庄模式是一个立体的、全方位的新农村建设模式。我们可以把赵庄看作一个大的合作社，这个合作社几乎将一切生产要素加以重新整合，农民通过生产要素的整合提高了农业生产效率，使分散的小农经济转变为农业的集约化和规模化经营。再深入一点来说，赵庄模式是一个四位一体的模式，包括农业基础设施、工业反哺农业机制、村庄民主治理和土地制度调整四个部分。

其中农业基础设施包括农业水利设施（水塘、水库和水渠）、农村交通设施（乡村道路）、农民福利设施（如福利院、敬老院、统一住宅等）、农村教育设施（中小学）。农村基础设施的完善是新农村建设的重要标志。

工业反哺农业机制包括工业企业为农村提供就业岗位、提供发展资本（如投资兴建农林总公司、为村民养殖业争取信贷支持等）、提供社会福利（如代替农民缴纳农业税、为农民提供耕地出让补偿金等）、解决土地约束（通过土地的集约化经营使农民从土地上解放出来，成为产业工人）。赵庄的村支书通过建立公司，既解决了一部分村民的就业问题，使他们的身份得到改变，同时又为赵庄的新农村建设找到了一个适当的推进机制和运行机制。从某种意义上来说，赵庄的村支书是按照市场化的方法，把赵庄当作一个企业来运营，以一种有效的方式实现了工业对于农业的反哺。

村庄民主治理包括实现村民自治、村庄的民主管理和民主决策，以及加强基层组织建设，这是赵庄模式的组织基础。同时，我们可以毫不夸张地讲，民主治理是赵庄模式的灵魂所在，没有民主治理，新农村建设就不具备可持续性。

土地制度调整包括土地的重新规划、重新整治，发展新型农业（效益农业和无公害农业），进行全方位的土地合作。土地制度的变革，是赵庄模式的核心组成部分，是赵庄模式的制度基础。赵庄的土地制度模式，对全国都有较强的示范意义。如何在稳定农民承包权的条件下实现土地的集约化经营，提高土地的规模效应，使小农经济过渡到现代农业经济，这是摆在决策者面前的一道难题，而赵庄的经验似乎为我们寻找这个问题的答案提供了若干有价值的启示。土地制度必须调整，但这种调整必须遵循民主、自愿、协商、有偿的基本原则，尊重农民的土地权益，既不能强迫农民进行土地调整，也不能硬性阻挠农民进行土地调整，一切行动，均应在与农民进行充分的民主协商之后才能付诸实施。

四、土地流转、集约化经营和家庭农场的兴起

2013年中央"1号文件"提出，坚持依法自愿有偿的原则，引导农

村土地承包经营权有序流转,鼓励和支持承包土地向专业大户、家庭农场、农民合作社流转,发展多种形式的适度规模经营。其中家庭农场的发展值得关注,这是近年来我国农村土地制度变革尤其是土地流转的重要成果之一。家庭农场是指以家庭成员为主要劳动力,从事农业规模化、集约化、商品化生产经营,并以农业收入为家庭主要收入来源的新型农业经营主体。农业生产经营方式由传统的小农经济向家庭农场模式转变,对我国农业和农村的发展有重大意义。

首先,家庭农场的经营方式促进了农业生产的规模化和集约化。传统的小农经济土地分散,经营规模小,土地使用率低,限制了先进技术的使用,致使农业生产率低下。家庭农场的经营模式,通过土地承包经营权流转,可以提高农户的农业生产规模,提高土地的使用率。在规模化的基础上,家庭农场可以通过种养结合等方式,高效利用在生产中投入的劳动、原料和技术,从而实现农业生产的集约化,减少生产成本,提高产量。

其次,家庭农场的经营方式可以促进农业生产的市场化。与自给自足的传统小农经济不同,家庭农场具有企业的特征,以盈利为目的,追求利润最大化,其经营方式有明显的市场导向性。具有一定生产规模的家庭农场可以直接和市场进行对接,打破传统农业经济的封闭性,实现劳动力、资本、信息和技术等要素的充分流动,打通农产品从生产到销售的一系列环节,使市场充分发挥对农业生产的调节作用。

最后,家庭农场的发展能够推进农村现代化进程。目前由于农村发展的停滞不前,大量农村青壮年劳动力外出打工,出现了农村空心化的问题。家庭农场的健康发展,能够提高农民收入,吸引更多农村青壮年留在本地进行农业生产,从而有助于解决农业生产老龄化和留守儿童等一系列社会问题。而随着家庭农场的发展,农业经济实现产业化,农村基础设施逐步改善，农民的生产生活观念不断进步，最终实现农村的现代化。

家庭农场、专业大户、农民合作组织和现代农业企业一起，构成我国现代农业发展的主要支撑点，其必将促使我国"原子化小农"向"规模化大农"的历史性转变，为我国构建新型农业经营主体和现代化农业体系奠定制度基础。

目前我国的家庭农场模式虽然仍处在起步阶段，但各地都在积极培育家庭农场。其中浙江宁波、上海松江、湖北武汉、吉林延边和安徽郎溪五个地区的家庭农场发展尤其迅速，形成了五种各具特色的家庭农场模式。

浙江宁波家庭农场是由当地种植规模大户自发或在政府指导下，进行工商注册登记，成立公司，进行规模化经营的。这些家庭农场面积一般在50亩以上，需要雇佣工人进行生产，并且拥有自主商标。

上海松江采取以农户委托村委会流转的方式，将农民手中的耕地流转到村集体。土地流转到村委会后，由区政府出面将耕地整治成高标准基本农田，再将耕地发包给承租者。上海松江的家庭农场主需要持证上岗，单户家庭农场的面积在100亩至150亩之间，并在当地政府帮助下进行产业链衔接。

湖北武汉2011年确定"支持发展家庭农场等新型经营模式"，鼓励农村有文化、懂技术、会经营的农民，通过承包、投资入股等形式，集中当地分散的土地进行连片开发。湖北武汉要求家庭农场主必须是武汉市农村户籍农户，具有高中及以上文化水平，单户农场面积从15亩至500亩不等。

吉林延边从2008年开始，鼓励农村种田大户、城乡法人或自然人，通过承租农民自愿流转的承包田，创办土地集中经营的经济组织。这些农场平均经营土地面积为1000亩左右,可享受国家各项农业财政补贴政策和税收优惠政策。

安徽郎溪从2009年起,连续三年安排项目资金90万元,在全县优选10个家庭农场,每年为每个农场投入项目资金3万元,开展示范家庭农场建设。实行家庭承包经营后,农民家庭通过租赁、承包或者经营自有土地实现规模经营的形式来经营家庭农场,其规模通常在50亩以上。当地政府成立了"郎溪县家庭农场协会",创建了科技示范基地。

以上这些比较成功的家庭农场试点,都是在政府的协调和引导下有序实施的,政府在示范、规范、管理和服务方面起到很大的作用。在家庭农场的注册登记、土地流转的程序设定等方面,政府的作用是非常明显的。但是同时,各地又能根据自身的经济发展水平、农业产业特征、农村要素结构等方面的特点,实事求是,进行制度上的创新。

现阶段我国家庭农场面临的主要问题和障碍主要体现在以下三个方面:

第一个问题是家庭农场的立法不完善。我国家庭农场自出现以来,一直以地方实践为主,关于家庭农场的一系列问题,中央都未做出明确的法律规定。由于缺少政策的扶持,家庭农场主扩大生产的积极性受到影响。完善家庭农场的立法,首先必须明确家庭农场的法律地位,在认定标准、性质、税收等方面做出明确法律规定;其次,还需建立规范的注册登记制度。各地应根据当地农业生产环境,明确认定标准、登记办法,使家庭农场逐步成为具有法人资格的市场主体。

第二个问题是土地流转不规范。难以获得相对稳定的租地规模是发展家庭农场面临的直接困难。由于农户承包地分散细碎,很难租到大面积耕地实现土地的规模经营;此外,由于签订协议的不规范、农户对短期利益的高度重视，致使家庭农场难以获得租期较长、相对稳定的土地经营规模。必须加快土地流转制度建设，通过规范土地流转合同，引入事前准入审核、事中监督管理等机制，使农地相对集中，土地承包期限延长，并规范土地流转过程，保护流转双方的权益。

第三个问题障碍是家庭农场融资困难。家庭农场从土地流转、农场基础设施建设、前期生产资料购置，到后期经营管理等生产环节都需要投入大量资金，而农民贷款渠道少、可抵押资产缺乏，使得融资难成为制约家庭农场发展的重要因素。为此，首先必须赋予农场法人主体资格，解决其在抵押、担保等方面面临的难题；其次，商业银行和信用社需要创新家庭农场贷款模式，可以采取多种抵押和担保模式，同时对现有贷款模式实现升级。十八届三中全会提出的关于土地流转、农民土地经营权和住宅抵押担保方面的创新性举措，对于解决家庭农场的融资困境有重要意义，也为农村金融机构带来巨大的商机。党的二十大之后，农民土地流转更加普遍，基于土地的抵押、担保而形成的融资模式也更加普遍。

家庭农场能不能继龙头企业、农民合作社之后成为中国农业规模化经营的可供选择的主要模式之一？回答这个问题还为时过早。但是值得肯定的是，家庭农场正在以其经营的灵活性、产权的清晰性和企业化运作的机制优势，在中国很多地方崛起。政府要注重规范和扶持，并在土地制度方面加以适当调整，让家庭农场的发展有一个宽松的法律制度环境。

第三节 新型城镇化与制度创新

一、城镇化的内涵

中国的经济社会正处在一个极为重要的转折点上。从经济发展的量的角度来说，我国经济总量已经跃居世界第二位，实现了长足的进步，创造了中国经济增长的奇迹。但是另一方面，增长的速度开始放缓，结构性的矛盾突出，经济增长不可持续的危险逐步显现。产能过剩、资源消耗过大、环境约束严重、单纯依赖投资拉动而全要素生产率未得到有效提升、收入差距问题愈加严峻、城乡二元经济格局不断强化……这些问题，对我国的未来经济社会可持续发展形成了巨大的障碍。这就要求我国的增长模式实现重大转型，我们的增长要从要素投入型转到创新型，大力鼓励微观主体的技术创新和制度创新行为，从而提高全要素生产率；我们要继续推进深度的经济政治体制和机制变革，解放思想，不断释放改革红利；我们要运用各种市场手段和政策手段，竭力消除二元经济对立，实现城乡统筹发展，鼓励资源向农村转移，从而实现城乡交融、和谐发展，为社会政治的稳定奠定牢固的经济根基。

而未来的二十年中，城镇化就是实现上述目标的重要途径之一。城镇化归根到底要解决两个问题：一个是解决城乡二元结构问题，促进城乡一体化发展，并实现城乡福利体系和社会保障体系的对接，全方位提升农村居民的生存质量，实现普惠型的经济增长；另一个是解决经济可持续发展的动力问题，通过城镇化的带动，鼓励中小企业的发展与创新，鼓励农民的创业，提高农民的收入水平并带动农村消费需求，并通过资源的转移，调整整个国家的产业结构，促进区域经济的协调发展，为整个经济的可持续发展提供机制保障和动力支持。当然，随着城镇化的推进，农村的社会政治结构会发生深刻的变化，乡村治理模式和社会秩序也会随之改变。因此，城镇化不仅是关乎"三农"的问题，更是关乎整个国家增长与转型的大问题，是我国未来二十年经济发展与社会变革的总引擎。

然而对于城镇化的内涵，学术界看法纷纭，需要更深层次的探讨与沟通。我认为，城镇化至少包含如下四个方面：

一是实现农业产业化。城镇化的前提和基础是形成可以为农村劳动力提供就业机会的产业群与产业链。没有产业基础，农民则难以实现在城镇的就业，因而就难以有效提高农民收入，从而难以覆盖其在城镇化过程中付出的成本。农民在农村生活的成本极低，而一旦进入城镇，则其生活成本会大幅度提升，此时若没有就业作为收入来源，其福利和生活质量甚至会比农村更差。依靠市场力量构造产业集群，依据区域经济社会特征与优势打造产业链，大力吸纳农民就业，并有效鼓励农民创业，这样的城镇化才会可持续，才不至于出现农民进城又难以维持生活的状况。

二是实现农民市民化。城镇化的过程也是农民不断转化为城市居民的过程。在农民市民化的过程中，他们要享受与城市居民同等的城市基础设施，要有同样的社会福利和社会保障，其中包括医疗卫生、教育文化、养老保障等。所以农民的市民化过程同时意味着我们的城乡二元隔离的社会保障体系和福利体系的转型，意味着我们的经济实现普惠型的增长，意味着计划体制下公民身份差异的彻底消失。

三是实现农村的生态化。我们所需要的城镇化，不是简单的盖大楼和城市硬件基础设施的建设，不是把城市的一套生态系统复制到农村，更不是复制以严重损害环境生态福利为代价的传统城市发展模式，而是要通过技术的创新和机制的创新，使城镇化的过程更加科学合理，实现绿色低碳、低能耗、低污染、高效率、高回报、可持续，使城镇化的过程伴随着环境的持续改善。如果我们的城镇化最终仍旧延续以往的粗放型的工业化和城市化发展战略，如果我们的农村在城镇化过程中沦为严重污染的城市群，那么这样的城镇化无论带来多少产值的增加，都注定是失败的。

四是实现农村的信息化。信息化是支撑整个城镇化的基础性的工作。

只有实现信息化，才能有效建立现代城镇社会的网络体系，从而为构建新的农村社会结构奠定基础；只有实现信息化，农村的微观主体在经济运行过程中才能实现创新创业，降低企业运营成本，降低信息不对称的程度，从而使整个社会运行的交易成本得到控制；只有实现信息化，传统农村的政治生活、文化生活才能得到根本的改观，其司法体系、金融体系、行政管理体系的运行效率才能得到根本提升。因此，信息化是城镇化中不可忽略的组成部分，信息化不仅意味着低碳和可持续发展模式，而且意味着整个农村社会结构和文化形态的根本转型。

二、城镇化的迷思与误区

真正的城镇化，并不仅仅是GDP的增长、大城市的简单扩张或是城市人口的简单膨胀（农转非），而是要着眼于城镇功能的多元化挖掘与城镇的均衡可持续化发展，是经济、社会、生态、文化的协调发展过程。新型城镇化的目标定位应有更高的要求，在发展哲学上，应坚持和谐发展、以人为本的发展取向，要实现城镇、自然和人的和谐发展，城镇和城郊农村的和谐发展，要体现绿色、低碳、可循环、可持续的城市发展模式；同时要在文化上体现各自的特色，使新兴城镇具有地方特色，改变"千城一面"的现状。

推进城镇化建设至少涵盖三个层次，即人口城镇化、经济城镇化和社会城镇化。一是人口城镇化，主要是基于城市人口的增加，农民真正转变为市民的过程；二是经济城镇化，是人口城市化的经济基础和产业基础，在于城镇化产业（包括现代工业和服务业）的发展扩大及其对农业剩余劳动力的吸纳；三是社会城镇化，主要体现在城镇的生活方式、社会组织关系、人际交往网络、社会伦理体系等方面的全面转变。

当前，我国的城镇化在这三方面都存在着很多不足。人口的城镇化方面，主要的不足体现在城乡一体化的社会保障体系和社会福利体系还没有形成，因此城镇化后的农民在很大程度上还不能享受跟市民一样的社会保障和社会福利待遇，还没有转变为真正的市民。在经济的城镇化方面，很多城镇比较注重硬件尤其是住房的建设，但是在构建整个城镇的经济基础和产业基础方面，还存在很多不足。一个城镇，假如没有自己的特色产业，没有形成一个很有生机与活力的产业链，是很难达到自我可持续发展的。在社会城镇化方面也有很大不足，城镇化之后新的社会网络没有形成，适合于城镇的一整套社会伦理体系和社会组织关系体系也没有形成，于是就造成城镇治理的真空，城镇化的社会成本剧增。一个人从一个封闭的乡土社会的人，转变为一个城镇中的人，他的行为必然发生变化，这个变化假如没有相应的社会伦理体系和社会组织网络来约束和引导，是会出现很多问题的。

目前在推进城镇化的过程中，出现很多认识和实践中的误区。其中之一是认为城镇化就是"摊大饼"，把城市做大。实际上，中国的城镇化更多地应该鼓励小城镇的发展，在一些经济比较发达、人口聚居比较多、产业优势比较集中的地区，进行小城镇建设，完善公共服务设施，构建完整的产业链，使小城镇成为联系农村与城市的纽带。这些小城镇较好地保留了自己的地方特色，既实现了农村人口的转移和产业的转型，又保留了当地的特色文化，是一种比较适宜的城镇化模式。我们的城镇化不要搞成大城市化，我们不缺大城市，大城市的过度膨胀弊端极大；我们要塑造有特色、有味道、能够持续发展、能够吸引农民就近就业的小城镇，这是比较合理的路径选择。

还有一个明显的误区是认为城镇化就是要让农民上楼。于是很多地方政府与房地产商合作，大力推进乡村住房的改造，认为只有把农民赶上楼，就是实现了城镇化，就是实现了农民身份的转变。于是很多地方在搞农村的重新规划，把很多自然村落推掉，盖起了楼房，导致很多村落消失，很多具有深厚文化底蕴的古村落很快在中国版图上消失了，这是很可惜的，这不是真正的城镇化的初衷。如此把城镇化简单化地理解，看似农村出现了很多的高楼、很"高大上"的基础设施，但是这种表面化的硬件设施的变化并不能引起农村产业和农民社会身份的深刻转型，因此也就难以与城镇化挂起钩来，其负面作用极其明显。

三、城镇化进程中的社会冲突与问题

城镇化进程中，社会结构、经济形态、产业结构、文化形态都会发生深刻的变化，与此同时，其社会矛盾和经济矛盾会更加突出。如果这些社会矛盾和经济矛盾得不到妥善的解决，则会出现更大的社会问题和经济问题，隐含着很多社会冲突风险，严重影响经济社会的可持续发展，拉美地区的城镇化就是典型的例子。

对于中国的城镇化进程而言，面临的问题主要有以下几个方面：

第一，失地农民的保障机制不完善，造成对失地农民的可行能力的制度化剥夺，社会冲突的风险加大。主要体现在：（1）补偿机制不完善。土地红利的利益分配仍欠公允，缺乏可持续的补偿机制。（2）就业保障不足。失地农民的城市化的创业、就业能力不足，短期培训无法迈过人力资本投入长期性的门槛。农民没有就业，就成为潜在的非意愿失业人口，其社会经济地位必然下降，长期而言会引发大量严重的社会问题，甚至会导致失地农民的再度贫困化，造就新的城市贫困阶层。墨西哥和一些拉美国家在高度城市化过程中，正是没有解决好农村城市化之后的社会就业

问题，使得城市贫民大增，城市贫民窟现象严重。（3）社会保障不健全。对农民的医疗、教育、社会保障方面的机制设计还不健全。在征地和城镇化过程中，必须将失地农民的社会保障和社会福利问题解决好，以使农民没有后顾之忧。失地农民的社会保障（包括养老保险、失业保险、医疗保障）等，从根本上讲也是一个金融产品的设计和创新问题。

第二，城市基础设施建设的投融资机制存在问题。过分依赖土地财政，风险加大，政府投融资平台所累积的风险较大，政府债务问题突出。

第三，征地补偿款得不到有效利用引发的社会问题。在城镇化的过程中，农民获得比较可观的补偿款，这些补偿款如果不能得到很好的利用，就不能给农民带来收益和稳定的生活保障，而且会引发大量社会问题，甚至会引发社会危机和家庭危机。农民缺乏人力资本，缺乏创业经验，因此单纯靠农民自己创业，会出现各种问题，其风险极大。因此，如何使巨额补偿款得到最有效的运用，如何使农民通过补偿款的有效利用而获得稳定的收益，是一个涉及社会稳定与经济可持续发展的大问题。

第四，城镇化过程中的产业链选择与设计、经济的转型问题。在城镇化的过程中，既要保持经济的可持续发展，又要促进其经济形态进行成功的转型，是一个必须解决的大问题。产业链的设计、构建和资源整合，必须充分考虑到各个地区不同的产业优势、资源优势、区位优势和人力优势，使该地区的产业在未来的市场中能够具备竞争能力，并增加当地的就业，使失地农民可以得到很好的就业机会，同时通过产业的发展，带动农民创业。

四、需要与发展目标一致的根本性制度创新

我国的城镇化是在相对固化的二元经济结构下推进的，存在生产要

素限制流动、劳动力主体权利存在制度化差异等种种障碍。制度创新，应随着国家在不同时期的城镇化发展战略目标和价值选择加以调整，这必然涉及对原有城镇化制度与政策的创新与再调整。

要推进城镇化，就要推进城乡一体化，那么就要打破二元经济结构，户籍制度和土地制度首先就要被突破。户籍制度和土地制度的改革，不是简单的身份变革和生产资料属性的变革，而是一个国家公民的基本权利和发展理念的问题——被制度化剥夺的可行能力和权利需要逐步回归，特定历史条件下的差异化发展路径需要重入公平轨道。所以，落实到根本上，通过制度创新而服务于城镇化发展目标的过程，就是落实"以人文本""公平正义"发展理念的过程，其突出的特征，就是通过制度化的赋权，让公民享有平等的财产权（包括土地）、生存权、发展权和福利权。而这也是培养具有可行能力的市场化主体、实现生产要素相对自由流动的前提。

当前的城镇化，经常被赋予推进产业结构升级和增长方式转变的期望。要实现这些目标，我们不得不思考如下的逻辑：农民只有获得平等的权利——财产权、就业权、福利权——才能对未来形成稳定的预期，才能转变生活方式融入城镇化生活，在城镇化过程中获得足够的社会认同和自我认同，进而才能启动消费，拉动经济。这样一来转变增长方式、调整产业结构、社会平稳转型才能成为城镇化过程中的应有之义。而其焦点在于土地制度的创新，在于让农民获得土地的资产性收益，这一资产性收益在于土地在城镇化过程中"红利"的合理分配。

五、城镇化中的政府定位和市场化原则

在城镇化的过程中，要综合考虑各个主体的利益分配问题，在基础

设施建设、社会保障、产业促进乃至环境保护方面进行综合考量。城镇化是一个系统工程，涉及产业资本（包括加工制造产业、仓储物流业、农业产业、旅游产业、文化创意产业等）、金融资本（包括银行、证券、保险、信托、投资基金等）、政府（包括村级、乡镇、区和市级政府）、市场（资本市场、劳动力市场、知识产权市场、土地产权市场、农产品批发市场、消费市场等）、农民等不同的主体之间的合作、博弈和协调，本身是非常复杂的。在这些主体中，农民是一个核心的主体，也是一个最难得到正确处理的主体。在农村城镇化过程中，如何安置好农民，如何保护和提升农民的福利，如何保证农民的就业和收入，是政府必须考虑的头等问题，其他金融安排、市场机制设计、产业链设计等，都必须围绕农民问题的解决来进行。

城镇化的过程中，政府必将发挥重要的主导作用，这也是中国模式城镇化的特点之一。政府主导的城镇化模式，优点在于能够有效整合各种资源、迅速推动产业化和基础设施建设、有效保障弱势群体的利益等，但是对于政府主导的弊端，也要有充分的认识。有两点需要特别注意：

第一，政府自身的定位问题。城镇化的过程中，政府如何有效地整合各种资源、如何充分运用市场的力量、如何运用适当的金融工具来获得资本支持，从而满足城镇化过程中的资本需求，并提升城郊农村的产业层级，是政府必须考虑的大问题。在此过程中，政府的自身定位非常重要。政府在城镇化过程中要保持强有力的支持，但是介入的方式、介入的时机和退出的机制要有所考虑。如果解决不好政府的定位和退出机制问题，则会给后续经济发展制造很多障碍，影响经济发展。

政府的角色和功能应该定位于为农村城镇化提供必要的财政支持、在产业资本—金融资本—农民—各级政府之间起到协调和沟通作用、为产业资本和金融资本的整合提供必要的政策扶持、设计系统的市场运作机制和产业链、设计并推动农地征用和补偿方案并对农民进行有效搬迁、确保农民的福利在城镇化过程中不受到持续的明显的损害等。

第二，市场化原则。政府在推进城镇化过程中必须注重运用市场机制，发挥市场的资源配置作用，用市场的杠杆来撬动各种资源、动员各种力量，而不要简单地使用行政权力，否则就会损害产业资本、金融资本和农民的利益。这样做的目的，一是确保城镇化方案的合理性和可持续性，使市场发挥基础性作用，保证城镇化的效率和效果；二是保证政府在城镇化过程中的适当介入度，不把各种矛盾集中在政府身上，尽量让各个市场主体之间达成彼此承认的合约；这样一旦发生问题，政府就处于一个中立的、比较主动的地位，可以用法律的形式来界定合约双方的权利与义务，而不是把自己置于矛盾的中心，这对于社会和谐和正确处理社会矛盾是非常有利的。

第十三讲

乡村工业化与城乡一体化

第一节 社队企业与新中国乡村工业化的探索

一、毛泽东关于乡村工业化的思想

本讲讨论我国的乡村工业化和城乡一体化问题。工业化是中国近一个世纪以来最重要的国家目标之一，无论是康有为、孙中山，还是毛泽东，都明确地认识到中国人要想实现民族的伟大复兴，要想不被列强欺负，就必须发展民族工业，也就是要把中国建成一个工业国。但是中国要建成一个工业国家，面临着极为困难的约束条件，就是中国是一个二元经济结构极其严重的国家，因此要发展现代工业，首先就必须考虑如何消除这个二元经济结构。新中国选择了一个重工业优先发展的经济发展战略，因此所有的资源配置都必须服务于这个战略。但是在重工业优先发展的过程中，如何实现工业和农业的协调发展，如何实现城市和乡村的协调发展,是一个必须解决的大问题。

怎么解决工业和农业的矛盾、城市和乡村的矛盾呢?对于这个问题,毛泽东曾经进行过一系列的思考和探索。《红旗》杂志1958年第四期发表了《在毛泽东同志的旗帜下》一文,其中引述了毛泽东的一句话。毛泽东说,我们的方向,应该逐步地有次序地把"工(工业)、农(农业)、商(交换)、学(文化教育)、兵(民兵,即全民武装)"组成一个大公社,从而构成为我国社会的基本单位。毛泽东对人民公社的这个设想,当然是一个理想的模型,但又不是一个完全空想的模型。在这个设想里面,乡村工业的发展,是人民公社经济发展的有机组成部分,这就突破了仅仅在城市发展工业、农村仅仅为城市工业提供原料的传统思想。现在看来,这个思想是极有远见的,以社队企业和乡镇企业为标志的中国独特的工业化道路实源于此。

1958年开始,中共中央正式提出了发展农村工业的政策主张。1958年3月成都会议通过、4月5日中共中央政治局会议批准下发执行的《中共中央关于发展地方工业问题的意见》提出:"县以下办的工业主要应该面向农村,为本县的农业生产服务。为此,在干部中应该提倡,既要学会办社,又要学会办厂。现在县以下工业企业的形式,大体上可分为县营、乡营、合作社(农业社或手工业社)营,县、社或乡、社合营等三种。"这一文件还首次明确提出"社办工业"的生产经营范围,即"农业社办的小型工业,以自产自用为主,如农具的修理、农家肥料的加工制造、小量的农产品加工等"。

在农村人民公社化运动中,根据毛泽东关于农村人民公社包括工、农、商、学、兵的构想,农村办工业成为人民公社的重要产业政策。1958年12月10日,中共八届六中全会通过的《关于人民公社若干问题的决议》提出:"从现在开始,摆在我国人民面前的任务是:经过人民公社这种社会组织形式,根据党所提出的社会主义建设的总路线,高速度地发展社会生产力,促进国家工业化、公社工业化、农业机械化电气化,逐步地使社会主义的集体所有制过渡到社会主义的全民所有制,从而使我国的社会主义经济全面地实现全民所有制,逐步地把我国建成为一个具有高度发展的现代工业、现代农业和现代科学文化的伟大的社会主义国家。""人民公社必须大办工业。公社工业的发展不但将加快国家工业化的进程,而且将在农村中促进全民所有制的实现,缩小城市和乡村的差别。应当根据各个人民公社的不同条件,逐步把一个适当数量的劳动力从农业方面转移到工业方面,有计划地发展肥料、农药、农具和农业机械、建筑材料、农产品加工和综合利用、制糖、纺织、造纸以及采矿、冶金、电力等轻重工业生产。人民公社的工业生产,必须同农业生产密切结合,首先为发展农业和实现农业机械化、电气化服务,同时为满足社员日常生活需要服务,又要为国家的大工业和社会主义的市场服务。"

以上这两段话,写得相当清晰,把人民公社时期的农村工业化战略的意义和目标谈得很到位,也很深刻。其中的"三化"——国家工业化、公社工业化、农业机械化电气化,环环相扣,互为条件,构成当时人民公社的三大重要战略目标。公社工业化的战略目标是为国家工业化服务,但首先必须服务于农业机械化电气化,这个思想对以后的中国农业的发展意义重大。同时,公社工业化还有助于缩小城乡差别,转移农村剩余劳动力,促进农村所有制的变化。

1958年后,人民公社所办的工业得到了迅猛的发展。1958年社办工业达260万个,产值达62.5亿元。在国民经济严重困难时期,社队企业的发展有过一些反复,这个阶段,为了恢复农业生产和国民经济,中共中央提出在调整阶段"人民公社一般不办企业"的政策,这个政策一度写入1962年9月中共八届十中全会通过的《农村人民公社工作条例修正草案》。但是过了几年,在国民经济基本恢复之后,人民公社发展社队企业的政策又开始实施。

二、20世纪六七十年代乡村工业化的探索与发展

20世纪六七十年代是社队企业发展比较迅猛的时期。这一时期,社队企业在全国蓬勃发展,有些地区社队企业的规模比较大,奠定了乡村工业化的基础,也为未来乡镇企业的大发展提供了技术条件、管理经验和人才条件。1966年,毛泽东在"五七指示"中提出,"以农为主(包括林、牧、副、渔),也要兼学军事、政治、文化,在有条件的时候也要由集体办些小工厂",这就给农村工业的发展留下了很大空间。集体企业发展了,农村集体经济的实力就增强了,这无疑增强了村集体提供公共服务的能力。

20世纪70年代初期,推进农业机械化成为发展农村工业的重要契机。那个时候,毛泽东大力提倡农业的现代化,其中农业机械化是农业现代化的重要组成部分。1970年,全国北方农业会议提出,为了实现农业机械化,要求大办地方农机厂、农具厂以及与农业有关的其他企业,这给各地农村围绕农业机械化发展工业提供了舆论支持。江苏、浙江、广东等省率先行动起来,纷纷创办各种规模的农具、粮油加工、建材、编织、服装等社队工业。我小时候生活在胶东农村,当时那个地方叫掖县梁郭人民公社,我们村子里就有很多社队举办的小工业。在我印象里,村里有榨油厂,有草编队,我的母亲就在草编队里,那些农村妇女的草编产品都是用来出口的,估计也为国家赚取了一些外汇。后来还办了雨衣加工厂,村里一时非常热闹，很兴旺，这种状况一直持续到20世纪80年代中后期。

在整个"文化大革命"期间，社队企业有了长足的发展。1965年至1976年间，按不变价格计算，全国社办工业产值由5.3亿元增长到123.9亿元，在全国工业产值中的比重由0.4%上升到3.8%。到1976年年底，全国社队企业发展到111.5万个，工业总产值243.5亿元，其中社办工业产值比1971年增长216.8%。其中江苏省农村工业发展比较好，1975年社队工业总产值达22.44亿元，比1970年的6.96亿元增长2.22倍，平均每年增长20%以上；同期社队工业在全省工业总产值中所占比重，由3.3%上升到9.3%。20世纪80年代之后，苏南的乡镇企业发展迅猛，实际上它的基础就是20世纪六七十年代的社队企业，是那时的老底子起了作用，积累了一些技术，培养了一批人才，也积累了管理经验。因此可以说，乡镇企业是社队企业的合乎逻辑的发展和延伸。

这里需要提到华国锋在社队企业发展中所起到的独特的作用和贡献。1974年12月18日，华国锋看到湖南省社队企业局的两个材料，写信指出："社队企业有如烂漫的山花，到处开放，取得了可喜的成绩。"他要求加强党的领导，依靠群众，全面规划，"社队企业就会由无到有，由少到多，由低级到高级的不断向前发展"。浙江省永康县人民银行干部周长庚受此鼓舞，1975年9月5日写信给毛泽东，建议改变1962年中央关于公社工作"六十条"中社队"一般不办企业"的规定，积极发展农村工业，为农村剩余劳动力寻找出路。1975年9月27日，毛泽东将浙江省周长庚请求中央动员全党和全国各条战线支持社队企业发展的信批给邓小平，邓小平将毛泽东的批示，以中共中央文件形式发至全国县级以上各级党组织，以示对社队企业的支持。1975年9月全国第一次农业学大寨会议，肯定了社队企业的发展使公社、大队两级经济强大起来，有效地帮助了穷队，促进了农业生产，支援了国家建设，加速了农业机械化的步伐，要求各地党委采取积极态度和有力措施，推动社队企业更快发展。这次会议第一次公开发表了毛泽东在1959年第二次郑州会议上赞扬社队企业的一句名言，即"我们伟大的光明灿烂的希望也就在这里"。同年10月11日，《人民日报》发表了调查报告《伟大的光明灿烂的希望》和评论文章，介绍了河南巩县回郭镇公社发展社队企业的事迹，对社队工业予以明确的肯定和积极的支持，指出其发展方向主要是为农业和人民生活服务，有条件时也要为大工业、出口服务，要求各级领导采取积极措施，加以扶植。此后，社队工业得到了更快的发展。

应该说，社队企业这种草根工业还是很有生命力的，也有它的优势。社队企业吸收了农村的剩余劳动力，利用了自己就地取材、就地生产、就地销售的优势，对农业机械化、农田水利事业、农村治理等提供了支持。同时，由于社队企业的发展，农村的各种资源得到了较好的利用。尽管当时还不存在全国性的市场，但是在办社队企业的过程中，社队企业的管理者对市场的运行有了一定的感受，管理企业的经验也丰富起来，这种人力资本积累的作用不要小觑。我们可以想象，如果没有这些社队企业的发展，如果没有20世纪六七十年代社队企业的管理经验的积累和技术积累，20世纪80年代以来的乡镇企业的异军突起是不可能实现的。据统计，到改革开放前的1978年，社队企业恢复发展到152万个，企业总产值达493亿元，占农村社会总产值的24.3%，这就为乡镇企业的发展奠定了坚实基础，也为我国的改革开放尤其是农村改革提供了雄厚的物质基础。

第二节 改革开放以来乡村工业化的发展和创新

一、改革开放后乡镇企业的崛起

改革开放之后,乡村工业化又有了新的形态,这就是20世纪80年代以来迅猛崛起的乡镇企业。"乡镇企业"这个词,现在大家已经不太使用,成为一个历史词汇了。确实,乡镇企业代表着我国乡村工业化的一个特定的历史阶段。我们在上一节讲到,改革开放之后的乡镇企业的发展,实际上是人民公社时期社队企业的合乎逻辑的延伸;因此,如果往上追溯,乡镇企业继承了人民公社的社队企业的历史遗产。同时,如果往下展望,乡镇企业则开启了我国中小民营经济发展的先河,后来民营经济的迅猛发展,其源头则是乡镇企业。所以,乡镇企业是一个继往开来的中间状态,是一个已经进入历史的词汇。

邓小平曾经说:"农村改革中,我们完全没有预料到的最大收获就是乡镇企业发展起来了……异军突起。"这句话用了"完全没有预料到"这七个字,一方面说明我们的改革开放确实不存在一整套事先定好的"顶层设计"和制度安排,而是"摸着石头过河",有着试验和"干中学"的性质;另一方面,当时的领导者也确实没有想到人民公社时期的社队企业在新的改革开放的大潮到来时,会展现出如此旺盛的生命力。1978年150多万家社队企业,已经近500亿元的产值,在大江南北已经蓬勃发展,培养了众多的草根企业家,其技术基础、经营基础和管理经验已然相当可观,一旦遇到合适的土壤,一旦提供适宜的宽松的市场环境,其生命力就不可遏制地勃发出来,形成巨大的力量。别忘了,"异军突起"不是"没有来由",而是有巨大的坚实基础的。这个"完全没有预料到的最大收获"的播种者应该是毛泽东,这个历史事实不能被"故意"忽略,应该被客观评价。

乡镇企业的发展也是我国增量改革的重要标志之一。中国的经济改革具有增量改革的特征，中国改革采取了增量改革的方式。什么是增量改革？就是先不动那些困难的、艰巨的存量的部分，而是先从较为容易的增量的部分入手。整体改革过程不是按照一个理想的模式和预定的时间表来进行的，新的资源配置方式和激励机制不是同时在所有经济领域发挥作用，而是在率先进行改革的部门和改革后新成长的部门首先发挥作用。乡镇企业的发展壮大是增量改革的一个典型案例，乡镇企业在未触动传统经济部门和不对原有资产存量进行再配置的前提下，创造了国民经济中新的市场作用的领域，在资产增量的配置中逐渐引入了越来越多的市场机制，从而大大增加了经济的活力，同时也倒逼了经济体制的存量部分的变革。

乡镇企业的发展，是我国改革开放得以顺利进行的重要条件之一，也是我国经济体制变革中最有特色的一部分。时任中央农村工作领导小组办公室副主任韩俊曾对乡镇企业做如此评价[1]：乡镇企业萌芽于20世纪50年代，徘徊于20世纪60年代，复苏于20世纪70年代，发展壮大于改革开放之后。改革开放四十多年来，乡镇企业异军突起、蓬勃发展，现已成为农村经济的主体力量、工业经济的半壁河山和国民经济的一大支柱。乡镇企业是我国农民群众的伟大创造，是农村市场经济的开拓者和先行者，乡镇集体企业为农村剩余劳动力开辟了一条就业渠道，壮大了集体经济实力，增加了农民收入，丰富了产品的市场供给，对繁荣城乡经济发挥了巨大的作用。乡镇企业的崛起和迅速发展开创了一条具有中国特色

---

[1] 韩俊等：《破解三农难题：30年农村改革与发展》，中国发展出版社，2008年。

的农村工业化之路。这个评价非常精当,把乡镇企业的来龙去脉说得很清楚,没有把乡镇企业当成是改革开放之后"突然"迸发出来的伟大创新。

二、乡镇企业发展的历程

乡镇企业于20世纪80年代迅猛发展,20世纪90年代开始立法进程。1996年第八届全国人民代表大会常务委员会通过了《乡镇企业法》,其中规定:本法所称乡镇企业,是指农村集体经济组织或者农民投资为主,在乡镇(包括所辖村)举办的承担支援农业义务的各类企业。同时该法强调,乡镇企业是农村经济的重要支柱和国民经济的重要组成部分。乡镇企业的主要任务是,根据市场需要发展商品生产,提供社会服务,增加社会有效供给,吸收农村剩余劳动力,提高农民收入,支援农业,推进农业和农村现代化,促进国民经济和社会事业发展。在所有制方面,该法强调,发展乡镇企业,坚持以农村集体经济为主导,多种经济成分共同发展的原则。这就为乡镇企业中多种所有制共同繁荣提供了合法性基础。随着乡镇企业的发展,其范围逐步扩大,包括乡(镇)办企业、村办企业、联户办企业、户(私营、个体)办企业,以及这些企业之间或者这些企业与国有企业、城镇集体企业、私营企业以及外资(包括我国港澳台地区)等多种经济成分联合投资成立的企业。

从1979年至2008年,乡镇企业的发展大致经历了五个阶段:

第一阶段是1979—1983年,为初期发展阶段。党的十一届三中全会以后,中共中央做出了关于加快农村发展若干问题的决议,明确指出"社队企业要有一个大发展"。在这一政策的感召下,广大农民和农村集体经济组织冲破旧观念、旧体制束缚,拓宽生产经营领域,大力发展社队企业。到1983年,乡镇企业的雏形——社队企业,总产值达到1008亿元,职工人数达到3235万人，实现利税总额177亿元，分别比1978年增长104.5%、14.4%和60.9%。

第二阶段是1984—1988年，为高速增长阶段。1984年年初，中共中央"1号文件"指出，在兴办社队企业的同时，鼓励农民个人兴办或联合兴办各类企业。同年3月，中共中央又发出"4号文件"（批转了农牧渔业部"关于开创社队企业新局面的报告"），社队企业正式改名为乡镇企业。这两个文件的贯彻落实，带来了乡镇企业突飞猛进的发展。到1988年，乡镇企业总产值达到7018亿元，从业人员达到9495万人，实现利税892亿元，分别比1978年增长1323.5%、235.9%和710.9%。这个发展速度，在今天看来简直是不可思议的。从这里也可以看出，农村蕴含着多少经济发展的机会，农村工业化蕴含着多大的生命力。

第三阶段是1989—1991年，为整顿提高和深化发展阶段。这一阶段国家针对乡镇企业发展中重复建设、浪费严重等问题，提出了"调整、整顿、改造、提高"的发展方针。尽管由于银根紧缩，造成一些企业关停并转，乡镇企业发展速度也有所减缓，但也为乡镇企业苦练内功、优化结构、转变增长方式提供了机会。在这一阶段，乡镇企业通过大力引进国外资金、技术、设备和管理经验，积极开拓国际市场，外向型经济得到了迅速发展。到1991年，乡镇企业完成出口交货值789亿元，比1988年增长了近2倍，企业总产值、从业人员和利税总额分别达到11622亿元、9614万人和1573亿元，分别是1978年的23.6倍、3.4倍和14.3倍。

第四阶段是1992—1996年，为全面发展阶段。这一阶段邓小平南方重要谈话和党的第十四次全国代表大会的召开，为乡镇企业的改革发展创造了良好的外部环境，把乡镇企业再次引入了快速发展的轨道。1996年，乡镇企业从业人员达1.35亿人，增加值近1.8万亿元，实现出口交货值 6008 亿元，利税总额 6253 亿元，其中从业人员和利税总额分别是 1978 年的 4.8 倍和 56.8 倍。

第五阶段是 1997 年以后，为发展转型和产权变革阶段。1997 年《中华人民共和国乡镇企业法》公布实施，国务院又召开了全国乡镇企业工作会议。这一时期，以产权制度改革为核心的乡镇企业改革，使乡镇企业真正成为自主经营、自负盈亏、自我约束、自我发展的企业法人主体和市场竞争主体，为乡镇企业建立产权清晰、权责明确、政企分开、管理科学的现代企业制度打下了坚实的基础。乡镇企业产权制度改革是继家庭承包责任制之后，农村经济体制的又一次重大变革。乡镇企业已突破了单一集体经济、单一投资主体的束缚，开创了多种所有制经济和混合型经济共同发展的新局面，改革为乡镇企业二次创业营造了宽松环境。

可以说，经过几十年的发展，乡镇企业已经成为农村工业化、城镇化和农业现代化的重要一翼。随着乡镇企业的发展，农村小城镇和工业小区迅速崛起，这些小城镇及工业小区不仅成为第二、三产业的聚集地和吸纳农村富余劳动力的主要场所，而且成为当地农村政治、经济、文化、信息的中心，正在对农村经济社会发展发挥着辐射和带动作用。所以，乡镇企业的发展，不仅促进了乡村工业化的发展，而且促进了城镇化的发展，促进了城乡一体化的发展，缩小了城乡差距，在一定意义上实现了毛泽东在 20 世纪 50 年代末期的设想。为什么我们讲不要把前三十年和改革开放后的历史时期割裂开来，就是这个道理。历史的发展是一脉相承的，是连续的，而不是割裂的。

三、乡村工业化的温州模式

温州是一个值得研究的地方，是一个有故事的地方，引起了很多学者的关注和学术界持续的讨论。温州的很多现象带有全国性的意义，所以温州虽然地处东南一隅，但是其名气却很大。我在十几年前研究农村民间金融的时候，对温州有过一些研究和田野调查，所以谈起温州，总觉得兴味十足。谈到中国的乡村工业化，就不能不谈温州，温州是乡村工业化的一个代表，很有特色，温州模式值得深入探讨。

我们先看看温州的自然条件和山川环境。温州地处浙江省东南部，东濒东海，南接福建，西面是丽水地区的云和、青田和缙云等县，北面是台州地区的黄岩、仙居、温岭诸县。温州"控山带海，利兼水陆"，气候温和，雨量丰沛，物产丰富，是浙南的经济、文化、交通中心。1981年9月，原温州地区和温州市合并实行市管县体制，下辖鹿城、龙湾两区和瓯海、永嘉、乐清、洞头、瑞安、平阳、苍南、文成、泰顺等九县市。全市面积11783.5平方公里，其中平原和山地分别占17.5%和78.2%，三面环江，一面临海，历史上交通比较闭塞，远离大中型工业城市和全国性市场，区位条件较差。温州的土地资源极为稀缺，而人口密度是全国平均水平的5倍，人均耕地只有半亩左右。总之，温州是一个自然禀赋较差、土地稀缺、人口稠密的地区，改革之前的自然条件和资源条件并不优越。

更为严重的是，中华人民共和国成立之后，由于温州面对台湾地区，地处前线，在当时时刻准备打仗的战略方针指导下，出于海防的要求，国家在温州的投资极少。据统计，从1949年至1981年，国家对温州固定资产投资总共为6.55亿元，平均每年为0.2亿元，不及同期宁波的四分之一。温州地方财政支出的能力也非常有限，从1958年至1975年，温州市全民所有制单位固定资产投资总额为4.52亿元，每年仅2511万元。改革开放之前，温州集体经济的力量薄弱，工农业发展非常缓慢，是浙江省内经济较为落后的地区之一。

改革开放后，温州以推行家庭联产承包责任制为新的起点，积极鼓励家庭经济，劳动密集型的家庭工业的兴起带动了整个地区经济的极大发展。温州依托家庭工业而进行的工业化和城市化道路，使得温州经济极大发展，人民生活水平迅速提高，一跃成为浙江省乃至全国的经济发达地区，初步走出了一条依靠率先市场化来促进区域经济社会迅速发展的道路。

可以说，温州是在资源短缺、区位不利、国家投资总量极低的硬约束和初始条件下发展起来的。由于这样的制度变迁初始条件，在市场化初期的短缺经济环境下，具有外出谋生传统的温州人较早地捕捉到市场上的获利机会，并借助家庭工业率先走上工业化道路。这种道路，不仅使温州完成了货币资本的原始积累，更培育了一批具有获利信息搜寻能力的、富有创新精神的企业家，完成了物质资本和企业家人力资本的双重"原始积累"。

改革开放前温州就有所谓的"地下经济"存在，其规模和活跃程度就已经比较可观。改革开放后，由于家庭联产承包责任制的推行，农业劳动生产率提高，释放了大量的剩余劳动力；为利用这些劳动力，家庭工业以"地下经济"为基础而发展起来。温州农村的家庭工业起先是以家庭兼业的形式出现的，具体有农户兼业工业、家庭作坊和家庭工场三种基本形式，家庭工业在温州发展极为迅速，不论是从业人员还是生产总值都占到相当的程度。在发展过程中，为了适应当时的体制管制和主流意识形态的约束，家庭工业创造了十分特殊的存在形式，即挂户经营。实质上是借用公有企业的合法身份，降低自己的经营成本。

从20世纪80年代中期到90年代中晚期，随着原始资本迅速积累，挂户经营的家庭工业的矛盾也在不断积累，这个矛盾首先是被挂者滥用挂靠户信用资源而导致的信用危机，一度温州的假冒伪劣产品泛滥各地。地方政府针对这种情况很快加强了对挂户经营的家庭工业的监督和控制。其次是家庭工业的扩张与农村地区资本市场发育不足而导致的资金需求矛盾。挂户经营的家庭工业形式大部分由股份合作企业形式替代，股份合作主要体现了合资的特性，同时也摆脱了挂户经营的局限，是对挂户经营约束下的家族工业的提升和扩展；但多数股份合作制企业实际上还是家族企业，变化的只是管理模式而已。而它毕竟超越了家庭经济的形式，为现代企业制度的形成打下了基础。但随着经济环境的变化，股份合作制企业也面临自身的局限性。股份合作制适合于劳动密集型产业部门中的企业，而且主要适合于经济规模不大的小型企业。一旦企业进一步发展要求在资本和人力上实现更大程度的扩张，则经济责任的无限性和企业内部分工的有限性会带来严格的制约。

关于温州模式的提法，其实由来已久。面对温州农村经济改革过程中出现的颇具特色的商品经济发展道路，经济学界早在1984年年底就有人提出"温州模式"这一概念。1985年5月12日《解放日报》发表题为《温州三十三万人从事家庭工业》的文章，文中指出："温州市家庭工业蓬勃崛起，短短几年，已创造出令人瞩目的经济奇迹。如今，'乡镇工业看苏南，家庭工业看浙南'，已为人们所公认。温州农村家庭工业的发展道路，被一些经济学家称之为广大农村走富裕之路的又一模式——'温州模式'。"

张仁寿等较早对温州模式的内涵进行了深入的剖析，他们认为，温州模式的基本特点可以概括为四个方面：以家庭经营为基础，以市场为导向，以小城镇为依托，以农村能人为骨干。也有学者认为温州模式是以家庭工业和专业化市场的方式发展非农产业，从而形成"小商品、大市场"

的发展格局。所谓小商品,是指温州家庭工业以生产成本低、技术含量少、需求弹性小的商品为主要生产对象;所谓大市场,是指温州家庭工业所生产的小商品,通过散布各地的十万销售大军,被带到远地的商品销售市场网络。虽然这些对温州模式的描述并不错,但还是没有揭示出温州模式的深层特征,概括也不全面。

我认为,温州模式的核心,是温州地区在浓郁的功利主义和实用主义商业文化传统的影响下,在极为不利的要素资源禀赋和制度变迁初始条件下,充分尊重和发挥微观经济主体的创新精神,将经济体系中的制度变迁和经济发展有机融合,使经济制度变迁与经济演进在地方经济和社会发展中成为相互促进的动态变化进程的一种区域经济发展模式;其中经济运行主体的民营化、经济运行模式的市场化和以家庭经营为核心和驱动力的乡村工业化和城镇化是温州模式的本质特征,而基于传统商业文化和地方知识的人格化交易网络的形成是其内在依托。

以家庭经营为核心和驱动力的乡村工业化和城镇化是温州模式有别于以乡镇企业为核心的苏南模式的主要特征之一。在20世纪80年代以前,温州没有国家政策的重点支持,国家投资不足,集体经济的力量也很薄弱,地方政府的财政非常困难,因而集体经济和国有经济都不发达。改革开放之后,家庭工业在体制的夹缝中异军突起,大量的家庭企业开始以极其简单的组织形式和极其原始的技术条件起步,逐步以低成本的优势和遍布全国的有效的营销网络而占据了较大的市场份额。家庭工业的崛起带动了乡村的城镇化,即学界所谓的小城镇的兴起。当然,以家庭经济为核心的工业化和城镇化随着经济的发展也经历着组织形式的变迁。现在的温州,股份合作制企业和有限责任制公司逐步替代原有的家庭企业,温州家庭经营面临着转型。

基于传统商业文化和地方知识的人格化交易网络的形成是温州模式的内在依托。温州的商业文化传统可谓历史悠久。早在南宋时期，浙江就兴起以永嘉学派和永康学派为代表的功利之学，永嘉学派和永康学派并称"浙学"，而浙学即是功利之学的同义语。浙江自南宋以来一直是经济最为发达的地区之一，商品经济的发展居于全国前列。南宋永康学派的代表人物陈亮和永嘉学派的代表人物叶适的学说都主张务实的功利之学，反对理学、道学和心学的空谈性命。他们都肯定"人欲"，宣扬功利主义，提出"功利与仁义并存"的新价值观，反对重农抑商和贵义贱利的传统教条，主张发展商业，保护工商业者的利益。陈亮和叶适的思想对后来的思想家有很大的影响，也深深影响了温州人的文化性格。到19世纪末期，"东瓯三先生"——陈虬、宋平子、陈介石等资产阶级改良人物也提出"齐商力、捷商径、固商人、明商法"的思想。在漫长的历史发展过程中，由于温州地处海岸濒海而居，特殊的地理位置和航海传统孕育了瓯族人（温州人）敢于冒险、敢为天下先和善于应变的精神气质。从民俗学的角度来看，温州以"鸡鸣布"习俗为代表的勤苦耐劳精神、以"弹棉郎"习俗为代表的走南闯北的创业精神、以"种涂田"习俗为代表的敢于创新的精神，都鲜明反映出温州人特有的地方文化基因；正是这种基因，对温州模式的形成产生了不可估量的内在的深刻影响。在这种共同的功利主义商业文化传统中成长起来的温州人，具有一种统一的"地方知识"，从而产生了基于共同文化的信任关系，构建起一种人格化的交易网络。在温州，从民间流行的以互助会为代表的融资模式，到以家庭作坊式工业为代表的生产模式，再到遍布全国的"浙江村"里的温州群体，都反映出这种人格化交易网络的巨大能量和显著特征。

四、乡村工业化的苏南模式

与以家庭工业为核心的温州模式不同，苏南模式是以乡镇企业为基础发展起来的。维系温州乡村工业化的是血缘和家族关系，而维系苏州乡村工业化的是产业和技术关系，这是一个很大的不同。苏州这个地方，历史文化底蕴很深厚，物产丰富，是鱼米之乡。苏州人心灵手巧，能工巧匠很多，传统手工业发达，我们平时老说"苏作"，就是指苏州的手工艺品，无论刺绣、丝绸、家具、服装、雕刻等，只要是苏州的手工艺术，一定代表着精致、精美、上乘。更不用说苏州的戏曲说唱艺术、园林艺术了，都是不可多得的国粹。苏州这个地方风气较新，很早就接触现代的东西，工业在1949年之前就有一定的基础。在20世纪二三十年代，苏州的乡村工业已具有相当的规模，是当地民族工业的重要组成部分。1919年常熟县织布手工业场有31家，织布机3000架左右，男女工人约4000人；1932年吴县乡间从事织缎的有数千人；吴江盛泽镇"以丝织业为业者，殆不下万户，男女工作人员殆在5万以上"。苏州是历史上手工业、农副业和工业发达地区之一，是商品经济较发达的地方，这就为乡镇企业的发展奠定了坚实的基础。我们读费孝通先生的《江村经济》，所描述的就是苏南这一带的农村经济情况。

从地理位置上看，苏州农村紧靠中国最大的经济中心上海，苏州、无锡、常州等经济发达的中等城市又是中国民族工业的摇篮和发源地之一，城乡商品经济相对比较发达。城市工业的老产品和老设备的利用，简单零配件的加工等，一般都就近选择条件较好的农村来扩散，由于苏州农村接受经济、技术辐射能力较强，往往成为首选地，也成为城市科技人员、能人到农村创业办厂的明智选择。同时，因为距市场中心较近、水陆交通便捷、运输成本较低、产品选择范围较大等有利条件，为乡镇企业的发展创造了良好基础。20世纪60年代初，从城镇工业企业中下放了一批职工到当地农村，20世纪60年代末开始的在职干部分批下放劳动，知识青年上山下乡，苏州农村吸收了17.8万知识青年，他们利用自己掌握工业技术、文化程度较高和熟悉城市工业人际关系的有利条件，积极投身于社队企业。上海等大城市的技术和管理人员，包括退休工程技术人员和技术工人，成了"星期天工程师"，他们为创办乡镇企业引路，传授技术和管理经验，成为乡镇企业的启蒙老师。苏州的乡镇企业就是在本地的手工业基础和外来技术的支持下发展起来的。

苏州农村充分利用了自己与外界人力资本的联系，引进技术和人才。他们通过官方联系、民间协作、寻亲访友、国际交流，形成了能利用的国内外乡亲资源关系网。不少乡镇还专门编制了各城市中当地籍人员花名册，平时经常联系，邀请他们回老家过年，召开新春团圆会，为家乡发展出谋献策。在乡镇企业初创阶段，找到一个好的关系就可能办起一家工厂。在计划经济时期，乡镇企业运行所需的技术、设备、资金、原材料和产品销售等生命线大多控制在别人手中，没有关系就寸步难行。而在外地工作的苏州乡亲为解决这些问题发挥了重要作用，这也就是今天我们说的"乡贤"。

苏州乡镇企业发展的基础也是20世纪50年代末期发展起来的社队企业。1958年苏州各地的人民公社逐步办起了不少农机修理、砖瓦、粮食加工、棉纺织以及缝纫等手工业合作社等公社工业企业。1959年根据5个县的统计，共有社办企业540家，工业总产值4435万元，职工人数2.88万人，固定资产324万元。市郊区1958年有社队企业195家。"文化大革命"期间，城市工业停工停产，市场供需矛盾很大，刺激了计划外生产供给的渠道，这为社队企业兴起和发展创造了有利的市场环境。苏州的社队企业抓住这一历史性机遇,焕发活力,重新开始起步,以不同的形式恢复和创办了一些工业企业。1972年,中共苏州地委提出"围绕农业办工业,办好工业促农业"的要求,苏州的社队企业贯彻"三就地"(就地取材、就地加工、就地销售)方针,积极发展社队企业,开始了社队企业发展的第一个高潮。

1976年,中共苏州地委倡导和支持发展农村工副业,提出"农副工综合发展"新思路,在全国领先一步部署发展社队企业,实现了社队企业的历史性转折。社队企业发展从"三就地"基础上拓展思路,开展为城市工业协作配套加工,其中有些产品还出口到国外。1976年,苏州地区(包括现属无锡市的无锡、江阴两县)社队工厂达10513个,社队企业总产值达到9.92亿元,相当于新中国成立初期全地区工业总产值的4.6倍,1965年至1976年增长了18.4倍,社队企业的总产值占全地区工业总产值的比重从1965年的6.8%提高到35.7%。改革开放之后,国家开始逐步调整农村经济体制与政策。1979年7月1日,国务院颁发了《关于发展社队企业若干问题的规定(试行草案)》的通知,1979年9月,十一届四中全会通过的《中共中央关于加快农业发展若干问题的决定》又进一步指出:"社队企业要有一个大发展。"苏州社队企业在十分有利的发展大环境下,一方面充分利用有利的区位优势,积极发展同城市大工业的横向联合,另一方面主动积极地进行自我调整整顿,改革分配制度和提高管理水平,为社队企业的大发展打好基础。1979年苏州社队企业全面整顿,重点是解决企业管理、产品销售等薄弱环节(如财务管理、购销管理、经营管理等),社队企业的技术和管理又上了一个台阶。

20世纪80年代,苏州社队企业加大了与大城市工业的横向联合。联合协作生产的形式主要有五种:一是为城市大工业配套生产组织的市、县联合；二是以一个县或公社为单位组织的联合；三是产品的零部件和工艺协作；四是以行业为单位组织联产、联购、联销的公司或总厂；五是生产企业与大专院校、科研单位的技术协作。这样的联合生产，既解决了产品重复和部分企业任务不足的困难，又有利于发展生产，提高产品质量，降低成本，增强竞争能力。到20世纪80年代中期，苏州社队企业已形成了门类比较齐全的结构，初步形成以城市为中心，以农村为基础，以小城镇为纽带的城乡经济、金融、文化、科技网络，为城乡联结、协调发展奠定了基础。

20世纪80年代中后期至20世纪90年代，"社队企业"这个词就不再用了，流行的词汇是"乡镇企业"。苏州乡镇企业与全国的乡镇企业一样，在高速发展的过程中也遇到一些瓶颈，其中主要问题是粗放经营、技术水平不高、重视规模而忽视质量，企业竞争力低下，同时产权的不清晰也阻碍了乡镇企业的发展。所以结构转换、产业升级和产权改革就成为当务之急。苏州乡镇企业在严峻的形势下，发展方向开始了历史性的重大转变，在发展战略上围绕"五个转向"，即：从注重产值增长转向注重提高经济效益；从外延扩大为主转向内涵挖潜为主；从粗放经营为主转向集约经营为主；从负债经营为主转向以自我积累为主；从内向型为主转向内外结合型发展，把工作重点转到提高企业的整体素质上来。

无论是苏南模式，还是温州模式，在中国乡村工业化的过程中，存在着一些共性的问题。技术水平低下、人才缺乏、产权不清晰、重复建设、严重浪费资源和能源、破坏环境、难以实现规模经济等问题，困扰着中国乡村工业的发展。乡村工业发展到一定阶段之后，必须实现整体的转型与提升，必须实现技术和制度的创新。2004年中央"1号文件"指出：乡镇企业要适应市场需求变化、产业结构升级和增长方式转变的要求，调整乡镇企业发展战略和发展模式，加快技术进步，加快体制和机制创新，重点发展农产品加工业、服务业和劳动密集型企业。这既是乡镇企业目前发展规模、结构、特点的要求，也是其进一步发展战略、模式的必然选择。20世纪90年代中期之后，乡镇企业开始普遍建立现代企业制度，进行产业的升级改造，逐步融入民营经济的大潮中，"乡镇企业"这个词汇已经不再有人提起了。从"社队企业"到"乡镇企业"，再到"民营企业"，这三个关键词的转变，标志着中国乡村工业化的三个不同历史时期。

五、互联网、淘宝村与新型乡村工业化

最近几年，互联网在中国发展迅猛。互联网革命不仅是一场技术革命，而且也是一场社会革命，互联网对整个社会形态产生了深刻的、革命性的影响。互联网极大地改变了人们之间的社会交往形态和经济交易形态，改变了社会共同体形成的方式。我曾经写过一篇文章《互联网金融的哲学》，分析了互联网对社会、经济、金融、政治所造成的影响。我们现在每一个人都不可能脱离互联网而存在，互联网无所不在，对每个人的社会行为和经济行为都产生了巨大影响。当然农村也不可能例外。在农村的城镇化、工业化和现代化过程中，互联网扮演着一个什么样的角色呢？这个问题需要好好研究。我们在第十二讲讲到农村的城镇化，其中一个重要内容就是农村的信息化，也就是通过互联网的发展与普及，建立农村的信息化网络，把农村社会经济的大数据整合起来，降低农村经济社会运行的成本，促进乡村治理和农村经济的发展。

近几年中国农村出现了一个新现象，就是"淘宝村"。我们不要把淘宝村仅仅视为利用互联网来兜售农产品的一种商业模式和物流模式，实际上，淘宝村是中国乡村工业化在互联网时代的一种新的形态的体现，预示着中国乡村工业化的一种新的趋势，可以称之为一种新型的乡村工业化。"新型乡村工业化"与原来的"传统乡村工业化"有何区别？表面上，从商业产品的生产和销售这个角度来看，似乎新型乡村工业化和传统乡村工业化没有什么本质区别。但是从乡村工业化过程中的信息传递方式、生产组织方式、产品销售方式以及对农村社会结构的影响来看，新型乡村工业化与传统乡村工业化有着巨大的不同。

2015年，我考察了河北的一些淘宝村。河北以及全国各地有很多淘宝村，乡村工业正在如火如荼地发展，涉及很多产业。淘宝村是什么形态呢？从产业来看，大部分淘宝村都是比较低端的产业。比如说我去了一个淘宝村，专门做汽车的各种装饰、配件等，生产制作的场所比较脏乱，技术门槛不高，管理水平也不高。可是你不要忽视甚至鄙视这些淘宝村，这些淘宝村吸收了大量的农村劳动力，尤其是闲余的劳动力（比如妇女和老人），提高了农村的就业和收入水平。同时，淘宝村还使得农民可以在家门口致富，避免长途流浪到大城市打工，这就保持了乡村的完整状态，维护了农村中家庭的稳定。这种乡村工业很初级、很原始、很粗陋，但是也很有活力，在生机勃勃地发展，它确实代表了中国乡村工业化的一个侧面，也有一些农村的电子商务产业非常现代、非常先进。

淘宝村对农村社会结构的影响是深远的。我们以往强调在乡镇企业发展过程中，要"离土不离乡，进厂不进城"，农民要实现就近就业，农民在自己的家门口成为产业工人，实现身份的转变，从而实现农村的工业化和城镇化。但是这些年以来，农民大量流出，在大城市做农民工，这对农村的社会结构和乡村治理造成很大的负面影响。农民大量外流，造成大量的"空心村"。农民外流之后，家里的孩子就很难接受良好的教育，没有父母的熏陶，没有亲情的哺育，时间长了，孩子的心理问题很大；这些从小没有父母亲情哺育的农村孩子，到了成年之后，来到城市，就会引发大量的社会问题和家庭问题，因为他们从小就没有家庭的概念。农民外流之后，家庭就不完整了，丈夫和妻子往往分离，家庭的和谐受到损害，长期下去，农村的社会风气就乱了，所以在很多农村地区，由于农民大量流出，尤其是男劳动力大量流出，留守的妇女往往出现很多问题，农村社会伦理和道德处于失控状态。传统乡村工业化所导致的农村劳动力外流也引起了空巢老人问题，农村养老成为一个巨大的社会问题，孝道在一些农村濒临消失。同时，从更宏观的视角来看，农民大量外流，也引发乡村治理的失效，乡村里没有青壮年了，缺乏人力资本，何谈乡村治理？所有这些弊端都表明，原来的工业化模式必须转型。

我去河北调研，路上看到很多标语，其中有一条标语让我印象深刻："与其东奔西跑，不如在家淘宝"。作为一个农民，尤其是有知识的农民，别整天到大城市打工了，东奔西跑，那多累啊，不如在家淘宝，用手机或网络终端，建立一个淘宝店，就可以依托当地资源做好一个产业，然后利用互联网把这些产品卖到全国各地甚至世界各地。比如说我刚才讲到的淘宝村里的汽车配件产业，依托这个产业，一个农民就可以获得很可观的收益，在家里当老板多舒服，每天跟夫人、孩子、父母在一起享受天伦之乐，比东奔西跑在深圳打工要好得多，幸福指数要高得多。它还极大地改善了家庭的结构和乡村社会的结构，保障了传统乡村家庭的稳定性，维持了传统乡村的家庭伦理和孝道，使乡村治理的效率得到提升，乡村重新变得生气勃勃了，不再是死气沉沉的。所以我觉得对于这种淘宝村，应该有更积极的看法，不要以为它们低端、落后，不要瞧不起这些条件很差的乡村工业，温州这些地方的乡村工业就是从这个起点上发展起来的，最后成为全世界知名的制造业基地。同时还要看到这些淘宝村对乡村治理的积极作用和对乡村伦理体系的正面作用。

互联网对乡村工业化的另一个作用体现在信息传递方面。在互联网时代，信息的传递和扩散更加便捷，信息的生产成本更为低廉，信息的利用渠道和方式也越来越多元化，从而更有可能实现信息的共享。淘宝村通过互联网，能够迅速实现信息的互动和共享，农民可以很快实现对外界信息的获取，大量的信息（包括产品需求的信息、金融支付的信息、企业管理的信息、社会文化的信息等）通过互联网传递到农村，乡村工业在接受这些信息后，会做出相应的反应，农民就会通过互联网学习到外面世界的新东西，这就是"干中学"。互联网时代这种"干中学"的效应，比传统农村工业化时代要快得多、大得多。在获取到这些信息之后，农民就会及时调整自己的产品结构、生产方式、管理模式、金融支付方式，从而迅速改变乡村工业化的运行模式。当然，在这个过程中，外界的社会文化信息的渗透也越来越快，农村的现代化进程和城镇化进程也相应加快了。

我在广西柳州考察了当地由大学生创办的农村电子商务。农村电子商务极大地改变了农村资源配置的方式和效率，实现了城乡资源的互动。很多城市的青年创业者和大学生也来到农村创办电子商务企业，淘宝村不仅吸引外出打工的农民回流农村，也吸引了富有创新精神、懂得互联网和现代科技的年轻人来到农村，这就为新型乡村工业化提供了人才基础。农村电子商务的发展，可以带动农村产业的各个层面，包括农产品的加工和生产、农村服务业、农村文化产业的发展，整体上提升了乡村工业化的层次。

淘宝村基于互联网，还可以实现乡村工业化的"去中心化"发展。互联网本身就是"去中心化"的，因此原来不具有地理优势的农村，由于有了互联网，其信息获取方面的劣势慢慢被消解了，再加上城乡物流体系的长足发展，农村完全具备了"去中心化"的发展能力，可以不依附于大城市和大的商业中心，而各自独立发展。这就为小城镇化的发展提供了基础，也为保持乡村面貌、建设美丽乡村提供了条件，不至于在城镇化的过程中消解乡村、瓦解乡村，使美丽乡村建设可以和乡村工业化同步协调进行。

第三节 告别二元结构：城乡一体化发展与要素回流

一、三重二元结构、区域一体化发展与乡村的"七化"现状

很多人说中国是"二元结构"。我认为中国的"二元结构"还不是一般的二元结构，而是"三重二元结构"。第一重二元结构指的是城乡之间的二元结构。假如把中国分成两块，一块城市一块乡村的话，城乡有很大差别，形成一个二元结构，这是我所说的第一重二元结构。另外一重二元结构叫作"区域内二元结构"，就是每一个地区内部又分"二元"，有发达地区和不发达地区的巨大差异，比如在广东省，就有极其发达的地区，也有相对不发达的地区，形成巨大反差，不同发展程度的地方共存于一个大区域内部。第三重是区域和区域之间的二元结构，比如东、中、西不同区域之间的巨大差异。当然这"三重二元结构"的基础，还是城乡差距。

这三重二元结构的存在，导致我们中国好像一个极度分裂的社会，到处存在着巨大的差异，这种经济和社会的"二元性"，已经严重影响了中国人的生活质量和幸福感，无论你是处于二元结构中那个"高层次"的一端还是"低层次"的一端。大家生活在北京，假如你出了核心城区之后，大概行车一个半小时，就会突然发现进入另外一个世界了，像密云、延庆、门头沟、大兴这些地方，有的乡村还处在比较落后甚至贫困的阶段。此时你就会发现，北京是一个严重分裂的社会，当你在CBD、金融

街这些地方转悠的时候，就会感叹，难道这不是全世界最繁华最高级的地方吗？可是就在几十公里之外，就存在着一些很落后的地方，这种城乡隔离和区域分裂的社会，在中国十分普遍。

出路在哪里？就在于"区域一体化发展"和"城乡一体化发展"。2015年我考察了河北七个县，对于京津冀区域一体化发展与城乡一体化有了感性的认识。区域一体化发展与城乡一体化发展，其着力点主要在县域，县域经济是连接大城市与乡村的纽带，也是实现这两个"一体化"的关键所在。我的考察归结为以下几点：

第一，近年来我国县域经济十分活跃，商业机遇非常多，其经济发展也呈现出前所未有的生机勃勃的气象。以前我们把大量资源用在城市上，尤其是用在大城市的发展上。现在县域经济面临很多发展机会，是支撑中国经济发展的主要增长点。

第二，县域经济的产业布局和产业转型正在迅速进展中。地方政府对每一个地方都有一整套的区域产业发展规划，产业布局的思路逐渐清晰，他们都野心勃勃，要发展当地的特色产业和优势产业。

第三，县域产业的发展前景很好，但是县域产业的层级并不高，其提升潜力是很大的。很多产业在县域发育成长还不够，还处于比较初级的阶段，还需要很好的引导、政策扶持和顶层设计，一些配套的东西还有待完善。

第四，县域经济出现两极分化的现象，有些地方的发展非常迅猛，思路很清晰，定位很准确，对本区域的产业规划十分具有前瞻性，知道自己的优势和劣势。但是也有一些地方经济处于停滞状态，跟先进地区的差距越来越大，思路和定位不清晰，盲目追求"高大上"，没有分析好自己的比较优势。

第五，在中国一些经济发展十分不均衡的地方（如河北），城乡一体化速度正在加快，但是在城乡一体化过程中，公共服务的均等化程度差异很大。

第六，城乡融合实际上还有很多的创新空间。目前很多制度正束缚着城乡进一步融合，未来各方面的制度创新有很大的空间，比如户籍制度、社会保障制度、医疗制度、教育制度等。

第七，近年来区域协同发展正在加快，很多地方正在寻找自己的增长点，争取加大区域协同发展的力度，形成一个富有生机与活力的经济区、产业区、金融区。以前区域之间是割裂的、分离的，现在则要追求融合、互动、互通，把区域发展当作一盘棋来设计。

区域协同发展，核心应该还在农村发展，不要把这个问题搞错了方向。通过考察，我感觉现在有几个重大问题正在阻碍着农村的发展：

一是乡村治理的真空化。由于乡村缺乏有效治理，现在大多数乡村都出现了治理的无效、失效的情况，农村凋敝，治理没有效率，出现治理的真空。

二是要素流动的静态化。农村有很多生产要素（包括土地、人力资本），可是这些要素都处于静止的状态，土地、房屋产权等这些有价值的要素得不到充分的流动，成为死的资产。因此，农村的要素是静态化的，而在城市中，这些要素基本都可以充分流动。

三是集体经济的涣散化。中国大部分地方的乡村有一个特点，就是集体经济不强。而由于集体经济不强，农村公共品供给的效率偏低。比如说交通、教育、医疗、公共设施、农田水利、乡村卫生、垃圾处理等，这些都叫作公共物品。这些公共物品的供给，靠一家一户的小农经济是不能实现的。公共物品的供给靠什么呢？主要还是靠集体经济的发展，可是，我走了河北这么多乡村，发现集体经济涣散的状态比较严重，这就使得大部分乡村的公共品供给基本处于不足的状态。

四是乡村文化的停滞化。乡村文化大部分都处在停滞状态，乡村的文化生活比较单调，文化氛围比较沉寂，整个乡村显得没有生气，不是生机勃勃的乡村，而是死气沉沉的乡村。

五是农业产业非规模化。你到乡村去调查一下，大都以小农为主。这样的状态对中国农村的发展是十分不利的，小农是很难抗拒农业风险的，包括自然风险和价格风险，小农也是很难实现规模收益的。小农为主体的乡村，对中国农村的发展实际上是有非常大的制约。

六是乡村工业的低端化。就是刚才我说的，乡村工业虽然很有活力，但是从产业形态来看，还比较低端，还需要进一步转型升级。

七是村庄的空心化。现在乡村大量人才外流，尤其年轻人外流，一些村要找到50岁以下的年轻人都很难。这种现象对整个的村庄治理、乡村产业发展等造成了很严重的影响。

二、构建城乡联合体：双向要素流动和"两个下乡"

改革开放以来，中国靠什么支撑了巨大的增长呢？我认为主要是靠大量的要素——包括人力资本、资金、土地——由农村单向地流动到了城市，这是中国改革开放以来创造经济奇迹的主要根源。比如说人力资本，大量的农民工跑到城市来，支撑了城市的发展，那些廉价的劳动力带来了城市大规模的发展和进步。每年有几亿农民工进入城市工作，每年春节数亿农民工由城市返回乡村，地球上最大的人口迁徙就发生在那几天，多么壮观啊。但是这个壮观背后是什么呢？是城乡二元结构的加深，是区域差异的加大，农民工的大量流动既带来了城市的繁荣，同时也拉开了城乡的距离。

除了人力资本之外,还有资金要素的单向流动,大量的资金由农村流向城市。我们看到这么多年以来,尤其是最近二三十年以来,农村大量资金通过邮政储蓄、农信社转移到城市金融体系中,像个抽水机一样,把农村的资金都抽跑了。农村形成了资金的真空地带,我们叫作"系统性负投资",农村金融机构的贷款很少,导致农村的收入增加很慢。

还有土地要素。有人说,土地能流动吗?当然,土地本身是不能动的,但是土地产权是能动的,农村城镇化过程导致大量农村土地成为建设用地、城市用地,支撑了城市的繁荣,但是,农民并没有从土地功能的转变中获得足够的级差地租。

这种单向的要素流动实际上阻碍了城乡一体化的发展。我觉得现在应该重新反省我们的发展道路,应该走一条城乡交融、城乡一体化的道路,促进要素在城乡之间的相互流动。要建立城乡联合体,要建立城乡发展的共享机制。中国改革开放以来经济高速增长,如果说农民不能分享到或者是共享到这个增长带来的好处和红利,那这个增长是没有意义的。中国的基尼系数现在很高了,成为全世界收入差距最大的国家之一,成为全世界不平等感最强的国家之一,这样能行吗?一个国家并非仅仅因为财富的增长而变得安定,而是因为人们之间的平等感更强而变得安定。现在人是变富了,可是人们的不平衡感反而更多了,为什么?就是因为有些人尤其是农村人口没有分享到国家经济增长带来的红利。所以我觉得要建立城乡联合体,要建立一个共享机制,由农村向城市的单向要素转移,转变为城乡要素的双向流动。既可以把要素从农村吸引到城市,也可以把城市的要素移到农村,这种增长才是真正的互惠的增长,而不是单向的向城市转移。

这方面我们要有实实在在的举措。比如说要鼓励农村人才回流，鼓励农村中的青年和妇女创业以及大学生的回乡创业。假定一个农民在深圳工作十年，有很好的工作经验和创业经验，他回到农村创业，要给他各方面的鼓励和扶持政策。为了让更多的农村人才留在农村，我们可以在农村更多地进行免费培训、职业教育，鼓励他们创业，鼓励他们建公司，鼓励农民合作社的发展，鼓励农民家庭农场的发展。同时，在当地要有更多的农村金融机构为他放贷，让他发展生产。还要加强农村产权的交易，像土地、房屋的产权交易。所以，在建立城乡联合体、建立城乡共享机制的过程中，最根本的还是要提升农村本身的发展潜力，降低一个农民在农村创业的成本。这样的话，才能够吸引人才，把人才留在农村。

这里面有"两个下乡"：资本下乡和精英下乡。先说资本下乡。很多人说资本下乡就是资本掌握了土地，掌握了农民，那是很可怕的，不会剥夺农民吗？我觉得这个担心是没有必要的。担心资本下乡会侵害农民的利益，这种担心是多余的。要素应该流动，应该吸引城市要素到乡村，去参与乡村各个产业的发展，引发农村的创新创业。很多城里的资本到乡村之后，引发了农村要素的流动，比如说土地产权的转移，这难道不好吗？促进农村土地的集约化经营和规模化经营，这难道不好吗？促进农村原有的低端产业向高端产业发展，这难道不好吗？当然，在资本下乡的过程中，我们还要防止负面的因素出现。有些城市资本，到农村之后流转了土地，但是没有对当地的农业产业和农民增收带来正面效应，反而跟当地政府勾结，侵占农民的利益，这个当然是要避免的。但是，并不能以此为理由，来阻碍城乡要素的双向整合。以张家口为例，它的农业产业化，如果没有大资本进行整合的话，这个产业注定是低端的，也是容易造成资源浪费的；另外它的特色农业、旅游农业、生态农业的发展，实际上是需要大量的农业资本下乡,保障其发展。

资本下乡进行资源整合,才能够带动乡村产业的发展,包括文化产业、农业产业、旅游业等。原来的产业有可能处于低端状态。比如说我到河北的蔚县调查,那里有丰富的乡土文化产品,蔚县剪纸知名度很高,可是它的产业化程度不高,收益不高。当地也有很好的文化景点,可是当地农民的开发力度还不够,不能适应旅游产业发展的要求。所以我觉得,资本下乡很重要。

再说精英下乡。当前县域经济的发展,乡村经济的发展,十分缺乏人才,很多地方的资源特别好,可是由于没有人才,就难以开发。很多地方政府官员有他们的规划和理想,但是由于当地缺乏人才,这些想法、规划不能够落地,难以实践,所以城市精英下乡是非常重要的。

三、城市产业转型、县域产业布局与乡村工业化

现在城市产业需要转型,一部分城市产业要向农村转移,这个转移,对乡村工业化、农村城镇化和现代化会产生积极的作用。互联网加剧了这种转移,也提升了农村的产业层级。农村拥有劳动力优势、资源优势、成本优势、信息优势,城市产业的转移要结合县域和农村经济发展的特点,通过产业的纽带,进一步实现城乡一体化发展,促进区域协调发展。

在县域产业和乡村工业化同步发展的过程中,要有一个全盘的产业规划。一方面是依靠淘宝村和农村电子商务的发展,实现农村的自主发展;另一方面,地方政府也要有意识地改善本地区的产业布局和结构,发挥自己的比较优势。每个地区有什么产业、有什么优势,要摸清,不要主观性地盲目创造一个"高大上"的产业。另外,要构建县域农村产业的特色产业集群,注重产业之间的互动与协调发展,着力打造一个相互联系和

相互支撑的完整产业链，不要依靠单一的产业孤军奋战。

综合以上的讨论，我们看到，区域一体化的发展，核心是资源共享。要使城乡要素互相流动，消除人为的政策性垄断，促进基本公共服务的均等化，消化大城市的过剩产业，防止大城市病。中国的大城市病已经非常严重，很多产业高度集中，很多人才集中在大城市发挥不了很好的作用，没有很好的生活质量，忍受着城市的拥挤、肮脏的空气和低下的待遇，而不知道在县域、在乡村有更多的发展机会。

在城乡一体化和区域一体化发展过程中，我也反对简单依靠行政力量，把大城市资源搬到不发达地区去。最近这种行政化命令越来越严重了，我觉得行政命令式地强迫把大城市资源迁移到不发达地区，这个迁移短期内可能起到作用，但是长期还是不可持续。我们要出台系统的扶持和鼓励政策，鼓励要素的自由流动，让市场去引导要素流动，而不要老用行政方法。区域协同发展的精髓是运用市场的力量，加大市场竞争，政府进行相应的政策指导，这样会导致区域的协同发展更有后劲，更具有可持续性。我们要创造条件，使大城市的优质资源（包括医疗、教育、文化、技术、资本）能够自然地向不发达地区和农村转移，以获得更大的效应。要鼓励区域间和城乡间的产业互动、产业融合、资本连接，发挥产业之间的上下游关系，构建跨区域的产业链条。

未来几十年，我们将看到城乡一体化、乡村工业化的突飞猛进，随之而来的是乡村文化复兴和城乡联合体的重建。乡村工业化、乡村治理、城镇化，我相信这些都是未来半个世纪中国必须面对、也必须办好的重大问题。中国是一个充满希望的国家，但中国未来的希望还是在广大的农村，正是由于中国农村的存在，才使得中国的经济发展更加富有弹性，更加富有发展的空间和潜力。

第十四讲

中国农村的贫困与反贫困：
模式转型与制度创新

第一节 引言：新中国反贫困的实践与成就

一、新中国反贫困的巨大成就

反贫困是关乎国家均衡发展、社会稳定和谐和人民福祉的大事。新中国成立以来，特别是改革开放以来，中国的扶贫事业取得了举世瞩目的伟大成就。中国在1949年至1978年的三十年中，在农村基础设施建设、农村合作医疗体系和社会保障、农业技术推广体系、农村人口教育和培训体系等方面的显著成就成为发展中国家的样板，农村地区的生产生活条件和人力资本状况大幅度改善，为中国农村地区的反贫困奠定了良好的制度基础，具有奠基性的意义。改革开放之后的四十多年中，尤其是1999年提出"西部大开发"战略、2005年提出"建设社会主义新农村"、党的十八大提出乡村振兴战略以来，中国强劲的经济增长势头和逐步深入的农村市场化改革使反贫困步伐明显加快，反贫困被提到国家战略的高度，反贫困战略实施的广度（人口和区域覆盖面）和深度（减贫绩效）也得到空前的拓展，为世界贫困人口的减少做出了决定性的贡献。

在反贫困过程中，我国各个地区根据自己的地域经济和社会文化特点，有针对性地探索出大量具有创新性的扶贫理念和做法，为世界反贫困提供了极有价值的思想资源。在长期的探索和实践中，我国的扶贫思路和制度也经历了深刻的转变。从早期着重于普惠式的农村基础设施的供给和农村贫困人群的救济，到后期更加注重精准式的扶贫和构建机制化常态化的扶贫模式，我国扶贫事业一步步得到深化，其机制设计和制度安排日益科学化。中国的反贫困模式在世界上产生广泛影响，其创新具有世界意义。

应该说，中国在几十年中使数亿贫困人口脱离了贫困，这个巨大的成就举世公认。2021年我国宣布消除了绝对贫困，这一成就令人振奋。但是，迄今为止，中国又是全世界贫困人群最为集中的国家，到现在还有大量相对贫困人口。所以我经常讲，中国人既值得骄傲，又不能骄傲。贫困人口的存在对于中国整个经济发展和社会和谐都造成了严重的影响。不要觉得贫困人群跟我们没有关系，贫困人群的存在，实际上跟我们每个人都息息相关。贫困者的存在导致我们每人每天都有可能面临很多问题，影响着我们这个社会的和谐、稳定与发展。

二、理解中国的贫困和反贫困中的若干误区

贫困，是一个非常复杂的问题，一时不容易谈论清楚。贫困的原因，既有精神层面的，也有物质层面的；既有先天因素，也有后天因素；既有整体的因素，也有个体的因素。原因极其复杂，背后往往有非常深厚的文

第十四讲 | 中国农村的贫困与反贫困：模式转型与制度创新

化、宗教和历史的根源。所以我们在分析贫困的时候，应该用一种更加多元化的视角来分析。

现在不论在理论层面还是在决策层面，对于什么是贫困，什么是真正的扶贫，还有很多认识误区，有必要加以澄清。

第一，我们不要绝对地以收入水平为标准来看待贫困。收入水平不是一个绝对标准，贫困是相对的。一个人是否贫困，我们要综合来看，既要看收入，同时更要看当地的生态环境、当地的民风、当地人的幸福感、当地人的收入差距与平等感，这些都影响一个地区的人的贫困水平。假定一个地方看起来人均收入比较高，可是生态环境差，人们的平等感比较差，幸福感差，民风不好，这种地方我认为仍然可能是贫困地区。我们在云南调研过程中，感觉很多地方民风淳朴，生态环境保护得很好，人们之间收入差距小，农民的幸福感其实不低；但是，你要看他的收入水平，基本上人均在两三千。那你能说这些人群就是绝对贫困人群吗？他们自己也不承认，他觉得我活得挺好的呀，山清水秀，民风又很好，人们之间的收入差距不大，他们觉得很好。所以很多人用收入水平作为判断贫困的标准，认定人家是贫困人群，但是当地群众未必认可。

第二，所有的扶贫干部，包括挂职干部、外来帮扶人员等，千万不要以居高临下的眼光去看贫困人群。当你面对贫困人群的时候，不要觉得我们的生活状态就一定比他更好。这是很多挂职干部和帮扶人员心理上的问题，每次看贫困人群都以怜悯的眼光看人家，这是不对的。我研究贫困问题有几年，我的经验是，你不要一厢情愿地认为你的生活状态就比人家更好，你要谦卑些、平和些、客观些，不要居高临下，不要俯瞰。我认为我们很多人的生活状态还不如我们所谓的贫困人群的生活状态好，我们的幸福感有可能不如云南的一个所谓贫困农户高，这一点我们要清楚，要自省。

第三，我们也不要把自己认为好的生活方式和生活状态想当然地带到扶贫当中。比如有些人觉得贫困地区通信不发达，移动通信不普遍，也不使用微信，所以这个地方很落后。这是一种非常荒谬的想法。你要注意，这个村子里面实际上不太需要移动通信来沟通，因为一个乡土社会的相互联络就靠面对面的交流，不靠手机，不靠微信，不靠QQ，不靠电子邮件。他们在这个乡土社会中生活得很幸福，交流很充分；但是你偏偏要推广这个东西，这就是我们把自己认为好的生活方式想当然地嫁接或是移入这些贫困人群中，这个思路是不对的。

第四，我们也不要用施舍的姿态来看待贫困人群。我们千万不要光看到别人的贫困，而看不到自己的贫困。我们要想象一下，我们的生活状态是不是很好，当你看到贫困人群的时候，你看到他的贫困，你能不能反思你的贫困。你不要用施舍者的眼光去看他们，而要想到，你给他做的所有贡献，实际上不光是解决他的贫困，还要解决我们自己的贫困，这一点我们要端正态度。我们每帮助一个贫困家庭，实际上就是在帮助我们自己，是在解决自己的贫困问题。如果没有这种心态的话，是做不好扶贫工作的。不要以为他贫困，你施舍他，给他捐赠，给他项目，那是解决不了问题的。

第五，我们在扶贫时，不要只看到贫困地区的消极面，而看不到积极面，我们要换一种眼光看问题。你到所有的贫困地区去看，实际上这些地方都有闪光点，都有积极的一面，甚至有些贫困地区有发达地区所不具备的东西。比如说你到云南去，到贵州去，到青海和甘肃去，会发现这些地方民风淳朴，生活节奏缓慢，二元结构不明显，人们的幸福感挺高。难道我们每天追求的不就是这些吗？假如这个地方通过经济的发展，变得生活节奏非常快，人们的心态非常焦躁，生态环境变坏，民风变得不再淳朴，人们的平等感很差，我们的扶贫还有意义吗？我们是要前者，还是要后者呢？在我们的贫困人群中，存在着大量的闪光点。所以，要到一个地方去扶贫，恐怕最大的任务不是去发现它的弱点、它的弊病，而是发现这个地方的优点，发现它的闪光点。比如云南这个地方民族文化非常璀璨，有非常丰厚的文化资源，民风淳朴，生活节奏比较适于人的居住，等等，你要发现这些优点。这样的话，我们的扶贫才有动力，才能抓到真正对的东西。

第六，扶贫不要唯GDP论，要考虑综合的、系统的、可持续的、长远的发展问题。现在党中央提出扶贫攻坚，要在短时间内全面消除贫困，我们现在给地方下达的任务是三年之内脱贫，这个任务下达之后，很多地方就开始在GDP上做文章，这个方法是不对的。我不是反对扶贫攻坚整个战略，而是认为唯GDP论是错误的，唯GDP论最后导致我们的扶贫工作变得非常焦躁，不够从容，往往造成形式主义，把GDP看成唯一的目标，忘记了我们要综合地考虑问题，长远地解决问题。

第七，当我们在看待贫困的时候，往往更多地注意到物质上的贫困，而没有注意到精神上的贫困、文化上的贫困、伦理上的贫困。我们去看帮扶的对象，很多人会问这个村需要什么产业，这个家庭需要什么帮助。但是我们忘了去分析，这个村乃至这家人在精神层面、文化层面、伦理层面需要什么，应该如何提升。很多地方穷并不是仅仅因为物质层面的贫困，而是因为民风、文化、伦理和乡村治理层面的问题。一个村庄没有凝聚力，没有很好的文化，没有好的风气和氛围，这个村庄就很难富起来。我下面讲到的内生性扶贫和社会网络扶贫，就贯穿着这样的想法。

第八，政府在扶贫方面也不要唯项目论。现在你去跟地方政府的官员谈论贫困问题，听到最多的两个字就是"项目"，他整天跟你谈项目，关心你带来什么项目。这当然是可以理解的，也是合理的，但是我觉得政府不光要着急上项目，更要从完善服务体系入手，从确立服务理念入手，从转变政府行为入手，来提升当地的吸引力和感召力。有些地方政府对于上项目比较热心，轮到他自己改变行为方式了，却很难，导致很多扶贫项目的实施有问题，项目的执行质量不理想，根源在于政府的行为方式有问题。

第九，我们在扶贫过程中，一定要知道，理念的改变是最要命的东西。要彻底改变人的理念，包括文化和道德观念，要加强乡村治理理念，要把一些软性的基础设施做好。我们现在硬件的基础设施改进很快，比如说云南的交通情况。十几年前我到云南，交通差，路不好走，可是现在基本上很好了。但是软性的东西改变起来比较难，比如说民风，比如说乡村治理。最近我到山东考察，泗水县有一家尼山书院，专门在乡村倡导儒家文化，原来乡村的风气不好，通过这种方式，农民的道德水平有所提高，民风变好了，这个村的凝聚力变强了，扶贫就有了基础。所以，我们恐怕要做一些无形的东西，既要抓有形的，又要抓无形的；既要看到物质层面的东西，也要看到关于伦理、道德方面的东西。

第十，如何调动农民的积极性？有一个普遍现象：地方扶贫干部"急得要死"，老想扶贫，但是贫困户一点也不着急，"死也不急"。为什么出现这种情况？因为我们这么多年以来一直一厢情愿地、居高临下地去扶贫，去帮助贫困户脱贫，可是我们没有让他自己爆发出这种动力来，这是政府扶贫中特别需要反省的问题。习近平总书记讲"扶贫先扶志"，点出了扶贫的关键。重要的是发动群众，使其自身产生动力。你上赶子去帮助他脱贫，但是农民不动，这说明他自己没有动力。现在上项目，应该建立一种竞争性的机制，设立一个竞争条件，大家都可以过来申请这个项目，政府来加以甄选。这样的话，就比单方面给他一个项目要好得多，农民自己就有动力去改善他的条件，积极去动，而不是被动。

第二节 我国扶贫开发政策框架的历史演进与制度创新：1949—2019

新中国是在"一穷二白"的基础上开始社会主义革命和建设事业的，在贫困人口大量存在、贫困人口受教育程度极低、农业农村基础设施极差、农民基本公共服务几乎空白的条件下，新中国开始了极为艰苦的大规模减贫工作。改革开放四十多年来，扶贫开发力度明显加大，到党的十八大之后，我国脱贫攻坚进入关键阶段，贫困人口脱贫步伐加快，贫困发生率大幅下降。在漫长的扶贫开发进程中，我国创造了极为有效的、具有中国特色的减贫模式，进行了大量的系统性的制度创新。下面我们对我国扶贫开发思路的演进过程进行一番系统梳理，对每一个历史阶段的扶贫重点、标志性成就和相关政策体系进行系统剖析，并对每个阶段的制度创新特征进行深入揭示。[1]

一、第一阶段：大力发展农村集体经济和大规模推进基础设施建设阶段（1949—1978）

新中国成立初期，中国农村的土地所有制和农业生产方式发生了深刻的变化，小农经济形态逐渐向合作社经济形态转变，农民的分散的土地

---

[1] 王曙光、王丹莉：《中国扶贫开发政策框架的历史演进与制度创新（1949—2019）》，《社会科学战线》，2019年第5期。

所有制逐步向大规模的集体土地所有制转变。这一转变，为此后大规模减贫和提升农村居民生产生活条件打下了坚实基础，也为中国的工业化和现代化提供了体制基础。1958年后在农村人民公社体制的支撑下，交通、农田水利、电力、饮水、公共卫生条件等得到极大改善，基础设施建设的成就非常显著；建设以农村信用社和农村供销社为基础的全国性农村信用和农村供销合作网络，对于提升农村信贷可及性和农村商业供销效率、支持农村发展起到重要作用；教育和科技方面，农村教育水平有了质的提升，大规模扫盲运动和初级教育的普及极大地提升了中国的识字率，1952年学龄儿童净入学率为49.2%，1978年为95.5%，发生了翻天覆地的变化。同时在农村科技方面构建了覆盖整个农村的农业技术推广网络，使先进的农业科技能够在农村迅速推广。

这一时期农村医疗和社会保障方面的成就极为突出。20世纪50年代以来，农村三级医疗卫生网络不断完善，在发展中国家中，中国农村的以乡村卫生院和赤脚医生为代表的医疗卫生体系成为全球农村卫生工作的样板，极大地提高了农村人口的健康水平和预期寿命；另外，还通过五保户、储备粮等制度来建立初步的社会保障体系。农村教育和医疗状况的大力改善，为新中国建设准备了比较充足和优秀的人力资源，这些人力资源对改革开放后的经济迅速发展也起到了关键性的作用。

改革开放前这一阶段的扶贫开发工作以农村经济和社会体制的巨大变革为核心，以提升贫困农民的组织性和集体行动能力为宗旨，通过基础设施建设和农村公共品（主要是教育、医疗、社会保障）的大规模供给，为我国大规模扶贫提供了制度保障，夯实了扶贫的制度基础。这一阶段的扶贫工作的核心，是让农民自己"组织起来"，依靠群众的力量办教育、办医疗、办养老，依靠人民公社体制进行大规模农田水利设施建设，这在全世界都具有标志性的意义，对于大规模改善农村生产生活条件具有重要作用。

二、第二阶段：通过农村土地制度的深刻调整实现大规模扶贫阶段（1978—1985）

党的十一届三中全会以来，土地制度的深刻调整尤其是承包制的实行，大大释放了农村潜在的生产力，激发了农民脱贫致富的内在动力，农村经济呈现出前所未有的活力，农民收入增长较快，粮食产量也有大幅上升。这一时期"效率优先兼顾公平"的发展模式也使得东部与西部、城市与农村之间贫富分化问题开始显现，中央政府及相关部门采取了一系列的针对性措施来应对贫困问题。

（1）补贴产品价格，提供税收优惠。为了缩小工农业产品交换的差价，大幅提升粮食的收购价格，棉花、油料、糖料、畜产品、水产品、林产品等农副产品的收购价格也有不同程度的提升，农业机械、化肥、农药等农用工业品的出厂价格和销售价格在1979年、1980年则分别降低10%到15%，将收入更多切实地转移给农民；[1] 对贫困地区视贫困情况给予1~5年不等的农业税减免，外地到贫困地区兴办开发性企业免缴所得税，乡镇企业、家庭工厂、个体商贩等也视情况给予一定的税收减免。

（2）设立专属基金，加大扶贫投入。为了加快贫困地区的经济发展，建立了"老、少、边、穷"地区发展基金，增加扶贫投入。此项资金占国家财政支出总额的比例达到2%，由财政部掌握分配，实行专案拨款。同

---

[1] 1978年12月22日《中国共产党第十一届中央委员会第三次全体会议公报》，载中华人民共和国司法部编印：《经济政策法规选编（1978.12—1984.10）》，内部发行，1984年，第3页。

时，对民族自治地区的补助数额，由一年一定改为五年不变、实行包干的办法。五年内收入增长的部分全部留给地方，中央对民族自治区的补助数额每年增长10%。[1]

（3）实行试点区域减贫模式，实现异地脱贫。1982年中央确定了"三西"地区农业建设工程，开创了我国扶贫区域开发和异地脱贫的先河。考虑到我国贫困人口分布具有明显的区域特征——集中分布于23个省（市）、自治区的18片贫困山区，即"老、少、边、穷"地区。这些地区的国定、省定贫困县占到了全国的65%左右。这些贫困地区一方面自然条件恶劣、生产水平低下，但另一方面，幅员辽阔，森林、草场众多，水能、矿产资源丰富。如何立足贫困地区当地资源，将资源优势转化为经济优势成为治穷致富的根本出路。"三西"工程提供了很好的解决思路。河西走廊自然条件优越，生产粮食潜力很大，但需要解决水利问题，而甘肃定西和宁夏西海固自然条件很差，生产困难，人口增加过多过快，陷入了"越穷越生，越生越穷"的恶性循环。为此，国家可以统一调拨粮食用以保障当地居民的基本生活，同时将财政拨款及其他资金更多用于"以工代赈"，既可以吸引定西和西海固的劳动力参加到河西粮食基地的建设中去，也可以参与改善两地的生产环境，包括退耕还林、修缮"三地"（坝地、梯地、压砂地），这样既解决了工程的劳动力问题，又可以实现有计划的移民，疏散当地人口。

（4）调动多维资源，开展智力支边。一方面，加强一些经济发达的省地区跟"老、少、边、穷"地区的对口支援和区域间的经济技术互助协

---

[1] 1980年2月1日国务院《关于实行"划分收支、分级包干"财政管理体制的暂行规定》，载国务院法制办公室编：《中华人民共和国法规汇编（第五卷）》，中国法制出版社，2005年，第428—429页。

作，实现了技术上重点帮扶、物资上互通有无、人才上共同培养，取得了显著成效。[1] 另一方面，鼓励各界人士对贫困地区经济文化建设做出贡献，包括鼓励大学毕业生支援边疆、民主党派开展经济科技咨询、举办培训讲座等。

这一阶段是我国大规模减贫的升级阶段，农村经营体制的变革和农村经济的快速发展为贫困人口的迅速降低起到了决定性作用，其中制度变革是核心。此阶段扶贫除了动用政府资金之外，配合了更加丰富的社会资源。全国农村没有解决温饱的人口从2.5亿人减少到1.25亿人，下降了50%，平均每年减少1786万人，贫困发生率从30.70%下降到14.80%。但必须要承认的是，这一阶段国家对于扶贫工作投入了很多，但收效却不甚理想。仅1980年至1984年，国家通过各种渠道拿出的贫困资金多达300亿元，但全国农村人均纯年收入200元以下的贫困人口仍有1.25亿人，其中有近4000万人不足150元，食不果腹、衣不蔽体、房不避风雨，扶贫压力依然很重。主要原因在于：（1）以救济式扶贫为主，没有将更多的资源用于经济开发，难以根治贫困；（2）资金使用分散，"撒胡椒面"的方式不利于解决中国区域性显著的贫困问题，按行政单位来均分救济资金显然没有按照项目、工程或者贫困程度来得更有效率；（3）思想上的重视不够到位，没有将扶贫放到国家发展战略的角度去思考。[2] 对于中国这样的人口大国，农业的发展又饱受摧残，扶贫绝非旦

---

[1]《经济发达省、市同少数民族地区对口支援和经济技术协作工作座谈会纪要》（1982年1月11日国务院批转），载国家民委办公厅等编：《中华人民共和国民族政策法规选编》，北京：中国民航出版社，1997年，第167页。

[2]《贫困地区经济开发是一个重要战略问题》，载陈俊生：《中国农业若干问题》，北京：中国青年出版社，1992年，第4页。

夕之功，需要有更加长远、细致的规划与安排。当然考虑到特定的历史情境，当时的中国尚处于社会主义市场经济发展的起步阶段，贫困人口众多但贫富差距尚不那么严重，经济发展更多关注的是"让一部分人先富起来"，用先富带动后富，所以此时主要依托经济整体发展来自发地解决贫困问题。数据显示，1980年至1985年间，农村社会总产值从2795亿元增加到6340亿元，翻了一番，农村人均年收入从191元增加到397元，极大地缓解了农村贫困问题。

三、第三阶段：系统性地构建和完善扶贫组织体系和有计划扶贫阶段（1986—1993）

改革开放以来，东西部日益拉大的贫富差距与长期存在的城乡二元结构叠加，整个经济发展的不均衡使得贫困问题越发凸显。为此，我国政府不再采用效率低下的救济式扶贫，取而代之以系统的、规范的开发式扶贫。

（1）调整扶贫方针，设立专门机构。在总结前一阶段的扶贫经验和教训的基础上，强调改变过去分散救济的单一化的扶贫模式，强调利用贫困地区的优势资源，进行有针对性的开发和建设，以促进贫困地区和贫困户的自我脱贫和内生发展能力。同时从按贫困人口平均分配扶贫资金向结构性地按项目和按效益分配转变，从主要依靠外生性的国家行政体系扶贫向更加依靠内生性的经济组织转变，从资金单向度的输入向技术、物资、教育的综合输入转变。国务院在原扶持资金不变的基础上新增加10亿元专项贴息贷款，主要用于种植业、养殖业和以农业产品为原料的粗加工业等有助于扩大就业，能够尽快解决群众温饱问题的生产性开发项目。1986年国务院贫困地区经济开发领导小组成立，各贫困面较大的省（自治区)、区和地、县也相继成立了扶贫协调和领导机构,这一专门机构的成立对于贫困地区发展和国家扶贫工作意义重大。

(2)界定扶持对象,落实管理责任。扶贫对象的精准确定是提高扶贫效率的基础,为此,将农村人均纯年收入低于320元的列入国定贫困县,共确定了国定贫困县331个,省定贫困县333个,共计664个,占全国总县数的1/3左右。以县为基础单位作为国家扶贫对象,不仅可以更好地考虑到不同县市的区域性差异,也有利于贫困地区政府将解决农户贫困问题与区域开发结合起来,对贫困进行综合治理。同时中央推出了严格的扶贫管理责任制,国定贫困县主要由中央出资扶持,省定贫困县由省、市扶持,零星分散的贫困乡村和贫困农户由所在县、市扶持,限期解决群众温饱,并将贫困地区干部的工作实绩同晋升联系起来,进行严格考核,克服"等、靠、要"的依赖思想。

(3)规范以工代赈,完善管理办法。自"三西"工程试点以来,以工代赈在解决农村贫困问题上取得了显著的成效。1984年至1985年,据对25个省、自治区统计,已修建公路33151公里,桥梁34000多延米,修通航道660多公里,兴建人畜饮水工程28885处,改善农田灌溉面积430多万亩。[1] 这些工程的建设对开发贫困山区资源、繁荣山区经济、改善群众生活有重大意义。然而,以工代赈也逐步暴露出了发展问题,主要是由于中西部贫困地区地质条件差,施工环境复杂,专业技术人才少,承担施工任务的多是非专业化的民工队伍,而政府脱贫心切,工程量铺得越来越大,导致配套资金不足,影响了工程进度,更有盲目追求数量,忽

---

[1] 1986年5月30日《国家计划委员会关于动用库存粮棉布帮助贫困地区修建道路和水利工程的情况报告》,载国务院扶贫开发领导小组办公室编《扶贫工作文件汇编(1978—2000)》,内部印行,2014年,第121页。

视质量的情况发生，甚至出现多起人身伤亡事故。为了规范以工代赈，国家建立了层层责任制，要求注意工程前期的准备工作，严把质量关的同时注意对工人的培训。

国家扶贫组织的完善和扶贫标准的明确意味着我国扶贫工作进入了组织化、计划化、规范化和常态化阶段，标志着我国扶贫工作更加规范和系统，扶贫资源能够得到更加科学合理的配置。但是扶贫工作的难度在这一时期越来越大，由于尚未解决温饱的人口绝大多数集中分布在中西部的深山区、石山区、荒漠区、高寒山区及水库库区，自然资源极度贫乏，解决温饱的难度越来越大。虽然在基础设施方面有明显的改善，农业结构有一定的调整，乡镇企业有较快的发展，但直接经济效益还不能很快发挥出来，1991年至1993年，贫困人口减少的速度明显减缓。自此，我国农村的扶贫工作进入了最艰难的攻坚阶段。

四、第四阶段：大规模减贫的攻坚阶段（1994—2000）

20世纪90年代初期我国贫困人群集中于地域偏远、交通不便、生态失调等条件极其恶劣的地区。1994年，中央政府提出了《国家八七扶贫攻坚计划》，以1992年农民人均纯收入为依据，按照"四进七出"的纯收入杠子和有进有出的原则共划定国定贫困县592个，占全国总县数的27.3%，全国未解决温饱的人口共计8065.5万人，占农村总人口的8.8%。在国定贫困县内未解决温饱的人口有5758.9万人。国定贫困县中175个县人均纯收入低于400元；有330个农区县长期缺粮，每年吃返销粮60多亿斤；5600万人、3600多万头大牲畜饮水困难；1310个乡，16.6万个行政村不通公路；1400个乡，6.6万个行政村不通电；2123个乡无卫生院，群众治病困难；人口增速过快，一方水土难养一方人。[1] 面对如此严峻的扶贫形式，《国家八七扶贫攻坚计划》依然提出了在 20 世纪末基本解决这 8000 万人的温饱问题，这意味着从 1986 至 1993 年的八年时间内，平均每年贫困人口减少 624.8 万人，但之后七年要每年减少 1142.8 万人，工作量提高接近一倍。虽然艰巨而紧迫，但"只能实现，不能落空"[2]。

（1）增加扶贫投入，动员各界力量。扶贫开发作为事关经济发展和社会稳定全局的重要任务受到了全社会的重视。国家经济的快速发展为扶贫事业的进步提供了强有力的支持，国家累计投入扶贫资金 1127 亿元，这一规模相当于 1986 年至 1993 年扶贫投入资金的 3 倍。为了保证扶贫资金能够真正落实到户，提高资金使用效益，一方面国家规定贫困地区领导干部考核把当地群众是否真正脱贫、脱贫进度快慢作为主要标准，加大了领导干部的扶贫责任制；另一方面，将资金重点投入到贫困人群最集中地区，省定贫困县不得占用中央扶贫资金，真正做到扶贫资金"及时下达，足额到位"[3]。同时社会各界也以不同形式参加了贫困地区的开发建设：共青团中央的"希望工程"、全国总工会的"万人工培计划"、统战部和全国工商联的"光彩事业"以及其他民间扶贫团体开展的多种扶贫活动，都从不同的方面促进了贫困地区社会、经济的发展，作用和影响也越来越大。大中城市和发达地区也以不同的方式支持了贫困地区。

（2）坚持开发扶贫，增强内源发展。扶贫要走经济开发之路是多年

---

[1] 1995 年 5 月 24 日《国务院扶贫开发领导小组关于扶贫攻坚形势和建议的汇报提纲》，载国务院扶贫开发领导小组办公室编《扶贫工作文件汇编（1978—2000）》，内部印行，2014 年，第 713 页。

[2] 1995 年 6 月 6 日陈俊生在全国扶贫开发工作会议上的报告，载陈俊生《扶贫工作文集》，贵阳：贵州人民出版社，1998 年，第 381 页。

[3] 陈俊生：《扶贫工作文集》，贵阳：贵州人民出版社，1998 年，第 386 页。

实践经验总结出来的，为了将开发式扶贫与扶贫到户结合起来，探索出了扶贫经济实体组织经济开发的发展路径。通过扶贫经济实体，为贫困户提供产前、产中、产后服务，充分利用了农村基层供销社、农业、林业、畜牧和科技以及各种专业协会等组织。这样避免了简单地将扶贫资金分散到户的老办法，真正做到扶贫项目落实到户，效益落实到户。这种产业扶贫的方式，被证明是最有效的可持续的扶贫模式，而且在产业扶贫的过程中，也培育了大量的有效率的内生的经济组织，这对于扶贫效果的巩固和农村可持续发展都发挥了极大的作用。

该阶段扶贫历时七年，全力攻坚，取得了显著成效，全国农村未解决温饱的贫困人群减少到3000万，占比下降到3%。这一时期农村居民的生产生活条件明显改善，592个国定贫困县修建基本农田6012万亩，新增公路32万公里，解决了农村5351万人和4836万头牲畜的饮水难问题，通电、通路、通邮、通电话的行政村分别达到95.5%、89%、69%和67.7%。这一时期经济发展速度明显加快，国定贫困县农业增加值增长54%，年均增长7.5%，地方财政收入增加近1倍，粮食产量增长12.3%，农民人均纯收入从648元增加到1337元，增速快于全国平均水平；贫困地区人口增长势头得到初步控制，人口自然增长率有所下降，义务教育办学条件明显改善，适龄儿童辍学率下降到6.5%，95%的行政村能够收看到广播电视节目，群众文化生活得到改善。[1] 这一阶段的扶贫成效一方面得益于国家整体经济实力的增长，能够有更多的资源和精力用于解决贫困问题；另一方面也是基于过往扶贫工作的经验总结，探索出了符合当前

---

[1] 温家宝2001年5月24日在全国扶贫开发工作会议上的讲话，载国务院扶贫开发领导小组办公室编：《党和国家领导人论扶贫（1978—2001）》，内部印行，2014年，第637页。

国情的开发式扶贫道路,帮助农村实现内生性的发展。

五、第五阶段:我国扶贫开发的转型和进一步深化阶段(2000—2012)

"实施《国家八七扶贫攻坚计划》以来,我国农村贫困现象明显缓解,贫困人口大幅度减少。到 2000 年年底,除了少数社会保障对象和生活在自然环境恶劣地区的特困人口,以及部分残疾人以外,全国农村贫困人口的温饱问题已经基本解决,《国家八七扶贫攻坚计划》确定的战略目标基本实现。扶贫开发实现了贫困地区广大农民群众千百年来吃饱穿暖的愿望,为促进我国经济的发展、民族的团结、边疆的巩固和社会的稳定发挥了重要作用。在短短二十多年时间里,我们解决了 2 亿多贫困人口的温饱问题,这在中国历史上和世界范围内都是了不起的成就。"但是国家对于扶贫工作的长期性和艰巨性有着深刻的认识,《中国农村扶贫开发纲要(2001—2010 年)》中说:"我国目前正处于并将长期处于社会主义初级阶段,在较长时期内存在贫困地区、贫困人口和贫困现象是不可避免的。当前尚未解决温饱的贫困人口,虽然数量不多,但是解决的难度很大。初步解决温饱问题的群众,由于生产生活条件尚未得到根本改变,他们的温饱还不稳定,巩固温饱成果的任务仍很艰巨。基本解决温饱的贫困人口,其温饱的标准还很低,在这个基础上实现小康、进而过上比较宽裕的生活,需要一个较长期的奋斗过程。至于从根本上改变贫困地区社会经济的落后状况,缩小地区差距,更是一个长期的历史性任务。要充分认识扶贫开发的长期性、复杂性和艰巨性,继续把扶贫开发放在国民经济和社会发展的重要位置，为贫困地区脱贫致富做出不懈努力。"[1]《中国农村扶贫开发纲要（2001—2010年）》提出我国2001年至2010年扶贫开发总的奋斗目标是："尽快解决少数贫困人口温饱问题，进一步改善贫困地区的基本生产生活条件，巩固温饱成果，提高贫困人口的生活质量和综合素质，加强贫困乡村的基础设施建设，改善生态环境，逐步改变贫困地区经济、社会、文化的落后状况，为达到小康水平创造条件。"基于这样一个目标，《中国农村扶贫开发纲要（2001—2010年）》在以往扶贫经验的基础上，提出了一些富于时代特色的创新性扶贫理念：

第一，以发展为核心的扶贫理念。《中国农村扶贫开发纲要（2001—2010年）》中所谓"开发式扶贫"，实际上就是一种以发展为核心的扶贫理念，以有别于那些以贫困人口的救济为核心的扶贫理念。这种理念强调在经济发展（尤其是产业发展）的过程中实现贫困地区的发展和贫困人群的减贫脱贫。这是一个极为重要的扶贫经验，也是中国扶贫模式的核心秘密。《中国农村扶贫开发纲要（2001—2010年）》提出，"要以经济建设为中心，引导贫困地区群众在国家必要的帮助和扶持下，以市场为导向，调整经济结构，开发当地资源，发展商品生产，改善生产条件，走出一条符合实际的、有自己特色的发展道路。通过发展生产力，提高贫困农户自我积累、自我发展能力。这是贫困地区脱贫致富的根本出路，也是扶贫工作必须长期坚持的基本方针"。这一思想是非常深刻的，与学术界提出的"内生性扶贫"和政府在此后提出的"产业扶贫"理念是完全一致的。通过经济发展和产业发展，贫困地区找到了比较优势，利用自己的特

---

[1] 国务院：《中国农村扶贫开发纲要（2001—2010年）》，载国务院法制办公室编《中华人民共和国法规汇编（第十六卷）》，北京：中国法制出版社，2005年，第491页。

殊资源禀赋开发符合地域特色的产业，从而提升贫困人群的自我脱贫能力。在以发展为核心的扶贫理念中，实现贫困地区的可持续发展和贫困人群的全面发展，是两个重要的不可忽视的组成部分：要实现贫困地区的可持续发展，就必须把扶贫开发与资源保护、生态建设相结合，实现资源、人口和环境的良性循环，提高贫困地区可持续发展的能力；要实现贫困人群的全面发展，一方面要把扶贫开发纳入国民经济和社会发展计划，要加强水利、交通、电力、通信等基础设施建设，提升贫困人群所享受的基本公共服务水平和公共基础设施水平，另一方面更要重视科技、教育、卫生、文化事业的发展，改善社区环境，提高贫困人群的生活质量，促进贫困地区经济、社会的协调发展和全面进步。

第二，以市场化机制为主体的多元化扶贫理念。《中国农村扶贫开发纲要（2001—2010年）》强调扶贫开发要"以市场为导向"，也就是要在着力构建市场化机制上下功夫，把市场机制建设作为扶贫工作的指导方针。这就要摆正政府和市场的角色。市场在资源配置中起到决定性作用，扶贫开发中的产业发展和经济结构调整都要依赖市场机制，而不是政府取代市场去直接配置资源。但是政府在提供大规模基础设施建设和基本的公共服务方面，有其比较优势和法律责任；同时，在组织层面，政府有天然的强大的组织动员能力和人力资本调配能力，能够通过自己的组织优势来达到市场难以达到的效果，与市场机制相配合。《中国农村扶贫开发纲要（2001—2010年）》强调："坚持政府主导、全社会共同参与。各级党委和政府要适应发展社会主义市场经济的要求，加强对扶贫开发工作的领导，不断加大工作和投入力度。同时，要发挥社会主义的政治优势，积极动员和组织社会各界，通过多种形式，支持贫困地区的开发建设。"这与"市场为导向"的说法并不矛盾，政府的优势在于社会动员和公共品供给，而不在于资源的直接配置。

第三，以提升贫困人群可行能力为扶贫工作的重点。贫困人群可行能力的提升，是内生性扶贫的核心。《中国农村扶贫开发纲要（2001—2010年）》中特别强调科技、教育、卫生、文化事业的发展对于扶贫的重大意义，其要旨在于提升贫困人群的人力资本和社会资本，使其在减贫过程中可以利用自己的人力资本和社会资本实现自我脱贫。

2011年12月1日，国务院又发布了《中国农村扶贫开发纲要（2010—2020年）》，对未来扶贫攻坚提出了更为深入系统的战略规划。2010年之后，我国工业化、信息化、城镇化、市场化、国际化不断深入，经济发展方式加快转变，国民经济保持平稳较快发展，综合国力明显增强，社会保障体系逐步健全，为扶贫开发创造了有利环境和条件。我国扶贫开发已经从以解决温饱为主要任务的阶段转入巩固温饱成果、加快脱贫致富、改善生态环境、提高发展能力、缩小发展差距的新阶段。《中国农村扶贫开发纲要（2010—2020年）》针对扶贫攻坚阶段的新形势，在继续深化以往产业扶贫、多元化扶贫和内生性扶贫等思路之外，特别强调了对重点区域的重点扶贫，尤其是要把连片特困地区作为扶贫攻坚的主战场。所谓连片贫困地区，主要是指六盘山区、秦巴山区、武陵山区、乌蒙山区、滇桂黔石漠化区、滇西边境山区、大兴安岭南麓山区、燕山—太行山区、吕梁山区、大别山区、罗霄山区等区域的连片特困地区和已明确实施特殊政策的西藏、四省藏区、新疆南疆三地州。《中国农村扶贫开发纲要（2010—2020年）》把连片特困地区作为主战场，把稳定解决扶贫对象温饱、尽快实现脱贫致富作为首要任务，坚持政府主导，坚持统筹发展，更加注重转变经济发展方式，更加注重增强扶贫对象自我发展能力，更加注重基本公共服务均等化，更加注重解决制约发展的突出问题，把农田水利建设、饮水安全、生产生活用电、农村危房改造、教育和医疗卫生、公共文化和社会保障等作为最重要的核心任务来抓，在普惠制的公共服务供给上下功夫，为贫困人群减贫提供了基本的保障，事实证明，基础设施和公共服务的大规模普惠式供给，是减贫的最有效和最持久的手段。

这一时期扶贫效果明显，以低收入标准测算，农村贫困人口从2002年年末的8645万人下降到2010年年末的2688万人。2011年，中央决定将农民人均纯收入2300元（2010年不变价）作为新的国家扶贫标准，比2009年提高92%，按照新标准，年末农村扶贫对象为12238万人。把更多农村低收入人口纳入扶贫范围，这是社会的巨大进步[1]。

六、第六阶段：十八大和十九大之后的扶贫攻坚最后决胜阶段与彻底消除贫困阶段（2012—2019）

党的十八大以来，党和政府把扶贫工作提高到一个新的高度，习近平同志对扶贫工作高度重视，在多次讲话中强调扶贫开发的战略重要性。"消除贫困、改善民生、实现共同富裕，是社会主义的本质要求。"[2] 习近平同志把扶贫开发提高到"社会主义本质"来认识，把"共同富裕"和"消除贫困"视为"中国特色社会主义的根本原则"[3]。这一阶段提出的精准扶贫理念和一整套模式对彻底消除贫困起到关键作用，党和国家提出

---

[1] 国家统计局：《从十六大到十八大经济社会发展成就系列报告之一：新世纪实现新跨越 新征程谱写新篇章》，2012年8月15日，http://www.stats.gov.cn/ztjc/ztfx/kxfzcjhh/201208/t20120815_72837.html（访问时间：2024年6月24日）。

[2] 习近平：《在河北省阜平县考察扶贫开发工作时的讲话》，2012年12月29日、30日，《做焦裕禄式的县委书记》，中央文献出版社，2015年，第15页。

[3] 习近平：《紧紧围绕坚持和发展中国特色社会主义学习宣传贯彻党的十八大精神》，2012年11月17日，《十八大以来重要文献选编》（上），中央文献出版社，2014年，第78—79页。

2020年全面建成小康社会和彻底消除贫困的目标。从2012年党的十八大到十九大召开之前这五年，我国脱贫攻坚力度之强、规模之广、影响之深、成效之大，前所未有。这五年，脱贫攻坚迅猛推进，全面建立脱贫攻坚制度体系，建档立卡摸准贫困底数，百万干部驻村帮扶，并实行最严格考核制度，5500多万人脱贫。2012年至2016年，我国精准扶贫成效显著，精准扶贫模式不断创新，金融扶贫、教育扶贫、产业扶贫、易地扶贫等新模式成效明显，按照每人每年2300元（2010年不变价）的贫困标准计算，2016年农村贫困人口4335万人，比2012年减少5564万人，平均每年减贫约1400万人，贫困发生率4.5%，比2012年降低5.7个百分点。贫困地区农民人均收入增长幅度高于全国平均水平，2016年贫困地区农村居民人均可支配收入8452元，扣除价格因素，比2012年实际年均增长10.7%，比全国农村居民年均增速快2.7个百分点。[1]从党的十九大召开到2020年的三年时间，是我国消除农村绝对贫困的决胜时期。

七、结论：中国扶贫事业的制度演进路径与未来趋势

通过以上对我国扶贫工作的六个阶段发展历程的梳理，我们可以看到，随着扶贫开发的逐步深入推进，我国的扶贫目标在逐步提高，从解决温饱过渡到实现小康和全社会共同富裕；同时扶贫的手段也更加合理和多元化，扶贫工作经历了从直接救济到调动农民积极性以实现内生性的扶贫，从普惠性的基础设施建设到鼓励贫困地区发展优势产业，从政府主导到调动多元化的民间组织力量和发挥市场力量，从单一和有限的政策

---

[1] 国家统计局：《新理念引领新常态 新实践谱写新篇章——党的十八大以来经济社会发展成就系列之一》，2017年7月28日，http://www.stats.gov.cn/tjsj/zxfb/201710/t20171010_1540653.html（访问时间：2024年6月24日）。

到多管齐下的系统性扶贫的变化。随着贫困范围的缩小，彻底消除贫困的任务更加艰巨，进一步的扶贫开发需要更加精准，应根据各地区不同的自然和人文要素开展扶贫工作；另外，也应当重视提升贫困人口的主观能动性和可行能力，挖掘其自身力量以实现自主脱贫。

第三节 贫困的根源在哪里——贫困发生学视角的分析

从贫困发生学的角度，我将贫困的类型分为制度供给不足型贫困、区域发展障碍型贫困、可行能力不足型贫困（结构型贫困）、先天缺乏型贫困和族群型贫困。[1]

一、制度供给不足型贫困

即由宏观经济制度、社会制度或政治制度供给不足而引致的贫困。在贫困发生率比较高的国家和地区，合理的教育和培训制度、医疗卫生制度、收入分配制度、金融与信贷制度、公共财政制度、社会保障制度、土地制度以及与之相匹配的法律体系的缺失，是导致贫困的基础性原因。

中国在改革开放以来的贫困问题，很大程度上表现为制度供给不足，如农业集体化解体之后农村合作医疗体系和农村养老社会保障体系的崩溃，导致农村因病致贫现象和养老问题非常严重。国家对农村基础设施建设和其他公共品的投入明显不足，农村居民税费负担比较沉重，收入分配体系的不完善导致城乡收入差距增大，最近几年中国反贫困步伐的减缓也与收入分配制度及公共财政制度密切相关。在金融和信贷制度方面，由

---

[1] 王曙光:《中国的贫困与反贫困》,《农村经济》, 2011 年第 3 期。

于农村金融体系建设的严重滞后，农村资金净流出所导致的农村系统性负投资现象非常严重，农民贷款难直接导致可支配收入的降低和贫困的发生。

在所有贫困发生的根源中，制度供给不足是最值得重视的。因为在制度供给不足的情况下，贫困人口的权利被制度性地忽视乃至剥夺，使他们被排斥在制度之外，丧失自由选择的能力和权利，从而导致贫困人群可行能力的缺乏和贫困发生率的整体提升。从本质上来说，制度排斥与权利剥夺是造成贫困的最核心的原因之一。制度供给不足型贫困是一种整体性贫困，许多局部的贫困均与制度供给不足相关。

二、区域发展障碍型贫困

即由一些具有区域特点的发展障碍因素而引致的贫困。如某些地区由于交通、通信、市场设施不完善而引发的贫困，或者由于当地恶劣的自然生态环境与不适宜人类生存的气候所引发的贫困。在中国西部大面积的地区，包括西藏、云南、贵州、甘肃等地的沙漠化、石漠化、高寒、多山和缺水地区，贫困的发生率极高。如甘肃的定西、河西地区和宁夏的西海固历来被称为最贫困的"三西"地区，由于自然条件恶劣而导致整个区域发生普遍性的贫困。

自然环境与生态方面的致贫原因有些是可以被局部改善的，如大规模的生态恢复和自然环境保护政策，可使当地居民生存条件得到迅速改善，而交通、通信和市场设施的不足更容易改善。在中国现阶段的贫困中，区域发展障碍型贫困是最主要的贫困类型。

三、可行能力不足型贫困（结构型贫困）

这种贫困是由贫困者个体的可行能力不足造成的贫困。其原因均表现为贫困者个体的某种能力的缺陷，而不是先天的身体或智力的缺陷。可行能力不足的最终根源有可能与制度设计和制度安排有关，但是大部分可行能力不足的原因却是个体性的。如由于受教育程度低而引致的人力资源不足，这是导致贫困的最重要的原因之一。还有由于农民的自组织能力不足，导致农民在市场竞争中难以获得较好的谈判地位，从而使得农民生产的规模收益和抗风险能力下降。

对于这些可行能力不足型贫困人群，针对性地提升其可行能力是促使其脱贫的关键。能力包括基本生产能力、获取知识能力、参与决策能力、合理利用资源能力等诸多方面，这些能力最终都要体现在"自我发展能力"。社会交往能力也很重要，现在通行的术语叫作社会资本。农民没有社会交往的资本，这往往是导致其贫困的根源。我们下面讨论到的社会网络扶贫，就是改变这个问题。

四、先天缺乏型贫困

这类贫困是由贫困者个体在智力或体力上的先天缺陷导致的生产能力完全或部分缺失而引发的贫困。先天缺乏型贫困的原因一般是不可消除或不可逆转的，如先天的盲人、肢体残缺或精神病患者，其身体或精神上的残缺在现有的医疗条件下是不可能被修复的，这些人群的贫困也很难通过提升其可行能力来解决。因此一般意义上的提升人力资源或者进行微型信贷扶持等方法，对于先天缺乏型贫困人群的扶贫效果微乎其微。

五、族群型贫困

即在某些少数民族社区（尤其是边疆民族地区），由于整个族群在生产方式、文化、宗教信仰、习俗、生活方式等方面的历史原因而造成的贫困。在中国很多边远地区这类贫困大量存在，容易引发宗教和族群之间的冲突，从而变得复杂而难以处理。族群型贫困部分原因与区域发展障碍型贫困、可行能力不足型贫困重合，但是其最鲜明的特征在于其民族特有的生活方式或文化习俗。这类贫困的特点是，其发生区域多集中于边境地区。

内陆边境国家级贫困县有40个，较"八七"扶贫攻坚时期增加9个，占全部内陆边境县的29.9%。云南省25个边境城市中有17个属于国家级贫困县，2003年总人口为586.48万人，少数民族人口为374.44万人，占贫困总人口数的59%，与邻国的边境线长4060公里。这类贫困也多发于少数民族聚居区，即使这些区域不属于边境。少数民族人口的贫困问题突出，在8000多万农村贫困人口中，少数民族人口占了不恰当的比例，绝大部分贫困地区是少数民族居住的地区。全国592个国家级贫困县中，有257个是少数民族自治县。族群型贫困已经成为影响中国和谐社会建设和民族发展繁荣的重要障碍之一，必须提高到国家战略和民族和谐的角度去认识。

第四节 中国农村的反贫困模式

一、制度变革型扶贫

针对制度供给不足型贫困，要运用制度变革型扶贫模式来应对，即对现有制度进行系统性改革与创新，为贫困群体的脱贫创造基础上的制度条件。制度变革型扶贫的实施主体当然是政府,包括中央政府和地方政府,都有可能是制度变革和创新的主导者。改革开放以来,通过系统性制度变革来进行有效扶贫是中国反贫困的一个基本特征;制度变革型扶贫的特征是整体性强,对所有贫困群体都有覆盖,是一种普惠型的扶贫模式。

近些年以来,我国在制度创新方面做了大量工作,比如教育制度改革和教育资源向农村贫困地区倾斜、新型农村合作医疗制度改革、农村金融制度创新和新型农村金融机构建设、农村新型养老保险和社会保障制度建设、公共财政向农村贫困地区的转移支付制度等。在现阶段,中国仍必须大力进行制度变革,以此来推动大规模扶贫,为中国消除贫困创造制度基础。必须大力推行土地改革、城镇化和城乡一体化改革、农村金融制度改革和新型农村经营主体构建,从制度层面推动扶贫工作的深入开展。

二、基础型扶贫(或大推进型扶贫)和生态恢复型扶贫

对于区域发展障碍型贫困,其扶贫的核心使命是大规模改善基础设施条件(包括交通、通信、市场基础设施等硬件)和生态环境条件。一般而言,针对区域发展障碍型贫困,大推进战略是基本适用的,如果没有政府的大规模的投资,仅仅依靠贫困群体的个体力量,是很难改变基础设施不足或生态恶劣的状况的,这些贫困群体也将终生陷入贫困陷阱而不能自拔,产生贫困的恶性循环。

纳尔逊(1956)提出了"低水平均衡陷阱理论"。该理论认为只要人均收入保持在临界水平以下,超过收入增长率的人口增长率会将经济拉回到"低水平均衡陷阱"中不能自拔,因此必须进行大规模的资本投资,使投资和产出的增长超过人口增长,才能冲出"陷阱",实现人均收入的

大幅度提高和经济增长。使贫困人群陷入低水平均衡陷阱的主要因素，还是基础设施和制度问题。

学术界关于基础设施投资对农户收支的影响的计量研究表明，有基础设施投资的村庄，贫困农户的户均生活消费支出增长了26%，而没有基础设施投资的村庄，贫困农户的户均生活消费支出仅仅增长了5%，基础设施投资的扶贫效果极为显著。生态环境说到底也是一种基础设施，其改善必须依靠大规模的投资，这也包括迁移型扶贫在内。对于那些不适宜人类居住的地区，贫困人口的整体迁移和异地安置不仅有利于生态恢复，而且可以使贫困人口脱离"低水平均衡陷阱"，从而实现整体脱贫，避免贫困的代际复制。

三、能力增进型扶贫（或结构型扶贫、造血型扶贫）

这类扶贫模式的核心在于提高贫困人群的可行能力，尤其是人力资本投资。近年来针对农村贫困人群融资能力不足的问题，商业类小额信贷机构和非营利组织大力推广无抵押无担保的微型信贷产品，使贫困人群能够通过信贷增强自我扶贫的能力。孟加拉乡村银行等金融机构的行动表明，这种微型信贷不仅可以使贫困人口脱贫，也可以同时使金融机构具有财务可持续性。

小额信贷对农户微观个体获得信贷资金机会、家庭财产增加、就业机会增加、减少风险、妇女授权等方面具有积极的作用。小额信贷对中国的扶贫发展政策也有重要影响，成为中国扶贫到户方式、金融政策、发展援助政策的重要内容，并为中国农村组织的发育成长提供了一条实现途径。

针对农民自组织能力不足的问题，政府和其他非营利组织应该加强对农民的合作社教育，增强农民对于合作社的认识和理解，使他们可以联合起来组建大规模的农民合作经济组织,从而提高自己的市场谈判能力和抗风险能力,近年来农民合作经济组织的迅猛发展对反贫困的意义极为重大。

四、救济型扶贫(或输血型扶贫)

对于那些先天缺乏型的贫困群体,造血型扶贫(如小额信贷、人力资本投资)的作用是非常有限的(仅对部分还没有完全丧失生产能力的人群有作用),而只能采用输血型扶贫,运用公共财政力量或社会公益力量对先天缺乏型贫困群体进行社会救助,民政部门和非营利组织在其中扮演最重要的角色。随着我国社会保障体系和社会救助体系的逐步健全,先天缺乏型贫困的比例将大为下降。

五、族群系统型扶贫

族群型贫困的成因非常复杂,因此其应对策略应该是系统型的扶贫模式。对于那些生活方式和文化比较落后、生产方式原始的民族地区,系统性的文化建设、植入现代生活方式和生活理念、改进生产方式(尤其是摒弃那些对于自然生态环境有破坏性的生产方式)等措施,对于民族地区反贫困极为重要;对于那些生态环境极为恶劣的地区,应该实行系统性的环境保护政策、整体迁移和异地安置政策等;对于那些基础设施极为落后的少数民族社区,应采取大推进型扶贫战略,大规模改善其基础设施。族群系统型扶贫是个体型扶贫与普惠型扶贫的结合,应因地制宜整合各种扶贫模式。

第五节 社会网络扶贫和内生性扶贫

一、社会网络扶贫

最近大家提"精准扶贫"比较多，但是关于精准扶贫的误区也非常多。其中第一个误区，有些人认为精准扶贫就是一家一户地扶贫，每家每户调查清楚，建立台账，进行一对一的帮扶，这是一个很大的误区。第二个误区，有些人认为精准扶贫就是一对一地通过社会捐赠和财政支持，让贫困户达到脱贫标准，不管怎样，只要当年收入超过贫困线，就算是脱贫了。第三个误区，认为一家一户脱贫就是实行干部一对一帮扶，帮助他找项目、拉赞助、找贷款，最后让他实现个体脱贫。

这些都是对精准扶贫的一种误解。精准扶贫实际上是对制度变革型扶贫、基础型扶贫等普惠型扶贫的一种补充，但它不能替代。不能说我要搞精准扶贫，国家就不着重于基础设施建设、在制度变革方面就不进行创新了。我认为这是不行的，替代不了。同时，大家要记住，精准扶贫更加强调结构型扶贫，即着重于贫困农户的能力建设，要通过教育培训、微型金融、社区发展基金、扶持当地的产业发展等，使他在能力上得到拓展，这叫精准扶贫。我认为假如一个地方制度变革型扶贫与基础型扶贫没有到位，精准扶贫是不会有效果的。我经常讲，精准扶贫是扶贫攻坚阶段后要干的事，不是最初要干的事，一个地方基础设施不行，很多制度安排还是缺失的，这个时候谈精准扶贫能行吗？村里进不去汽车，道路很差，你要一家一户去扶贫，那是很难奏效的。要解决一家一户的贫困问题，必须抓住这些农户贫困的根本，要建立一种常态化的机制，而不是拘泥于个案去扶贫。我们不要光搞那种个体化的、分散化的、个案式的、零星的扶贫工作，而忘记根本性的、关键性的、长期性的、整体性的工作。零零散散的扶贫效果不大,有了效果也是打折扣的,甚至有了短期的成效也会不可持续,为什么呢?因为很多干部为了完成任务,就要"包装"这个农户,总要想点办法在短期内解决问题,但并没有解决根本问题。

精准扶贫的精髓在什么地方呢?其精髓就在于精准地找到每一个农户致贫的根源,有针对性地通过扶贫机制的建立来彻底扶贫。这种扶贫有可能是普惠型的,也有可能是个体型的、结构型的。

我最近提出了一个新的理念,这个理念我认为对于扶贫非常重要,叫"社会网络扶贫"。[1] 一个人陷入贫困不能自拔,主要原因在于在社会网络中他漏下去了,这个社会网络没有把他粘住,他掉下去了,成为一个离散的、没人管的、孤独的、无助的个体,没有一种制度、一种网络把他托起来,这个人就成了一个永远不能脱离贫困的个体。

想想看,我们在座的各位可能都不是贫困人群,而我们为什么不贫困呢?因为我们背后是大量的看不见的制度把我们托起来了,教育制度、社会保障制度、医疗保险制度等,我们背后都有一个组织,都有一个巨大的社会网络,把我们紧密地凝聚起来,这个网络成为一个坚固的底座,把我们托起来,所以我们才很难陷入贫困。大家要注意,一个人要脱离贫困,不陷入贫困,最关键的就是要构建一个社会网络把他托起来,使他处于一个社会网络中永远漏不下去,不成为一个孤独的个体。一家一户的分散型扶贫不是精准扶贫的初衷,相反,我们要强调贫困农户一定要建立一种相互联系、相互凝聚、相互扶助的机制,要强调社会网络,要建立一种永不

---

[1] 王曙光、王琼慧:《论社会网络扶贫:内涵、理论基础与实践模式》,《农村经济》,2018年第1期。

散落的机制,使贫困人群不成为一个孤独的个体,而要融入整个社会。归根结底,就是让他获得庞大的有效的社会资本。

一个人陷入贫困,最大的原因是他没有网络,没有社会资本,他不知道找谁,他陷入无人帮助的孤独境地,这种人永远是贫困的。怎么办呢?要构建一个社会网络,这里面包括发展合作社,让他在一个合作社中互相扶持,互相沟通,共同承担风险,共同推出自己的农产品,"人人为我,我为人人";要有龙头企业带动农户,通过"企业+农户"带动那些分散的农民,由村里的种养殖大户带动周边的邻居,把零散的农户像珍珠一样穿起来,形成一串项链。还要加强乡村的治理,使整个乡村有凝聚力,有感召力,使贫困农户不觉得孤独。我们还要发展集体经济,集体经济壮大了,贫困农户就有了后盾,就可以解决社会保障问题、产业发展问题、就业问题等。改革开放之后,我们在乡村治理和集体经济方面退步了,这是很多农村陷入贫困不能自拔的制度根源。

我们要精准扶贫,首先是要考虑为农民建立起这样一个庞大的、非常有凝聚力的网络,不让任何一个农民漏下去。其实制度供给型扶贫就是为他们建立一种社会网络,一种制度性的网络。我们所有的扶贫工作都围绕一个核心,即构建一个结实的网络,让贫困者不漏下去。如果你的扶贫是单打独斗地针对一个个体,效果是不大的。

二、内生性扶贫

在研究反贫困的过程中,我提出另一个重要的概念,就是"内生性扶贫"。所谓内生性扶贫,就是要在扶贫过程中着重于各种要素整合和机制创新,激发和挖掘内生于贫困人群自身的力量,使贫困人群产生一种持续的自我减贫的动力和创造力。

内生性扶贫要实现三个基本目的：

第一个目的，要培养农民的主体性意识。农民是反贫困的主体，农民是农村发展的主体，政府是外在的支持者。一定要培养农民的独立自主性，培养农民的主体性，从而实现农村的内生性发展和贫困人群的内生性脱贫。不能让农民对政府补贴和各部门对口帮扶的资源输送产生依赖性，而要发挥农民自己的主动创新精神，这样才能实现农村真正的减贫和发展。

第二个目的，要实现机制性。要通过机制创新和机制设计来实现农村的发展，来实现反贫困，而不是通过直接的、明显的、物质的补贴或者是直接扶持的方式来实现农村的发展。机制性的发展，就是更加重视制度创新，政府不单纯用能看得见的东西来支持农村，而是用看不见的机制来支持农村的发展。农民合作机制、产业联动机制、乡村治理机制、民族文化开发机制、农村金融和小额信贷机制等，都是制度化和机制化的脱贫模式，尤其在基础型扶贫向精准扶贫转变的过程中，这种机制设计显得尤其重要。

第三个目的，要实现农村发展和脱贫的长期性与可持续性。一次性地发放资金、财政补贴、物资，这种方式可以解决一时的困难，但不可能解决长期问题。政府扶贫思路由粗放式扶贫向精准式扶贫的转变，目的是要实现农村发展的可持续性、自我可复制性与长期性，这样的话，农村的发展才是良性的，自我可循环、自我可复制的发展。

内生性扶贫思路的变化引发扶贫工作出现三个方面的转变：

第一，扶贫从更多地依靠外力转向依靠内生的力量，尤其是加强贫困人群的能力建设。外生性扶贫主要解决的是导致贫困的一些基础性瓶颈约束，比如交通通信等基础设施的建设、生态环境改造、对极端贫困人群和能力缺失者的救济型扶贫等。这些扶贫措施为贫困人群脱离贫困提供了坚实的基础,但是还不能解决根本性的问题。但外生性扶贫在大部分扶贫工作中是不可逾越的历史阶段,只有首先解决了约束农村发展和贫困人群改变命运的那些外部瓶颈因素,才能为进一步彻底脱贫提供物质基础。

在外部瓶颈问题基本解决之后,外生性扶贫必须进一步深化,向内生性扶贫转变。即更多地通过各种机制设计和制度创新,激发贫困人群自身的能量和创造力,通过贫困人群自身能力的增进,实现贫困人群的自我脱贫。只有这种基于贫困人群自身能力增进的自我脱贫,才是可持续的脱贫,才不容易返贫。

比如福建宁德,在20世纪八九十年代初始阶段的扶贫工作即是着重于改造阻碍贫困地区经济发展的山区交通问题、生产生活基础设施差的问题、生态环境差等问题。进入21世纪以来,宁德的扶贫思路向内生性扶贫转变,着重于解决一些更深层次的问题,着重于增进贫困人群的可行能力。比如,通过小额信贷的方式,促进贫困人群的自主创业和增收;通过教育和技术培训,提高贫困人群的知识和技能;通过组织专业合作社,提高农民的自组织能力,培育市场意识、风险意识和竞争意识;通过乡村治理的变革,使更多农民自觉参与到乡村治理中来,提高农民的自我治理意识、参与意识和民主意识。这些举措,主要从挖掘和激发贫困人群内在的能力出发,把扶贫的重点放在提高贫困人群的自我实施能力和自我创造能力,从而打下彻底消除贫困的基础。

第二,从粗放型扶贫向精准扶贫的转变。随着扶贫工作的深入,宁德的扶贫模式也逐渐由前期的粗放型扶贫向精准扶贫模式转变。制度变革型扶贫和基础型扶贫一般而言都是普惠性的,解决一些基础性的面上的大问题，一般应用于扶贫工作的初始阶段。在扶贫工作的攻坚阶段，普惠性的扶贫模式逐渐向精准式的扶贫模式转变，其关注的重点也由"面上"的基础设施和制度供给的缺失转向每个贫困者自身的特殊问题，也就是"点上"的问题。这个转变的核心，是在前期基础型扶贫和制度变革型扶贫的基础上，进一步深刻分析每一个贫困者致贫的根源，寻找其致贫的特殊原因与个体原因，从而有针对性地探讨个体化的脱贫方案。

近年来，在扶贫工作进入攻坚阶段之后，宁德市把精准扶贫作为扶贫工作的基本方略，更加明确"扶持谁、谁来扶、怎么扶"的问题，更加注重"因地、因户、因人"施策，确保扶持对象更精准、项目安排更精准、资金使用更精准、措施到户更精准、因村派人更精准，走出了一条精确制导、精准施策的扶贫脱贫路子。他们在建档立卡上提高精准度，对现有建档立卡贫困户和贫困人口定期进行走访，开展核查，找准贫根，精准施策，健全台账，动态管理，确保有进有出、应扶尽扶，确保"一个都不少，一个都不掉队"。在措施方法上提高精准度，推动政策、项目、资金、力量向扶贫一线聚集，通过组织实施发展生产、异地搬迁、生态补偿、发展教育、社保兜底"五个一批"工程，靶向定位，滴灌帮扶，坚决限时打赢脱贫攻坚战。在脱贫验收上提高精准度，制定减贫脱贫验收办法，建立贫困户、贫困村、贫困乡、贫困县脱贫成效评估、销号、退出机制，实行第三方独立评估、让群众算账认账制度，做到成熟一个、验收一个、销号一个。宁德地区这些精准扶贫的经验做法，标志着中国的扶贫工作已经进入了一个崭新的阶段，也意味着中国正在打响对贫困的最后一战。个体化的瞄准贫困者、个体化的脱贫方案制定、个体化的追踪管理和验收，是精准扶贫的精髓，这就是宁德扶贫中强调的由"漫灌"到"滴灌"的转变。

第三，从单一型扶贫向系统型扶贫的转变。在扶贫的早期阶段，一般都是政府的单一型扶贫，即政府通过财政投入、资源整合和人员帮扶，对贫困地区进行大规模的人力、物力、财力投入。政府的单一型扶贫的缺点是不能有效动员各种社会资源，不能形成扶贫的合力。宁德在扶贫攻坚的关键阶段，更强调系统型的社会参与式的扶贫模式。系统型扶贫就是强调政策取向的多元性、参与主体的多元性、扶贫要素的多元性，实现综合式、系统性、多元化、全方位的扶贫。所谓政策取向的多元性，即在政策制定的过程中，广泛发挥不同社会阶层的作用，注重在政策层面鼓励社会各界参与扶贫。所谓参与主体的多元性，即鼓励企业家、社会公益工作者、政府人员、教育工作者、金融机构等不同主体，广泛参与到扶贫工作中，发挥这些人士的独特作用，形成扶贫合力。所谓扶贫要素的多元性，就是鼓励这些不同的参与主体，各自贡献不同的社会资源和要素，从而实现资源整合的目的。宁德政府在总结扶贫经验时，就把坚持"全民参与"作为一条重要经验提出来，强调要处理好政府主导与社会参与的关系，形成"全民参与、协同推进"的扶贫工作新格局。

第六节 扶贫的根基、机制、组织载体和有效抓手

一、扶贫的根基

扶贫的根基是什么呢？可能很多人有不同的看法。我认为扶贫的根基是乡村治理的完善和集体经济的发展。1978年改革开放之后，分田单干了，我们在短时间内看起来是释放了很大的活力，农民人均收入在20世纪80年代初期有了突飞猛进的增长，农民劳动积极性提高了。但是各位也要对1978年以来农村承包制改革的弊端有深刻的认识。它的弊端在

什么地方呢？它的弊端在于重新把农民变成分散化的个体，农民的耕作方式、生产方式又重新回到非常原始的状态。一个原子化的、分散的小农，他有可能短期解决温饱问题，但是对于发展问题，对于奔小康的问题，对于富裕的问题的解决，却无能为力。所以小岗村的领导说："小岗村一年解决温饱，三十年未走进富裕。"在20世纪80年代初人民公社解体之后，短时间内经济发展很快，可是，到了20世纪90年代之后，农村好像进步不大了，农村的各种问题突然出来了，这是什么问题呢？

最大的问题是农村变得非常凋敝，乡村治理出现很多真空地带。你现在到很多村子去，村集体大都非常涣散，乡村治理基本失效。没有很好的乡村治理，没有强大的集体经济做支撑，导致农村的发展滞后，甚至倒退，很多农村村容不整洁，脏乱差，村风不正，甚至有些村子流氓当道，邪气盛行，经济凋敝，社会混乱。人民公社被取消之后，集体经济慢慢崩溃了，农民都分散化了，你要组织农民起来共同探讨一件事，难度非常大。乡村治理的真空化与集体经济的薄弱，我认为这是影响农村长远发展的两个重要原因。

乡村治理是扶贫的基础，要彻底扶贫，还需要好的乡村治理。换句话说，这个乡村得有凝聚力，一个没有凝聚力的乡村是不可能搞扶贫的。一个项目落到一个治理得比较好的乡村就能变活、扎根，最后发展起来。一个好项目，落到一个乡村治理比较差的村庄，就失败了。

所以我提出"多元共治"。我们现在的乡村治理，当然已经不可能恢复到人民公社时期的乡村治理，今天的乡村治理是要鼓励多元参与，实现协商民主，要摒弃原来一元化的模式，吸引各种社会力量来参与。村委会是村庄治理中核心的领导力量。除此之外还有合作组织等经济治理力量以及宗族力量、宗教力量、企业家等乡村精英的力量，另外还有非政府组织各方面的力量。这些力量都可以参与到乡村治理中来，保证乡村有很好的治理，而不是一盘散沙。最近微信群中大家流传一些文章，都是教授或者博士回乡之后的观感。很多人回乡之后很震惊，发现自己的家乡比二十年前更差了，怎么家乡变得如此凋敝、衰败、没人治理、风气又差，简直是礼崩乐坏。实际上这是一个普遍现象，不是一个村的问题。

所以我们必须加强乡村的治理，要打造新乡贤，把村里那些有知识、有文化、有能力、有威望的人集中起来，让他们在村庄发展过程中、村庄的治理中有更多的发言权。打造新乡贤，就是要全面地重新塑造一个强大的乡村治理。我觉得各位扶贫的干部，不光要去拉项目，还要观察这个村到底是不是有凝聚力，这个村庄中哪些人有能力、有知识、有奉献精神、有威望、有权威，把这帮人拢起来，你的扶贫工作就有一个基础，你去开展各种项目，那就是如虎添翼。

成都的村民议事会值得借鉴。我们在第十一讲中仔细探讨过了。什么叫村民议事会呢？村民议事会独立于村两委，每30户左右选出一个议员，组成一个村民议事会，村庄的重大决策归村民议事会来讨论决定。这个村民议事会相当于全国人民代表大会，是最高决策机关。村委会是干什么的？村委会相当于国务院，是最高执行机关。后来我到成都的几个县去考察，这些村委会的主任都愿意搞这个村民议事会。以往很多事推不下去，农民意见很大，上访的很多，现在通过村民议事会，自己决策，村民愿意接受，村委会只是去执行，这样避免了很多矛盾纠纷。村民议事会发挥了民主协商的作用。有了村民议事会之后，村庄决策变得有效率了。

同时，我特别强调要发展集体经济。一家一户的、原子化、分散化的小农是不行的，将来还要鼓励集体经济的发展。现在所有乡村的公共品靠向政府伸手来解决，因为集体经济缺位。但是有了集体经济之后，这些问题村庄自己可以解决。我们回想一下人民公社时期，一个村庄实际上就是一个非常强大的后盾，集体提供了所有的公共品，有合作医疗，有赤脚医生制度，有村集体办的教育，有自己的养老和五保户，等等，都能解决，为什么呢？因为集体经济有实力。如果没有强大的集体经济，乡村的公共品就不可能很有效地提供，这个方面我觉得我们要加以重视，要壮大集体经济，政府应该给集体经济的发展提供条件，要盘活集体资产，尤其是土地问题，要鼓励发展乡村的集体产业。

1978年之后，党的文件中一直强调农村要实行双层经营，什么叫双层经营？个体经济跟集体经济同时发展，这叫双层经营。邓小平有一个著名论断，叫"两个飞跃"。他说第一个飞跃就是人民公社解体之后，老百姓分到了地，通过承包制激发了他的劳动热情，提高了积极性，这是一个飞跃。他说不要忘记"第二个飞跃"，就是由个体经济再飞跃到集体经济。这是大概三十年前，邓小平一个高瞻远瞩的思想。可是，我们现在理解邓小平的思想，把后半段忘记了，邓小平讲"两个飞跃"，可是我们飞跃一次之后，第二次没有飞跃起来，我们现在只有一层经营，只有个体经济，没有集体经济。我们的农村缺乏集体经济，所以农村的公共品供给很难到位，乡村水利、农田改造、道路修建、文化设施、医疗卫生都靠上面拨钱，因为集体经济没有了，这都影响到了村庄的发展和扶贫工作。所以我想，我们在扶贫时要把发展集体经济提上议事日程，要实现邓小平讲的"两个飞跃"中的第二次飞跃。

我在2008年去了安徽凤阳，既看了小岗村，也看了另外一个赵庄村。小岗村是分地的典型，赵庄正好相反，把分掉的地全部收回来，集体经营，全村根据每个地块的特点重新规划土地，因地制宜，进行大规模的土地整治，进行集约化、规模化经营，同时建立集体企业吸纳剩余劳动力。相隔十几公里的两个村庄对比，说明了一个问题，集体经济的发展是村庄发展的基础，所以现在我们要转变思想。

二、扶贫的有效机制

什么才是扶贫的有效机制呢？这里面包含以下内容：

第一，要大力塑造市场主体，给当地企业发展提供良好的条件。比如说现在很多地方都有大量农民出去创业，但是出去打工的年轻人也有很多回乡创业。这些回乡创业的年轻人有很好的工作经验，也积累了一定的资金，我们地方政府更多地要考虑如何用市场机制来扶持这些人，给他们良好的创业条件，在企业注册、资金支持、税收优惠、创业场所等各方面给他优惠待遇。这样就把企业家培养出来了。

第二，要大力完善要素市场。要素无外乎两个，一个是劳动力要素，另一个是土地要素。劳动力要素市场的培育很重要，要进行大量劳动力培训，政府要做大量的中介服务，让农民工能够出得去，让外面的人能够进得来，劳动力市场要建立起来。土地要素，要有一个很好的土地流转的市场。建立起比较规范的土地产权市场，这对于农民的规模化经营非常重要。一个合作社，一个家庭农场总要几十亩、几百亩地经营，土地流转市场必须建立起来。

第三，要建立广泛的社会力量动员机制。一个社会组织过来了，怎么跟政府对接，怎么发挥作用，这方面要建立很好的机制。我一直强调动员社会力量，把内生资源跟外生资源有效地融合。

三、扶贫的组织载体

现在中央一直强调我们要培育新型经营主体，这里面包括四个新型主体:龙头企业、农民合作组织、家庭农场、种养殖大户。这四类主体都能起到农业规模化经营、集约化经营的作用,都能把农户连接起来,都能达到刚才我说的塑造一个社会网络,让农户不漏下去、不成为一个孤单的个体的作用。

新型主体目的是干什么呢?目的是让一个小农变成大农。未来中国农村的出路就是要把小农改造成大农,要消灭小农。对消灭小农大家不要误解,以为中国的小农都不见了,全部成为规模化经营的大农了,不是这样的。小农在一定阶段、一定地区仍然会大量存在,可是它一定不是主导性的力量。因为小农在经营过程中风险极大,而收益有限。举一个例子:地方上有很多特色农产品,特色农产品的推广如果由小农来承担的话,风险极大。比如有的地方推广一种新品荔枝,一推广就是种几千亩,结果来年荔枝的价格一落千丈,小农就破产了。为什么呢?因为他没有议价能力,没有谈判能力,没有信息处理能力,没有预测能力,没有抗风险能力。最近山东苹果大丰收,可是今年山东的果农甚至亏了,为什么呢?苹果的价钱比大葱还便宜。由于苹果不赚钱,果农可能要破产了,因为他也许背负着几十万元的贷款。小农经济没有办法对接大的市场。因此,扶贫过程中要着重扶持龙头企业、家庭农场、合作组织和种养殖大户这些新型经营主体。

在推广合作社时我提出两个概念。一个是全过程合作。农民的合作实际上是贯穿于农业生产的各个方面,从种子开始到生产、销售、资金,都可以合作。全过程合作就把农业生产的上下游打通,从上游的化肥、种子、生产工具、农药这方面的合作,到中游的生产过程、技术培训、灌溉、农作物管理的合作,一直到下游的营销、品牌建设等的合作。另一个是全要素合作。把劳动力、土地、资金、信息、技术、管理进行全要素合作，这些都是非常重要的。

总之，通过全过程合作和全要素合作，我们的农民就不再是一个原子化的小农，他有一个社会网络，能够实现各个要素的整合。

四、扶贫的有效抓手

我认为扶贫的有效抓手就是农业产业的打造，没有产业作为有效抓手，扶贫就会落空。一个地方必须发展自己的优势产业，而且这个产业要适合当地的发展，能够带动贫困户持续脱贫致富。打造产业是扶贫的重中之重。而且，在产业扶贫中，农民的企业家精神得到了培养，各地的产业品牌也培育出来，最终实现整个地区全面的发展。一村一品，一镇一产业，要把产业精心打造起来。

打造产业的过程中，福建宁德有一个经验，即"三个动"。一是农业先动。很多地方的农业产业特别发达，像宁德，利用自己的山海资源优势，大力发展三色经济（绿色林业、白色水电、蓝色海洋），打造十几个农产品的全国之乡品牌，54个国家地理标志产品，每年政府安排5000万元扶持资金建设11个千亩高优农业示范园，76个现代山地农业开发示范基地，414个市级农业产业化龙头企业，5000多个农民合作社，覆盖80%以上的村。政府在农业产业方面要起到引导性的作用，帮助农民建立产业园，这方面是大有可为的。二是工业带动。一个地方要发展，还是要结合自己的特色经济来发展工业制造业，像宁德，工业带动方面吸纳了大量的就业，使得当地农民劳动力转移之后掌握了技术技能。三是三产联动。一、二、三产业可以联动，鼓励贫困地区的群众农忙种地，农闲经商，参与农林牧副渔配套的加工、储存、包装、运输、销售这些业务，包括发展旅游服务业、观光农业等。

五、政府行为的转型

未来的扶贫，关键是实现三大融合：

（1）市场机制与政府功能的有机融合。

党的十八届三中全会决议指出，要让市场在资源配置中起决定性作用，让政府在资源配置中发挥更好的作用。同样地，在扶贫工作中，尤其在扶贫进入后期的攻坚阶段，也要让市场在反贫困中起到决定性作用，政府起到关键性的支持、补充、动员和辅助作用。内生性扶贫模式，其核心之一就是实现市场机制与政府功能的有机融合。

在反贫困的过程中，政府的角色应该有三个方面的转变。

第一个转变是从"硬"到"软"的转变。以前的政府在扶贫方面主要着重于硬件设施的建设，强调大规模的基础设施建设，包括道路、交通设施、卫生设施、通信设施等；这些基础设施的建设，为我们解决大面积的贫困，尤其是解决因为基础设施不足而造成的贫困非常有帮助。但是现在很多地方基础设施的建设已经达到了一定的高度，未来政府应该由硬件设施向软件设施的提供来转变。软件就是机制建设，要创造出一种机制来实现农村的发展。这些软件实际上包括乡村治理与乡村经济社会运作的一系列机制，让农民通过这些机制自己有力量去反贫困，而不是政府越俎代庖代替农民去反贫困。这是政府未来反贫困方面一个非常重要的转变，就是由"硬"到"软"的转变。比如合作社机制、农民资金互助机制、乡村自治与民主决策机制等，这些机制一旦走上轨道，就会产生内在的力量，就会有一种内生性的动力，促使农民自己去创造，自己去努力，运用自身的力量去消除贫困。

第二个转变是由"明"到"暗"的转变。政府以往的扶贫往往是站在明处，用直接的补贴来扶持，甚至直接发钱发物。这种方式现在看来必须要改善，这是一种比较不具有可持续性，同时也容易造成一些贫困人口惰性的扶贫方式。未来政府的扶贫模式应该由"明"到"暗"来转变。所谓"暗"，就是用一些更加巧妙的方法，而不是直接发放物资的方法进行扶贫。同时，政府应该委托更多的中介机构，委托更多的社会组织来帮助政府实现减贫的目标。比如说政府可以把大量的补贴资金给中介机构作为社区发展基金，作为村基金去发放，这个村基金既能够实现村基金本身的效益，而且可以滚动式可持续发展，这样就提高了政府补贴资金的效率。通过由"明"到"暗"的转变，还可以扶持大量的中介机构、社会组织，扶持这些第三部门的发展，整个乡村治理也会发生显著的变化。政府站在暗处，反而更能发挥扶贫的作用。

第三个转变是由"直接"向"间接"的转变。以前政府总是直接介入扶贫的全过程，甚至很多地方派了干部下乡去进行蹲点扶贫，有些地方政府控制了扶贫资金，直接决定扶贫资金的使用。这些方式的效率实际上都值得商榷。由"直接"向"间接"的转变，就是政府要把自己更加超脱出来，通过各种间接的方法，对农村发展进行各方面的支持。政府不再直接介入农村事务的决定，而是用一定的机制让农民自己决定村庄的发展模式。这种发展，我们认为是一种自发的、自生性的发展，是一种内生性的发展，而不是外生性的、嵌入性的发展，不是被动的发展，而是主动的发展。有些地方，政府出资来支持农村治理结构的转变，如四川支持乡村实行村议会制度，政府不直接参与，只是通过教育、培训的形式来改变乡村治理方式，这些方式比政府直接介入有效得多。

政府在精准扶贫中扮演的是一个协调者、发起者、动员者和组织者的角色，政府支持各个要素在市场机制的作用下发挥各自的作用，但是绝不越俎代庖地去取代市场机制。这并不是说政府的功能不重要，恰恰相反,政府在精准扶贫和产业构建方面发挥着难以替代的作用。

(2)内生力量与外生力量的有机融合。

内生力量即来自贫困人群自身的力量,包括其人力资本、社会资本和其他专属能力。外生力量包括在扶贫工作中各参与方的力量。在各参与方中,政府是主导性的力量,起到整合各个要素的核心作用;在政府的动员和协调下,社会公益组织、商业组织、其他社会组织(高校等)等各种外生力量参与其中,为扶贫构建了一个立体化的网络。内生力量是主体,贫困者自身能力的增进是基础,而外生力量的参与和加入也是扶贫工作的关键一环。作为外部嵌入的力量之一,政府在扶贫工作早期的资源动员和制度供给是非常重要的,一些重要制度的供给,比如社会保障制度、合作医疗制度、农民合作组织制度、教育制度等,以及一些重要的基础设施的供给,比如农田水利设施、饮水设施、交通和通信设施、卫生设施等,都要依靠政府的财政投入。在基础型扶贫基本完成、基础设施和基本制度供给基本到位之后,其他嵌入式力量就可以参与进来,而且会起到越来越大的作用。商业组织,尤其是龙头企业的作用是非常关键的,它可以迅速动员市场要素,通过市场化的机制和力量来吸引各种要素参与扶贫工作,通过产业的带动,促进贫困地区的产业形成、要素整合、劳动力就业和转移等,对贫困人群的增收意义重大。社会公益组织和教育机构等其他社会组织在后期精准扶贫中也扮演了重要角色。通过宁德模式我们可以看到,内生力量和外生力量的有机融合,正是宁德扶贫工作取得较大成效的关键。

(3)普惠型扶贫与精准型扶贫的有机融合。

普惠型扶贫主要应用于扶贫工作早期的制度供给型扶贫与基础型扶贫(大推进型扶贫),而精准型扶贫主要应用于扶贫工作后期的攻坚阶段。比如福建宁德，其普惠型扶贫在早期主要是针对当地的交通居住的恶劣条件展开的基础设施的供给和生态环境的改造。这方面的成效极其显著。宁德在20世纪80年代全面开展环境"脏乱差旧""人畜混居"治理的基础上，20世纪90年代，又把农村环境整治与争创小康活动结合起来，实施了"五通""五改""五化"工程，先后完成1680多个贫困村的环境整治。21世纪以来，围绕社会主义新农村建设，深入实施清洁家园行动，逐步推行农村垃圾无害化处理。近年来，还大力推进"绿色村庄""森林县城""生态市"的创建。同时，宁德大力改善贫困地区交通条件，推动"边远偏僻村"向"交通便捷村"转变。坚持把改善交通作为扶贫开发的"先行工程"，借助福建省实施"年万里路网工程"等机遇，大力推进通村公路建设。生态环境、居住环境和交通条件的大规模改善，是一种普惠型的扶贫，对所有贫困人群以及当地所有居民都有正向的价值，为当地经济社会发展提供了基础性条件。

普惠型扶贫在扶贫工作进一步深化的阶段基本完成其历史使命，扶贫工作后期"精耕细作"的工作要由精准扶贫来完成。宁德近年来开展的小额信贷和农村金融创新项目、部门定点对口帮扶和企业定点对口帮扶等，都是精准扶贫逐步深化的体现。宁德还提出了精准扶贫"六到户"，即干部包干到户、龙头带动到户、造福搬迁到户、信贷扶持到户、能力培养到户、社会保障到户；精准扶贫"六到村"，即领导挂钩帮扶到村、项目资金扶持到村、扶持集体经济发展到村、农业龙头企业结对帮扶到村、基础设施和公共服务完善到村、党建扶持到村；精准扶贫"四到县"，即资金扶持到县、山海协作到县、交通改善到县、城镇化推进到县。运用精准扶贫，才能完成对贫困的"最后一战"。

很多年前我在考察云南大理扶贫模式的时候写了一篇文章，题目叫

《把贫困送进博物馆》。今天我们大家面临这样一个重大使命，就是把贫困永久性地消除，把它送进博物馆。但是要把贫困送进博物馆，我们得有科学的方法，不能急功近利，要为中国农村发展创造一个长治久安的条件，要从各方面夯实农村发展的基础，从机制和制度层面找到可持续发展的路子。

我们应该认识到，2021年消除绝对贫困，只是我国扶贫工作的一个阶段性的成就，这个成就极其伟大，在中国扶贫史上和世界减贫历程中具有里程碑式的意义，但是就中国的整体贫困状况而言，我国的相对贫困将会持续较长的时期，继续提高我国相对贫困人口的自我发展能力并保持贫困地区经济社会的可持续发展与综合发展，是一项极为艰巨的长期使命。这就要求我们务必保持清醒的头脑，不要有"毕其功于一役"的速胜思想，而要有对相对贫困的长期"持久作战"的思想。未来我国减贫的主要方向在于逐步减少相对贫困，更加注重欠发达地区的生态建设和人文建设，更加注重加强对相对贫困人口的教育、医疗卫生、社会保障等公共品的普惠式供给和高质量供给，更加注重欠发达地区农村的社会建设和乡村治理，以构建有利于长久巩固扶贫效果的有效社会网络，进一步开展社会网络扶贫。未来尤其要增强对集中连片贫困地区相对贫困人口的帮扶力度，加大对边疆民族地区的教育和医疗卫生投入倾斜、公共文化建设投入倾斜、基础设施建设投入倾斜，在保障边疆稳定和民族和谐的同时，大规模消除边疆民族地区的相对贫困，使全体人民都走向富裕文明的社会主义小康社会，彻底完成中国共产党第一个一百年的奋斗目标，并向更加富裕文明的社会主义高级阶段迈进，继续完成中国共产党第二个一百年的奋斗目标。

第十五讲

农村社会保障的制度变迁与未来趋势

本讲主要讨论农村社会保障体系的制度变迁问题。新中国成立七十余年来,农村的社会保障体系和制度经历了一个不断变化的过程,从最初的依托于集体经济积累实现的基本社会保障,到后来集体组织弱化后政府对各种形式社会保障的尝试与探索,再到21世纪以来在财政投入不断加大的条件下城乡一体化社会保障体系建设的积极推进,农村的社会保障体系在每一个阶段都表现出不同的特征。本讲尝试回顾与梳理这一变迁历程,进而提出关于构建新型农村社会保障体系的建议。

第一节 以集体经济积累为主的低成本农村社会保障制度的形成及其绩效

从新中国成立直至20世纪80年代前半期,尽管国家财政对农村农业投入了大量资金,但从整体上看,政府的财政资金投入,多和农业生产投资有关,而对于包括社会救济、养老、医疗等在内的农村社会保障,政府的财政投入则相对较少,农村基本社会保障的实现与农村的集体经济组织有着密切的关联。

这一时期农村贫困群体的社会救济大体可以分为两个阶段:第一个阶段是新中国成立至20世纪50年代前半期,"生产自救、节约渡荒、群众互助并辅以政府必要救济"[1]是这一时期政府开展救灾工作时贯彻的主要方针,对贫困农民的救济主要通过政府在农民遭遇灾荒时有针对性的财政支持和投入、减免农业税收、群众的生产自救及互助来实现。按照当时内务部的规定,农村"无劳动能力,无依无靠的孤老残幼"均为"一等救济户",对于"一等救济户"政府将"按缺粮日期长短全部救济"。1951年,内务部还曾一度推广河南省唐河县通过自愿联合,安置孤老残幼的办法,即本着双方自愿,先近后远,先亲后邻的原则,由安置者和被安置者共同生活并负责被安置者的生养死葬,而被安置者去世后的遗产则由安置者继承。据不完全统计,到1953年采取这一办法安置的孤老残幼全国达50余万。[2]

第二个阶段则是在新中国的农业合作化逐步完成之后。完成对农业的社会主义改造后,土地以及主要的生产资料归集体而不是农民个人所有,几乎全体农户都成为集体组织的一员。农民的组织化不仅为工业化的推进奠定了基层的组织基础,还带来了一个重要的副产品——在国家财

---

[1] 中华人民共和国内务部农村福利司编:《建国以来灾情和救灾工作史料》,法律出版社,1958年,第88页。
[2] 1953年内务部《农村灾荒救济粮款发放使用办法》,《当代中国的民政》编辑委员会编:《当代中国的民政》(下),当代中国出版社、香港祖国出版社,2009年,第83—84页。

政资金由于集中推进工业化建设而无法过多向农村倾斜的时候,农村的集体组织部分地承担了包括医疗、养老与社会救济在内的基本公共服务供给的责任,从而成为政府对乡村实施的社会救济的一个有益补充。

在改革人民公社体制之前,"公益金"一直是农村集体提留中的一个重要构成部分。在最初发展农业生产合作社时,政府就提出公益金主要"用于社内的公益福利事业,如社内举办必要之文化、卫生事业,补助救济或无利贷给因遭天灾、婚丧、疾病等致使生活困难的社员"[1]。后来的高级农业生产合作社以及再后来的人民公社都保留了按一定比例提取公益金以用于农村集体福利开支的做法。

值得一提的是从农业合作化后期开始逐步形成的农村"五保户"供养制度,这是新中国农村社会保障制度中极为重要的组成部分。1956年6月通过的《高级农业生产合作社示范章程》提出对老、弱、孤、寡、残疾的社员,要"保证他们的吃、穿和柴火的供应,保证年幼的受到教育和年老的死后安葬"[2],保吃、保穿、保烧、保教、保葬成为"五保"的基本内涵。当然,五保户并不是完全不参与生产,1957年整顿农业生产合作社时,中央就明确要求合作社要根据实际情况给五保户"分配一些可能的轻便的工作,使他们能够得到一定的劳动收入,只在劳动收入不足的情况下,才由社用公益金给予照顾"[3]。据统计,1958年全国农村有413万

---

[1] 中共中央转发华北局《关于农业生产合作社若干问题的解决办法》,中共中央文献研究室编:《建国以来重要文献选编》(第四册),中央文献出版社,2011年,第206页。

[2] 《高级农业生产合作社示范章程》,中共中央文献研究室编:《建国以来重要文献选编》(第八册),中央文献出版社,2011年,第361—362页。

[3] 《中共中央关于整顿农业生产合作社的指示》,中共中央文献研究室编:《建国以来重要文献选编》(第十册),中央文献出版社,2011年,第489页。

户,519 万人享受五保。[1]除了对老、弱、孤、寡、残疾社员要做到"五保"和"统一筹划"之外,"对于缺乏劳动力的烈属和享受残废抚恤金以后仍不能维持生活的残废革命军人",合作社亦应按国家规定给予优待,确保其生活"不致低于一般社员的水平"。[2]

20 世纪 60 年代初,人民公社内部"三级所有、队为基础"的核算体制得以重新确立,中央通过缩小基本核算单位来提高对农民的有效激励。在废除了短暂的近乎"按需分配"的供给制之后,很多生产队都在 20 世纪 60 年代初期调整了社队规模,实行新的供给制,即只对五保户和困难户补助实行供给。[3]1961 年 6 月中央要求全国讨论试行的《农村人民公社工作条例(修正草案)》明确提出:"生产大队可以从大队可分配的总收入中,扣留 3% 到 5% 的公益金,作为社会保险和集体福利事业的费用。"该条例要求"生产大队对于生活没有依靠的老、弱、孤、寡、残疾的社员,家庭人口多劳动力少的社员,和遭到不幸事故、生活发生困难的社员,实行供给或者给予补助"。而供给和补助由公益金中开支,同时如有需要,公益金还可以用于补助"托儿所保育人员的劳动工分"[4]。1962 年 9 月《农村人民公社工作条例(修正草案)》正式通过,与之前稍有不同的是,后者提出公益金的提取"要根据每一个年度的需要和可能,由社

---

[1]《当代中国的民政》编辑委员会编:《当代中国的民政》(下),当代中国出版社、香港祖国出版社,2009 年,第 85 页。
[2] 1960 年 4 月《一九五六年到一九六七年全国农业发展纲要》,国务院法制办公室编:《中华人民共和国法规汇编》(第五卷),中国法制出版社,2014 年,第 26 页。
[3] 1961 年 5 月 10 日《毛泽东转发邓小平、彭真的信》,中共中央文献研究室编:《建国以来重要文献选编》(第十四册),中央文献出版社,2011 年,第 287 页。
[4] 中共中央文献研究室编:《建国以来重要文献选编》(第十四册),中央文献出版社,2011 年,第 344 页。

员大会认真讨论决定，不能超过可分配的总收入的2%到3%"。从公益金中支出的对于困难群体的供给或补助亦应经过社员大会的讨论和同意。[1] 依托于集体经济组织的公益金提取和五保户供养制度，农村的社会救济以及养老保障都取得了一定效果。据统计，1984年我国农村共有五保户255.09万户，合计296.13万人，其中老人262.12万人，孤儿11.25万人，残疾22.76万人；集体给予五保人数占五保总人数的比重为90.9%，当年国家定期定量救济人数占五保总人数的比重为8.6%。[2] 由此可见，用于五保户供养的资金主要依赖集体。

除了社会救济和养老，医疗也是农村社会保障的重要内容之一。早在推进农业合作化过程中，有些地方就已经出现了农民集资办医疗站和医疗费用互助互济的做法，1959年的全国农村卫生工作会议，肯定了农村合作医疗制度。此后，合作医疗开始在我国农村推广。[3] 截至1978年，我国实行合作医疗的生产大队占生产大队总数的比重已经达到82%。[4] 各省情况稍有差异，上海、北京等省市基本实现了合作医疗对所有生产大队的全覆盖，陕西、青海、新疆、湖北、湖南、江苏、天津等省市实行合作医疗的生产大队所占比重在90%以上，贵州省最低亦达到65.1%。农村的医疗机构数量、专业卫生技术人员数量都大规模上升。[5] 全国范围内

---

[1] 中共中央文献研究室编：《建国以来重要文献选编》（第十五册），中央文献出版社，2011年，第537页。
[2] 国家统计局农业统计司编：《中国农村统计年鉴1985》，中国统计出版社，1986年，第282页。
[3] 《当代中国的职工工资福利和社会保险》编辑委员会编：《当代中国的职工工资福利和社会保险》，当代中国出版社、香港祖国出版社，2009年，第264页。
[4] 西藏自治区除外，1978年西藏自治区有1016个公社实行合作医疗，占公社总数的49%，其余地区系全民免费医疗。
[5] 二十年间，该比重没有低于过53%。《建国三十年国民经济统计提要（1949—1978）》，第358、363页。

绝大部分地区都建立了以村为单位、由集体经济投资或群众集资创办的卫生所或医疗站,到1983年,中国的村卫生所数量有61万个。[1] 合作医疗制度以及村卫生所的普及对农民的初级卫生保健服务的供给发挥了十分重要的作用。

自新中国成立一直到20世纪80年代中期,农村社会保障始终是农村集体经济制度的有机组成部分,其核心是动员群众,以集体经济发展为依托,依靠集体积累为社区成员提供低成本、广覆盖、普惠式的社会保障,极大地降低了国家财政支出,也为中国增长奇迹提供了强大的人力资本保障[2];同时这种农村社会保障体系借助集体经济的力量构建了稳定而严密的社会网络,使得农村的老弱病残实现了比较稳定的社会保障,实现了低收入水平下的高覆盖率社会保障。虽然保障水平和能力有限,但农村集体经济组织的供养和补助从社会层面而不是单纯的家庭层面为农民特别是农村中需要帮助的贫困群体提供了基本的、必要的、具有可持续性的、内生性的保障。

第二节 国家财政投入较低而集体经济角色相对缺失时期的农村社会保障与城乡二元结构

从20世纪80年代中期至20世纪90年代末期,是农村社会保障体系由以集体经济为主要依托的保障模式过渡到国家财政投入低而集体经

---

[1] 《当代中国的卫生事业》编辑委员会编:《当代中国的卫生事业》(下),当代中国出版社、香港祖国出版社,2009年,第36页。
[2] 王曙光、王丹莉:《维新中国:中华人民共和国经济史论》,商务印书馆,2019年,第155—156页。

济角色相对缺失的保障模式,这也是我国农村社会保障体系转型探索时期和相对低谷时期。

1983年1月,中央"1号文件"中提出要实行政社分设,由此启动对人民公社体制的改革。同年10月,《关于实行政社分开建立乡政府的通知》提出在农村建立乡政府以及乡一级财政。这使得以农村集体经济组织为依托的农村社会保障制度随之发生了一些变化,但就经费开支而言,农村的社会保障所需要的资金有相当部分仍需要农民自筹,以前这部分资金由村集体在集体收入中扣除一部分供给,后来人民公社体制取消后则主要由农民个体支付。在乡级财政逐步建立的过程中,由于没有固定的税收或资金来源,中央允许乡和村暂时通过"收取公共事业统筹费的办法"来解决"兴办教育、修建公路、实施计划生育、优待烈军属、供养五保户等事业的费用"[1]。随着乡级财政的建立,1985年全国乡村提留统筹大幅增加,而乡村提留统筹成为乡级财政重要的收入来源之一。20世纪80年代中后期恰恰是乡村提留统筹上升比较快的一个时期,这也是后来备受政府和社会关注的农民负担问题的重要成因之一。[2]

1994年1月国务院发布的《农村五保供养工作条例》再次重申"五保供养是农村的集体福利事业","五保供养所需经费和实物,应当从村提留或者乡统筹费中列支","在有集体经营项目的地方,可以从集体经营的收入、集体企业上交的利润中列支"。[3] 尽管国家一直重视五保户的

---

[1] 中共中央文献研究室、国务院发展研究中心编:《新时期农业和农村工作重要文献选编》,北京:中央文献出版社,1992年,第355页。
[2] 王丹莉:《工业化进程中的农村税费制度演进——对新中国成立以来农民税费负担变化趋势的历史解读》,《中国经济史研究》,2011年第1期。
[3] 国务院法制办公室编:《中华人民共和国法规汇编》(第十一卷),中国法制出版社,2014年,第543—544页。

供养和保障，但就当时的财政负担能力而言，还无法实现对农村这一公共服务的财政覆盖，因此农民集体分担仍是主要的解决方式；而这一时期，随着人民公社体制在中国的逐步消失，农村集体经济也进入一个发展的低谷期和萎缩期，因此五保户的供养以及其他农村社会保障的资金来源就面临着更大的缺口。

不只五保户供养，在医疗、养老领域存在着同样的问题。随着人民公社体制的取消，政府开始了对于农村社会保障体制的新的探索。在生产队、生产大队逐步解体之后，农村的合作医疗制度慢慢陷于停滞。1992年，为了改善农村的卫生工作，卫生部和财政部联合下发《关于加强农村卫生工作若干意见的通知》（以下简称《意见》）。《意见》中又一次提出要努力推进多种形式的农村医疗保健制度，"特别是合作医疗制度"，"按照自愿互利的原则，鼓励受益群众、全民、集体企事业单位和社会团体多方筹集资金，支持建设乡镇卫生院、村卫生室和举办农村合作医疗"。[1] 希望通过农民集体以及社会多方力量推进合作医疗，只是这一时期的农村合作医疗进展得并不顺利。根据1998年卫生部在全国范围内开展的国家卫生服务调查结果，在接受调查的农村人口中，参与了合作医疗的比重仅为6.5%，自费医疗的比重则高达87.44%；而被调查的农村贫困户中，因疾病损伤致贫的比重为23.3%。[2] 这意味着农民的医疗保障水平亟待提高，农村合作医疗体制的建立在人民公社体制改革之后面临着严重的困难。

在农村社会养老保险方面，几乎同期，民政部在经过酝酿之后于

---

[1] 财政部社会保障司编：《社会保障财务制度选编（1950—1994年）》（下册），中国财政经济出版社，1995年，第406—407页。

[2] 卫生部统计信息中心：《第二次国家卫生服务调查主要结果的初步报告》，《中国卫生质量管理》1999年第1期，第40—48页。

1992年制订了《县级农村社会养老保险基本方案（试行）》，提出通过个人缴纳为主、集体补助为辅、国家政策扶持的方法来建立农村社会养老保险制度，其中集体补助"主要从乡镇企业利润和集体积累中支付"，乡镇企业提供的集体补助国家准许"税前列支"。[1]但在发展过程中，面临着农村社会养老保险基金保值增值困难、各地发展水平差异较大、参保率一直偏低等种种问题。20世纪90年代后半期直至21世纪初，农村社会养老保险的参保率一直没有超过10%，国务院于1999年发出通知要求各地停止办理新业务，对农村社会养老保险进行清理整顿。[2]

综上所述，在20世纪80年代中期至90年代末期乃至21世纪初，集体经济式微对农村社会保障（五保户制度、农村养老保险体制、农村合作医疗制度）等形成了比较严重的影响，这一转折期也是一个体制探索期。这一时期我国城乡社会保障体制的二元化特征凸显。1991年至2001年，城市人均社会保障支出占人均GDP的比重平均为15%，已经达到某些发达国家20世纪70年代的社会保障水平，而农村只有0.18%，城市人均享受的社会保障费用支出是农村的90倍之多。城乡社会保障体系的巨大差异是促使城乡收入差距拉大的重要根源，也是导致农村贫困化程度加剧的重要原因之一，城乡二元社会保障模式加剧了整个社会结构的分化[3]。随着农村劳动力向城市的单向输出的不断加快，随着农业经营模式的落后和农业劳动生产率的长期低下，这一城乡二元社会保障体制对中

---

[1] 国务院法制办公室编：《中华人民共和国民政法典》，中国法制出版社，2011年，第453—454页。

[2] 余桔云主编：《养老保险：理论与政策》，复旦大学出版社，2015年，第177—178页。

[3] 曹立前、殷永萍：《农村社会保障制度建设与发展研究》，济南：山东人民出版社，2014年，第21、63页。

国经济社会发展的束缚作用愈加凸显。这一时期的农村社会保障体系主要依赖农户家庭支出而集体经济面临式微停滞，不足以支撑农村最低程度的社会保障标准，这种社会保障模式已经严重滞后于农村居民对社会保障的需求。值得重视的是，这一时期因集体经济相对缺失而国家财政能力有限，农村社会保障受到极大制约，转而高度依赖土地的社会保障功能，这也是在此阶段很长一个时期农村土地制度难以进行适度调整的重要因素。

第三节　城乡统筹与农村社会保障：将国家功能与集体经济功能有机融合的新型农村社会保障制度

21世纪以来，随着"工业反哺农业、城市支持农村"等理念的提出和配套政策的出台，随着我国财政实力的不断增强，农村各项社会事业的发展成为国家财政资金重点支持的对象，农村养老、医疗保险以及最低生活保障制度都在探索与构建中，一个崭新的城乡一体化的社会保障体系正在形成。

2003年中央政府启动了以政府筹资为主、个人少量缴费、农民自愿参加、重点提供大病保障的新型农村合作医疗制度试点，从而将农民的医疗保障纳入政府的统筹范围之内。此后，新农合的试点范围不断扩大，截至2013年年末，全国有2489个县（市、区）实施了新型农村合作医疗制度，新型农村合作医疗参合率99.0%。[1]2006年，《农村五保供养工作条例》（国务院令456号）颁布，这一条例要求有农村集体经营等收入的

---

[1] 国家统计局2013年度《中华人民共和国国民经济和社会发展统计公报》。

地方可从集体经营收入中安排部分资金"用于补助和改善农村五保供养对象的生活",但同时也提出农村的五保供养资金要"在地方人民政府财政预算中安排",强调"财政部门应当按时足额拨付农村五保供养资金,确保资金到位"。政府财政资金的投入与支持农村的五保供养制度进入了一个新的阶段。

2009年9月1日,国务院出台《关于开展新型农村社会养老保险试点的指导意见》,决定开始"探索建立个人缴费、集体补助、政府补贴相结合的新农保制度,实行社会统筹与个人账户相结合,与家庭养老、土地保障、社会救助等其他社会保障政策措施相配套",为农村居民的养老提供保障。2009年的试点覆盖全国10%的县,然后逐步扩大至全国。2010年,全国列入国家新型农村社会养老保险试点地区的参保人数就达到10277万人,2011年参保人数就增长到32643万人。[1] 而政府也一直在酝酿城乡统一的基本养老保险政策。

2014年2月21日,国务院发布《关于建立统一的城乡居民基本养老保险制度的意见》(国发〔2014〕8号),正式提出要将新型农村社会养老保险和城镇居民社会养老保险两项制度合并实施,"在全国范围内建立统一的城乡居民基本养老保险制度",由此进入了一个城乡社会保障制度逐步一体化的阶段。在社会养老保险这一重要的公共服务供给中不再区别对待城镇居民和乡村居民,"国家为每个参保人员建立终身记录的养老保险个人账户,个人缴费、地方人民政府对参保人的缴费补贴、集体补助及其他社会经济组织、公益慈善组织、个人对参保人的缴费资助,全部记入个人账户"。城乡居民的养老保险待遇统一"由基础养老金和个人账户

---

[1] 国家统计局2010年和2011年度《中华人民共和国国民经济和社会发展统计公报》。

养老金构成",其中基础养老金由政府支付。当然,不同地区的农村居民其社会养老保险仍可能存在差异,因为《意见》提出"有条件的村集体经济组织应当对参保人缴费给予补助,补助标准由村民委员会召开村民会议民主确定,鼓励有条件的社区将集体补助纳入社区公益事业资金筹集范围"。这意味着村集体经济组织发展相对较好地区的农村居民将会得到更好的保障。

21世纪以来,农村社会保障的特点在于国家财政投入有大幅度的增长,国家在体制探索中逐步形成城乡统筹的、一体化的社会保障体系,城乡二元的社会保障模式有所调整,城乡差距有缩小的趋势。随着乡村振兴战略的逐步实施和深化,随着农村经济尤其是集体经济的发展壮大,农村社会保障体系也逐步完善,形成了将国家功能与集体经济功能有机融合的新型农村社会保障体系,其中农村集体经济的积极作用再一次凸显。同时我们还应该看到,随着这一新型的社会保障体系的逐步完善,国家也在逐步剥离土地的社会保障功能,以多元化的社会保障体系充分覆盖农村各类群体(尤其是贫困群体),从而使农村土地从繁重的社会保障功能中抽离出来,实现土地功能的本质回归,使土地成为真正的生产要素,而不是提供社会保障的主体。这一剥离和回归,大大有利于土地实现有效的流转,从而有利于实现农地的规模化经营和集约化经营,有利于集体经济的发展,有利于农业经营模式的深刻转变,同时也最终有利于农村社会保障体制的完善和农村公共品供给的提升,达到"双重改善"的目的。

第四节 新时代农村社会保障体系的变革趋势

以上我们详尽梳理了我国农村社会保障制度七十年的历程,这个历程可以粗略分为三大阶段，即：我国农村社会保障体系经历了以集体经济积累为主的低成本农村社会保障制度形成时期、集体经济体制调整后的农村社会保障体系探索期、城乡统筹发展和国家—集体功能融合的新型农村社会保障制度构建期。新时代的农村社会保障体系构建与完善，其核心在于从系统论的角度，将农村社会保障纳入整个乡村发展的大格局中进行考量，将农村社会保障与农村的社会网络建设、乡村社会治理与政治治理、农村集体经济组织发展与土地制度调整、乡村伦理文化建设、乡村新型减贫战略等乡村社会、政治、经济、文化体制的变迁充分融合，从而形成多元化、多层次、内生性、可持续性的新型农村社会保障体制。未来农村社会保障体系构建，要注意以下五个方面的工作：

第一，把农村社会保障体系建设与重构农村社会网络、重构中国乡村治理结合起来。我国农村社会组织结构在改革开放后有了重大的变化，由于人民公社体制在改革之后逐步退出，出现了农村社会组织涣散和社会治理失控的局面，而随着城市化的快速推进，我国农村人口向城市的单方向转移造成了农村人口的剧减，从而造成了农村的局部"空心化"现象。这一现象有历史发展的必然，城市化所造成的农村人口外移在世界各国都存在，然而中国这一现象在20世纪90年代的加剧，却对我国的乡村治理造成了严重的影响，乡村治理的真空化和农村社会结构的碎片化也随之产生。因此，新型农村社会保障体系的建设，不仅要着眼于农村的养老、医疗等社会保障领域的局部问题，还要从更大的格局和视野来重构我国农村的新型社会网络和乡村治理体系[1]，只有这个体系和网络得到了

---

[1] 王曙光、王琼慧：《论社会网络扶贫：内涵、理论基础与实践模式》，《农村经济》，2018年第1期。

有效的重建，才能在此基础上构建一个完善的农村社会保障体系。农村的社会网络重建要包含多元化的主体，要将村庄的政治治理体系（以村党支部为核心的正规治理）、村庄的社会治理体系（以村庄妇女组织、青年组织、民兵组织、老年组织等社会组织为主体）、村庄的商业化治理体系（以村庄合作经济组织、村庄企业家、村庄外部的各类商业机构为主体）、村庄的嵌入型治理体系（以各类政府组织、公益组织以及其他第三方机构为主体）等有机融合，进一步强化村庄中复杂的社会网络，将村庄的每一个人都纳入这个有机的网络中。

第二，把国家财政投入与村庄集体经济积累结合起来，着力壮大农村集体经济。任何人口大国，在构建完善的社会保障体系的过程中，都面临着国家财政能力与社会保障投入之间的张力，在中国经济转型过程中，这种张力更加凸显。可以预期，在一个较长的时期内，中国转型时期积累的社会成本较高，人口老龄化速度较快，在这种情况下，中国在构建城乡社会保障体系的过程中必将面临偏紧的预算约束，国家财政能力在较长的时期内不可能完全覆盖农村的社会保障。因此，中国不可能走其他人口大国的道路，仅仅依赖国家财政能力来构建农村完善的社会保障体系是不现实的，也是不具有可操作性的。学术界已经达成了这样的共识，即中国的社会保障体系需要充分考虑到社会保险的互济性，充分发挥中国作为世界上人口最多的国家在风险分散上的优越性，而不能走完全的个人账户储蓄积累的道路[1]。这对于降低财政压力，从而在财政负担相对较轻的条件下，实现农村广覆盖的社会保障是非常有益的。

因此，中国在构建农村社会保障体系的过程中，要把国家财政投入

---

[1] 王诚：《论社会保障的生命周期及中国的周期阶段》，《经济研究》2004年第3期。

这种外生性的社会保障模式与依靠农村集体投入这种内生性的社会保障模式结合起来，把国家能力与村庄的互助共济结合起来，尤其是要着力推动集体经济发展，以集体积累为主要依托，来对农村养老、救济、教育、医疗等公共品进行投入，实现普惠式的社会保障，这是一条可行的、可持续的农村社会保障发展之路。近年来，中央大力鼓励发展农村集体经济，我国农村集体经济在经历了长期的低潮之后又开始迈入快速增长和健康规范发展的道路。农村集体经济发展要进行机制创新和系统性制度创新[1]，理顺其中的委托代理关系，提高集体经济效率，并在此基础上以集体经济积累为农村社会保障体系的构建提供助力。

第三，要通过差异化的投入形式，形成"集体—国家—家庭"三位一体的多元化、多层次的农村社会保障体系。

所谓多元化，就是通过家庭、集体和国家等不同主体，提供社会保障基金，实现其资金来源的多元化。所谓多层次，就是要兼顾各类不同层次的社会保障。农村社会保障可以分为四个层次：第一个层次是基本保障，即农村居民的生存保障（包括最低生活保障和医疗救助，保障不能解决温饱和最低医疗问题的居民、农村特困家庭的最低生活需要和最基本医疗需要）；第二个层次是风险保障，即针对农村居民的各种风险的补偿保障（包括养老保险、医疗保险、农民工的工伤保险和失业保险、农村自然灾害生活保障）；第三个层次是福利保障，即旨在提高农民物质生活和精神生活水平的公益性保障（包括"五保"供养、老年人和残疾人集体供养、高龄老人补贴、军烈属优抚、妇幼保健与疾病预防等）；第四个层次

---

[1] 王曙光、郭凯：《农村集体经济中的委托代理问题与系统性制度创新》，《湘潭大学学报（哲学社会科学版）》，2019年第1期。

是补充保障，即针对农业生产和农民生活的商业性保障（包括商业性的农业保险、大病医疗保险、人寿保险等）[1]。在这四个层次中，国家、集体和家庭承担不同的责任，各有分工：国家承担兜底性的社会保障，比如第一个层次中的最低生活保障和对贫困户的救助；而农村集体经济则主要承担第二和第三个层次的风险保障和福利保障，比如在新农合和新农保中，集体可以承担更多的责任，一般而言集体经济比较发达的村庄所提供的新农合和新农保以及"五保"供养等的社会保障的水平就会大大提高。而家庭主要是承担第四个层次，即通过购买商业性的保险来改善自己的医疗和其他社会保障水平，这个层面的保障因家庭财务状况会有很大的区别。国家兜底部分的生存保障以及集体经济承担的风险保障和福利保障，一般都具有"普惠"的特征，即普遍地惠及每一个农村居民，这就保障了基本的社会保障和公共服务的均等性，从而有利于降低居民之间的差异。尤其是集体经济所承担的部分越是显著，则其改善收入差距、增强均衡性的效果就越显著。

第四，要把农村社会保障体系的建设与农村社区文化的重构和伦理道德的回归结合起来。

农村社区文化发展和道德伦理体系受到农村人口大量外流和乡村政治治理体系的深刻影响，近年来一些地区农村文化式微、道德滑坡、伦理混乱的现象已经受到全社会的关注。农村养老和社会保障体系的完善，一方面是一个制度设计和制度安排问题，需要建立各种制度性的手段进行资金的投入；但另一方面，也是一个农村文化和道德伦理体系提升的过

---

[1] 曹立前、殷永萍：《农村社会保障制度建设与发展研究》，济南：山东人民出版社，2014年，第21、63页。

程，因为说到底包括养老在内的社会保障体系的完善，要依靠农村整体上对老弱病残、鳏寡孤独的关爱和呵护，要依赖农村整体上道德伦理的回归，如果没有这些道德和文化的支撑，而仅仅依赖财政投入，也是不能达到目的的。因此，正确的道路是，我们要通过集体经济发展而增强农村社会保障水平，同时实现农村社区文化的提升，实现村庄"孝道"和传统伦理道德的回归，从而极大地加强农村社会网络的作用，有利于农村文化的复兴和社会的和谐稳定。要在农村集体经济发展中，在乡村治理改善的过程中，在农村文化的重建中，努力提倡对老年人和弱势群体的关爱，形成尊老、孝爱的风气，从而彻底扭转村庄孝道式微、道德滑坡的现状，这才是构建农村社会保障体系的长久之计。

第五，要把农村社会保障体系的建设与扶贫模式转型结合起来。

农村社会保障体系是扶贫工作的重要环节，也是为整个扶贫工作进行托底和奠基的工作。农村社会保障体系的构建为扶贫工作中最受关注的老弱病残的弱势群体提供了最基本的保障，是整个扶贫工作的安全阀，也是乡村振兴战略的稳定器。近年来随着国家在农村医疗、养老、教育等公共服务上的投入越来越大，农村社会保障对乡村振兴和扶贫的积极效应更加明现。当前，我国扶贫攻坚已经到了最后阶段，消除绝对贫困、全面进入小康社会是2020年我国所有工作的重中之重。在这个关键时刻，我国扶贫攻坚战略也将进入一个"后脱贫时代"的转型期，这一转型要求我们以新的机制来应对未来的长期的相对贫困问题[1]。从总的方向看，我们要将农村社会保障体系的重建与"后脱贫时代"的大规模新型扶贫

---

[1] 王曙光、王丹莉：《中国扶贫开发政策框架的历史演进与制度创新（1949—2019）》，《社会科学战线》，2019年第5期。

机制结合起来，实现农村社会保障和可持续减贫的互促和双赢。"后脱贫时代"的扶贫工作要从"外生性扶贫"转向"内生性扶贫"，要从可见的物质和产业层面的扶贫深入到更深的不可见的"社会机制设计"和"社会网络构建"，要主要从农村硬件的基础设施建设转向软件的建设，这个转型的过程中，要特别注重农村整体的文化建设、民风建设，要广泛建立老有所乐、幼有所教、残有所助、弱有所扶的充满关爱与和谐的新型农村社会保障，营造一种更好的农村社会环境和社会风气，夯实长期应对相对贫困的长效机制。

农村社会保障体系的构建是一个系统工程，是统筹城乡社会全面发展的一个有机组成部分，这一目标的实现既需要国家财政的支持和投入，同时也需要多元的社会参与。而乡村基层社会治理方式的完善、社会文化的重构在当下农村社会保障体系的构建中都具有特殊的重要意义。

第十六讲

中国古代农业文明与现代农业发展

第一节 中国古代农业文明的发展阶段和基本特征

一、远古时代的农业发展：原始农业及其成就

中国古代农业源远流长，在近万年的漫长历程中，发展出独具特色的农业文明体系，同时也催生了非常丰富的中国古代农业思想。这些古代农业文明的实践与思想，对东亚乃至世界农业和文明的发展都做出了非常重大的贡献。

中国文明发源很早，可以说是一个早熟的文明。在原始农业阶段，先人们已经创造了辉煌的农业文明，这些成就，现在看来都是令人惊叹的。中国到现在还流传着很多远古的传说，这些传说被民国时期的"疑古学派"的学者们认为是荒诞无稽、完全是编造的神话，但是最近半个多世纪以来的考古发现，证明了中国古代那些关于农业文明的传说都有大量的

第十六讲 | 中国古代农业文明与现代农业发展

古代农业文化遗存作为佐证。北到漠北，南到岭南，西到青藏高原，东到东海之滨，都有大量的上万年左右的农业文化遗存。

古代有几个智慧的先人在发展农业方面做出了巨大的成就，实际上这些人是中国古代农业文明和智慧的集中代表，也许并非实有其人，但是却反映了中国古代农业文明漫长而丰富的实践，反映了我国在原始农业阶段的辉煌成就。比如有巢氏，教人在树上栖宿，以采集坚果和果实为生。这其实是采集经济时代的代表。燧人氏发明钻木取火，教人捕鱼为食，这其实是渔猎经济时代的代表，用火更是惊天动地的大事件，标志着人类发展的一个崭新的阶段。烈山氏教人烧山耕种，其实是生荒耕作制的创始者，他的儿子"柱"，即农神"稷"，教人种五谷，这个阶段，是刀耕阶段，后来慢慢过渡到熟荒耕作制和锄耕阶段。庖牺氏，也叫伏羲氏，发明网罟，领导人民从事大规模渔猎活动，而且伏羲氏还被中国人尊为人文始祖，因为传说他是八卦的发明者，"一画开天"，标志着人类书写时代的到来，人类的智慧到此又有一个新的飞跃。神农氏是农业的发明者，他遍尝百草，教人种植谷物，创制斧斤耒耜，同时制陶和纺织，农业和医药都相继出现了。这些先人的事迹，在几千年中口口相传，往往被人误认为神话，实际上是有事实作为根据的，只不过古代人只能用这个方法，来解释人类的进步。在上万年的农业实践过程中，中国的先民们逐渐从采猎经济（攫取经济）过渡到农业经济（生产经济），由旧石器时代过渡到新石器时代。

目前我国发现了成千上万的新石器时代的农业遗迹，分布在从岭南到漠北、从东海之滨到青藏高原的辽阔大地上，尤其以黄河流域和长江流域最为密集。在黄河流域，裴李岗文化和磁山文化，距今七八千年，是黄河流域最早的农业区，主要作物是谷子（粟）。考古学家在磁山遗址发现

88个堆放着黄澄澄谷子的窖穴，原储量估计13万斤。出土农具包括石斧、石铲、石镰、加工谷物的石磨盘、石磨棒。饲养家畜包括猪、狗、鸡、牛。那时已经有定居的原始村落、公共墓地、半地穴式住房。以上称之为前仰韶文化时期。在仰韶文化时期，也就是距今7000—5000年，出现大型定居农业村落遗址。龙山文化时期，也就是距今5000—4000年，农牧业更加发达，出现大量储物窖穴和成套酒器。制石、制骨、制玉、制陶的专业工匠出现，阶级分化明显，文明的曙光已经展现。其中黄河上游地区有代表性的文化是大地湾文化、马家窑文化、齐家文化，黄河下游地区有北辛文化、大汶口文化、山东龙山文化，在长城以北的东北、内蒙古和新疆等地，也发现了多处新石器时代农耕遗址。在长江流域，发现了余姚河姆渡遗址、桐乡罗家角遗址，距今7000年前，出土了丰富的栽培稻遗存。河姆渡遗址出现了24万斤稻谷的遗存，我曾经去考察过；出土了大量耒耜，已经有发达的水田农业，进入锄耕农业阶段；出现居住面悬空的干栏式建筑。良渚文化（距今5000年前），水田农业更为发达，石犁耕作，用苎麻和蚕丝织布，玉制品大量出现，标志着文明时代的出现。长江中游的9000年前的湖南澧县彭头山遗址，发现包含在陶片中的碳化稻谷，是中国和世界最早的稻作遗存之一。湖南道县王蟾岩遗址，出现距今1万年的栽培稻。这些原始农业的遗存，表明我国在南北方，在黄河流域和长江流域，几乎同时出现了比较先进的旱作技术和稻作技术，可以说明中国南北方的农业发展是同步进行的。

我曾经到甘肃天水考察过。在黄河上游这个地方，天水是一个有代表性的农业文化遗产的集中地，其中大地湾文化最为有名，这个文化创造出历史悠久的中国古代北方旱作农业。比如最早种植了稷、黍、粟，最早种植了油菜。在大地湾文化中发现了中国最早的文字符号，还有定居的房屋,以及比较大的宫殿建筑。那里流传着很多关于伏羲氏、女娲氏、神农氏、黄帝轩辕等的传说。

二、中国古代传统农业的四个阶段

经过原始农业之后,中国农业文明进入了传统农业时期,其中包含四个主要阶段。虞、夏、商、西周、春秋是第一阶段,是原始农业向传统农业过渡的时期,也是精耕细作农业体系的萌芽期。第二阶段,战国、秦、汉、南北朝,是黄河流域农业生产全面大发展时期,也是北方旱农精耕细作技术体系形成和成熟期。第三阶段,隋、唐、五代、宋、辽、金、元,我国传统农业在更大范围内获得蓬勃发展的时期,也是南方水田精耕细作技术体系形成和成熟期。第四阶段,明、清(鸦片战争前),是精耕细作农业继续发展时期,土地利用率达到传统农业最高水平。

(1)第一阶段:虞、夏、商、西周、春秋。

在这一阶段,我国政治经济中心在黄河流域。在北方,我国的农业以沟洫农业为标志,由于北方气候的原因,防旱保墒是农业技术的中心。这一时期耕锄农业以耒耜的使用为特色,同时使用青铜农具(铜锡合金)。此时田野农业开始。沟洫和道路形成井田制,对于这种井田制是否存在,很多历史学家有争议。我认为,井田制应该是存在的,它既代表着传统农业发展的早期原始公社的一种生产组织形式,也代表着一种耕作形式,即沟洫农业的一种表现。井田制在春秋后期渐渐瓦解,后来孟子大力提倡井田制,直到明清时期,还有人提倡这种制度。此时畎亩是农田的基本形式,采取比较先进的条播制(相对于欧洲的撒播制),以休闲制代替抛荒制。这一时期,耦耕制出现了,这也是农村公社原始互助习俗之固化。在我国传统农业发展的第一时期,采用"耒耜—沟洫—井田"三位一体的耕作制度，开始广泛种植五谷（粟［稷］、菽、黍、麦、稻），最早养蚕缫丝（传说由黄帝元妃嫘祖发明），而且有专门掌管畜牧的官员，叫虞衡。这一时期是我国精耕细作农业的萌芽期。

（2）第二阶段：战国、秦、汉、南北朝。

这一时期我国精耕细作农业开始走向成熟，我国农业技术达到一定的高度，远远领先于当时世界其他国家。春秋战国时期可锻铸铁，早于欧洲2000年。铁农具的使用是革命性的。三人二牛耦犁开始出现。此时井田制崩坏，土地地主所有制出现。生产工具有很大的创新，耙、耱（用于平整土地，替代木质耰）、耧车出现，早于欧洲条播机1700年。飏扇（风车）早于欧洲1400多年。灌溉用具翻车、加工用具水碓也出现了，这些机械都是十分精致的，显示出我国先民的极高智慧。这一时期，我国大规模农田水利灌溉工程也开始兴建，其中有代表性的是战国漳水十二渠（西门豹兴建）和关中的郑国渠；到了汉代，水利建设尤其广泛。低畦农田代替畎亩，精耕细作技术开始形成。连种制代替休闲制。采用轮作倒茬的耕作技术，形成耕、耙、耱、压、锄结合的耕作体系。施肥改土经验也开始丰富起来。这一时期，豆类、油料、蔗糖、园圃等发展迅速，又从西域引入葡萄和柰（绵苹果），蚕桑业比较发达。此时一个比较大的变化是，以前是华夷杂处，战国之前，中原人民与北方少数民族没有明显的居住界限，北方少数民族经常通过战争等方式进入中原地区，农区和牧区的分化不明显，但是到了秦朝，开始实现农牧分区，农业区和牧业区明显分开了，这种农牧分区的格局一直持续到现在。

（3）第三阶段：隋、唐、五代、宋、辽、金、元。

在这一时期，我国农业发展的中心逐渐从北向南转变，出现农业优势的南北易位。在战国时期，南北差距还是很大的，发展阶段不在一个层次上。在汉代，南方人口仅占全国人口的10%，而且大部分地区农业技术落后，很多南方地区还处在火耕水耨阶段，其生产技术与北方有很大差距。但是到了南朝时期，江南开发速度开始加快，由于战乱的原因，北方的耕作技术和文化大量进入南方，南方一些重镇，如会稽、建康、丹阳、长兴等，农业发展较快。到了唐初，南方的稻米开始运至北方。到了北宋时期，南方人口占全国人口的69%，经济重心南移，这是一个非常重要的发展阶段，标志着南北农业优势的易位。宋代以后，南方的文化业比北方发达，你看看宋代著名的文人和官员，大部分都是南方的，比如唐宋八大家。在唐代，出现了当时最先进的曲辕犁，而欧洲18世纪才出现。还出现了用于灌溉的高转筒车、脚踏翻车，传统农具发展到了巅峰，农业技术发展也到了巅峰时期。此时，水田耕作体系形成，南方开始大面积"围水梯山""争寸夺尺"，营造畲田、梯田，以应对人口的不断增长。这一时期，是我国精耕细作技术在全国范围内蓬勃发展的时期，南方的崛起对我国的文化和经济有着非常重要的影响。

（4）第四阶段：明、清。

在明清两朝，我国人口增长迅猛，在人口膨胀压力下，传统农业继续发展。宋代人口过1亿，明代盛期1.2亿，康熙朝9000万，乾隆朝末年达到3亿，鸦片战争前达到4亿。人口多了，形成以下影响：一是耕地变少了，于是就要不断开辟新的土地。明清耕地面积大幅增加，宋代耕地面积为5.6亿亩，明代为7.84亿亩，清代至11亿~12亿亩。耕地面积的增加，主要靠烧荒造田、毁林造田、围海造田，实际上对自然环境必定造成一定的损害。但是由于人口激增，生齿日繁，以环境为代价换取土地，是没有办法的事。二是必须引进新的作物。在明清时期，为了供给这么多人吃饭，不得不从海外引进很多农作物，比如玉米、甘薯、马铃薯、花生、烟草、芒果、菠萝、番木瓜、番荔枝、西洋苹果、西洋梨等。其中玉米、甘薯和马铃薯的引进，对中国人应对人口膨胀起到了很大的作用。玉米、土豆、地瓜这三种食物，南方和北方的大部分地区都可以种，而且气候适应性很强，很大程度上弥补了当时中国人食物的不足，同时也支撑着人口更大规模的上升。三是农业技术的发展开始缓慢下来。人口和技术，实际上是相互替代的关系。人口多了，劳动力很丰裕，就不需要更好更高的农业技术，因为好的农业技术的目的，就是要节约劳动力。如果劳动力十分丰裕，较高的农业技术就成为不必要的了。所以在这一时期，我国农业技术的发展非常缓慢，很多农耕技术都退步了，甚至比元代都不如，很多农具（灌溉用具等）都荒废不用了，以人力来替代。在这一时期，堤塘综合利用的立体农业开始形成，成为世界立体农业的先驱。这一阶段，我国精耕细作农业继续发展，土地利用率达到最高水平，但农业技术停滞不前。

三、中国传统农业的主要特点

总结一下中国传统农业的特点，我想主要有四个：

第一，多元发展、并行不悖。北方的黄河流域跟南方的长江流域的农业文化既互相交汇，又在一定历史时期并行发展。南方的长江流域从河姆渡文化、良渚文化开始就有非常成熟的稻作文化和高度的文明。

第二，农耕文化对于游牧文化的同化能力非常强。历史上出现过多次游牧民族对农耕民族居住区的占领，直到清代都是如此，但是最终的结果都是农耕文化实现了对游牧文化的同化，实现了文化的融合。中国文化是一个多元的文化，其中游牧民族的文化对我国多元文化的形成也有重大的影响，我们不可忽视。我考察天水时，就发现天水这个地方就是一个游牧文化与农耕文化交融的典型代表。天水是游牧文化跟农耕文化经常碰撞的地方，北方的少数民族，包括戎、狄、羌、女真、回、吐蕃等，在天水有大量的活动，不同文化不断地交融，形成了中国独具特色的农业文明。

第三，中国北方的旱作文化跟南方的水田文化是交融的。中国不同方位的农业文明是不一样的，西部是麦作文化，小麦是从西域传过来的，中原本土原来没有小麦，你看"麦"的甲骨文，上面是"来"，下面是"夕"，说明麦是一个外来的物种。北方是游牧文化、草原文化，黄河流域是粟作文化，南方是稻作文化，这些文化是互相交融的。

第四，中国古代农业文明善于吸收外来的农业文化，具有开阔的海纳百川的胸襟。中国是八大农业物种起源国之一，中国原生的农业物种大概占全世界的20%，全世界一共有约666种原生的物种，中国大概有136种。同时，中国又是引进外来物种最多的，比如说小麦、高粱、玉米、甘薯、马铃薯、番茄、棉花、花生、芝麻、苹果，这些都是从域外引进的。玉米、马铃薯、甘薯，是从拉丁美洲引进的，基本在明朝之后引进的。看得出来，中国的古代农业文明特别善于包容，很开放，这是我们的一个优点。美国人类学家安德森（E.N.Anderson）曾经说："如果不是由于西方农民和食品购买者根深蒂固的保守观念，我们所输入的，或许还要多上几百种。对比之下，中国人（一向被认为是盲目地固守传统）却几乎借取了一切能够种在自己国土的西方植物。"

第二节 中国古代农业思想的特点及其当代意义

一、中国古代的农书

中国古代的农书非常多，据统计有600多种。在先秦时代，就有《神农》《吕氏春秋》《尚书·禹贡》《管子·地员》，都包含了大量的农业思想。秦汉南北朝时期，我们的农书开始增加，比如说《泛胜之书》，这是西汉时期非常重要的一部农书，这部书现在不全了，只能找到残本。还有东汉崔寔的《四民月令》、北魏贾思勰的《齐民要术》等，其中《齐民要术》把中国从先秦时代开始的一些主要农业思想都加以综合，是一个集大成之作。

唐宋元时期也出现了大量的农学著作，比如说唐末韩鄂的《四时纂要》、南宋陈旉的《农书》、元代官方修的《农桑撮要》，《农桑撮要》不是一个人的著作，是很多人写的，是当时国家组织编撰的；还有王祯的《农书》、鲁明善的《农桑衣食撮要》；各种专业书就更多了，像陆羽的《茶经》、陆龟蒙的《耒耜经》等，类似《茶经》这样的专讲某种作物的著作在中国有几千种之多，非常丰富。明清时期，徐光启精通西学，他写了《农政全书》，这是一部我国古代农学思想的集大成之作，综合了徐光启所能搜集的几乎所有古代农业思想。明代的《授时通考》和马一龙的《农说》也很有名。

中国古代农书如此之多，实际上到现在为止都没有得到极系统的分析和科学的研究。日本对中国农书研究非常多。古代农书中所体现的中国农业思想，对于今天也有极强的借鉴意义。

中国的文化就是农业文化，中国的文明就是农业文明，我们的所有文化符号和文明要素，都与农业相关，而当代中国文明的一切所谓衰落的现象，其根本原因就在于整个农业文明的衰落。我们的民俗、我们的节庆、我们的服饰，乃至我们的信仰、我们的哲学，都与我们的农业文明密切相关。比如过几天要过的端午节是一个传统节日，现在放假一天，但是如果失去了传统农业文明中的文化意义，失去了庆祝丰收等农业文明中关于礼仪与季候的暗示，端午节就仅仅是一个休闲日而已。古代农业文明就这样慢慢消失掉了。包括春节、重阳节、中秋节等，都是如此，这些节庆都是跟古代农业文明一脉相承的。下面我们就梳理一下我国古代农业思想的主要特点。

二、中国古代农业思想的主要特点

中国的地理环境具有多样性与独特的优越性，造就了中国文明中关于人类活动与自然环境协调统一的理念。中国人很早就知道，人类跟自然要和谐统一，而不能对立。这是中国农业思想中最核心的东西。中国人对自然的认识，又比较直观，出于实用，具有一种整体性和系统性，所以中国农业思想中的天人合一、天地人三才、气、阴阳、五行、寰道、中庸的思想框架，都很具有概括性，也比较抽象，显示了中国人的整体性思维，这在其他文明中是非常少见的。"气"是一个非常重要的哲学概念，既指可以感受的物质意义上的"气"，也指那种看不见的抽象意义上的"气"。寰道代表中国人的循环思想，中庸代表中国人不偏不倚的中道思想，农业生产必须掌握中道，不能过也不能不及，不遵循中道就会导致人为的灾害。这些有关自然和农业生产的思想，最后又深刻地影响到中国特有的社会制度、政治制度等，当然也造就了中国人的心理结构。中国人知足常乐、乐天知命的性格特点，对待万事不偏激的中庸态度，跟中国农业生产的特点和农业思想有关系。我们整个政治制度、社会制度，以及古代社会的超稳定性、小农经济的封闭性和稳定性，都与我们农业思想中尚中的理念密切相关；我们重视经验，爱好和平，强调互助和谐，这些都是中国农业生产思想的总结，是农耕文明的产物。

中国古代农业文明思想第一个特点是强调天人合一。与西方人定胜天、人和自然二分的概念不一样，中国特别强调天人合一，强调人和自然的和谐统一,这是中国古代农业文明一个最大的特点。西方的人与自然二元的概念,起源于古希腊人的思想,古希腊经济是一个以海上作业为主的经济形态,因此古希腊人面对的都是怎么征服自然,怎么跟大海做斗争,跟天气做斗争。而中国是农耕社会,一万年前就进入农耕社会,农业耕作就要天人相参,天人合一,尊重自然,顺应自然。

《周易》中讲到,"仰以观于天文,俯以察于地理",仰观俯察的原因是要顺应这个宇宙,顺应自然。北京大学赛克勒博物馆前面有一个日晷,日晷的四面写着四句话,其中两面写的是"仰以观于天文,俯以察于地理",还有两面写着"近取诸身,远取诸物"。前者是顺应外物的方法,后者是身心修养的方法,既要远观万物,又要返观自身。

《周易》里面讲到,有天道,有地道,有人道,这个"三才论"就是《周易》提出来的。《周易》讲到"立天之道曰阴与阳,立地之道曰柔与刚,立人之道曰仁与义",天、地、人都有了。八卦中的每一爻都是有阴阳之分的,一个是阴爻,是断开的,一个是阳爻,是连着的,从而组成了各种各样的符号系统。《周易·系辞》中说:"易之为书也,广大悉备:有天道焉,有地道焉,有人道焉。兼三才而两之,故六;六者,非它也,三才之道也。"《周易》中每一卦都有六爻,为什么六爻呢?"兼三才而两之,故六。"后来才发展到"天、地、人、物"和谐统一的四大要素思想,这些都是古代天人合一思想的延伸。

第二个中国古代农业文明思想,是阴阳五行互相转换、相生相克的思想。相生包括木生火,火生土,土生金,金生水,水生木。相克就是金克木,木克土,土克水,水克火,火克金。这种相生相克的原理,是把整个农业生态系统看作一个互相制约、互相影响的网络系统,它不是单独地看一个元素。五行相生相克思想其实包含着中国古代农业文明中复杂论、系统论的思想。

五行是一个普遍联系的立体的球状网络，互相制约，互相平衡，不能单独看一个要素，这个思想对中国人的影响很大。中国人很早就在观察农业中形成了系统论、循环论、复杂论的意识，不要简单地看某个物种，而要看到不同物种之间的复杂关系，看到它们之间的相生相克之理。比如说除害虫。中国人不太讲害虫，中国人认为所有的虫子都有存在的必然性，它们有的对人类有害，有的对人类有益，但是不能把所谓对人类有害的虫子完全杀死。比如贵州黔东南苗族侗族自治州的传统稻作农业，农民在杀害虫的时候故意留一部分，他们知道保留一部分害虫对整个物种的循环是有作用的。这就是整体论和系统论，不是割裂地认识大自然。

第三个中国古代农业文明思想就是循环论的思想。古代作物强调轮作，土壤提倡轮耕，能量强调循环，这些都是循环论的思想。在古代农业中是没有废物的，农业生产没有任何废物，人类和动物的任何废物回到自然中加以循环。古代在土地方面，强调用养结合，保持地力常新。现在城市的发展导致生态链破坏掉了，人类和动物的废物不能得到有效的循环，成为环境的污染物，这是非常可怕的。循环论的思想，是中国农业的主要思想，轮作、轮耕、土地用养结合、保持地力常新，都是循环论思想在其中起作用。

美国著名农学家富兰克林·H.金（F.H.King）在《四千年农夫》中讲到中国的循环论农业思想："人从土里出生，食物取之于土，泄物还之于土，一生结束，又回到土地。一代又一代，周而复始。靠着这个自然循环，人类在这块土地上生活了五千年。人成为这个循环的一部分，他们的农业不是和土地对立的农业，而是和谐的农业。"

金博士在20世纪20年代到日本、朝鲜和中国旅行，关注到东亚尤其是中国的传统农业文明，认为中国传统农业文明值得学习，中国的土地耕种了四千年，土地的产出居然没有下降，地力竟然没有被消耗殆尽，而且养活了越来越多的人口，这是一个巨大的奇迹，所以他回国后写了《四千年农夫》。书里面讲到北方的土炕与农业施肥的关系。他到胶东半岛一带去旅行，观察这里的人民是怎么施肥的。我们胶东半岛都住炕，炕是用方块状的泥砖垒成的，每块方泥砖大约30厘米长，15厘米宽，用田里的土和上水以及麦秆搅拌捶压而成，成为一个坚实得像砖一样的东西，砌在炕里面。炕是用来通火灶的，经过两三年烧火做饭之后，农作物秸秆的灰烬很多都留在炕里面，三年之后打开炕一看，让人非常惊讶，里面黑洞洞的，全是植物的灰烬，有些灰烬牢牢地附着在泥砖上。这是什么物质呢？这些物质实际上就是焚烧麦秆之后形成的富含氮磷钾的肥料。胶东农民三年左右拆一次炕，泥砖要打碎，此时泥砖已经很松软，富含氮磷钾肥，用水将泥砖溶开，重新回到田里，这是最好的有机肥料。这个方法，把日常生活中的炕与耕地的施肥结合在一起，非常自然，各种物质得到充分的利用，实现了物质的循环，实在是非常高的生活智慧。但是现在农村都很少住炕了，这种方式也就日渐绝迹。

第四个思想就是立体农业和生态农业的思想。中国古代农业强调多业并举，立体农业，综合经营。比如说在南方太湖地区有农牧桑蚕渔系统，珠江三角洲地区有桑基鱼塘系统，在云南元阳和广西龙脊地区有梯田，这些实际上都是立体农业、生态农业思想的实践。

第三节 中国现代农业发展的挑战与出路

一、中国现代农业的发展面临的挑战

第一个挑战是，我们在现代农业中，过量地使用农药和化肥带来食品质量的下降和土壤退化的危机，这是近年来大家感受特别深刻的。

第二个挑战是，我们过度地利用土地，忘记了老祖宗讲的用养结合的思路，导致土地生产力下降，传统的施肥方法慢慢被抛弃了，地力得不到恢复。我们拼命使用土地，但是没有把土地养起来。

第三个挑战是，土地的综合化经营效率比较低。我们现在单一种植，比如说这个地方老是种土豆，几年之后，土地的产出严重下降。我们用工业化思维来发展农业，严重地消耗了资源，而立体农业和循环农业的思维慢慢被抛弃掉。

第四个挑战是生态挑战。很多地方，尤其是西北出现大量的荒漠化，西南地区出现大量的石漠化，这是非常令人忧虑的。

面对这些挑战，我们该如何应对？一方面，我们看到中国农业从上万年的传统农业，到新中国成立以来的现代化农业，一直到我们今天提倡的现代生态农业，走过了一个漫长的过程。今天我们应该回望历史，应该汲取古代农业思想中的精华，重新回到中国古代农业的天人相参、顺应自然、循环发展的思路。很多朋友说，我们要发展生态农业，就要提倡小农经济。这种观点有一定道理，但是却不太可行。退回到小农经济是不可能的，因为小农经济跟现代农业的机械化、自动化、信息化、生态化是很难对接的。同时，我们还要强调生态化，现在应该发展集约型农业，要因地制宜走生态农业、循环农业的道路，不能以生态为代价。

二、发展生态农业的具体框架

具体来讲,发展生态农业,我总结出"三四三二"的模式。

"三":农业的目标体系是三位一体的。要把农业发展、生态环境保护、粮食安全这三件事情放在一起来综合考虑。

"四":农业经济体制要四位一体。就是要培育现代化的农业经营体制,大力扶持龙头企业、合作组织、家庭农场和种养殖大户,这是一个经营体制方面的四位一体。

"三":质量保障体系要三位一体。把生产者、消费者和农业专家结合起来,要特别重视农业专家的作用。大学的专家、农业院校的专家、科研院所的专家要跟农业产业化结合起来。

"二":古今结合、中外结合两个结合。我特别强调古今结合。我们今天发展现代农业,要大力发掘中国古代传统农业的遗产,提升农业的质量。而且挖掘古代传统农业遗产,不光有发展农业这一方面的作用,还可以同时发展旅游业,发展文化产业。中国南北东西各个地方都有非常丰富的农业文化遗产,如果你把你那个地方古老的故事讲出来,农业产业、旅游产业和文化产业的附加值会更高。所以要使文化遗产活起来,而不是让它在博物馆里面待着。

三、农业产业化应注重七个方面的工作

现在中国农业产业化发展进入了黄金时代。地方政府和中央政府投入大量的资金,财政支持力度很大,所以我们遍布全国的农业产业化园区大多是不缺钱的。但是,我们还要做好相关的工作,才能让农业产业可持续发展。

第一,要特别重视农业信息化的建设。我们现在是信息化的社会,但

是我们经常看到，农民在养殖、种植业方面常常是盲目性的，农产品价格变动特别大，农民受不了，在价格大跌的时候有可能破产。所以在农业信息化方面，政府要加大支持力度。

第二，要发挥政府在农业基础设施建设以及推动企业跟农户之间合作方面的作用。政府最大的作用不是强迫农业产业园或者农民种什么不种什么，搞什么产业不搞什么产业，而是要着力于农业基础设施的建设。比如天水的苹果产业非常好，但是花牛苹果不耐存，放十几天之后，这个苹果就面了，不好吃了，怎么办呢？需要冷库。但是，要让一个合作社或者种植大户来做冷库是不可能的，政府就要花很大的力量，帮助这些合作社来建设冷库，帮助他们提高经济效益。同时，政府应该更多地在龙头企业跟农户之间牵线搭桥。

第三，农业产业化要做好"互联网＋农业"的工作。很多农产品非常好，科技含量非常高，东西非常优质，但是卖不出去，为什么呢？销售端、客户端不行，怎么做好这方面的工作呢？就要加强互联网工作，把电子商务、互联网的终端销售、微信销售平台建起来。

第四，农业产业化要大力做好农村金融与农业保险的工作。要开展好包括一些针对农户的小额信贷、微型金融，还有一些基于抵押担保的更大规模的信贷，加强对于农村合作社和家庭农场的信贷服务。加强农业保险、农作物的保险以及畜牧业的保险非常重要，地方政府应该拿出专门的资金成立农业保险基金。

第五，要合理规划各地的农业产业化发展。要科学化、系统化，发挥各地的区域比较优势，防止盲目化，不要简单复制，而要走特色化、差异化的发展道路。

第六，在农业产业化发展过程中，地方政府还应该重点做好土地流转的工作，规模化经营的基础就是土地流转。要把小农改造成大农，要让单个的农户融入中国的农业产业化中，就必须做好土地流转工作。

第七，农业产业化发展还要特别关注一点，就是要加强生态的保护。生态是农业产业化的命根子，不要把农业产业化搞好了，产值上去了，生态下来了。以前我们是拼资源、拼环境，以丧失我们的环境为代价换得农业产业的发展。很多地方盲目种植，耗尽了地力，耗尽了水资源，这是不可持续的。所以，我们要从拼资源、拼环境的思路转向重视生态、重视质量、重视集约型发展、重视可持续发展。

当前，人类面临着食品安全、粮食安全、生态安全、农业安全这些重大问题，我们必须有危机感，有紧迫感，要从伦理道德、法律规范、机制设计、技术创新、制度变革几方面努力，彻底解决这些问题。

第四节 建设现代化农业强国

2022年年末中央农村工作会议提出"全面推进乡村振兴、加快建设农业强国"的战略目标，指出"强国必先强农，农强方能国强。没有农业强国，就没有整个现代化强国；没有农业农村现代化，社会主义现代化就是不全面的"。2023年中央"1号文件"又在中央农村工作会议的基础上进一步强调指出："举全党全社会之力全面推进乡村振兴，加快农业农村现代化。强国必先强农，农强方能国强。要立足国情农情，体现中国特色，建设供给保障强、科技装备强、经营体系强、产业韧性强、竞争能力强的农业强国。"其中"供给保障强、科技装备强、经营体系强、产业韧性强、竞争能力强"的定位，为我国建设现代化农业强国指出了根本方向。2023年的中央"1号文件"聚焦于建设农业强国，提出了很多有针对性的、具体的应对措施，涉及粮食和重要农产品稳产保供、加强耕地保护和高标准农田建设、加强水利基础设施建设、推动农业关键核心技术攻关、深入实施种业振兴行动和加快先进农机研发推广等很多方面，系统擘画了未来建设现代化农业强国的战略路径。当前我国正处于一个极为关键的发展时期，全球经济政治的不确定性增大，因此建设现代化农业强国既有长远的战略上的必要性，同时也对应对当前的国际挑战有重要的意义，对我国在高度不确定的国际局势下保障国家安全、获得发展主动有重要的意义。历史规律告诉我们，越是处于战略竞争前沿的国家，越是需要实现国家农业安全和粮食自给。同时，中国已经深度介入国际农业市场，越是深度介入全球农业市场竞争、越是深度依赖全球粮食市场，越是要加倍注重提升本国农业在世界农业产业链和价值链中的竞争能力。

当今世界现代化农业强国皆为发达国家和地区，包括美国、加拿大、欧盟、日本、澳大利亚、以色列等国和地区，都高度重视农业发展，这些国家或因大规模现代化农业而占领国际农产品市场，或因精细化现代农业而具备全球竞争能力，各自发挥自己的资源禀赋特点而在全球农业竞争中占据竞争优势。现代化农业强国的重要标志，就是要在全球农业市场竞争中具备较高的产品竞争力，要有较高的农业劳动生产率和较高的农业科技水平，要有农产品各产业链上的全面自主竞争能力（比如各农业大国在种业上都有较强的自主能力）。同时，还要具备保障本国农业安全的能力，要有对国际农业市场波动尤其是粮食价格波动的应对能力，也就是要有比较强的国际农业市场的定价权和话语权。

中国是全球农产品产量最高的国家，同时也是全球农产品进口额最高的国家，是全球农产品逆差额最大的国家。2021年中国生产了6.83亿吨粮食、8990万吨肉类以及6464万吨水产品，分别占全球总量25%、

28%以及36%左右。中国还生产了7.7亿吨蔬菜、2.99亿吨水果，分别占全球生产总量的1/2和1/3以上。2021年中国农产品进出口额达3042亿美元，农产品贸易逆差达1354亿美元，是全球最大农产品贸易逆差国。近年来，我国的主粮进口大幅增加，大豆进口每年都在1亿吨左右，对全球农产品市场的依赖性明显增大，对我国农业安全形成了较大的影响。尽管中国粮食产量连年增加，但是我们的农产品结构性问题仍然比较突出，农业"大而不强"的特点仍然很突出，农业科技水平相对较低，同时中国对全球农业市场的依赖性（尤其是进口依赖性）仍然过大，我们应对全球农产品市场波动的能力和大宗农产品的定价权仍然微弱，与我国农业对全球农产品进出口市场的参与度和影响力极不相称。

建设农业强国、促进农业高质量发展的核心是提高农业科技进步在农业发展中的贡献率，彻底改变我国传统的建立在小农经济基础上的农业生产方式。我国农业生产方式总体比较落后，农业生产的机械化、智能化、标准化程度较低，现代农业技术应用的广度（覆盖面）和深度（对各类农业经营主体的渗透程度和在农业全产业链上的渗透程度）较低，这就导致我国的农业产业大而不强。我国农业土地的集约化利用的程度还非常低，这就导致我国农业生产极端细碎化、分散化、效率低下、单产较低，难以实现农业经营的集约化、规模化和标准化。因此，我国建设农业强国和农业高质量发展的着力点，一方面是提高农业科技创新水平和农业科技推广效率；另一方面更重要的是在农业经营体制创新和农地制度创新方面进行深刻变革，从而为农业科技进步奠定体制基础。

2023年中央"1号文件"高度重视农业科技创新，提出要坚持产业需求导向，构建梯次分明、分工协作、适度竞争的农业科技创新体系，加快前沿技术突破；支持农业领域国家实验室、全国重点实验室、制造业创新中心等平台建设，加强农业基础性长期性观测实验站（点）建设，同时强调完善农业科技领域基础研究稳定支持机制。我认为，要实现中央一直强调的"藏粮于技"，就要从顶层设计层面加大农业的科技引领力度，加大农业技术进步的资金投入和对技术创新人员的激励。农业技术进步往往具有高投入的特点，需要比较长时间的持续的巨额投资，如果没有顶层设计者从战略高度对农业科技进步重要性的深刻认识，是不可能在农业技术进步方面有所作为的。比如在农机领域，我国农业的现代化和机械化是大势所趋，农业生产加工的各产业链对农机的需求非常旺盛，2023年的中央"1号文件"也提出要加快先进农机研发推广，加紧研发大型智能农机装备、丘陵山区适用小型机械和园艺机械。但是如果没有长期的持续资金投入，如果没有长期的农机领域的科技创新，要想在农机领域占据优势竞争地位是不可能的。我们还要建立有利于科技进步和技术创新的激励机制，以更市场化的体制机制支撑和鼓励农业科技人员的技术创新。要从完善与改革技术管理体制和技术人员收入分配制度入手，使技术人员能够获得更大的内在激励从事农业技术革新。要建立多元主体参与的新型科技创新体系，以利益联结为纽带、以科技创新优势互补为导向，构建农业科技进步共同体，将农业科技管理部门、高等院校、国家级科研单位、农业企业技术创新机构等科研力量进行整合，通过科研资源的整合提高农业科技进步的效率。同时，农业科技推广体系的建立和完善是非常重要的一环，要建立功能综合化、系统网络化、职责明确化、服务信息化、组织体系多元化（包括农业生产经营组织、农业科研教学单位、群众性科技组织等在内的）农业技术推广体系。

建设农业强国，要重视覆盖一、二、三产业的全产业链现代化农业体系构建。从良种的研发到生产环节的生物技术的采用、从化肥农药的研发与供应到整个农资体系的生产和供给体系的完善、从新型农业生产设施的研发到农业机械创新、从农业组织体系的升级到农业社会化服务体系的完善和农业管理体制的创新，在整个农业产业链上，都要注重产业的融合和整合。要通过一、二、三产业融合发展，构建新型的农业业态，调整农业产业结构。在互联网支持下，农业电子商务、农业旅游文化、农业体验式营销和推广等新型业态会不断出现，一些基于互联网和物联网的农业平台将颠覆以往农业产业的传统形态。要通过引进社会资本和混合所有制改革整合产业链上下游的企业，实现优势互补，从而在全产业链上打造一个现代化农业产业集团，每个环节既突出产业优势，又兼顾上下游产业之间的衔接和优势互补，从而实现强强联合和产业融合。

建设现代化农业强国，还要特别重视生态农业建设，从而实现中国农业的可持续发展。在农业现代化的指导思想和顶层设计层面，要把保障粮食供给安全与保障生态安全置于同样的高度，要在顶层设计层面把促进人和自然的和谐发展摆在优先的位置，把构建生态农业和可持续农业作为最高的指导思想。2023年中央"1号文件"指出，要加快农业投入品减量增效技术推广应用，推进水肥一体化，建立健全秸秆、农膜、农药包装废弃物、畜禽粪污等农业废弃物收集利用处理体系，同时要健全耕地休耕轮作制度，加强农用地土壤镉等重金属污染源头防治，强化受污染耕地安全利用和风险管控。当前耕地污染问题严重，我们要注重借鉴我国古代土地用养结合的经验，注重用有机的生态的模式加强土壤的养护和改良，这是保证农业可持续发展的重要前提。要大力发掘中国古代传统农业文化遗产，借鉴中国古代循环农业、立体农业的智慧，从而在提高土地的综合利用效率的同时，有效保障整个农业生态环境。

第十七讲

结论与展望：农业农村优先发展与中国经济高质量均衡增长

第一节 农业农村领域是解决我国不充分不平衡发展问题的关键

农村问题和农业问题涉及不同的研究视域：农业问题主要涉及农业安全、粮食安全、农业现代化和农业产业可持续发展；而农村问题则主要涉及乡村治理、农村产业、农村发展、农村反贫困、农村生态建设、农村公共品供给等问题。两者之外延在很大程度上是互相联系、互相交叉的，然而亦有各自的特殊视域，并不完全重叠，故在概念上不可混用。本文重点探讨农村发展及相关问题，然而在很多方面又涉及农业发展和农业现代化问题，往往将农业和农村联系起来进行讨论。

一、从"新农村建设""乡村振兴战略"到"农业农村优先发展"

党的十九届五中全会提出"优先发展农业农村，全面推进乡村振兴"。这是一个极为重要的提法。当前国际经济政治环境和全球化形势出现重大变化，在这一新的历史时点，我国审时度势地提出构建"双循环新发展格局"，打造中国开放发展新格局，而"优先发展农业农村"乃是双循环新发展格局的重要支撑点和着力点。

近年来我国城乡关系发生了深刻的引人注目的变化，农村居民可支配收入增长率逐渐提升，城乡收入差距不断缩小，城乡协调共进的新态势已然形成。五中全会提出"中国特色社会主义乡村振兴道路"，"强化以工补农、以城带乡，推动形成工农互促、城乡互补、协调发展、共同繁荣的新型工农城乡关系"，正是对这一新态势的精准概括、充分肯定与引领提升。

"优先发展农业农村"是涉及中国未来高质量、可持续发展的大战略。当前全球农业安全和粮食安全问题突出，我国要未雨绸缪，筑牢粮食安全底线，因此农业安全战略和农业现代化要放在突出的战略位置。同时我国乡村振兴战略也要补齐农村发展的一些短板，比如相对贫困问题仍旧突出、区域农村发展不平衡严重、乡村治理低效、农村土地制度改革滞后问题等，这些问题都束缚着农村活力的释放和农村经济社会的和谐发展。因此五中全会提出"要保障国家粮食安全，提高农业质量效益和竞争力，实施乡村建设行动，深化农村改革，实现巩固拓展脱贫攻坚成果同乡村振兴有效衔接"，可以说真正找到了未来农业农村发展的抓手和立足点。

从"新农村建设""乡村振兴战略"到"农业农村优先发展"，三个时期的三种提法，体现了我国农村发展的三个不同阶段的不同思路和不同战略，它们之间既有内在含义的关联性、承继性，同时也体现了不同时期的战略重点的微妙变化和战略层级的提升。20世纪末期我国提出的"新农村建设"战略，主要从汲取和总结改革开放二十年的经验教训出发，继续深化农村体制改革，尤其要针对农村发展中的制度短板，进行相应的变革和创新，进入21世纪以来的农村基础设施建设、农村金融变革、农村合作医疗改革、农村合作经济组织建立、农村养老和社会保障体系完善等改革举措，从硬件到软件进行了大规模的新农村建设，促进了农村的迅猛发展。党的十八大提出的"乡村振兴战略"，则不仅关注农村发展，而且更把视角深入更为广泛的乡村治理领域，通过农民的进一步合作化、通过农村集体经济组织的建立、通过村民自治体系的完善、通过乡村的法治化建设和文化建设，进一步提高乡村治理水平，为农村的长远发展和全面发展提供可持续的动力基础和机制基础。而党的十九届五中全会提出的"农业农村优先发展"则将农业农村的发展提高到一个新的历史高度，为"十四五"乃至未来更长时期的农业农村发展定下了基调，这个基调的核心乃是强调农业农村发展在中国经济社会发展中的优先性、独特性和重要性，这个提法必将导致国家发展战略和政策框架发生一系列重要调整。这一提法也意味着，中国真正进入了一个工业和农业、城市和农村统筹协调发展的崭新时代，为此一些影响工农和城乡一体化发展的制度桎梏必须加以革除，从而为中国未来的高质量均衡增长和充分发展提供制度基础。

二、中国不平衡发展在农村的体现

在党的十九大报告关于基本矛盾的重新阐述中，强调了"不平衡"和"不充分"两个关键词，这两个关键词非常深刻地揭示了中国经济社会发展和经济增长中的两个最具代表性的问题。

"不平衡"体现在三个方面，而农村领域是中国不平衡发展的集中体现：

第一个不平衡是人与自然的不平衡。我国改革开放以来经济得到了超常规的快速发展,在全世界经济体中一枝独秀。中国长期以来是全世界增长最快的经济体,是全世界经济增长的引擎。但是另一方面,快速增长也带来了人和自然关系的高度紧张,中国在高速经济增长的同时过度消耗了能源、土壤和水资源,在代际之间,我们过度透支了能源资源,导致我们以后的数代人,要在代际传承中承受某种不公平。中国整个生态环境、粮食安全、食品安全、空气质量和饮水安全等日常生存质量要素等堪忧。因此,人和自然关系的不平衡是我们追求高速度增长模式所带来的,是长期以来粗放型的发展形态所带来的,现在我们要转变增长方式,解决人和自然的不平衡,去掉过剩产能,降低能源和资源消耗。目前的农业污染(包括土壤污染、农村饮用水污染、农业生产中过量使用化肥农业所造成的农业污染和粮食食品安全问题等)、农业生态问题是人和自然关系不平衡的突出表现之一。

第二个不平衡是人与人之间的不平衡。改革开放以来我们搞的是非均衡区域发展战略,也就是梯度推移战略,先发展东部,尤其是14个沿海开放城市,然后发展中部,再发展西部,中国的区域差距在这几十年中有所拉大。人和人之间的差距还包含着城乡差距,城市和乡村的二元结构一直是我国最核心的经济特征之一,城乡居民之间的收入差距(如图17-1所示)和社会福利差距很大,在一定程度上导致我国的基尼系数一直很高。要解决人和人之间的不平衡,就要着重解决城乡收入差距和城乡社会保障非均衡的问题,尤其要加大扶贫开发的力度,大力消除贫困,重点要扶持那些欠发达地区,扶持边远民族贫困地区。近年来我国农村与城市人均收入增速的差距正在缩小,这是一个可喜的趋势(如图17-2所示)。2010年是一个转折点,自2010年以来,每年农村居民人均收入的

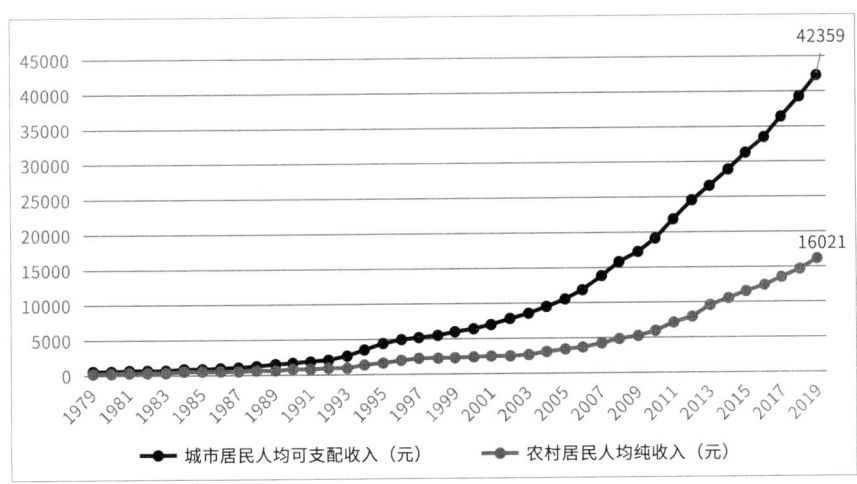

图 17—1　1979—2019 年我国城乡居民人均收入对比（单位：元）

数据来源：历年《中国统计年鉴》（《中国统计年鉴 2019》第 173、176 页，《中国统计年鉴 2013》第 378 页）。2019 年数据来自国家统计局网站。

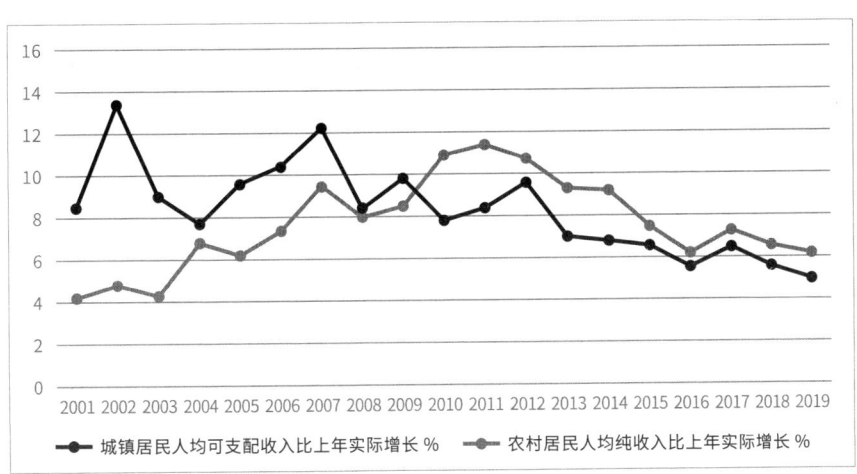

图 17—2　2001—2019 年我国城乡居民收入增速对比（%）

数据来源：历年《国民经济和社会发展统计公报》。

实际增速均高于城市居民。

第三个不平衡就是人与自我的不平衡，即一个社会的伦理失调、文化失调。一个社会的平稳发展，既有赖于人和自然的平衡、人和人之间的平衡，更有赖于人自身的心理平衡，这就需要一个社会具有稳定的心理文化传统和道德伦理结构。当今社会结构和文化的巨大变迁已经打破了这个均衡的心灵和文化结构，导致国民的心理结构和道德体系出现了不平衡，这些方面的不平衡都会成为一国长远的经济社会发展的消极因素。这一不平衡在农村体现得尤为突出，今天在很多农村出现的文化凋敝、伦理道德体系混乱（"礼崩乐坏"）、乡村治理失序等，都是这种不平衡的突出表现。在农村，经济发展固然重要，但是文化建设、伦理道德建设、信仰建设更加重要，这是一切乡村建设的基础。

三、中国不充分发展在农村的体现

"不充分"是导致"不平衡"的内在原因，而"不平衡"是"不充分"的结果。中国的不充分发展体现在五个方面，而农村的"不充分"尤为突出。

第一个不充分是城乡社会福利和公共品的供给不充分，特别是乡村公共品的供给更不充分。现在农村的公共品供给有了很大的改善，但是仍然有很多乡村地区的公共品供给比较差，在基础教育、公共卫生、医疗、养老、文化等方面公共品的供给严重不足。这些公共品供给不充分，是影响我国城乡协调发展的大问题，也是引发人和人之间不平衡尤其是城乡收入差距的重要原因。

第二个不充分是我国一些地区的法治环境建设和依法治理的不充分，农村尤其如此。中国是一个法治国家，而我们的法治环境和依法治理水平尽管有了极大改善，但还是不充分，需要进一步改进和完善。尤其是农村的法治环境和依法治理更需要大力改善，在涉及农村土地征用、农村城镇化和农户拆迁等问题上，农村的法治化水平需要很大的提升，农村法治意识也要进一步增强。

第三个不充分是目前中国社会信任体系与社会伦理的建设还不充分。当前一些农村的社会信任、道德伦理问题很突出，一些地方村风不良，乡村治理混乱，村庄道德水平下降，乡村社会失序，这些问题不解决，对乡村的未来发展和社会稳定影响极大。

第四个不充分是中国社会的普惠公平机制的建构尚不充分，从而因城乡身份差异造成公民之间的福利差异，本文第四部分将重点讨论"制度普惠"问题。改革开放以来，经济快速发展，但是社会公平和公正的问题仍旧有待解决，城乡居民因身份不同而有不同的福利待遇和权利，有不同的医疗条件、养老和社会保障条件、有不同的教育水平，这些现象直接导致人和人之间的关系不平衡。现在倡导城乡一体化和城乡社会保障均等化，就是要矫正这方面的"不充分"。

第五个不充分是我国的文化建设尚不充分。我国目前已经是一个经济大国，经济规模和影响力与日俱增，但是我们的文化影响力与我们的经济影响力还不相称。我们的文化传统挖掘得还很不够，我们具有竞争力和感召力的文化符号还没有被充分认知，我们的文化软实力与发达国家相比还有差距。农村文化建设是我国文化建设的重要组成部分，农村和农业是中国传统文化的载体，农村文化的复兴，必将带来整个农村发展的复兴，目前农村的文化建设非常滞后，这是一个影响农村长远发展的大问题。

未来中国必将从这种不平衡和不充分的发展，走向平衡和充分的发展,即实现三个均衡和五个充分:通过转变增长方式实现人和自然的平衡,通过协调区域发展战略和城乡一体化发展实现人和人的平衡,通过心理和信仰建设来实现人跟自身的平衡;要实现城乡公共品的充分供给,实现法治和安全的充分供给,实现社会信任和伦理水平的提升,实现中国的社会建设和文化建设的充分发展。农村发展在以上方面都大有文章可做。

第二节 以系统动态均衡理念推动中国农业农村优先发展:顶层设计与制度框架

一、系统动态均衡理论与中国未来农村发展战略

系统动态平衡是从一个复杂的、巨大的"大系统"角度出发,在事物的运动中保持一种系统的、动态的平衡:既不是追求一种绝对的平衡(事实上也不可能有任何绝对的平衡),绝对的平衡不但于事物发展不利,反而会使事物处于一种能量衰退的境况之中,丧失事物发展的活力、动力和势能;也不能追求一种绝对的不平衡,当事物处于绝对的不平衡的时候,如同摆动幅度过大而超过一定限度的钟摆一样,会使事物陷于崩溃状态,整个大系统的基本稳定就会难以维持,这个复杂系统就会进行自我的否定,丧失原有的性质,而不是发展。因此,系统动态平衡理论所要追求的状态,是既要使事物保持一种相对的不平衡,以使事物充满活力、动力和势能,使事物自身处于一种生机勃勃的动态发展状态之中,又要使事物本身保持一定的稳定性和平衡性,以保持整个事物的稳定,从不平衡走向新的更高级的平衡,要以系统论的视角、在动态的发展过程中追求适度均

衡发展[1]。

从系统动态均衡理论出发，我们在农业农村发展战略和顶层设计层面，要既保证农村发展战略和制度框架的稳定性、连续性和承继性，同时又要把握时机，通过系统性的制度创新，对阻碍农村发展的制度痼疾进行及时的革除。比如在土地政策方面，既要保证农村土地政策的相对稳定性和连续性，保证农村基本经营体制的相对稳定性和连续性，同时又要与时俱进，抓住历史机遇，总结地方经验，对土地制度进行相应的适度的调整与变革。比如在城乡一体化的过程中，既要保证农村社会保障体系和养老体系、健康和医疗卫生体系、农村教育和文化体系的相对稳定性，又要及时根据各地的实际情况积极推动城乡一体化和城乡公共服务均等化的进程，争取在较短的时间内改变中国的城乡二元状况，大幅度提高农民的公共服务水平。当然在制度调整和制度变革过程中，也要注意动态的发展过程，不要引起制度层面的过度震荡和新的系统不均衡。

二、推动中国农业农村优先发展的顶层设计和制度框架

在未来一个较长的时期，农业农村的发展要跟双循环格局的构建相结合，要跟中国未来的高质量均衡发展相结合。农业农村优先发展战略是双循环格局中极为重要的构成部分，带有国家基本战略的意义，值得高度重视。双循环战略下的农业农村优先发展，从顶层设计层面，主要涉及三大协调：

第一，城乡协调。要进一步促进城乡统筹发展和城乡一体化，尤其是

---

[1] 王曙光：《中国论衡——系统动态平衡发展理论与新十大关系》，北京：北京大学出版社，2018年，第2—3页。

促进城乡公共服务均等化，提升农村居民的社会公共服务水平和社会保障水平，这对于消除城乡二元结构是极为重要的。

第二，工农协调。在新的技术条件（尤其是互联网技术）下，工业产业部门和农业产业部门协调互补、融合发展具备了前所未有的有利条件，乡村的新型工业化前景广阔，农业产业转型升级和一、二、三产业融合获得了空前的历史机遇。

第三，区域协调。中国各区域之间的农业农村发展水平差异很大，促进区域之间的协调发展，缩小区域差距，对于中国经济社会的平衡发展意义重大。尤其要关注边疆地区、相对贫困地区、民族地区的农业农村发展，加大欠发达地区的扶贫开发力度，促进各种要素从发达地区向不发达地区流动和配置。

从顶层设计层面来看，以上三大协调的关键是促进要素在城乡之间双向流动和合理配置，促进金融要素和人才要素向农村回流，打破阻碍要素流动的各种体制机制障碍，使农村的活力充分激发出来，所有的农村农业改革的制度政策框架都要从这三大协调出发来设计。

从制度框架来看，未来中国农业农村优先发展战略主要包含三大制度板块：第一，要以新型城镇化和土地制度创新为抓手，引导农村人口有序转移，积极促进城乡一体化发展和公共服务均等化，大力推动乡村全面振兴。第二，要以"后脱贫时代"治理相对贫困为主要抓手，以"制度普惠"替代"制度二元"，推动欠发达地区整体发展和内生性发展。第三，以农村组织化和集约化经营为抓手，积极培育新型农业经营主体，加强农业社会化服务水平，推动农业现代化和农村现代化。下文将对这三大制度框架进行详细论述。

第三节 以新型城镇化和土地制度创新为抓手,推动乡村全面振兴

一、进一步释放新型城镇化红利,消除阻碍城镇化深入推进的各种制度壁垒

城镇化乃是推动中国经济社会发展最重要的动力源之一,也是推动农村经济社会发展的核心力量,是决定农村大面积减贫的最关键因素。我国城镇化进程在近二十年明显加快(如图17-3所示),极大地支撑了中国经济的较高速度增长,城镇化是解释中国经济增长奇迹的主要变量之一。城镇化促进了农村人口向城镇的转移,极大地提升了农民的非农收入水平,改善了农村居民的收入结构;同时,中国的城镇化没有走其他发展中国家"大城市化"的老路,而是着重发展小城镇,使农民"离土不离乡",避免了一些国家城市化过程中的"大城市病"和"贫民窟"现象。中国的新型城镇化着重于促使农民向"市民"转化,强调"人的城镇化",强调城乡居民公共服务的均等化,这些新型城镇化战略,不仅推动了城镇化的发展,为经济增长提供了持续的动能,而且极大地改善了农民的财富水平,为中国减贫事业做出了决定性的贡献。

中国未来要坚持以"小城镇建设"为核心发展新型城镇化,促进县域城市周边"核心城镇"的发展,通过核心城镇的产业发展、公共服务完善和人才积聚,形成县域周边富有生机与活力且与农村经济社会有着良好互动的经济增长群和生活服务群。小城镇建设要注重解决乡村产业发展的核心问题,同时要努力实现城乡公共服务的融合。进入小城镇的农村人口逐步在社会保障福利和公共服务上享受与市民均等的待遇,同时这些小城镇的居民又与乡村有着天然的联系,能够在小城镇和农村之间起到中介和桥梁的作用,对乡村产业的转型和乡村治理都起到极大的推动

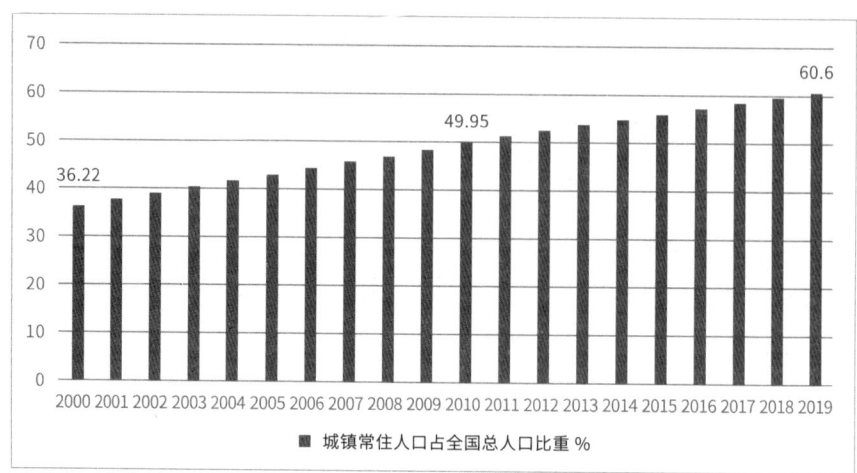

图 17-3 我国城镇常住人口占全国总人口的比重（2000—2019）（%）

数据来源：国家统计局官方网站"年度数据"专栏，https://data.stats.gov.cn/easyquery.htm?cn=C01（访问时间：2024 年 6 月 25 日）。

作用。未来中国一定要坚持核心小城镇的发展思路，并在小城镇发展的基础上建立统筹城乡公共服务、统筹城乡产业发展、统筹城乡治理的城乡互动机制。

二、探索集体建设用地入市新模式，使农民分享城镇化和乡村工业化红利

近年来，随着城镇化的深入推进，随着农村经济社会结构的变化，我国很多地方在探索集体建设用地入市方面创造了很多新的模式，对于城镇化的深入推进、对于乡村集体经济发展和乡村工业化、对于农民收入增长都起到重要作用。2015 年 2 月 27 日，十二届全国人大常委会第 13 次会议通过了《关于授权国务院在北京市大兴区等33个试点县（市、区）行政区域暂时调整实施有关法律规定的决定》，允许存量农村集体经营性建设用地使用权出让、租赁、入股，实行与国有建设用地使用权同等入市、同权同价。在城镇化过程中，一些农民进入城镇后，其宅基地进行出租、转让的情况越来越普遍，同时乡村工业化的发展也迫切要求乡村经营性建设用地进入市场进行交易，以使农民充分分享城镇化和工业化带来的红利。未来为了进一步推动集体建设用地入市和构建城乡统一的建设用地市场，需要进一步打破对集体土地的种种限制，充分释放农村集体土地要素活力，提高资源利用效率；要加强农村土地统筹规划，优化用地结构和布局，发挥市场在资源配置中的决定性作用[1]。同时，我们还要探索农村土地产权交易所等形式，促进农村集体建设用地的跨区域交易和市场化配置。

三、通过系统性的制度创新，推动各种要素回流农村农业

改革开放以来，数亿农民工流向城市，推动了中国的经济发展和城市发展，但是大量农民工外流也导致农村空心化、乡村治理真空等农村社会问题。同时持续几十年的农村资金大量流向城市部门，导致系统性的负投资现象。人力资本和金融资本由农村向城市的单向流动，支撑了中国的经济发展奇迹和城市的发展繁荣，也造成了今天中国严重的城乡二元结构。要改变这一趋势，就要通过系统的制度创新，鼓励人力资本和金融资本回流乡村，一是吸引优秀的劳动力和人才回乡，通过制度激励，鼓励农

---

[1] 唐健、谭荣：《农村集体建设用地入市路径——基于几个试点地区的观察》，《中国人民大学学报》，2019年第1期。

民工回乡创业，二是要鼓励资本回乡，就是我们农村金融机构要起到积极的作用，使资金更多地为农村发展服务。还要鼓励城市精英下乡，城市的各种人力资源来到农村，会带来资金、技术和理念，会极大地盘活农村的各种要素。所以，要把原来的农村向城市的单向要素流动，转变为城乡之间的双向要素流动，这样农村和城市之间的藩篱才会被拆除，才会实现城乡的协调发展。现在城市各种要素下乡的趋势已经非常明显，城市资本下乡和人才回流乡村的热情正在逐步升温。但是要素回流乡村，要有系统性的制度支撑，其中土地制度的创新最为关键，包括上文所谈的农村集体建设用地入市交易、农村宅基地改革等，这些土地制度变革乃是吸引要素回流乡村的基本制度条件。最近浙江等地通过农村宅基地使用权的调整，吸引"新乡贤"为家乡建设贡献力量，这些尝试和探索对于推动各种要素回流乡村尤其是人力资本回流，有着积极的意义。

第四节 以"后脱贫时代"治理相对贫困为抓手，以"制度普惠"理念推动欠发达地区全面发展

一、消除绝对贫困为中国减贫和经济增长提供了强大动力

大规模减贫是中国经济社会均衡增长和可持续发展的关键，对于缓解区域不平衡、城乡不平衡和解决贫困地区不充分发展问题起到重要作用。近年来，我国扶贫工作向纵深开展，脱贫攻坚成功完成。2014年，全国832个贫困县名单公布，涉及22个省区市，其中，贫困县覆盖率最高的是西藏，全区74个县都是贫困县；当时，全国贫困县的面积总和占国土面积一半，全国大约每三个县中就有一个是贫困县，完全没有贫困县的省份只有9个；而到2020年年初，国务院扶贫开发领导小组对2019

年年底未摘帽的 52 个贫困县实施挂牌督战，截至 11 月 23 日，52 个县全部脱贫摘帽，这也标志着国务院扶贫办确定的全国 832 个贫困县全部脱贫摘帽，全国脱贫攻坚目标任务已经完成[1]。近十年，我国贫困人口规模每年降低 1500 万左右，贫困发生率由 2010 年的 17.2% 下降到 2019 年的 0.6%，取得了举世瞩目的减贫成就，创造了世界减贫史上的奇迹（如图 17-4 所示）。

大规模扶贫攻坚提高了贫困人群的收入水平，也提高了整个欠发达

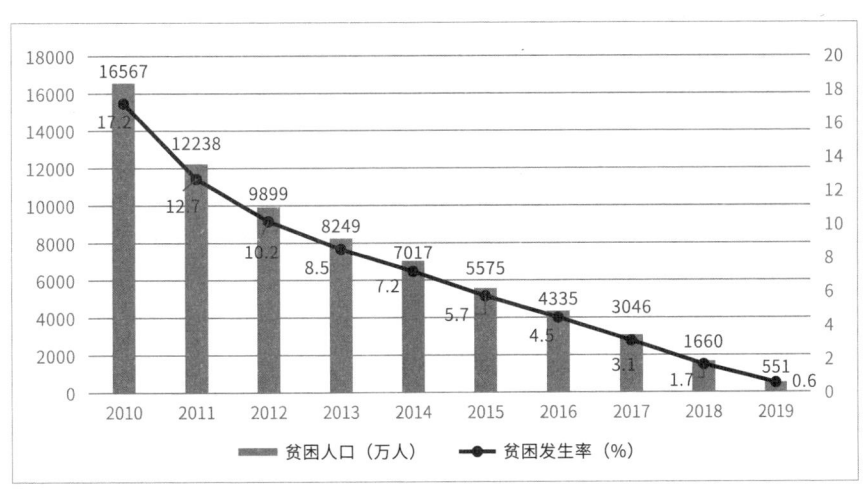

图 17-4　2010—2019 年贫困人口规模（万人）及贫困发生率（%）

说明：依据现行贫困标准（2010 年标准）
数据来源：2019 年数据引自《中华人民共和国 2019 年国民经济和社会发展统计公报》，其余数据引自《辉煌 70 年》编写组编：《辉煌 70 年：新中国经济社会发展成就（1949—2019）》，北京：中国统计出版社，2019 年。

[1] 数据来源：新华网，2020 年 11 月 23 日报道，http://www.xinhuanet.com/2020-11/23/c_1126776790.htm（访问时间：2024 年 6 月 25 日）。

地区的收入水平；欠发达地区的交通和通信等基础设施状况、农村产业发展水平、教育和医疗设施等都有了显著的改善，东西部差距和城乡差距进一步缩小，这对于促进经济增长、提升消费需求和投资需求都有重要的作用。因此，从某种意义上来说，扶贫这一重要的民生工程、民心工程，同时也是重要的"增长引擎"，故而民生就是增长，而且是"好增长"，是"可持续的增长"。

二、治理相对贫困的关键：从"制度二元"到"制度普惠"

2020年"贫困县清零"意味着我国大面积的农村绝对贫困已经基本消除，同时也就意味着中国下一步为治理相对贫困必须制定新的扶贫战略，扶贫的顶层设计和政策框架都要进行深刻的转型和调整。

在消除绝对贫困的过程中，我国通过大规模的财政投入、通过广泛的社会动员和对口扶贫、通过贫困地区基础设施的大力改善、通过对贫困户的精准识别和精准扶贫、通过对生态环境脆弱地区贫困人群的易地搬迁等方式，大规模地降低了贫困人群的数量，为我国减贫提供了坚实的基础，这种人财物力大规模集中的扶贫模式在十四个集中连片贫困区（尤其是西北和西南欠发达民族地区）的脱贫中起到重要的作用。在绝对贫困基本消除之后，我国扶贫模式面临着转型。相对贫困治理的关键，乃是制度体系的深刻调整。相对贫困产生的根源，往往是制度供给不足造成的，而不是由于单纯的生态环境、生产生活条件、基础设施等硬件不足造成的。因此，治理相对贫困，需要更多地从完善和改善制度供给入手，从制度创新和制度变革入手，才能产生持久的减贫效果，才能从深层挖掉产生相对贫困的"根"[1]。为此,我们必须在顶层设计层面,从"制度二元"思维转向"制度普惠"思维:在传统的"制度二元"思维下,城乡被分成两个截然不同的"结构",分别适用两种截然不同的政策框架,在经济发展水平较低、财政力量尚处于相对不足的情况下,这一"制度二元"思维模式有其历史的合理性和必然性,这就必然造成长期的城乡二元的发展格局,城市和乡村在各种财政支出"盘子"里所占的份额有明显的区别,城乡公共服务的不均衡被"制度化"了;然而当经济发展达到了一定的水平、财政力量相对较为充足的情况下,就有必要打破这种"制度二元"思维,及时过渡到"制度普惠"思维,要尽量保证在各种财政支出政策中采取城乡"普惠"、城乡融合、城乡一体的方式,促进城乡基本公共服务的均等化,消除对乡村的制度歧视。"制度普惠"不仅对治理相对贫困至关重要,而且是激活农村基本消费需求、扩大内需、促进经济可持续均衡发展的关键一招。为此我们必须深刻变革农村教育制度、农村合作医疗制度、农村养老和社会保障制度、公共卫生制度、乡村社区管理的财政支持制度,要努力使城乡公共服务实现均等供给、平衡供给,破除人为的"制度二元格局",争取实现"制度普惠"。而且,随着农村居民的社会保障和养老条件、医疗和教育福利等向城市居民看齐,随着城乡公共服务差距的消失,我国在农村土地改革上的"后顾之忧"也会大幅度降低,土地上面所承载的"农村社会保障"功能将逐步消失,这就为更深层次的农村土地制度变革、农地的大规模流转和集约化经营提供了制度基础。

---

[1] 王曙光:《中国扶贫——制度创新与理论演变(1949—2020)》,北京:商务印书馆,2020年,第26—30页。

第五节 以农村组织化和集约化经营为抓手,推动农业现代化和农村现代化

一、积极推动农村合作经济组织、农村集体经济组织发展壮大和升级

农村合作经济组织和农村集体经济组织在近十几年有了长足的发展[1](合作社数量如图17-5所示),这些规模化的新型农村经营主体,通过土地的集约化经营实现了农业产业化,提高了农业要素的配置效率,从而极大地提高了农民抗御农业自然风险和农业市场风险的能力,提高了农民在农业生产上的边际收益水平,对农民增收和农业发展贡献极大。农村合作经济组织和农村集体经济组织显著改善了农村的组织化水平,对乡村治理与乡村文化伦理等都起到明显的提升作用。

但是农村合作经济组织和农村集体经济组织的发展也面临着很多挑战。中国200多万家农民专业合作社普遍存在着规模偏小、市场竞争力偏弱、产业链整合能力弱、管理运作和法人治理不规范、经营绩效和盈利能力较差等问题,在全要素合作和全过程合作方面还有很大发展空间,亟待转型和升级。从我国农村集体经济发展的总体水平来看,大部分农村的集体经济力量还很薄弱,在乡村治理的有效性、农村民主政治建设的进程、村集体经济管理者的素质、农村集体经济的内部治理结构、农村集体企业对接外部市场的效率等方面都还存在着比较严重的问题。农村集体经济的委托—代理问题所导致的管理上的道德风险无处不在,农村经理人市场的发育不足导致农村集体经济的经营管理水平受到重大局限;农

---

[1] 实际上,农村合作经济组织是农村集体经济组织的初级形态,是一种由部分村民发起和运营的集体经济组织,其产权属于部分农村居民;而农村集体经济组织则是由全体村民共同发起和共同运营的经济组织,其产权归属于全体村民。

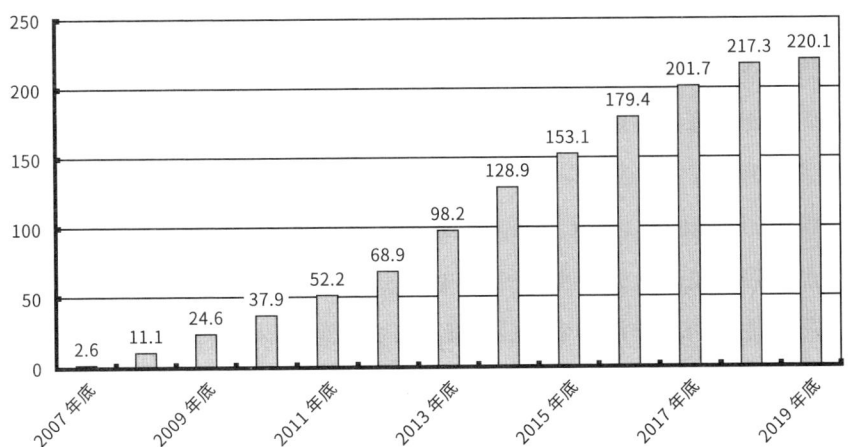

图 17-5 我国农民专业合作社的数量变化（2007—2019）（单位：万）

资料来源：国家市场监管总局，2020 年。

村集体经济的内在激励机制和约束机制均存在缺陷，导致农村集体经济在发展层面良莠不齐，可持续的机制构建任重道远。

未来农村合作经济和集体经济的转型升级需要系统的政策支持框架：一方面，应该在合作经济和集体经济的法律制度框架的完善方面下功夫，进一步改善其内部治理，明晰其产权结构和利益分配机制，规范其运作机制；另一方面，国家应该通过各种形式，在市场开拓、产业链构建、基础设施和农业技术、人力资本和管理能力等方面进行扶持。各地方政府应因地制宜，进行土地流转和土地租赁等方面的制度创新，支持合作经济和集体经济组织获得规模经济，建立合作经济和集体经济与农民的土地交易和利益共享机制。

二、通过土地制度创新推动集约化经营，培育新型农村经营主体和现代化大农业集团

近年来家庭农场、合作社、种养殖大户、农业龙头企业等新型农业经营主体迅猛发展，成为中国农业现代化的引领者，对我国农业转型起到重要作用，但是同时，我们还要看到新型农业经营主体的不足之处，其中最突出的问题在于"小而散"。当前中国的农业发展面临着农业市场全球化的严重挑战，国外巨型农业企业集团正以其绝对的垄断优势占领国内外市场，对我国农业安全形成巨大影响，因此尽管我国粮食生产连年丰收，然而我们还是要放眼全球粮食市场竞争，居安思危，绷紧粮食安全和农业安全这根弦。

党的十九届五中全会提出的"农业农村优先发展"，在农业层面尤为重要，因为我国农业问题的解决更为紧迫，任务也更为繁重。我国目前的以小农生产为主体的农业生产经营模式，在全球农业巨头的竞争格局下可以说脆弱不堪，小农经济不具备成本优势、技术创新优势和规模经济优势，依靠小农模式守不住中国农业安全和粮食安全的底线。当前我国主粮进口明显增加，大豆产业全面失守，形势严峻。近两年我国在粮食产业的结构性调整方面下了很大气力，取得了一定的效果。未来应该进一步深化农业土地制度改革，加快推动土地流转，完善土地交易制度，促进农业规模化经营，为现代化农业提供物质基础。同时要在制度层面鼓励适度规模化的家庭农场和龙头企业快速发展，尤其要鼓励农业产业链的整合，培育大型农业企业集团，使这些农业企业集团能够在整个产业链上具备全球竞争力。我们要引入现代化农业生产组织形式和管理方法，提高农村经营主体的抗风险能力，提高农村经营主体适应市场需求的能力，为农业现代化提供组织载体。我国还要发挥农垦体系的特殊作用，发挥农垦作为农业现代化领军者和国家队的重要作用，通过国有农垦体系的技术创新和产业整合，打造中国自己的农业"航空母舰"。

第六节 展望未来三十年的中国农村农业

未来三十年，也就是 2050 年左右，中国将成为一个现代化强国，其中农业和农村的现代化将成为这个"现代化"的最重要的组成部分之一。三十年后的中国农业和农村是什么样？我们不妨进行一番看似浪漫的、但又合乎逻辑的畅想。

三十年后的中国农业产值在总产值中的比重将比现在还要低，估计将在 5% 左右，接近中等发达国家甚至某些发达国家的水平。农业产值占总产值比重的下降，意味着纯农业部门在国民经济增长中的贡献已经比较小，意味着国家已经彻底实现了现代化和工业化。但是农业产值占总产值比重的下降，并不意味着农业的重要性下降，这是完全不同的两个概念。农业部门的贡献已经不主要体现在产值方面，而体现在一个国家的农业安全方面，尤其是中等以上的人口大国，没有农业的基本自给，就会时刻面临国家安全问题，欧美发达国家重视农业的道理正在于此。

未来三十年，农业和农村人口总人口中所占比例必将继续大量降低。中国的城镇化率将要达到韩国和日本的水平，就是 70%~80% 的城镇化率，比现在的城镇化率还要提高大约 25~35 个百分点（当前我国户籍人口城镇化率仅为 45% 左右）。到那时，我们还要转移出去 3~4 亿农村人口，每年有 1000 多万农民转为城镇人口。这个转移会撬动大量的需求，会使得整个国家的经济结构、社会结构等发生重大变化。我们未来三十年的增长，也将基本上依赖于这 3 亿人的身份转换，未来中国最大的增长红利仍然在于城镇化。换句话说，中国的未来增长的潜力就在这种迅猛的城镇化中，它所撬动的消费和投资将不可限量。

　　随着农业产值占总产值比重下降，农业产业的形态也将发生深刻的变化。未来三十年，农业的产业化和规模化程度大为提高，中国农业产业的国际竞争力也将大为提高，一批优秀的、在全球占据重要地位的国际化农业企业将在中国崛起。与此同时，我国农业的形态将转变为高效农业、高附加值农业，与环境友好的生态农业将得到普及，这种农业对水和土壤的损耗和占用将降低到最低限度，因而中国的土壤污染、水污染将大为改观甚至消失，中国的生态环境将得到极大的改善。传统农业文明在三十年后将得到更高的重视，中国五千年的农耕文明将在更高的层次上得到重视，得到应用，得到继承和发展。到时候，我们的大面积的草原、稻田、麦田以及其他农业设施，将成为观光农业的主要载体，将成为广义的文化产业的一部分，这里面蕴含的农业文明的元素将会异常丰富，使我们未来的几代人更加珍惜中国的传统农耕文化，更加懂得在现代农业的发展中，利用传统农耕文化的要素来获得更高的回报。

　　随着农村和农业人口的大幅度降低，我国农村在未来三十年必将呈现更加崭新的面貌，农村的社会和文化形态将发生深刻变化。农村不再是传统意义上的农村，而是田园化的农村、更加文明的农村，农村将是市民们向往的居住地、旅游地、休闲地、修身养性之地。三十年后，我国城市和乡村的居民在社会保障和社会福利层面的区别将大为缩小，城乡差距尽管不可能彻底消失，但是在中国大面积地区，城市和乡村居民的收入水平、社会福利水平将基本趋同，城乡居民身份的差异以及各种权利的不平等将基本上消失，基本实现城乡一体化。到那时，农村的集体化、农民组织化的程度将更加升级，农村乡村治理将与现代协商民主治理体制对接。

这就意味着农村的社会治理体系和组织结构将发生深刻的变化，而随着农村的民主化和组织化逐渐增强，我国社会主义民主政治建设也将呈现新的面貌。三十年后的新一代农民将成为知识素养更好、市民意识更强、社会参与意识更强的农民。职业化农民将与今天的农民有本质区别，他们是现代化了的、拥有较高教育水平的、在身份和社会地位上与市民没有任何差别的新型农民。

然而要达到以上的变化，我们在三十年间必须进行极为深刻的变革，我们必须在农村的制度创新和农业的技术创新、组织创新上下很多功夫。城乡一体化的背后，是深刻的制度变革，要有改革的魄力和勇气，才能破除农村发展的桎梏。未来三十年的粮食安全问题、城镇化和农民工问题、城乡一体化和农村社会保障问题、农村社会重建问题（以解决目前的留守儿童与老人以及乡村治理真空问题）、农业生态问题、农村反贫困（农村彻底消除贫困之后降低相对贫困人口）等，都是非常棘手的、严峻的问题，需要我们用智慧和勇气来实现真正的乡村振兴。我们现在仍旧要极其重视农业和农村，"乡村振兴战略"和"优先发展农业农村"就是要从国家战略层面定位农业农村，在农业产业化和粮食安全、农民组织化、乡村治理、乡村生态环境、农村扶贫开发、乡村文化建设和伦理建设等方面，全方位地构建一个新的乡村，如此我们的国家才有希望。

中国农村蕴含着巨大的生命力，也有着充满希望的、辉煌的未来。即使是当前农村中存在的若干缺陷或消极因素，从另一个视角看却恰恰是中国的希望所系、机遇所系。中国是很幸运的，我们拥有如此广阔的、富有生机的乡村，我们拥有如此悠久且璀璨的农业文明，我们的农村农业又存在着那么多有待创新与发展的真空地带，这为中国未来发展提供了极为巨大的空间，这是世界上任何经济体都不具备的优势。我相信中国乡村内部所隐藏的非凡能量，任何一个技术层面、制度层面和文化层面的创新，都可以在中国乡村获得最佳的试验场。毫无疑问，中国农村农业正在迎来一个技术变革、制度创新和文化复兴的黄金时代。中国要在未来三十年获得稳健的经济增长和成功的社会建设，其真正的希望必然在农村农业，把农村农业这件事办好了，我们在新中国成立一百周年之际必将成功实现中华民族伟大复兴的梦想。

后记

丙申年春节，负责燕京学堂的老友姜国华教授约我为学堂开设"中国农村"课程。学堂的学子来自五湖四海，不论是理解中国当下还是从前的问题，农村自然是最核心、最重要的领域之一。明知没有任何备课时间，我却当即贸然认领了这项"光荣而艰巨"的任务。感谢学堂以这种"逼上梁山"的方式给我这个机会，使我得以匀出一些精力，仔细梳理近十几年来农村研究的心得，并以系列专题的形式进行系统的讲授。一个学期下来，有赖学堂完善周到的教学服务，再加上师生间生动而富有成效的课堂和课下交流，不仅使课程本身获得出乎我预料的成功，而且对我的农村研究工作也起到很好的促进作用。感谢每一位思想活跃的选课同学，感谢学堂负责管理工作的敬业的老师们，感谢担任助教工作的勤勉细心的杨敏博士，"中国农村"课程的完善离不开诸位的支持。这个暑期，在频繁的田野调查的空隙，在乡野旅舍之间，我将一个学期以来的课堂录音进行了整理，并将讲稿扩充为十五讲，使课程体系更加完善。

  由于本书是由课堂讲授录音整理而成，为保留课堂的口语风格，行文中难免有不够准确不够严谨之处，所征引的文献数据也未能一一注明出处，谨向文献作者和本书读者致以歉意。本书的出版得到北京大学出版社和北大培文的大力支持，特致谢忱。

王曙光

丙申年八月初二日于善渊堂

修订版后记

《中国农村》一书，是笔者在北京大学燕京学堂和经济学院开设研究生课程所用的基本教材。本书2017年初版以来，受到农村研究学术界的广泛关注。2024年年初，初版售罄，故与北大出版社同人商定再出修订版。

修订版对近年来农村经济社会发展的若干新问题进行了系统的补充，第六讲增加了"省联社体制改革"部分，第七讲增加了"普惠金融制度创新"部分，第十四讲增加了"中国扶贫开发的历史演进"部分。同时在全书十五讲基础上，增加了"农村社会保障"和结论部分"农业农村优先发展"两讲，这样全书就扩展成为十七讲。

在乡村全面振兴和建设现代化农业强国的大战略下，中国的农业农村正以日新月异的姿态不断前行。中国这一人类最古老的农业文明，生生不息、革故鼎新，正焕发出前所未有的生机。在中华民族伟大复兴的蓝图中，农业农村无疑应该是最耀眼、最亮丽，也是最重要的组成部分。农为国本，本固国安。愿借着这本小书，与学界同人及学子们一道，共同见证中国农业农村变革与发展的历史进程，并在这一伟大历史洪流中贡献涓滴之力。

王曙光

2024 年 6 月 9 日端午前夕于北京大学经济学院